Max Knorr · Faust in konsistenter Deutung

Max Knorr

Faust in konsistenter Deutung

Goethes Entwicklungsdrama
aus kulturgeschichtlicher Sicht

FRANKFURT A.M. MÜNCHEN LONDON NEW YORK

Das Programm des Verlages widmet sich aus seiner historischen Verpflichtung heraus der Literatur neuer Autoren. Das Lektorat nimmt daher Manuskripte an, um deren Einsendung das gebildete Publikum gebeten wird.

©2006 WEIMARER SCHILLER-PRESSE
Ein Imprintverlag des Frankfurter Literaturverlags GmbH
Ein Unternehmen der Holding
FRANKFURTER VERLAGSGRUPPE
AKTIENGESELLSCHAFT AUGUST VON GOETHE
In der Straße des Goethehauses/Großer Hirschgraben 15
D-60311 Frankfurt a/M
Tel. 069-40-894-0 ✻ Fax 069-40-894-194

www.cornelia-goethe-verlag.de
www.haensel-hohenhausen.de
www.fouque-verlag.de
www.ixlibris.de

Die Deutsche Bibliothek – CIP-Einheitsaufnahme
Ein Titeldatensatz für diese Publikation ist bei
der Deutschen Bibliothek erhältlich.

ISBN 3-86548-201-5
Satz und Lektorat: Heike Margarete Worm

Die Autoren des Verlags unterstützen das Albert-Schweitzer-Kinderdorf in Hessen e.V.,
das verlassenen Kindern ein Zuhause gibt.
Wenn Sie sich als Leser an dieser Förderung beteiligen möchten, überweisen Sie bitte
einen – auch gern geringen – Beitrag an die Sparkasse Hanau, Kto. 19380, BLZ 506 500 23,
mit dem Stichwort „Literatur verbindet". Die Autoren und der Verlag danken Ihnen dafür!

Dieses Werk und alle seine Teile sind urheberrechtlich geschützt.
Nachdruck, Vervielfältigung in jeder Form, Speicherung,
Sendung und Übertragung des Werks ganz oder
teilweise auf Papier, Film, Daten- oder Ton-
träger usw. sind ohne Zustimmung
des Verlags unzulässig und
strafbar.

Printed in Germany

Wie an dem Tag, der dich der Welt verliehen,
Die Sonne stand zum Gruße der Planeten,
Bist alsobald und fort und fort gediehen
Nach dem Gesetz, wonach du angetreten.
So mußt du sein, dir kannst du nicht entfliehen,
So sagten schon Sibyllen, so Propheten;
Und keine Zeit und keine Macht zerstückelt
Geprägte Form, die lebend sich entwickelt.

Inhalt

Rückblick 11
Einleitung 14

1. Grundlagenkommentar 18
1.1 Die Faustforschung 20
    Himmlische Rahmenhandlung 21
    Die Wette Faust-Mephisto 27
    Der Erdgeist 30
    Systematisierung 34
    Ideologische Interpretationen 36
    Faust als Repräsentant 38
1.2 Regeln für die Interpretation 43
1.3 Goethe zum Faust 46
1.4 Goethes Erkenntnismittel 51
1.5 Goethes Welt- und Lebensbild 59
1.6 Goethes Bearbeitung 70
    Die Entstehungsgeschichte des Dramas 72
    Zum Aufbau des Dramas und des Kommentars 80

2. Textkommentar 85
2.1 Das Drama Faust 85
    Der Erdgeist 85
    Der Geisterchor 88
2.2 Fausts Lebensweg I 91
    Die Ausgangslage 91
    Mephistos Ankunft 97
    Mephisto 98
    Die Wette 107
    Aufbruch 112
    Gretchen und Faust 113
    Faust und Mephisto 118
    Die Tragödie Gretchen 122
    Gretchens Tod 128
    Die Frage Schuld 131
    Anmutige Gegend 135
2.3 Fausts Lebensweg II 142
    Kaiserliche Pfalz 142
    Finstere Galerie 143
    Rittersaal 149

Homunkulus	151
Klassische Walpurgisnacht	157
Helena	167
Euphorion	175
Hochgebirg	185
Fausts Rückkehr	188
Fausts Fehlweg	196
Fausts Mitternacht	200
Fausts Tod	204
Mephistos Epilog	207
2.4 Themenlinie Griechentum	**211**
Wesensmerkmale	211
Die Philosophie	215
2.5 Themenlinie Christentum	**225**
Prolog im Himmel	226
Im Anfang war das Wort	230
Hexenküche	238
Walpurgisnacht	241
Der Erzbischof	245
Grablegung	249
Bergschluchten	252
Religion und Mythos	261
2.6 Themenlinie Abendland	**272**
Der Mythos	273
Mythos und Kultur	278
Die Leerstelle	292
Auswege	295
3. Das geistige Band	**298**
Nacht	299
Der Tragödie erster Teil	303
Der erste Irrtum	306
Der zweite Irrtum	308
Die Lehre: Helena	310
Nochmals: Hochgebirg	314
Fausts Ungleichgewicht	316
Fausts Schicksal	319
Nachwort	**324**
Literatur	**329**
Anhang	**333**

Hinweise zum Text

1.) 481, 501 – 509	Verse im Drama in durchlaufender Zählung, z.B. Reclam-Ausgabe
2.) 3577 – 3586	Zum Verständnis des Kommentars nötige Textstelle von zehn Versen, auch dann, wenn nur zwei Verse wörtlich zitiert werden
3.) I Hexenküche	Dramenteil und Szene
4.) II, 3, 8952	Dramenteil, Akt und Vers
5.) Teil 2.3	Kommentarteile
6.) Seite 123	Kommentarseite
7.) S. 63	Seite in zitierter Literatur

Rückblick

Am Ende der Arbeit lohnt sich ein Rückblick auf die Absicht und das Ergebnis dieser Schrift.

Am Anfang stand die Verwunderung über Goethes angeblich widerspruchsvolles, uneinheitliches und unverständliches „Episodendrama", zumal er doch in seinen anderen Werken Handlungen mit innerer Geschlossenheit beschrieben hat und Personen, Charaktere und deren Entwicklung mit sicherem Blick und großer Menschenkenntnis gezeichnet hat. Dann kamen die Fragen und die Suche nach den Zusammenhängen und nach der Einheitlichkeit. Und es kam das Erstaunen über die Faustforschung, die 150 Jahre über den Sieger der Faust-Mephisto-Wette spekuliert hat, die ebenso lange über Fausts Entelechie und Erlösung philosophiert hat, die der klassischen Walpurgisnacht und damit dem Hellenismus mehr Bedeutung zumaß als der griechischen Kultur, die nicht imstande war, die angebliche christlich-abendländische Kultur als innere Auseinandersetzung zweier Kulturen zu sehen, nämlich der hebräischen und der abendländischen. Noch größer war das Staunen über eine Faustforschung, die sich 150 Jahre zufrieden gab mit Deutungen voller Widersprüche, die zur Minderung der „psychologischen" Unstimmigkeiten ganze Dramenteile unberücksichtigt ließ oder neue, eigene philosophische Konstruktionen in den Text hineininterpretierte, die sogar die Widersprüche in ihren Deutungen zur künstlerischen Notwendigkeit erklärte (Seite 33) und dafür auch noch Goethes Wort von der Inkommensurabilität heranzog.

Was haben wir gefunden?
Wir haben ein in sich geschlossenes, widerspruchsfreies Drama gefunden (Teil 1.2) mit einem durchlaufenden, einheitlichen und sehr einfachen Gedankenweg – Goethes „geistiges Band" – für das Goethe den Rahmen selbst beschrieben hat, nämlich: „... den Menschen in seinen Zeitverhältnissen darzustellen und zu zeigen..., wie er sich eine Welt- und Menschenansicht daraus gebildet" hat (vollständiges Zitat: Seite 72). Das ist im Kunstverständnis der Goethezeit ein Entwicklungsdrama. Es beschreibt die

Charakterentwicklung eines Menschen „in seinen Zeitverhältnissen" und ist damit ein kulturhistorisches Werk.

Fausts Entwicklung stellt Goethe dar als Ergebnisse von Lebensabschnitten, als „Erfahrungsresultate", die „mit Bewußtsein, mit Selbsterkenntnis, mit Freiheit" gewonnen sind (Seite 53), wie in der Szene „Anmutige Gegend", und zwar als Erfahrungsresultate vor dem kulturhistorischen Hintergrund des Dramas, den er voraussetzt, den wir also behandeln mußten, wollten wir diese Wirkungen auf Faust verstehen.

Wie der Handlungsablauf im Drama oft nur angedeutet ist, so ruft Goethe die kulturhistorischen Vorgänge oft nur indirekt auf, wie z.B. mit der Übersetzungsszene das Thema Monotheismus, mit der Helenaszene „Schattiger Hain" das Thema der Unübertragbarkeit der Kulturen, oder mit den „Bergschluchten" das Thema Polytheismus. So mußten wir also immer das ganze historische Thema behandeln, um zum Verständnis des Dramas zu kommen.

So haben wir ein Drama von innerer Geschlossenheit, Einfachheit und Zwangsläufigkeit der Entwicklung gefunden, in dem kein Wort zuviel und keines zu wenig ist. Das sind Merkmale für die „Schönheit" physikalischer Theorien, die Physiker oft als ein Indiz für ihre Richtigkeit anführen. Steven Weinberg tut das in einem ganzen Kapitel (S. 139–172) seines zitierten Buches.

Genau das habe ich erfahren, als sich jedes Stück des Dramas zwangsläufig und ohne Bruch in den Erklärungsrahmen einfügte, selbst solche Stücke, die ich vorher kaum beachtet hatte, wie z.B. der Auftritt der Kabiren in den „Felsbuchten".

Ich gestehe, daß sich viele Einzelheiten erst beim Schreiben zusammenfügten, und daß ich am Anfang nicht gewußt habe, welchen Umfang diese Schrift annehmen würde. So bestätigte sich erst beim Schreiben im ganzen Umfang Goethes roter Faden durch das Drama, sein „geistiges Band" (Teil 3 dieser Schrift). Zu meiner Überraschung habe ich manche Erklärungen erst rückwirkend aus dem Gesamtzusammenhang gefunden, auch die Erklärung für die in „Anmutige Gegend" versteckten Andeutungen Goethes zu Fausts weiterem Lebensweg. Daß alle Einzelheiten sich in den Rahmen einfügten, ist doch wirklich ein Indiz für die Richtigkeit dieser Faustinterpretation. So begriff ich auch, daß das Drama wesentlich aus den historischen Hintergründen verstanden werden muß, die Goethe indirekt aufgerufen hat, wie zum Beispiel in der Szene „Bergschluchten" das Thema Polytheismus, das er in einer Ausführungsskizze als Stichwort notiert: „Polytheismus und Heroismus ganz edel mythologisch" (Paralipomenon 103). Ich begriff, daß alle diese Hintergründe zum Kommentar gehören, wenn man das vielschichtige Drama in seinem ganzen Umfang verstehen will,

und Goethe bestätigt das auch in seinem Brief an Knebel vom 14. November 1827:
„Die Hauptintention ist klar und das Ganze deutlich; auch das einzelne wird es sein und werden, wenn man die Teile nicht an sich betrachten und erklären, sondern in Beziehung auf das Ganze sich verdeutlichen mag."
So ist aus dieser Schrift ein unüblicher Kommentar geworden, aber Goethes Faust ist ja auch ein ungewöhnliches Stück Literatur. Zur Schilderung brauchte ich als Außenseiter nicht die gelehrte Fachsprache, sondern konnte eine unkomplizierte Sprache sprechen, die – so hoffe ich – viele Leser erreichen wird, ohne Lexikongebrauch. Ich rechne mit Zuspruch und Widerspruch, egal. Wichtig ist die Auseinandersetzung mit dem Thema. Und deshalb wendet sich dieser Kommentar an Leser, die die Aufgabe spüren und wahrnehmen, Kulturwerte heute zwar nicht mehr zu schaffen, aber sie zu bewahren.

Einleitung

„Faust in neuer Deutung" hieß eine Vorlesung im Rahmen des Studium generale, das 1949 an der Technischen Hochschule Hannover für alle Studienanfänger obligatorisch war. Ich belegte sie. Prof. Hische führte aus:

> Die Ursache für Fausts Tragödie liegt in seinen Unzulänglichkeiten. Das sind seine Vielwisserei und seine Unfähigkeit zum Erkennen von Zusammenhängen, seine Ungeduld, seine Unstete und Rastlosigkeit und sein Mangel an Stehvermögen, seine Egozentrik. Der Teufelspakt ist Höhepunkt, Thema und Ende der Tragödie Faust. Alles weitere in beiden Teilen ist nur noch Folge des Teufelspaktes. Alle Stationen im Leben Fausts sind nur Varianten zum Thema des Paktes. Mephisto hat die Wette gewonnen.

Prof. Hische hat dem Faustdrama einen neuen, noch nicht gehörten Rahmen gegeben. Er hat meine Neugier geweckt. Ihm danke ich die Unruhe gegenüber diesem Stoff. Er hat den Anstoß gegeben für meine immer wiederkehrende Beschäftigung mit dem Drama und ist der Initiator für das Ergebnis, das ich hier vorlege.

Im Jahre 1996 griff ich nach langer Zeit wieder zum „Faust", weil sich mir ein Gedanke verdichtete, der eine einfache, widerspruchsfreie, durchgehende Erklärung versprach, für die nur zwei Voraussetzungen nötig waren: erstens die Wahl des Betrachtungsrahmens und zweitens die Deutung allein aus dem Text, ohne Hineininterpretieren textfremder Begriffe und autorenspezifischer Gedankenkonstruktionen. Die erste ergab sich aus der Entstehungsgeschichte des Dramas, die zweite ist selbstverständlich, wird aber von den bekannten Interpreten nicht beachtet, was zwangsläufig zu Uneinheitlichkeit und zu Widersprüchen in ihren Deutungen führt. Unter Beachtung dieser beiden Voraussetzungen bestätigte sich schon bald meine Erwartung. Immer mehr Details des Goethedramas fügten sich zu einem Bild von innerer Geschlossenheit zusammen, das ich in der Faust-Literatur bisher vermißt habe. Notizen entstanden, wie die Gedanken kamen. Bald hatte ich eine unübersichtliche Stoffsammlung. Die blieb liegen.

Im Jahre 1999 erlebten wir überall die Vermarktung Goethes anläßlich seines 250. Geburtstags, unter anderem in dem „Projekt Weimar 99" der „Weimarer Kulturstadt GmbH". Der Regisseur der Faustaufführung dieser Veranstaltung, Herr Grüner, „gibt zu, daß er mit der ewigen Faustfrage nichts anzufangen weiß: Wen interessiert noch, was die Welt im Innersten zusammenhält?" Warum inszeniert dieser Mensch dann das Faust-Drama?
Den Mangel an Gehalt ersetzt Herr Grüner durch „ein paar hübsche Einfälle". Er läßt z.B. im Prolog Mephisto mit dem Herrn per Handy telefonieren: „The person you are calling is temporarily unavailable", und er gestaltet die Valentin-Szene besonders einfallsreich: „Gretchens Bruder Valentin endet gar vor einer Latrinenwand: Kaum hat Faust ihm mit Mephistos Hilfe den Todesstoß versetzt, nutzt das saubere Paar die Gelegenheit zum Pinkeln." (Zitate: Der Spiegel 5/1999, S. 180 f. Dort weiteres).
Wen interessiert denn diese Interpretation, muß man Herrn Grüner fragen und hinzufügen die Verse 538 – 545 aus Faust.

In der Aufführung in Goethes Geburtsstadt Frankfurt erscheint Mephisto zweifach, „wenn es denn gar nicht mehr ohne Menschengestalt geht", von einem Schauspieler dargestellt, sonst aber als „eine von zwei Spielern geführte Handpuppe, ein kleines zottelieges Ding mit funkelnden Straßaugen", wie in einer „Bauchredner-Nummer beim Betriebsfest". „Der geschwätzige Troll verwandelt sich im Laufe des Abends noch in einen Affen, eine Katze oder eine Ziege" (Der Spiegel, 5/1999, S. 182). Das Regiegespann Kühnel und Schuster liefert das Produkt einer totalen geistigen Leere ab. Anderssein ist die Botschaft. Anderssein in der Form, Gehalt wird nicht geboten. Wer öffnet solchen Leuten die Bühne? Und wer bezahlt das? Was läuft in diesen Gehirnen ab? Und wer sind die, die in solche Vorstellungen laufen?

Kultur zeigt sich, laut Nietzsche, in der Einheit des Stils und der Maßstäbe in allen Lebensäußerungen. An den großen Kathedralen haben zehn Generationen stilsicher gebaut. Ihre Maßstäbe waren allgemein und galten langfristig. Kulturleistungen entstanden nie in Zeiten schnell wechselnder Stilmoden. Zu allen Zeiten blühten Kunst und Kultur, solange die Träger der staatlichen Macht auch die Träger der Kultur waren, solange diese die Eliten waren und Elite etwas neidlos Zuerkanntes war. Die Kultur verfiel jedesmal, wenn sich die Träger der staatlichen Macht von ihr abkoppelten und sie intellektualisierten Gruppen überließ, die jedesmal Stilfragen zu Geschmacksfragen verkommen ließen, die die Kultur der Dekadenz und schließlich dem Kommerz auslieferten, und vom

Stil von Kunstepochen nur Mode eines Kunsthandwerks übrig blieb.

Das ist heute der Fall, wie die Veranstaltungen zum Goethejahr zeigten. Auf diese Art „entrümpeln" die Kulturmacher, wie sie sich selbst nennen, fast überall. Sie „entstauben", „arbeiten zeitgerecht auf", immer „mit einem Befreiungsschlag vom herkömmlichen Klischee". Einem kritischen Urteil stellen sie sich nicht, im Gegenteil, sie tragen Kritik vor sich her wie eine Standarte und diffamieren den Verfasser als „konservativ" und „ewig gestrig". Sie können Zeitgeist von Kultur nicht unterscheiden und produzieren event- und happening-Theater. Sie entlarven sich als Ignoranten, denen Kultur nicht mehr zugänglich ist und reagieren ihre Kulturkomplexe durch dreistes Anspruchsgehabe ab (5353 – 5356). Sie merken nicht einmal, daß ihr Weltbild nur noch eine Mischung aus Ignoranz und Ideologie ist. Sie betreiben, ohne es zu wissen, Kulturzerstörung. Oft tun sie das sogar bewußt. Aus Protest gegen diese Art von Goethe-Bewältigung habe ich meine Notizen von 1996 hervorgeholt und schreibe diesen Faustkommentar auf.

Er ist in drei Teile gegliedert. Im ersten Teil, dem Grundlagenkommentar, werden die äußeren Bedingtheiten des Dramas diskutiert. Dazu gehört eine Kritik der wichtigsten vorliegenden Faustdeutungen, aus deren Widersprüchen und Unstimmigkeiten fast automatisch die richtigen Ansätze folgen. Goethes Lebens- und Weltsicht erklären den seelischen Spannungsbogen, in den Faust gestellt ist als „Bruchstück einer großen Konfession." Das Drama als Abbild von Goethes Lebensweg beschreibt auch Fausts Lebensentwicklung, und dafür ist die Entstehungsgeschichte des Dramas aufschlußreich. Die geistigen Strömungen der Goethezeit sind auch die Einflußgrößen auf Fausts Entwicklung. Damit steht bereits der Rahmen der Faustdichtung fest, mit dem eine stimmige Deutung möglich ist.

Im zweiten Teil, dem Textkommentar, werden die inneren Bedingtheiten des Dramas diskutiert. Das ist Fausts Charakterentwicklung, die nach seinem Zusammenbruch und dem Imperativ des Geisterchores zu seinem Schicksal geworden ist; und das sind die Einflüsse von außen, die diese Entwicklung mitbestimmen. Die Frage wird beantwortet, wie und wo er die verlorene Ausgewogenheit finden kann, und ob er sie wiederfindet. Dazu müssen kulturhistorische Zusammenhänge und Bezüge angesprochen werden, soweit sie im Dramentext direkt enthalten sind, oder soweit sie als Grundlage für den Gesamtzusammenhang des Dramas aus dem Kontext herausgelesen werden. Dies alles wird ausschließlich aus dem Goethetext gelesen, der allein die konsistente Deutung hergibt.

Im dritten Teil, „Das geistige Band", werden die bis dahin gewonnenen „spezifizierten und konkreten" Ergebnisse zu einer „allgemeingültigen und abstrakten" Sicht zusammengefaßt (Seite 80). Alle bis dahin besprochenen Themen des Faustdramas bilden den Hintergrund dieser Zusammenfassung: Die von Goethe unmittelbar beschriebenen Handlungsabläufe und die von ihm indirekt aufgerufenen kulturhistorischen Hintergründe fügen sich hier zu der von ihm gewollten übergeordneten Sicht zusammen. Lesen Sie dazu Teil 1.3, besonders die Zitate Nr. 3, 6, 8 und 9.

Wenn ein ungeduldiger Leser auf den Gedanken kommt, mit dem Textkommentar, Teil 2, zu beginnen, so wird er an vielen Stellen durch Texthinweise auf den Teil 1 die zum Verständnis nötigen Erklärungen dort finden, und er wird bald merken, daß zum besseren Verständnis des gesamten Kommentars die Kenntnis des Grundlagenkommentars (Teil 1) eine Voraussetzung ist, ja noch mehr: er wird bald merken, daß Teil 1 bereits Faustkommentar ist.

Um den Gedankenweg hervorzuheben, werden bei der Beschreibung von Fausts Lebensweg in den Teilen 2.1 bis 2.3 die überwiegend zeitkritischen Bezüge weggelassen. Diese werden anschließend in den Teilen 2.4 bis 2.6 behandelt. Dadurch wird die Bedeutung von Goethes Faust im vollen Umfang deutlich, nämlich als einem kulturhistorischen Werk.

Natürlich ist dieser Kommentar nicht vollständig und nicht ohne Fehler. Aber das ist ein Vorteil für den Leser, der mit eigenen Entdeckungen die Lücken füllen will. Ich will ja nur einen Anstoß geben, den Faust wieder zur Hand zu nehmen, und diesen Kommentar in Zustimmung oder Widerspruch an Goethes Drama zu messen. In jedem Fall wird dann der Faust zu einem Kulturthema für uns, die wir auch heute noch „mit der ewigen Faustfrage etwas anzufangen wissen". Lassen wir uns nicht betrüben von dem Desinteresse um uns herum und halten wir uns an den Gedanken:

„Was man nicht kennt, vermißt man nicht.
Wenn man es kennt, will man's nicht missen."

1. Grundlagenkommentar

Es heißt, Faust sei eine schwere Lektüre, vor allem Faust II. Die Leser greifen zu Interpretationen und legen sie resigniert weg: Faust ist also doch schwer.

Faust ist nicht schwer. Das Drama folgt einem durchgehenden Gedanken von großer Einfachheit, geschlossen über das ganze Drama, ohne Brüche. Das ist der Lebensweg des Menschen, der bestimmt ist von der Prägung durch seinen Charakter und von den Einflüssen seiner Zeit, und das ist ein Thema der abendländischen Kultur und liegt im Stil jener Epoche, in der die Charakterentwicklung nicht nur Gegenstand der Literatur war; Rembrandts über 100 Selbstportraits sind eine Selbstbiographie in Bildern.

Faust ist aber schwer gemacht worden von einer Faustforschung, für die Philologie, Philosophie und leider auch Psychologie verantwortlich sind, deren Hochschullehrer und Doktoranden ein „volles Menschenleben" (Goethe) verwissenschaftlicht haben. In unzähligen Arbeiten, die alle etwas Neues, möglichst Originelles vortragen mußten (Teil 1.1), haben sie Menschenkenntnis durch Psychologie ersetzt, was zur Folge hatte, daß das Faustdrama immer mehr angefüllt wurde mit textfremden Begriffen und autorenspezifischen Konstruktionen, philosophischen Begriffen und Konstruktionen natürlich, die allesamt spekulativ sind und somit subjektiv (Brockhaus: Spekulation: Das Denken, das versucht, durch Überlegungen den Bereich der Erfahrung zu überschreiten). So wurde immer mehr in den Faust hineinspekuliert und der Text oft nur als Stichwortgeber für eine neue Theorie des Autors benutzt, der ein objektives Kriterium fehlt. Objektivität wird hier verstanden als aus dem Text wörtlich belegbares und für jedermann gleichermaßen nachlesbares Wort, das durch keinerlei persönliche Hinzufügungen und vor allem durch keinerlei persönliche Wertungen verfälscht ist. Erschwerend für das Verständnis ist die Fachsprache solcher Publikationen, von der der Nobelpreisträger Steven Weinberg sagt: „Einige waren in einem dermaßen unzugänglichen Jargon geschrieben, daß ich nur annehmen kann, sie sollten Eindruck bei denen machen, die Verschwommenheit mit Tiefsinn verwechseln." (Weinberg, Traum, Seite 386).

So wurde die Faustliteratur unleserlich gemacht, und so wurde das Drama Faust vieldeutig, unverständlich und unübersichtlich gemacht, weil sein einfacher Inhalt verschüttet wurde (Teil 1.1).

Dem Drama Faust, Goethes „lebendiger Natur", kann man nicht mit dem Intellekt beikommen, selbstverständlich nicht mit den Mitteln der Physik, aber ebenso selbstverständlich auch nicht mit der spekulativen Philosophie. Das Drama Faust ist getragen von Menschenkenntnis und Lebenskenntnis; es ist von Goethes Kenntnis des Menschen erfüllt, gebildet in einer Zeit, als Menschenkenntnis noch am Gegenüber gewonnen wurde und nicht im Hörsaal gelernt, verpsychologisiert. Das Drama kann man ergründen mit Goethes Erkenntnismittel, dem „Schauen". Damit werden wir uns weiter unten beschäftigen (Teil 1.4). Zum Einstieg in das Thema gehört zuerst ein Blick auf die Faustliteratur.

1.1 Die Faustforschung

Die Faustliteratur füllt Bibliotheken. Die Fachleute sprechen von Faustphilologie und Faustforschung, und das sieht schon aus wie eine selbständige Sparte der Germanistik. Man hat den Eindruck, als ob hier Fachleute für Fachleute schreiben. Für den „ungelehrten" Literaturfreund sind die Faustkommentare unüberschaubar und vom Ausdruck wie vom Inhalt her oft unverständlich. Es ist nicht möglich, einen Gesamtüberblick darüber zu geben. Das ist auch nicht sinnvoll, denn die Nähe der Details verdeckt hier nur die Perspektive. Es genügt, die Perspektive zu betrachten, und dafür genügt ein Blick auf die meistdiskutierten Deutungen und auf die entscheidenden Probleme.

Dabei ist erkennbar, daß die größte Schwierigkeit von Anfang an die Ordnung des Dramenstoffes war, und daß es nur eine kleine Zahl von Ordnungsmustern gibt. Um sie herum wird eine detaillierte Diskussion geführt in Behauptung, Widerlegung und Abwandlung, ein typisch philosophischer Disput mit hineininterpretierten Begriffen, mit intelligenten, aber im Dramenstoff nicht enthaltenen Konstruktionen (Kopfgeburten nennen es die Physiker) und – was das Drama am meisten verfremdet – mit subjektiven Wertungen, die oft genug Brüche und Widersprüche der Interpretation kitten oder verdecken sollen.

Die Faustforschung ist schon bei der grundsätzlichen Frage gespalten, ob denn das Drama als ein einheitliches, in sich geschlossenes Werk betrachtet werden könne, oder ob es fragmentarisch sei, also eine unzusammenhängende Sammlung von Episoden, die in verschiedenen Lebensabschnitten Goethes entstanden sind. Als die Systematisierer das Werk verarbeiteten, entstanden Gesamtsysteme und Teilsysteme: Zum einen erfanden sie Rahmenhandlungen ohne Rahmen, in die ganz entscheidende Dramenteile nicht hineinpaßten (siehe unten); zum anderen erfanden sie – die Gretchentragödie fest im Blick – eine ganze Reihe weiterer Tragödien, z.B. die Gelehrtentragödie, die Helenatragödie, die Tragödie der Erkenntnis, des Lebenshungers, die Tragödie des Titanismus und des Teutonismus und weitere Tragödien (siehe unten), ausgesucht nach persönlichen Kriterien und gewichtet nach den Interessengebieten des Autors. Diese Deuter gerieten in Widersprüche zum Goethetext und in Widersprüche untereinander, denn schon in der Methode liegen die Quellen für die Widersprüche wie auch für Mehrdeutigkeiten, die sich prompt einstellten. So haben wir heute neben dem Goethedrama einen Vischer-Faust („Der Tragödie dritter Teil"), einen Böhm-Faust („Faust, der Nichtfaustische"), einen Beutler-Faust, Sudau-Faust, Trunz-Faust, in denen Faust mal gerettet wird wegen seiner Läuterung, mal ohne Läuterung erlöst wird aus reiner Gnade, und so weiter und so weiter. Einen Ansatz wie den von Prof. Hische (siehe Einleitung) habe ich nicht gefunden.

Die folgende Diskussion kann sich auf wenige Autoren beschränken, die die wichtigsten Interpretationsrichtungen repräsentieren.

Himmlische Rahmenhandlung

Sehr viele, die meisten Interpreten zwingen das Faustdrama in einen Rahmen, eben die „himmlische Rahmenhandlung", bestehend aus dem „Prolog im Himmel" am Anfang und den Szenen „Grablegung" und „Bergschluchten" am Ende nach Fausts Tod. Sie erweitern Fausts Leben in diese Regionen hinein.

Fausts Lebensweg – so deuten diese Interpreten Goethe – ist bestimmt von der durch die christliche Doktrin gesetzten Prädestination seines Lebens. Als Indiz dafür gilt ihnen die Wette zwischen dem Herrn und Mephisto (312 – 319). Die Wettposition des Herrn muß selbstverständlich gelten und ist daher das Gesetz für Fausts vorherbestimmtes Leben. An dessen Ende steht, ebenfalls vorherbestimmt, das, was die christliche Religion Erlösung nennt, in den „Bergschluchten" also. Fausts Schicksal vollzieht sich demnach ohne eigene freie Willensentscheidung, ohne seine tätige Mitwirkung und also – füge ich hinzu – ohne persönliche Verantwortung (Seiten 256f). Und trotzdem bewerten diese Interpreten Fausts Handlungen nach den Kategorien Gut und Böse, nach den christlich-moralischen Maßstäben für die Bewertung des Lebens. Diese Interpreten nehmen ihre Wertungen aber nicht aus dem Glauben vor, sondern aus dem Kopf, sie stehen im Widerspruch zur eigenen Vorgabe, nämlich der Prädestination. Solche Art Widersprüche stehen im Zusammenhang mit dem Begriff „christlich-abendländische Kultur", in dem die Christen das Abendland als geographische Einheit sehen, während sich die Abendländer zunehmend mehr als eine kulturelle Einheit erkannten (Teile 2.5 und 2.6).

Hier schon kann festgestellt werden, daß der „Prolog im Himmel" nicht die Bibel und das orientalische Christentum widerspiegelt (Teil 2.5). Auch der himmlische Rahmen selbst stimmt nicht: Vor dem Drama steht zwar der „Prolog im Himmel", und der Herr tritt auf. Nach dem Drama fehlen Himmel und Herr; statt dessen agieren in Bergschluchten verklärte, überhöhte Menschengestalten. Das ist kein Senilitätsfehler Goethes, der tatsächlich einmal daran gedacht hat, nach dem Drama in einer himmlischen Szene ein Fazit zu ziehen. Er hat diesen Plan verworfen. Das ist eine Absichtserklärung. Er wollte nicht ein weiteres christlich-religiöses Faustdrama schreiben. Er hat dem Christentum einen anderen Bezug zu Fausts Leben und zu Fausts Entwicklung gegeben (Teil 2.5) und damit auch eine andere Bedeutung für die Gesamtaussage des Dramas (Teil 2.6).
In allen Deutungen mit der übergeordneten „Himmlischen Rahmenhandlung" wird Mephisto zwangsläufig als christlicher Teufel definiert, was er im Goethe-Faust nicht ist (Teile 2.1 und 2.2). In diesen Rahmen passen ganze Dramenteile nicht hinein: Schlüsselszenen, wie z.B. Erdgeist, Geisterchor, Wald und Höhle, Trüber Tag. Feld, Anmutige Gegend, Finstere Galerie, Hochgebirg, die Teile „Klassische Walpurgisnacht", der 3. Akt mit der Helena-Handlung, aus dem 5. Akt Fausts Tod. Manche dieser Szenen werden von einigen Interpreten einfach nicht erwähnt, von anderen kunstvoll uminterpretiert, von wieder anderen werden sie aus dem Drama gestrichen, indem behauptet wird, Goethe habe – altersbedingt – vergessen, sie zu streichen (siehe unten). So wird das Goethe-Drama tatsächlich zu einer heterogenen Ansammlung scheinbar voneinander unabhängiger Teile ohne Bezug zueinander. Auch deshalb ist der Himmlische Rahmen falsch. Sudau nennt ihn jedoch „Philosophischen Verstehensrahmen" (S. 36).

Dazu müssen wir einige Ausführungen verschiedener Interpreten ansehen und sie einer Kritik unterwerfen. Beutler beginnt (S. LX):
> „Unerhört der Einsatz. Gott spricht. Der ihn anredet, ihm antwortet, ist der Geist des Bösen."

Beutler geht in seiner Vorverurteilung Mephistos so weit, daß er ihm die Herkunft des Schlaftrunks für Gretchens Mutter zuschreibt (S. 558):
> „... dann öffnet Gretchen Faust die Kammer und empfängt das verhängnisvolle Fläschchen, mit dem Mephisto beide, Gretchen und Faust, betrügt und ins Unglück stürzt."

Im ganzen Drama Faust gibt es keine Textstelle, die das belegt (siehe 3511). Das sind Beispiele für das voreingenommene, konstruierte Mephistobild.

Trunz sagt in der Hamburger Ausgabe (S. 481/482):
„Das Drama beginnt mit dem Prolog im Himmel, durch welchen das folgende Geschehen in einen großen Zusammenhang gestellt wird und die Gestalt des Mephisto ihren Ort erhält."
„Mephistopheles ist eine dämonische Gestalt, nicht nur Allegorie des Bösen ... Als Verneiner deutet er sich selbst (1338 – 1344, 1346 – 1358, 1362 – 1378), nur verdreht er dabei die Wahrheit. Durch den Prolog im Himmel wird deutlich: er ist ein Verminderer des Guten, welches das Seiende ist."

Dazu zunächst so viel:
1. Trunz stellt das Drama in den Himmlischen Rahmen und Mephisto wird dadurch sofort zum christlichen Teufel im Widerspruch zu Goethes Drama (Teil 2.2).
2. Daraus ergeben sich sofort und Trunz-spezifisch die Wertungen nach der christlichen Gut-Böse-Moral, sogar bis zum Superlativ „Verminderer des Guten".
3. Trunz erklärt das Gute mit dem Seienden. Was ist nun das Seiende?
4. In der Ontologie unterscheidet man zwischen den Bestimmungsgründen des Seienden (Wesen, Dasein), den Seinsweisen (real, ideal), den Seinsmodalitäten (Möglichkeit, Wirklichkeit, Notwendigkeit), den Seinsschichten (Seele, Geist, organische Natur, anorganische Natur). Dieser Begriff ist vieldeutig und verschwommen, er erklärt gar nichts und hilft uns nicht weiter. Was also versteht Trunz unter dem Guten?
5. Alle von Trunz gebrauchten Begriffe kommen in den drei von ihm zitierten Textstellen nicht vor, d.h., er interpretiert nicht den Text, sondern er interpretiert seine ganz persönliche Ansicht in den Text hinein. Das aber ist Trunz-Faust, nicht Goethedrama.

Die drei von Trunz zitierten Textstellen und die Verse 1335 – 1336 werden im Textkommentar dieser Arbeit besprochen (Teile 2.1 und 2.2), und zwar in der Bedeutung, die Goethe hineingeschrieben hat. Hier wird vorab nur die erste Stelle betrachtet (1338 – 1344), aus der Trunz den Begriff „Verneiner" bezieht.

Das Wort „Der Geist, der stets verneint" ist von den Interpreten gleich nach Goethe verengt und verabsolutiert, also mißverstanden worden in dem Sinne: Nein ist negativ. Ein Verneiner gar wurde religiös belegt mit dem Bösen. Vier Verse weiter steht das Wort Sünde, und sogleich wird das Wort Verneinen zu Sünde. Wenn man jedoch Sünde verneint, weist das Wort Nein, christlich gesehen, auf das Gute hin, auf etwas Positives, allgemeiner gesagt. Goethe benutzt das Wort verneinen jedenfalls in seiner weiten Bedeutung, was aus den beiden darauffolgenden Versen und aus dem Zusammenhang hervorgeht (Teil 2.2); er verwendet es als polares Element, etwa im Sinne Gegenpol oder Ergänzungspol.

Auch die Verse 1342 – 1344 stützen diese Argumente:
> „So ist denn alles, was ihr Sünde,
> Zerstörung, kurz das Böse nennt,
> Mein eigentliches Element."

Liest man diesen Text in seinem Versmaß, ist das Wort Sünde betont, und man kommt zu falschen Schlüssen. Liest man den Text noch einmal und betont das Wort „ihr" oder das Wort „nennt", oder noch richtiger beide Wörter, dann hat man Goethes Absicht. Das ist nicht eine Selbstdarstellung Mephistos, sondern es ist die Antwort auf Fausts voreingenommene und grundlos überhebliche Frage (1331 – 1334), mit der er Mephisto in die Nähe von Lügner und Verderber stellt. Angesichts Fausts derzeit engem Verständnisvermögen, das sich in seinen selbstentlarvenden Worten (1298 – 1321) zeigt, distanziert sich Mephisto von ihm mit großer Ähnlichkeit zu dem Wort „Du gleichst dem Geist, den du begreifst" (512). Mit dieser Antwort zeigt Mephisto schon beim ersten Zusammentreffen seine Nähe zum Erdgeist, was im Drama noch oft geschieht, und er relativiert den Begriff Sünde. Faust in seiner Voreingenommenheit kapiert nichts und bohrt weiter, bis Mephisto das Gespräch abbricht. Mephisto bricht es ab, er ist der Handelnde. Das hat Goethe dargestellt, doch Trunz' Fixierung auf den „Prolog im Himmel" versperrt diesen Blick.

Auf der anderen Seite des Dramas kommentiert Trunz den tiefgründigen Epilog Mephistos nach Fausts Tod (11587 – 11603) mit dem einen Satz (S. 725):
> „Mephistopheles spricht hier am Ende nochmals sein Wesen aus wie bei seinem ersten Auftreten."

Mehr sagt Trunz dazu nicht. Wollte er das, müßte er zu dem Schluß kommen, daß Goethe mit Mephistos Nachruf das Drama Faust beendet hat (Teil 2.3). Dann aber gehören die Szenen „Grablegung" und „Bergschluchten" einem anderen Themenkreis an, mit einer anderen Beziehung zu Fausts Lebensweg (Teil 2.6). Wie die meisten Interpreten hält Trunz aber an der Rahmenkonstruktion fest, in der Fausts Schicksal sich erst nach seinem Tode vollendet, daß also sein Schicksalsweg seinen Lebensweg überdauert. Das hat Goethe nicht dargestellt.

Unter der Überschrift „Grablegung", also auf der anderen Seite der „Himmlischen Rahmenhandlung", fährt Trunz fort (S. 725):
> „Die letzten Szenen zeigten in Fausts Seele das Mephistophelische und das ins Licht Strebende. Jetzt, da er tot ist, werden diese Gegensätze Gestalt als Teufel und Engel. Aus dem persönlichen Schicksal wird ein kosmisches Geschehen. Mephistopheles ist im Haushalt des Kosmos notwendig als Verneiner..."
>
> „War die Szene mit der Sorge der Anfang des Sterbens (Zurückführung der Entelechie auf sich selbst), die folgende Szene der Augenblick des Sterbens, so bringt diese nun die Frage, was an dem Toten Element sei, und erst die folgende gibt das Letzte: die Wandlung der Entelechie, ihre Befreiung vom letzten Stofflichen."

Ich gestehe, daß ich mit dieser Erklärung nichts anfangen kann. Durch Goethes Text ist sie nicht belegt. Sie führt den Begriff „Entelechie" ein, den Trunz und andere Interpreten offenbar zur Deutung der Szene „Bergschluchten" brauchen. Goethe hat diesen Begriff gestrichen und durch „Fausts Unsterbliches" ersetzt (11933). Die Faustforschung führt ihn wieder ein. Erler, Wiese und Sudau brauchen zusätzlich den Begriff „Monade", der ebenfalls im Faust nicht vorkommt. Sudau spricht von „entelechischer Monade" (S. 70) und von „tätiger Monade" (S. 46/47), und Erler stellt fest (S. 757):
> „Bei Goethe dagegen ist die Entelechie pantheistisch-dialektisch gedacht; der Begriff steht in enger Beziehung zur Leibnizschen Monade."

Die Verwirrung ist komplett. Was sind nun Entelechie und Monade? Die Seele sind sie offenbar nicht, denn die könnte man ja bei ihrem Namen nennen. Was also? Versuchen wir es:
1. Aristoteles hat den Begriff „Entelechie" geprägt: Aristoteles, zwar schon ein Großstadtphilosoph, aber immer noch ein Grieche mit Wurzeln im griechischen Lebensverständnis, so daß dieser Begriff noch gedeckt ist vom griechischen Le-

bensgefühl, wie etwa Ataraxia oder Sophrosyne, Aristoteles versteht unter Entelechie ein Formprinzip, demnach jedes Lebewesen Zweck und Ziel in sich selber trägt und sich dieser Zielvorgabe gemäß entfaltet. Der Begriff Entelechie ist also spekulativ, wie die ganze griechische Philosophie. Für abendländische Philosophen ist er nur noch ein beliebig interpretierbares Fremdwort, seelisch nicht faßbar, intellektuell aufgefüllt, wie zwei Beispiele zeigen werden.

2. Leibniz entwickelt aus diesem Gedanken seine Monadenlehre, hier nicht als Naturwissenschaftler Leibniz, sondern als Philosoph, also ebenfalls spekulativ. Monaden, so definiert er, seien die kleinsten, unteilbaren, ursprünglichen Einheiten aller Wirklichkeit. Sie seien Kraftpunkte, sowohl im toten Seienden, wie in den Organismen, von gleicher Art. Sie seien lebendig und völlig autark. Der Mensch besitze eine Zentralmonade, die alle anderen Monaden in ihm regiert. Leibniz' Gedankenkette verheddert sich: Gott sei die „Urmonade". Diese Monadologie ist ein Beispiel für eine Spekulationskette, in der jeder Denkbegriff durch einen weiteren erklärt wird, ohne Kontrolle durch die Erfahrung und ohne beobachtbare Elemente. Das war in den Jahren um 1710.

3. C. G. Jung spekuliert in seiner „Dynamik des Unbewußten" „Über die psychische Energetik" (1928) ganz anders. Er erfindet „energetische Seelenbewegungen" und unterscheidet dabei zwischen progressiven und regressiven Bewegungen, vergleichbar mit „Diastole" und „Systole", wobei „die Diastole die im All sich ausbreitende Extraversion der Libido, die Systole ihre Zusammenziehung auf das Individuum, die Monade" sei (Jung, Ges. Werke VIII, S. 41).

An dieser Stelle habe ich auf weitere Lektüre zum Begriff Entelechie verzichtet.

Verneinen, das Gute, das Böse, das Seiende, Entelechie sind philosophisch und moralisch belegte Begriffe, als solche undefiniert und mehrdeutig, und von jedem Autor in seiner eigenen Auslegung gebraucht. Derartige Benennungen können allenfalls mit Hilfe von Nebenbedingungen aus einer Deutung hervorgehen, sie sind als begründende Hilfsmittel für die Deutung nicht brauchbar und werden in diesem Kommentar nicht verwendet.

Trunz gilt heute als einer der wichtigsten Interpreten. Er steht hier als Beispiel für viele andere, die mit individuellen Abweichungen dieselbe Richtung vertreten. Ich habe diese Richtung ausführlich besprochen, um zu zeigen, wohin Deutungen führen, die den Text großzügig behandeln, und eigene Hilfskonstruktionen einführen.

Zur „Himmlischen Rahmenhandlung" können wir zusammenfassend feststellen:
1. Diesen Rahmen gibt es im Faustdrama nicht. Zwar steht vor dem Teil I der „Prolog im Himmel", aber an das Ende von Teil II hat Goethe die Bergschluchten gestellt, ohne Herr und Mephisto.
2. Dieser Rahmen führt zwangsläufig zu einer christlichen, genauer gesagt zu einer quasichristlichen Auslegung, in der unter anderem die Rolle Mephistos in die eines christlichen Teufels umfunktioniert wird. Das ist in Goethes Drama nicht enthalten.
3. Die gewaltsame Konstruktion dieses Rahmens führt zu Widersprüchen zum Text, zu Widersprüchen in sich selbst und zu Mehrdeutigkeiten. Schlüsselszenen des Dramas und ganze Dramenteile können in ihm nicht erklärt werden und werden einfach vernachlässigt.
4. Der Rahmen läßt eine konsistente, stimmige Deutung nicht zu.
5. Dieser Rahmen verstellt den Blick auf Goethes kulturhistorischen Entwurf, der allein eine in den Details wie im Zusammenhang stimmige Deutung ermöglicht.
6. Der Deutungsrahmen „Himmlische Rahmenhandlung", der solche widersprüchlichen Ergebnisse zuläßt, ist falsch. Man darf von Goethe ein in sich stimmiges Werk erwarten, und er hat es auch geschrieben (Teil 1.2)

Die Wette Faust-Mephisto

Der Schwerpunkt des Fauststoffes vor Goethe war der Teufelspakt, die Lehre daraus: wer sich mit dem Teufel einläßt, fährt zur Hölle. Noch heute versuchen die meisten Interpreten, einen christlichen Inhalt, oder wenigstens einen „aufgeklärt-christlichen" Inhalt in Goethes Faust hineinzuinterpretieren, obwohl Goethe den alten Fauststoff mit einem Geniegedanken umgestaltet hat in ein Entwicklungsdrama, in dem Faust unter dem Gesetz der Polarität allen Lebens steht, wozu er (Goethe) keinen Teufel braucht und deshalb die neue Figur Mephisto schuf (Teil 2.2). Und Goethe zeigt – seinem Lebensbild von den Urphänomenen gemäß – an Fausts Lebensweg „geprägte Form, die lebend sich entwickelt"

(Urworte orphisch), und zwar gegen formfremde Einflüsse, nämlich die beiden damals übermächtigen Geistesströmungen Griechentum und Christentum (Teile 2.4 und 2.5). Dementsprechend gibt es im Urfaust keine Teufelswette, und in der Endfassung ist sie bedeutungslos (Teil 2.2).

Die Faustforschung hat die Wette Faust-Mephisto wieder zu einem Zentralthema gemacht, obwohl ihr durch die übergeordnete und prädestinierende Wette Herr-Mephisto im Prolog doch die Grundlage, ja die Zulässigkeit entzogen ist. Die Faustforschung hat mit abenteuerlichen Gedankenkonstruktionen versucht, diesen Bruch wegzudiskutieren. Sudau braucht dafür 14 Seiten in seiner Interpretation (S. 72 – 82, 96 – 100) und diskutiert insgesamt drei „verwirrende Momente" und ein „grundlegendes Verwirrmoment" sowie fünf „Doppelbödigkeiten", und er erklärt: „Fünf Doppelbödigkeiten – das Endspiel der Faustdichtung erscheint von nahezu bodenloser Tiefgründigkeit". Er überlegt:

1. „Hat die eine Wette das spezielle Seelenheil des Individuums Faust zum Gegenstand, so weitet die andere den Horizont aus auf den Wert des Menschen und der Schöpfung überhaupt, der am Exemplum Faust in Frage steht." (S. 72).
2. Sudau bemerkt, daß „die Voraussage des Weltenlenkers ... kraft seiner Allwissenheit als zukunftsgewiß anzusehen ist und damit die Wette (die Wette Faust-Mephisto) zur Scheinwette absinken läßt." (S. 72)
3. Sudau diskutiert die Frage, ob es sich bei der Wette Faust-Mephisto um einen Pakt, eine Wette, eine Vereinbarung oder einen Vertrag handelt, und kommt zum Ergebnis, daß sie ein Wettvertrag sei. Er formuliert juristisch ein „Vertragswerk zwischen Faust und Mephisto: ‚Pakt und Wette'", aus „Grundabmachung" (zwei Paragraphen), einer „freiwilligen Zusatzklausel" (ein Paragraph) und einem „Appendix" (S. 77).
4. Sudau stellt den Zusammenhang mit Fausts Fragenkatalog her (1675 – 1687); er stellt fest: „Einhelligkeit, ja selbst innere Widerspruchsfreiheit der Interpretation wird hier schwerlich zu erzielen sein", und diskutiert dazu drei seiner vier „Verwirrmomente", die ich bitte, dort nachzulesen (S. 78).
5. Sudau untersucht die Auslegungen Requadts, Hohefelds und Weigands unter dem Aspekt „Wette als Zusatz zum Pakt", und diskutiert zwei Argumente „für die Außerkraftsetzung des Paktes durch die Wette" (S. 81).
6. Seine fünf Doppelbödigkeiten sollen die Frage nach Gewinn oder Verlust der Wette beantworten, was in der Szene

„Grablegung" anstehen soll. Sudau erkennt: „Nur ein Schluß läßt sich aus dieser postmortalen Posse ziehen: Der Herr – und Goethe – nehmen den aus Teufelsbund und Titanenwette bestehenden Kontrakt schlichtweg nicht ernst, sie machen sich einen grandseigneuren Spaß daraus!" „Die Paktszene war ein Wortgeplänkel unter Unbefugten" (S. 100).

Trunz erklärt, daß die Wette wegen des Prologs nur eine begrenzte Bedeutung habe, daß es keine normale Wette sei, sondern eine Vereinbarung, ein Mittelding von Pakt und Wette (S. 537, 540).

Dietze stellt fest, daß die Wette kein Pakt sei, weil ein Pakt ein „Herr-Diener-Verhältnis zwischen übernatürlichen und menschlichen Kräften reflektiere", daß die Wette ein „Vertrag in der besonderen Form einer Wette sei" und schließt: „Wette statt Pakt – welche tiefeingreifende, revolutionäre Veränderung des Fauststoffes!" (S. 639).

Beutler deutet: „Die Paktszene faßt noch einmal alle Motive zusammen, die Faust zu seinem frevelhaften Bunde führen" (S. LXIV).

Ada M. Klett hat in ihrer Arbeit „Der Streit um Faust II seit 1900" (Jena, 1939) eine Untersuchung an 44 Kommentatoren über die Faust-Mephisto-Wette vorgelegt. Sie hat zusammengezählt, daß
— 21 Faustforscher zu dem Ergebnis gekommen sind, Faust habe die Wette gewonnen,
— 13 Forscher erklärten, Faust habe die Wette verloren,
— 10 Forscher herausgefunden haben, Faust habe die Wette zwar im Sinne des Wortlautes verloren, sie aber auf höherer Ebene gewonnen.

Alle Faustforscher hatten selbstverständlich ihre eigene Beweiskette. Die letzten zehn haben nicht gesagt, was sie unter „höherer Ebene" verstehen. Das sind drei verschiedene Deutungsergebnisse, jedes von mehreren Forschern getragen. Alle drei zugleich können nicht richtig sein. Daraus folgt, daß die Fragestellung falsch ist. Tatsächlich ist die Frage nach Gewinn oder Verlust der Wette für den Ablauf des Dramas ohne Bedeutung (Teil 2.2).

Nach meiner Auffassung ist eine Theorie richtig, wenn alle Forscher aufgrund objektiver Textanalyse zum selben Ergebnis kommen. Allein deren Uneinigkeit beweist, daß sie falsch liegen. Solche widersprüchlichen Ergebnisse können nur aus jeweils spezifischen philosophischen Haarspaltereien der Autoren entstehen. Diese sind wohl geschrieben nur für die Fachkollegen oder gegen sie, nicht aber für den Leser, der die eindeutigen großen Zusammenhänge sucht, die immer auf einfachen Gedankengängen beruhen. Ich kann verstehen, wenn gutgläubige Leser Interpretationen wie die obigen beiseite legen und meinen, Faust sei doch schwer.

Es gibt auf Fausts und Mephistos Lebensweg mindestens sechs Situationen, in denen Mephisto kurz vor dem „Gewinn der Wette" steht. Jedes Mal wiegelt Mephisto ängstlich – und hilfreich, wie wir sehen werden – ab und hindert Faust, das Schlüsselwort zu sprechen (Teil 2.2). Diese Szenen können nur verstanden werden, wenn Mephisto nicht der christliche Teufel ist und nicht „das Böse schlechthin" (Beutler, S. LXIII) und nicht der Verneiner. Die widersprüchlichen Bewertungen der Wette sind damit auch ein Argument gegen die Konstruktion der „Himmlischen Rahmenhandlung".

Zusammenfassend können wir feststellen:
1. Die Wette Faust-Mephisto wird durch die höherrangige und prädestinierende Wette Herr-Mephisto bedeutungslos. Die Frage nach dem Wettgewinn ist deshalb gegenstandslos. In Rahmen dieses Kommentars ist die Wette für das Drama kein Thema, schon gar nicht ein zentrales Thema.
2. Die verschiedenen und teilweise konträren Auffassungen über den Ausgang der Wette Faust-Mephisto beweisen die Inkonsistenz der Deutungen auf dieser Grundlage.
3. Die Wette Faust-Mephisto kommt nach ihrem Abschluß im ganzen Verlauf des Dramas nicht mehr vor. Wo die Handlung in die Nähe des „Wettgegenstands" kommt, wiegelt Mephisto ab, statt einen „Wettgewinn" zu fordern. Die Wette also darf – in jeder Auslegung – für den Verlauf des Dramas keine bedeutende Rolle mehr spielen.

Der Erdgeist

Die Erdgeistszene (481 – 517) war im Urfaust das Zentralthema. Sie ist es in der Endfassung geblieben (Teil 2.1). Sie steht für Goethes Lebensbild von der Polarität allen Lebens (Teil 1.5) und bedeutet für Fausts Lebensweg „das Gesetz, wonach du angetreten" (Urworte orphisch). Die Geister und Mephisto sind, um das bildhaft auszudrücken, die Vollzieher dieses Gesetzes auf Fausts

Lebensweg (Teile 2.1 bis 2.3). Aber dieses im Fausttext von Vers 354 bis Vers 11603 nachweisbare Goethethema steht im Widerspruch zur „Himmlischen Rahmenhandlung" und also auch im Widerspruch zur Umdeutung der Goethedichtung in ein Drama des Menschen der sogenannten christlich-abendländischen Kultur.

Erdgeist oder Himmlische Rahmenhandlung: hier liegt die Entscheidung für die Deutung des ganzen Faust. Beides nebeneinander, das schließt sich aus.
Die Vertreter der Rahmenhandlung helfen sich auf zweierlei Weise: entweder wegdeuten oder verschweigen. Der ebenfalls den ganzen Faust bestimmende Geisterchor (1607 – 1626) wird von den meisten Faustforschern gar nicht erwähnt.

Trunz gibt in seinem Nachwort zur Hamburger Ausgabe (S. 470 – 504) eine kurze Entstehungsgeschichte von Goethes Faust und auf 25 Seiten eine Werksbeschreibung. Darin steht kein Wort über die Erdgeistszene und über die Geisterszenen und deren Bedeutung für das Drama. In den Textanmerkungen an der Stelle „Geist der Erde" (S. 519 – 521) hat Trunz drei Seiten Platz für allgemeine Bemerkungen zur Herkunft des Geisterglaubens und seiner Bedeutung im 16. bis 18. Jahrhundert. Zur Bedeutung des Erdgeists im Drama Faust und für das Drama sagt er jedoch nichts.
„Die Selbstschilderung des Erdgeistes ist eine im Stil der Goetheschen Jugendhymnen geschriebene großartige Darstellung des irdischen Lebens im Ganzen ... Die Erdgeistszene ist seine Erfindung, sie gehört nicht zu dem überlieferten Fauststoff ... Der Erdgeist gehört der ersten Arbeitsperiode an. Damals dachte Goethe wohl noch nicht an den ‚Prolog im Himmel'. Für Faust bleibt später unklar, wo Mephistopheles herkommt und ob er mit dem Erdgeist zusammenhängt ... „Webe hin und her". Das von Goethe gern benutzte Webe-Gleichnis als Ausdruck für Verbindungen schaffen, etwas herstellen." (S. 520, 522).

Zur Szene „Wald und Höhle":
„Faust sagt fortfahrend, der Erdgeist habe ihm den Gefährten gegeben (3243), Mephistopheles. Damit ist nicht gesagt, daß Mephistopheles von dem Erdgeist kommt, sondern nur, daß Faust es so deutet. Der Leser, der den ‚Prolog im Himmel' kennt, weiß es besser. Entscheidend ist, daß Faust, nachdem seine edleren Seiten sich ausgesprochen haben, zugibt, daß er den Teufel nicht mehr entbehren kann ... Daß manches in diesem Monolog nicht recht zu dem Anfangs-

monolog paßt, hängt natürlich mit der Entstehung in ganz verschiedenen Lebensepochen zusammen." (S. 558)

Hierzu:
1. Daß er „den Teufel nicht entbehren kann", kommt in diesem Monolog nicht vor (3217 – 3250). Trunz verändert damit die Bedeutung der Szene. Nur so kann er sein persönliches Interpretationsschema retten.
2. Um sein Argument zu stützen, unterstellt er Goethe, den Überblick verloren zu haben.
3. Beides ist intellektuell unredlich.

Trunz wiederholt den Vorwurf gegen Goethe in seinen Anmerkungen zur Szene „Trüber Tag. Feld" (S. 576 – 578). Seine Bemerkung zum Text „Drangen wir uns dir auf, oder du dich uns?" beginnt: „Der Satz ist eine der geschickten mephistophelischen Verdrehungen unter Ausnutzung der Situation", und die Fortsetzung ist das Musterbeispiel für die Voreingenommenheit seiner Deutung (Teil 2.1). Ich bitte, es dort nachzulesen.

Dietze erwähnt das Thema Erdgeist im Nachwort zur Berliner Ausgabe ebenfalls nicht (S. 621 – 652).

Erler gibt in den Texterläuterungen dieser Ausgabe an der Stelle „Erdgeist" einige Worterklärungen, ohne die Bedeutung für das Drama anzusprechen (S. 676). Zum Faustmonolog in der Szene „Wald und Höhle" erklärt er (S. 691):

„Dieser Monolog hat die ältere bürgerliche ‚Faust'-Forschung zu abstrusen Spekulationen über die ‚Geisterhierarchie' des Faust veranlaßt, die sich auf einen ‚Widerspruch' zwischen dem ‚Prolog im Himmel' und der Szene ‚Wald und Höhle' bezogen ... Diese angeblich widersprüchliche Teufelsgenealogie erklärt sich aus der langwierigen Entstehungsgeschichte und ist für das Verständnis der Dichtung völlig belanglos."

Beutler, der in der Literatur auch als „Papst der Goethe-Forschung" bezeichnet wird, formuliert noch extremer (S. 543 und 556):

„Die Rolle des Erdgeistes im Stück ist, infolge der Entstehung zu verschiedenen Perioden, nicht einheitlich ... Als Goethe sich 1797 entschloß, das Stück in engerem Anschluß an die Sage in einen christlichen Rahmen einzuspannen, ward Mephisto vom Erdgeist gelöst, ward wenigstens für Teil I der Dichtung eindeutig christlicher Teufel ..."

„Als Goethe aber 1788 in Rom die Szene ‚Wald und Höhle' schuf, war dieser Teufelspakt und auch der Prolog im Himmel und der Abschluß des Ganzen am Ende von Faust II noch nicht gedichtet, sondern alles mehr die Dichtung von einem Magier, der sich über das Leben mit der Natur und den Naturgeistern auseinandersetzt; nach diesem Plan war Mephisto Faust zugesellt von dem in V. 460 beschworenen Erdgeist. Goethe hat später diese Unstimmigkeit, die sich in der Szene ‚Trüber Tag. Feld' wiederholt, nicht geändert."

Auch Beutler hält an dem Rahmen und der christlichen Deutung fest und unterstellt Goethe lieber einen Fehler, als daß er nach einer konsistenten Interpretation des Dramas suchte.

Sudau geht noch weiter. Auch er übernimmt denselben Ansatz, aber er nimmt die daraus entstehenden Widersprüche nicht nur hin, sondern er rechtfertigt sie (S. 28 f):

„Es verwundert nicht, wenn ein solches Bauwerk eine Reihe von Nähten, Brüchen und Lücken aufweist. Um einige dieser Inkongruenzen zu benennen", (er kommentiert jetzt die Szenen „Wald und Höhle" und „Trüber Tag. Feld" und fährt fort): „Man muß sich grundsätzlich von dem Gedanken frei machen, Faust sei die konsequente und widerspruchsfreie Verkörperung einer abstrakten Konzeption."

Sudau zitiert Goethes Wort: „Je inkommensurabler und für den Verstand unfaßlicher eine poetische Produktion, desto besser" (zu Eckermann, 6.5.1827), und sagt:

„Mit diesem Postulat der Inkommensurabilität ... nimmt Goethe Theoreme moderner Rezeptionsästhetik (angebahnt in Roman Ingardens Begriff der Unbestimmtheitsstellen, fortgeführt in Wolfgang Isers Kategorie der Leerstellen) vorweg, und es ist heutzutage Allgemeinplatz, daß gerade die Uneindeutigkeiten und Nichtstimmigkeiten eines Werkes die fruchtbare Gedankentätigkeit des Lesers erst eigentlich aufreizen. Freilich kann die Inkommensurabilität nicht als Freibrief jeglicher Formbeliebigkeit und Aussagebrüchigkeit verstanden werden – dann begäbe sich die Wissenschaft all ihrer Maßstäbe und letztlich ihrer analytischen Aufgabe."

Das ist nun wirklich „Professorenphilosophie für Philosophieprofessoren". Sudau übersieht, daß Goethe in dem Zitat das Wort „inkommensurabel" einengt in „für den Verstand unfaßlicher" und damit hinweist auf seine anderen Maßstäbe für die Poesie (Teil 1.4). Und daß etwas Allgemeinplatz sei, dem halte ich entgegen, daß der consensus omnium kein Richtigkeitsbeweis ist.

Zusammenfassung:
1. Sowohl die trotz zweifelhafter Argumente mit großem Aufwand betriebene Wegdeutung des Erdgeistthemas durch die namhaften Interpreten, wie auch die Nichtbeachtung dieses Themas durch viele andere Interpreten unterstreichen seine Bedeutung für das Drama.
2. Die Erklärung für das Verbleiben des Themas im Drama durch dessen lange Entstehungsgeschichte und durch Goethes Vergeßlichkeit ist das schwächste der denkbaren Argumente.
3. Innerhalb der „Himmlischen Rahmenhandlung" ist das Erdgeistthema im Drama überflüssig, ja störend.
4. Da diese Rahmenhandlung auch in anderen Bereichen (z.B. Seite 27) zur Inkonsistenz der Deutungen führt, muß die richtige Auslegung den Erdgeist als zentrales Thema enthalten.

Systematisierung

Wir werden uns später mit Goethes Erkenntnismitteln und seinem Lebens- und Weltbild befassen und dabei die Quellen ansprechen, aus denen er seine Werke bezieht. Das sind die Urbilder; Plato nennt sie Ideen, Goethe gebraucht dafür oft das Wort Urphänomene, und Heisenberg spricht von „Formen des unbewußten Bereichs der menschlichen Seele, Bilder von stark emotionalem Gehalt, die nicht gedacht, sondern gleichsam malend geschaut werden" (Schritte, S. 45). Das, und nicht der Intellekt, sind Goethes Quellen, und deshalb kann Goethe nicht und kann Faust nicht durch die schon zitierten Kopfgeburten erklärt werden. Wir haben gesehen, zu welchen Fehlinterpretationen das System „Himmlische Rahmenhandlung" geführt hat, das die meisten Interpreten übernommen haben. Daß dies noch überbietbar ist, erleben wir in den Versuchen zur Systematisierung des Dramas.

Sudau legt eine „Strukturskizze zu Goethes Faust" vor (S. 138/139), einen gewaltsam konstruierten Organisationsplan mit sechs Hierarchiestufen (die sechste nochmals unterteilt in sechs Stationen und eine Zwischenstation) und einer Digression (Abschweifung), alles exakt in Kästen eingerahmt:

1. Autobiographische Metareflexion (Zueignung)
2. Poetologische Metareflexion (Vorspiel auf dem Theater)

3. Himmlische Rahmenhandlung = metaphysische Versuchsanordnung (Prolog im Himmel)
4. Irdische Binnenhandlung (Nacht bis Großer Vorhof des Palastes)
5. Zwischenstation: Existenzkrise (Nacht, Vor dem Tor, Studierzimmer I/II)
6. Pakt und Wette; Weltfahrtprogramm = irdische Versuchsanordnung (Studierzimmer II).
    Darin:
    1. Station: Trinkgelage (Auerbachs Keller)
    2. Station: Begierde und Liebe – Gretchen (Straße bis Kerker)
    3. Station: Ungezügelte Sinnlichkeit (Walpurgisnacht)
                   Blitzlicht der Himmlischen Rahmenhandlung (Kurzepilog: Ist gerettet!)
    4. Station: Höfische Welt (1. Akt)
    5. Station: Schönheit, Kunst (2. und 3. Akt)
    6. Station: Herrscher- und Unternehmertum (4. und 5. Akt)
                   Abschluß der irdischen Binnenhandlung (Großer Vorhof des Palasts)
                   Abschluß der Himmlischen Rahmenhandlung (Epiloge Grablegung und Bergschluchten)

Neben Kasten 6 steht ein Kasten für die Digressionen: Universitätssatire, Hexenküche, Walpurgisnachtstraum, Mummenschanz, Homunkulus, Erzämterverteilung.

Eine Bemerkung kann ich nicht zurückhalten: Homunkulus ist das Bild, das Goethe gebraucht, um das Verhältnis der abendländischen zur griechischen Kultur zu beschreiben (Teile 2.4 und 2.6). Dieses unter Abschweifungen einzuordnen, geht wirklich am Sinn des Faustdramas vorbei. Sudaus System ist die nach meiner Kenntnis krasseste Systematisierung des Faust. Das ist ein Faustfahrplan, den ich nicht weiter kommentiere, er spricht gegen sich selbst. Ich bitte aber, nach der Lektüre des Teiles 2 dieses Kommentars, ihn hier nochmals nachzulesen.

Neben diesem zusammenschnürenden Korsett stehen die zergliedernden Systeme, in denen das Drama Faust in eine Ansammlung von Tragödien, Krisen und Satiren zerlegt wird. Ich wiederhole sie hier, angelehnt an die Zusammenstellung von Trunz (S. 483 und S. 696): Die Gretchentragödie, die Gelehrtentragödie, die Helenatragödie, die Tragödie der Erkenntnis, die Tragödie des Lebenshungers, die Tragödie des Titanismus, die Tragödie des Teutonismus, die Herrschertragödie, die Tragödie des Erkennenden, die des Liebenden, die des künstlerisch Gestaltenden. Dazu: die Erkenntniskrise, die Existenzkrise, die Universitätssatire.

Die entsprechenden Partien im Drama werden oft ausführlich unter dem jeweiligen Tragödienthema behandelt, oft genug als eigenständige, isolierte Episode. Der Zusammenhang mit Fausts Entwicklungsweg geht dann verloren, und es entstehen Verzerrungen, wie etwa Fausts Titanismus. So entstand auch der bis heute noch andauernde Streit zwischen Unitariern und Fragmentisten, ob denn Goethes Werk als Einheit oder als Konglomerat verstanden werden müsse.

Die Systematisierungsversuche reichen bis in die Ebene der Details, wo sie mit Hilfe graphischer Schemata sogar den Bereich der Seele zergliedern und zerdenken. Sie erinnern oft an C. G. Jungs schematisierte und mathematisierte Seele. Die folgenden Beispiele sollen zeigen, was ich meine, (siehe Anhang – Grafiken: „Mephistos Selbstcharakteristik" sowie: „Auerbachs Keller in Leipzig").

Ideologische Interpretationen

Es geht hier um intime Subjektivität, um unerbetenes Outing, wie das heute auch bei uns heißt, um Entblößung und zuletzt gar um Selbstentlarvung des Autors. Diese emotionsbelasteten Interpretationen beginnen harmlos mit Schlagworten gemäß der vorherrschenden Kunst- und Denkmode und enden zuletzt bei ideologischen Verwirrungen. Sie sind Fehldeutungen und reichen von Übermensch bis Teutonismus, und enden zuletzt beim „Schock" wegen „Inanspruchnahme".

Zuvor die Standortbestimmung:
Die großen kulturbestimmenden Stile entwickeln sich in langen Perioden. Am Straßburger Münster haben zehn Generationen stilsicher und ohne jeden Zweifel an den künstlerischen Maßstäben gebaut. Der Stil begründete sich aus sich selbst und bedurfte keiner Erklärung. Im Verlauf der Zeit wurden die Innovationszyklen kürzer, die Inhalte verwässerten zu Kunstmoden, bis sie sich ganz von der Kunst ablösten und nur noch Mode im Kunsthandwerk wurden.

Die Romantik war eine Epoche von knapp zwei Generationen mit einem überhitzten Höhepunkt von gerade einer Generation, zwischen dem Erscheinen von Faust I und Faust II. Die geistige Position der Romantik, ihr überspitzter Subjektivismus, erklärte sich nicht aus sich selbst, sondern als Gegenposition zu der verstandesmäßigen Strenge und Gesetzlichkeit der vorausgegangenen Zeit der Aufklärung und des Klassizismus. Kulturgeschichtlich gesehen ist die Romantik eine Modeerscheinung von gut einer Generation. Die Romantik hat aus Faust einen Übermenschen gemacht. Diesen Begriff, der im 16. Jahrhundert als Spottname für Lutheraner galt, gebrauchte der Erdgeist gegenüber Faust ironisch für den derzeit kümmerlichen Faust (490). Die Romantik hat mit vollem Ernst ihr übersteigertes Lebensgefühl in die Gestalt Faust hineinprojiziert, ihren Zeitgeist eben. Man kann das erledigen mit Goethe: „Was ihr den Geist der Zeiten heißt, das ist im Grund der Herren eigner Geist" (577 – 587). Damit ist der Begriff Übermensch ungeeignet für eine seriöse Faustdeutung, ganz abgesehen davon, daß er, auf Faust angewendet, falsch ist, weil Faust ein ganz anderer Typus ist (Teil 2.2). Doch die Faustforschung beschäftigt sich bis heute damit. Warum?

Die Übermenschdiskussion wurde aufgebläht durch die Begriffe Titanismus und Teutonismus. Der zweite Begriff ist ein politischer Kampfbegriff, erfunden von Ideologen, die sich auf diese Weise outen. Das ist eben „der Herren eigner Geist". Man kennt die Absicht. Solche Begriffe gehören in die Parteienliteratur. Bedauerlich, daß sie in die Faustdiskussion hineingetragen werden, auch von Autoren, denen man sonst das Bemühen um Seriosität nicht absprechen kann.

Ein weiteres politisches Schlagwort, das nicht in die Faustdiskussion gehört, ist „Inanspruchnahme". Gemeint ist auch hier politischideologische Inanspruchnahme. Sudau schreibt (S. 177):
> „Die Faustphilologie der Nachkriegszeit stand unter dem Schock der nationalsozialistischen Inanspruchnahme des faustischen Mythos: Fausts solchermaßen interpretierter Titanismus hatte katastrophal geendet."

Ebenso könnte Sudau einen Schock empfinden
— über die Inanspruchnahme des Dramas durch die Romantik, denn die hat aus Faust den Übermenschen gemacht (siehe oben);
— über die Inanspruchnahme des Dramas durch die Faustforschung des 19. Jhdts., denn die hat dem Übermenschen den Titanismus zugeschrieben;

— über die Inanspruchnahme des Dramas durch die Faustforschung bis heute, denn die benutzt Faust, bis heute, als Repräsentant der Menschheit (siehe folgenden Abschnitt).

Anstatt darauf hinzuweisen, daß weder Goethe noch die von ihm geschaffene Gestalt Faust sich nach 150 Jahren dagegen wehren können, anstatt jede Inanspruchnahme, auch jede vermeintliche Inanspruchnahme und ihre Diskussion darüber aus dem Bereich der Faustliteratur auszuschließen, rechtfertigt Sudau mit seiner Feststellung die politische Diskussion am Thema Faust, wozu denn auch paßt, daß er drei Sätze später ausführt:

„Die marxistische Faustforschung ... sieht im Faust ein geschichtsphilosophisches Entwicklungsdrama; im Protagonisten verkörpere sich die Menschheit in ihrer geschichtlichen Entwicklung – zum freien Volk auf freiem Grund hin, der mehr oder minder subtil zur sozialistischen Provinz erklärt wird."

Wenn Sudau das nicht für Inanspruchnahme hält, disqualifiziert er sich – zumindest partiell – als einen Ideologen, der Kultur und Zeitgeist nicht unterscheiden kann oder es nicht will. In die seriöse Faustdiskussion gehören weder Inanspruchnehmer noch Leute, die über Inanspruchnahme diskutieren. Faust ist ein kulturgeschichtliches Thema, kein politisches.

Faust als Repräsentant

Faust als Repräsentant der Menschheit ist das Thema vieler Faustforscher bis in unsere Zeit. Sie sehen im Goethedrama „Weltspiel und Menschheitsdrama", wie Sudau (S. 39).

Beutler, 1953, S. 100:
„Goethe hat seinen Faust als zeitloses Vermächtnis an die Menschheit geschrieben."
Trunz, 1996, S. 481:
„Das Faustdrama zeigt ein Weltgeschehen zwischen Gott und Mephistopheles und zeigt es an einem einzelnen Menschen ... Doch gerade dadurch, daß er sich an den Grenzen des Menschseins bewegt, wird das Wesen des Menschen deutlich."
Sudau, 1993, S. 39:
„Goethes Faust ist der Versuch einer geistigen Durchdringung des Weltganzen. Das Drama verkündet poetische Weissagungen über letzte Weltgeheimnisse: über den Sinn

der Schöpfung, den Stellenwert des Bösen, die Bestimmung des Menschen."

Kobligk, 1982, S. 103, stellt in „Faust I" fest, daß Faust die Menschheit nicht als deren statistisches Mittel repräsentiere, sondern als „Idealtypus in dem Sinne, daß er alle positiven und negativen Wesensmerkmale des Menschen in sich vereinigt." „Des Menschen", sagt Kobligk ganz allgemein. Das ist genau der historische Standort, von dem aus heute Philosophen und Theologen von einer Weltethik schwärmen.

Dazu:
1. Goethes Drama bewegt sich geographisch gesehen zwischen Oberem Peneios und Schierke im Harz, zeitlich gesehen zwischen 900 v.Chr. und 1500 n.Chr., geistesgeschichtlich gesehen zwischen Homer und Goethe und religionsphilosophisch gesehen zwischen Paulus und Papst. Es beschreibt in allen Bereichen nur einen kleinen Ausschnitt der Menschheit und der Welt.
2. Ein indischer Hinduist, ein laotischer Buddhist, ein chinesischer Taoist werden sich weder geographisch noch zeitlich, geistesgeschichtlich oder religionsphilosophisch mit dem Fauststoff identifizieren, sondern ihn für eine europäische oder – eingeschränkt – für eine europäisch-abendländische Aussage halten, also für einen kleinen Teil der Menschheit und der Welt.
3. Menschheit und Welt zu vertreten von Anfang bis Ende resultiert aus dem Totalitätsanspruch orientalischer, monotheistischer Religionen mit ihrer Forderung nach dem consensus omnium und ihrer Aufforderung zur Mission. In Europa werden diese Ansprüche seit 1500 Jahren vom orientalisch-hebräischen Christentum erhoben.
4. Deswegen wird das Drama Faust von denjenigen Interpreten auf Menschheit und Welt ausgedehnt, die auch die „Himmlische Rahmenhandlung" in das Drama hineininterpretieren, obwohl beides im Drama nicht enthalten ist.

Faust als Repräsentant der christlich-abendländischen Kultur, das ist die andere Behauptung der Vertreter der „Himmlischen Rahmenhandlung".
Unter diesem Kulturbegriff wird von der Faustforschung der Aspekt „abendländisch" kaum diskutiert, als kulturgeschichtliches Phänomen gar nicht erwähnt, höchstens als datengeschichtliches Faktum am Rande angesprochen.

Der christliche Aspekt dieses Kulturbegriffs wird dagegen von der Faustforschung ausführlich debattiert. Allerdings sagen die Forscher nicht, ob sie das Bibelchristentum oder das Kirchenchristentum zugrunde legen. Jedenfalls verwenden sie die Moralbegriffe Gut, Böse, Sünde und Schuld und die – zwischen Papstchristentum und Lutherchristentum bis heute umstrittenen – Heilsbegriffe Gnade und Erlösung in ihren Interpretationen des Faustdramas. Von den Faustforschern werden jedoch die christlichen Moral- und Heilsbegriffe im Sinne der wechselnden Philosophierichtungen gebraucht (siehe in den obigen Ausführungen zu „das Seiende" und „Entelechie"), was auch – zum Teil, aber nicht allein – die Zurückhaltung der Christen gegenüber dem Drama Faust erklärt (dazu Teil 2.2).

Beide Aspekte der „christlich-abendländischen Kultur" sind in der Faustforschung jedenfalls nicht definiert, und die christlichen Ausgangslagen wie auch die christlichen Begriffe werden wie selbstverständlich und mit Beliebigkeit angewendet, so daß man nicht erkennen kann, für welche Kultur Faust der Repräsentant sein soll. Man kommt wieder zu der Feststellung, daß auch die Repräsentantenfrage aus einer im Goethe-Faust nicht vorhandenen „Himmlischen Rahmenhandlung" folgt, die die Faustforschung unter fast hypnotischem Zwang voraussetzt.

Noch abenteuerlicher ist die Behauptung, das Abendland sei aus Griechentum und Christentum hervorgegangen. Die Geschichtsforschung hat das widerlegt; sie hat dagegen die Eigenart und Eigenständigkeit der Weltkulturen festgestellt (Spengler in zwei Bänden, Toynbee in neun Bänden, denen sich nach anfänglichem Zögern die meisten Historiker angeschlossen haben). Das Erstaunliche aber ist, daß Goethe diese Erkenntnis vorweggenommen hat (Teile 2.4 bis 2.6). Das ganze Faustdrama, aus seinem Text gelesen, beschreibt, wie sich das sich selbst als Kultureinheit erkennende Abendland gegen die vorher schon etablierten und damals beherrschenden Einflüsse von Griechentum und Christentum durchgesetzt hat. Goethe hat diese im Faust verdeckte Aussage in den „Urworten orphisch" ganz präzise angesprochen:

„Und keine Zeit und keine Macht zerstückelt
geprägte Form, die lebend sich entwickelt."

Folgerichtig stehen im Faustdrama nicht die Moralbegriffe Gut und Böse und Schuld, und nicht die Heilsbegriffe Gnade und Erlösung im Zentrum der Behandlung. Statt dessen behandelt Goethe gemäß seinem Lebens- und Weltbild (Teil 1.4) zentral das Thema Tat und Schicksal, und zwar in „der unmittelbar wirklichen Welt, in der unser Tun Folgen hat, denen wir uns stellen müssen." So Heisenberg in seinem Aufsatz „Das Naturbild Goethes und die technisch-naturwissenschaftliche Welt" (Schritte, S. 219).

Wenn wir zum Thema Faustforschung ein Fazit ziehen wollen, dann dieses: Seit über 150 Jahren haben Generationen von Germanisten, Philologen, Philosophen und – ich wiederhole – leider auch Psychologen über das Thema Faust philosophiert, promoviert, Abhandlungen verfaßt, Bücher geschrieben. Sie haben gelehrte Arbeiten abgeliefert und dabei oft unter dem Zwang zur Originalität textfremde Begriffe und textfremde Konstruktionen in das Faustdrama hineininterpretiert, je nach Sicht oder Absicht des Autors. Begriffe wurden ausgedeutet, umgedeutet, bestätigt oder verworfen. Schon darin zeigt sich die Ungenauigkeit der Gedanken. Dabei entfernten sich viele dieser Interpretationen immer weiter vom Text, den Goethe in das Drama hineingeschrieben hat.

Die Notwendigkeit, immer wieder auf den Text als der allein zulässigen Grundlage für jeden Kommentar hinweisen zu müssen, ist schon für sich ein Zeichen für die Verfremdung des Dramas Faust. Die oben besprochenen Beispiele aus der Faustforschung sind ein Beitrag für diesen Kommentar, insofern ihre Aussagen
1. für die weitere Betrachtung ausgeschlossen werden können und
2. Hinweise geben auf die richtige Deutung und den Blick schon in die richtige Richtung lenken.

Dennoch:
In diesem Berg von Literatur sind alle Details bereits behandelt, alle Gedanken sind gedacht, wie Wegweiser fand ich sie bei der Suche nach den Zusammenhängen; ich werde sie zitieren. Also: alles ist schon gesagt, fast alles. Die Teile haben wir in der Hand. Schwieriger ist's mit dem geistigen Band (1938 f).

Nachdem ich aus Faust herauslese, daß Goethe damit das Entwicklungsdrama eines Menschen seiner Zeit unter den kulturgeschichtlichen Einflüssen seiner Zeit geschrieben hat; nachdem ich unter diesem Aspekt eine konsistente Deutung des Dramas gefunden habe; nachdem diese Tatsache die Richtigkeit der Deutung bestätigt: nach allen diesen Aspekten wird in dieser Interpretation von Kultur und Geschichte die Rede sein.

Ich weiß, daß sogar diese beiden Begriffe heute schon mit abwertendem Akzent ausgesprochen werden. Noch negativer werden Detailbegriffe aus diesem Bereich und deren Inhalte abgehandelt und verfälscht. Dazu gehören z.B.: griechische Kultur, orientalischer Mythos, Abendland, nordische Mythologie, Prägung, Schuld, Tat, Schicksal. Solche Begriffe sind zwar von einer langen und internationalen Geschichtsforschung so präzisiert worden, daß sie nahezu als objektiv gelten können, und doch werden sie heutzutage subjektiv umgedeutet und in ein meist politisches Zeitbild mit politischen Wertungen gepreßt. Da aber jeder Kundige die historischen Zuordnungen kennt, werde ich diese Begriffe verwenden, und zwar so objektiv, wie sie von der Geschichtsschreibung geprägt wurden. Allein damit kommt man zu der konsistenten Deutung.

Deshalb werde ich diesem Kommentar die Bedingungen aus dem folgenden Teil 1.2 zu Grunde legen. So werden wir den Zusammenhang finden und das geistige Band entdecken, das Goethe in sein Drama hineingelegt hat. Ermutigt dazu bin ich von dem Germanisten Hofmiller, der über die Goetheliteratur schrieb (Umgang, S. 63):

„Unsere Zeit ist überreich an bestechenden Synthesen, an gediegenen Analysen ist sie arm. Auf allen Gebieten sehen wir heute Anfänger nach scheinbedeutenden Konstruktionen greifen, die nicht Liebe zur Sache geschaffen hat, sondern Selbstbespiegelung des Autors. Über Goethe erscheinen Bücher, so kokett gescheit, so schwer geschrieben, daß sie der alte Herr vermutlich nicht verstünde. Klarheit ist in unserer Kunstschriftstellerei ein Vorwurf geworden, Sachlichkeit ein Verdacht und Schlichtheit ein Verruf. Aber was wir brauchen sind nicht Abstraktionen, sondern Substanz – Bücher, bei denen Goethe nicht Vorwand ist, sondern Gegenstand; die zu ihm hinführen, nicht von ihm weglenken."

1.2 Regeln für die Interpretation

Wir haben gesehen: Die Faustforschung, die sich auf Philosophie stützt, ist nicht in der Lage, eine eindeutige, nachvollziehbare Interpretation zu finden. Sie liefert subjektive, vermehrbare Deutungen. Sie kann das Drama als geschlossene Einheit nicht erklären. Ihre Ansätze führen zu „Brüchen", „Inkongruenzen", „Inkonsequenzen", „Unbestimmtheitsstellen", „Widersprüchen". Das alles sind Feststellungen der Forscher selbst (Teil 1.1).

Ich denke, daß Goethes Faust ein Werk von gedanklicher Geschlossenheit ist, ein „Weber-Meisterstück", um Goethes Bild zu gebrauchen (1922 – 1927), und daß das Faustdrama einen einfachen, durchgehenden Gedanken enthält, also ein „geistiges Band" hat, um auch das mit Goethes Bild zu sagen (1936 – 1939). Es liegt daher nahe, nach Maßstäben zu suchen, die die stimmige Deutung bringen. Sehen wir uns in der Nachbarschaft um.

Das Kennzeichen für die Richtigkeit einer physikalischen Theorie ist ihre Konsistenz. Darunter versteht man die Stimmigkeit ihrer Teile zueinander, die Durchgängigkeit der Gedankenführung, die Zwangsläufigkeit der logischen Folgerungen, die Widerspruchsfreiheit der mathematischen Schlüsse, schließlich die Eindeutigkeit der Definition ihrer beobachteten Elemente. Damit, sagt Heisenberg, erhält eine Theorie „einen eigentümlichen Charakter von Geschlossenheit. Man findet Strukturen, die so ineinander verknüpft und verschlungen sind, daß man eigentlich an keiner Stelle mehr Änderungen vornehmen kann, ohne alle Zusammenhänge in Frage zu stellen." (Schritte, S. 41). Um diese physikalischen Merkmale zu verdeutlichen, vergleicht sie der Nobelpreisträger Steven Weinberg mit Beispielen aus der Kunst:

„... das Gefühl der Zwangsläufigkeit. Wenn man einem Musikstück oder dem Vortrag eines Sonetts lauscht, empfindet man bisweilen ein stark ästhetisches Vergnügen an dem vom Werk vermittelten Eindruck. Nichts daraus dürfte geändert werden, nicht ein Ton, nicht ein Wort möchte man anders gesetzt sehen. Bei Raffaels „Heiliger Familie ist die Anordnung der Figuren auf der Leinwand vollkommen." (Traum, S. 142). „Die Schönheit, die wir in physikalischen Theorien finden, ist von sehr begrenzter Art. Sie ist, soweit ich es in Worte zu fassen vermocht habe, die Schönheit der

Einfachheit und der Zwangsläufigkeit – die Schönheit der vollkommenen Struktur, die Schönheit, die darin liegt, daß alles zueinander paßt und nichts austauschbar ist, die Schönheit der logischen Strenge. Es ist eine karge, klassische Schönheit, wie wir sie in den griechischen Tragödien finden. Doch dies ist nicht die einzige Art von Schönheit, die in den Künsten wohnt. Ein Stück von Shakespeare besitzt diese Schönheit nicht, jedenfalls nicht im gleichen Umfang wie einige seiner Sonette ... es sind vielmehr vielschichtige, große Kompositionen, in deren Buntheit sich die Komplexität des Lebens widerspiegelt. Das ist ein Bestandteil der Schönheit seiner Stücke, einer Schönheit, die nach meinem Geschmack von höherem Rang ist als die Schönheit eines Stückes von Sophokles oder die der allgemeinen Relativitätstheorie." (Traum, S. 155 f.)

Das sind Zitate von Physikern, die die Verwandtschaft der Physik mit der Kunst zeigen. Das wird noch deutlicher werden, wenn wir (in Teil 1.4 und Teil 2.6) sehen werden, daß Wissenschaft und Kunst und Religion, daß alle Kulturäußerungen aus der gleichen Wurzel stammen. Ich denke, daß man jedes Wort der obigen Zitate auch auf die Literatur, soweit sie ein Kulturwerk ist, anwenden kann, also auch als Wegweiser bei der Interpretation von Goethes Faust gebrauchen muß, und daß man dann von einer solchen Beschreibung mit Werner Heisenberg sagen kann, „daß sie die meisten Chancen hat, die richtige zu sein." (Physik und Philosophie, S. XXXI).

Die Konsistenz des Dramas Faust – durchaus in dem Sinn, den dieser Begriff für eine physikalische Theorie hat – findet man mit zwei Voraussetzungen:
1. Das beobachtbare, für jedermann nachprüfbare Element ist der Text des Dramas. Da in der Umgangssprache das lebendige Wort niemals die enge Definition eines physikalischen Begriffs haben kann, muß die zutreffende Bedeutung aus dem Kontext gefunden werden, also wieder nur aus dem Text des Dramas.
2. Die innere Geschlossenheit des Dramas ist von nur einer Bedingung bestimmt, nämlich der, daß nur einer und nur ein einfacher Gedanke das gesamte Drama durchzieht und es zusammenhält. Diese Stimmigkeit findet man aus dem Textzusammenhang des ganzen Dramas und aus Goethes Menschen- und Weltbild, das als „Bruchstück einer großen Konfession" im Drama enthalten ist (Dichtung und Wahrheit II, 7).

Daraus ergibt sich in Erinnerung an die oben beschriebenen Fehler der Faustforschung die folgende Verbotsliste für den Interpreten:
— keine textfremden Begriffe und Konstruktionen gebrauchen
— keine subjektiven Erklärungen geben
— keine Wertungen aus Philosophie und Religion einführen
— keine eigenen, persönlichen Wertungen anwenden.

Goethe hat das Drama Faust aus seiner Sicht in die Kulturzusammenhänge gestellt, mit Menschenkenntnis und mit Geschichtskenntnis, nicht aber mit Psychologie und Historismus. Daher kann der Faust auch nicht aus dem Kopf erklärt werden, sondern man sollte sich bemühen, das dem Stoff und Goethe adäquate Erkenntnismittel anzuwenden, Goethes „Schauen" (Teil 1.4). Mit Hilfe der Gesamtschau auf das Faustdrama gewinnt man eine Deutung, die es als ein Werk von großer Geschlossenheit, von Eindeutigkeit und Einfachheit ausweist, eben als ein „Weber-Meisterstück".

1.3 Goethe zum Faust

In der Literatur wird immer wieder darauf hingewiesen, daß Goethes Überschriften mehr verhüllen als erhellen (Hofmiller, Umgang, S. 31), und daß seine Äußerungen – besonders zum Faust – mehr verdecken und verstecken als erklären. Warum?

Zum Faust hat Goethe Widersprüchliches gesagt. Er hat in seinen Briefen und Gesprächen viel zur Form und zur Handlung gesagt. Er hat aber nichts zur inneren Bedeutung des Dramas erklärt, im Gegenteil: hier hat er getäuscht bis zur Irreführung. Goethes Aussagen zum Faust erklären nie seine Aussagen im Faust. Das nicht beachtet zu haben, ist einer der Gründe für die Widersprüchlichkeiten und die Vieldeutigkeit der Faustinterpretationen seit 150 Jahren. Es ist klar, daß Goethes Aussagen zum Faust in dieser hier vorgelegten Deutung nicht zur Begründung verwendet werden.

Sehen wir uns einige Beispiele an:
1. Zu Eckermann, 6.5.1827:
   „Da kommen sie und fragen: Welche Idee ich in meinem Faust zu verkörpern gesucht. Als ob ich das selber wüßte und aussprechen könnte! Vom Himmel durch die Welt zur Hölle, das wäre zur Not etwas; aber das ist keine Idee, sondern Gang der Handlung. Und ferner, daß der Teufel die Wette verliert und daß ein aus schweren Verwirrungen immerfort zum Besseren aufstrebender Mensch zu erlösen sei, das ist zwar ein wirksamer, manches erklärender guter Gedanke, aber es ist keine Idee, die dem Ganzen und jeder einzelnen Szene im besonderen zugrunde liegt."
2. Zu Eckermann, 20.12.1829:
   „Der Euphorion ist kein menschliches, sondern ein allegorisches Wesen. Es ist in ihm die Poesie personifiziert, die an keine Zeit, an keinen Ort und an keine Person gebunden ist. Derselbige Geist, dem es später beliebt, Euphorion zu sein, erscheint jetzt als Knabe Lenker, und er ist darin den Gespenstern ähnlich, die überall gegenwärtig sein und zu jeder Stunde hervortreten können."

Im ersten Zitat hebt Goethe mit seiner Äußerung „das wäre zur Not" seine vorangehende Erklärung „vom Himmel zur Hölle" selbst auf, und Beutler erklärt in seinen Betrachtungen über Goethes Verhältnis zum Christentum (S. XLV): „Was aber sollte er mit einem Teufelsbündnis machen, das überwundene, unsinnige Sage war ... Wie sollte er einen Tragödienabschluß mit innerer Anteilnahme gestalten können, da Teufel, die es für ihn nicht gab, Faust in eine Hölle schleppten, die nicht vorhanden war?" Das obige Euphorionzitat widerlegt Goethe ebenfalls selbst in seinem Gespräch mit Eckermann vom 5.7.1827, in dem er Euphorion mit Lord Byron in Zusammenhang setzt und die Euphorionszene als Trauergesang auf dessen Tod bezeichnet. Im Paralipomenon Nr. 196 schließlich verhöhnt er sein Publikum: „Man wittert wohl Mysterien, vielleicht wohl gar Mystifikationen, Indisches und auch Ägyptisches ..."

Mit dem Hexeneinmaleins hat er seine Leser mehrmals genarrt, so auch am 28.3.1827 zu Eckermann: Es sei „dunkle Sprache, die sich immer auf demselben Fleck und immer in demselben Kreise bewegt." Die Faustforschung sprach lange von tiefsinnig sich gebendem Unsinn, von launiger Reimspielerei, von Rechenscherz, bis Ferdinand Mack darin die Beschreibung eines magischen Quadrats mit der „zauberkräftigen" Zahl 15 als Quersumme erkannte (3 Zeilen: 10, 2, 3 / 0, 7, 8 / 5, 6, 4).

Goethe hat noch an vielen anderen Stellen und zu anderen Details des Dramas Verwirrung gestiftet, um das „geistige Band" zu verbergen, das hinter der Dramenhandlung steht. Warum? Sehen wir weiter Goethes Äußerungen an.

3. Zu Eckermann, 18.4.1827:

„In der zweiten Hälfte ist zwar auch allerlei Verstand und Vernunft gebraucht und verarbeitet worden, allein es ist schwer und erfordert einiges Studium, ehe man den Dingen beikommt und ehe man mit eigener Vernunft die Vernunft des Autors wieder herausfindet."

4. Zu Johannes Daniel Falk, 21.6.1816:

„Ja, wenn ich es dahin noch bringen könnte, daß ich ein Werk verfaßte..., daß die Deutschen mich so ein fünfzig oder hundert Jahre hintereinander recht gründlich verwünschen und aller Orten und Enden mir nichts als Übles nachsagten; das sollte mich außer Maßen ergötzen."

5. An Karl Friedrich Zelter, 1.6.1831:

„... damit alles zusammen ein offenbares Rätsel bleibe, die Menschen fort und fort ergötze und ihnen zu schaffen mache."

6. In Paralipomenon Nr. 73, 17.12.1826:

„... wobei ich mein Geheimnis vor allen und jeden sorgfältig verwahre ..."

7. An Sulpiz Boisserée, 24.11.1831:

> „Mein Trost ist jedoch, daß gerade die, an denen mir gelegen sein muß, alle jünger sind als ich und seinerzeit das für sie Bereitete und Aufgesparte zu meinem Andenken genießen werden."

Dieses ist eine kleine Auswahl aus vielen Äußerungen Goethes zu seiner Unsterblichkeitsvorsorge. Sie sollen stehen bleiben ohne Psychologisiererei, nur wegen ihrer Bedeutung für die Interpretation des Dramas Faust, der Tatsache nämlich, daß Goethe den zusammenhaltenden, das ganze Drama durchziehenden Gedanken mit voller Absicht verborgen hat. Er hat ihn nie offengelegt, allenfalls sein Publikum angereizt, ihn zu suchen:

8. An Karl Jakob Ludwig Iken, 27.9.1827:
„... ohne an ein Publikum noch an einen einzelnen Leser zu denken, überzeugt, daß, wer das Ganze leicht ergreift und faßt, mit liebevoller Geduld sich auch nach und nach das einzelne zueignen werde. ... Von der anderen Seite wird ein Fühlender dasjenige durchdringen, was gemütlich hie und da verdeckt liegt."
„Da sich gar manches unserer Erfahrungen nicht rund aussprechen und direkt mitteilen läßt, so habe ich seit langem das Mittel gewählt, durch einander gegenübergestellte und sich gleichsam abspiegelnde Gebilde den geheimen Sinn dem Aufmerkenden zu offenbaren."
9. An Sulpiz Boisserée, 8.11.1831:
„Und wenn es noch Probleme genug enthält, keineswegs jede Aufklärung darbietet, so wird es doch denjenigen erfreuen, der sich auf Mine, Wink und leise Andeutung versteht."

Die Interpretation also muß vom Wort im Drama ausgehen, der Sinn des Wortes sich aus dem Kontext (Zitat 8), und der Inhalt des Dramas aus dem Textzusammenhang (Zitat 9) ergeben. Das ist das gleiche Ergebnis, das wir in Teil 1.2 von einem anderen Ausgangspunkt her gefunden haben.
Es gibt neben der Sorge um seinen Nachruhm noch einen anderen Grund für Goethes Versteckspiel, das ist seine Ängstlichkeit, die sich im Faust so wiederfindet:

10. „Ja, was man so erkennen heißt!
Wer darf das Kind beim rechten Namen nennen?
Die wenigen, die was davon erkannt,
Die töricht g'nug ihr volles Herz nicht wahrten,
Dem Pöbel ihr Gefühl, ihr Schauen offenbarten,
Hat man von je gekreuzigt und verbrannt." (588 – 593)

„Natur und Geist – so spricht man nicht zu Christen.
Deshalb verbrennt man Atheisten
Weil solche Reden höchst gefährlich sind.
Natur ist Sünde, Geist ist Teufel,
Sie hegen zwischen sich den Zweifel,
Ihr mißgestaltet Zwitterkind." (4897 – 4902)

„Was willst du dich das Stroh zu dreschen plagen?
Das Beste, was du wissen kannst,
Darfst du den Buben doch nicht sagen." (1839f)

„Wißt ihr, was mich Poeten
Erst recht erfreuen sollte?
Dürft' ich singen und reden,
was niemand hören wollte." (5295ff)

„Und was den Fuß betrifft, den ich nicht missen kann,
Der würde mir bei Leuten schaden.
Darum bedien' ich mich, wie mancher junge Mann,
Seit vielen Jahren falscher Waden." (2499ff)

Diese vielen Äußerungen Goethes im Faust belegten ausreichend seine auf sich bezogene Ängstlichkeit. Während er wegen seiner – späteren – Griechenkritik wohl nur für seine Reputation als Klassiker fürchtete, sorgte er sich wegen seiner Christenkritik gewiß um seine leibliche Sicherheit, und das nicht ganz zu Unrecht, denn:

1756 wird in Landshut ein junges Mädchen wegen „Eingehens einer Wette mit dem Teufel" geköpft. Goethe war sieben Jahre alt.
1775 Letzter Scheiterhaufen in Deutschland. Goethe war 26 Jahre alt.
1788 Letzte Ketzerverbrennung in Spanien. Goethe war 39 Jahre alt.
1814 Wiederherstellung der Inquisition in Spanien. Goethe war 65 Jahre alt.

Schließlich gibt es noch einen Grund für Goethes zurückhaltende, verhüllende Sprache, die man überall beobachtet, wo er seine grundlegenden Erkenntnisse mitteilt. Es ist eine religiöse Scheu vor der Entblößung – „outing" nennt man es heute. Goethe spricht es selbst aus:

„Vor den Urphänomenen, wenn sie unseren Sinnen enthüllt erscheinen, fühlen wir eine Art von Scheu, bis zur Angst." (Maximen und Reflexionen)

Für die Interpretation des Dramas Faust wird bestätigt, daß man den Inhalt hinter den Worten suchen muß, gemäß der Bemerkung nach den Zitaten 8 und 9. Von allen Feststellungen dieses Abschnitts bleibt unberührt, daß Goethe mit dem Drama Faust die Kulturentwicklung des Abendlandes zwischen Griechentum und Christentum beispielhaft dargestellt hat. Wir werden im folgenden Teil 1.4 sehen, aus welchen Quellen seine Erkenntnisse kommen.

1.4 Goethes Erkenntnismittel

Goethe war ein Augenmensch mit dem Blick nach außen wie nach innen. Seine Erlebnisse und Erkenntnisse gewann er über das Auge. Das Wort „schauen" gebraucht er, wenn er „erkennen" meint, eine geistige Verarbeitung. Die bloße Wahrnehmung ist „sehen" die plötzliche ist „erblicken". „Zum Sehen geboren, zum Schauen bestellt" (11288ff) bedeutet nicht eine Verdoppelung, es handelt sich vielmehr um den Blick nach außen und nach innen. Mit dem Mittel des Schauens gewinnt Goethe nicht nur Erkenntnisse, sondern auch „Anschauungen", seine Lebensanschauung, seine Urphänomene und die „geprägte Form". Das wird jetzt unser Thema.

„Ich schau in diesen reinen Zügen
Die wirkende Natur vor meiner Seele liegen.
Jetzt erst erkenn' ich, was der Weise spricht!" (447ff)

„(Er beschaut das Zeichen)
Wie alles sich zum Ganzen webt,
Eins in dem andern wirkt und lebt!" (447f)

„(... und erblickt das Zeichen des Erdgeistes)
Wie anders wirkt dies Zeichen auf mich ein!" (460)
In den beiden ersten Zitaten schaut Faust und erkennt, im dritten Zitat erblickt er und schildert die Wirkung, aber keine Erkenntnis.

In Vers 486 hat das Wort „Schauen" die Bedeutung „Erkennen", was die folgende Szene bestätigt, in der der Erdgeist sich zu erkennen gibt und Faust ihn nicht „begreift" (512). In der Antwort an Wagner (588 – 593, Zitat Seite 48) werden die Begriffe „Schauen" und „Erkennen" synonym auf denselben Gegenstand angewendet. Im Türmerlied „Zum Sehen geboren, zum Schauen bestellt ..." (11288 – 11337) sind alle Begriffe in ihren eigenen Bedeutungen gebraucht. Eine der schönsten Stellen in diesem Zusammenhang ist:

„Höchste Herrscherin der Welt!
Lasse mich im blauen,
Ausgespannten Himmelszelt
Dein Geheimnis schauen." (11997ff)

Auch in seinen Prosaschriften spricht Goethe von „lebendigem Anschaun", „harmonischem Anschaun", von der „Art des Anschauns", so z.B. in dem Bericht von seiner Entdeckung des Zwischenkieferknochens beim Menschen.

Zum Augenmenschen Goethe paßt, daß er auch Maler war. Für Musik hatte er kein Ohr und für Mathematik keinen Sinn. Die Abstraktion und die zergliedernde Analytik der Physik „fürchtete" er, und die Musik hat ihn nie so berührt wie Dichtung und Malerei, wobei wir zur Malerei die Architektur und die Plastik hinzuzählen können. Über diese Teilbereiche erschloß sich ihm das Verständnis für Kulturkreise insgesamt. Architektur und Plastik der Antike bestimmten nach der Italienreise von 1786 bis 1788 sein Lebensbild für Jahrzehnte. Die deutsche Malerei des Mittelalters, die er auf seinen Rhein-Main-Reisen 1814 und 1815 in den Sammlungen der Brüder Boisserée in Heidelberg studierte, hat ihn tief beeindruckt, und die Architekturstudien der Gotik mit Sulpiz Boisserée, die dieser wegen seiner Initiative zum Weiterbau des Kölner Domes durchführte, haben ihn bewegt. Es ist bezeichnend, daß über diese Anstöße Goethes Interesse für Kultur und Geschichte der Gotik neu belebt wurde, Shakespeare und Straßburger Münster – pars pro toto – bekamen neue Bedeutung für ihn und bestimmten von nun an sein Lebensbild. Ohne dieses hätte er Faust II nicht schreiben können, vor allem nicht die Szene „Hochgebirg" und den ganzen fünften Akt (Teile 1.6, 2.4, 2.6). Und es ist ebenso bezeichnend, daß es sein Blick auf diese Teilbereiche war – der Blick nach außen wie nach innen, sein Schauen eben –, der ihm ein neues Verständnis für die europäisch-abendländische Kultur und für ihr Verhältnis zur griechischen Kultur öffnete (Teile 2.4, u. 2.6).

Dichtung und Malerei waren für Goethe nicht voneinander unabhängige Kunstformen, sondern Bestandteile des allgemeinen Kulturausdrucks, der sich verschiedener Formen bedient, die alle aus der gleichen Wurzel wachsen und deren gemeinsames Merkmal gleiche und arteigene Zeichen hat. In diesem Zusammenhang spricht Goethe von Stil. Bitte lesen Sie seinen 1789 geschriebenen Aufsatz „Einfache Nachahmung der Natur, Manier, Stil", aus dem ich zitiere:

> „Gelangt die Kunst ... durch die Bemühungen, sich eine allgemeine Sprache zu machen, durch genaues und tiefes Studium der Gegenstände selbst endlich dahin ..., daß sie die Reihe der Gestalten übersieht und die verschiedenen charakteristischen Formen nebeneinanderzustellen und nachzuahmen weiß: dann wird der Stil der höchste Grad, wohin sie gelangen kann."

„... so ruht der Stil auf den tiefsten Grundfesten der Erkenntnis, auf dem Wesen der Dinge, insofern uns erlaubt ist, es in sichtbaren und greiflichen Gestalten zu erkennen."

Goethes Dichtung gibt Zeugnis von der Durchdringung der Kunstformen und von ihrer Herkunft aus der gemeinsamen Wurzel. Seine Malereien mit Worten sind nie nur beschreibendes Gemälde, sondern haben immer Bezug zum Wesen. Lesen Sie bitte die beiden ersten Strophen von „Willkommen und Abschied". Das ist großartiges Wortgemälde, das übergeht in die Innenwelt mit dem Wort „Doch frisch und fröhlich war mein Mut ..." Lesen Sie z.B. die Gedichte „An den Mond" und „Mahomets Gesang", oder lesen Sie in Faust die Szene „Anmutige Gegend", darin die vier Strophen des Chors: eine Musik in Worten, und die Verse ab 4686: wieder eine Malerei in Worten mit dem Übergang zur seelischen Genesung Fausts. In den Versen 10039 – 10066 der Szene „Hochgebirg" beschreibt Goethe mit einer Naturschilderung einen Erkenntnisvorgang, und zwar den für Fausts Entwicklung entscheidenden und für die Aussage des Dramas Faust bedeutendsten; eine Schlüsselszene.

Nach diesen Feststellungen müssen wir fragen, in welche Bereiche Goethes Schauen dringt, aus welchen Bereichen er also seine Erkenntnisse holt. Das ist nicht nur die Grundlage für Goethes Lebens- und Weltbild (Teil 1.5), sondern beide Teile, dieser und der folgende, sind die Grundlagen für das Verständnis des Dramas Faust. Deshalb müssen sie hier behandelt werden, und dann wird der Textkommentar in Teil 2 sich uns darstellen als eine ganz einfache, zwangsläufige, geschlossene Deutung. Goethe schreibt in seiner Farbenlehre:

„Denn das bloße Anblicken einer Sache kann uns nicht fördern. Jedes Ansehen geht über in ein Betrachten, jedes Betrachten in ein Sinnen, jedes Sinnen in ein Verknüpfen, und so kann man sagen, daß wir schon bei jedem aufmerksamen Blick in die Welt theoretisieren. Das aber mit Bewußtsein, mit Selbsterkenntnis, mit Freiheit und, um uns eines gewagten Wortes zu bedienen, mit Ironie zu tun und vorzunehmen, eine solche Gewandtheit ist nötig, wenn die Abstraktion, vor der wir uns fürchten, unschädlich und das Erfahrungsresultat, das wir hoffen, recht lebendig und nützlich werden soll."

Über dieses Schauen „mit Sinnen und Verknüpfen" gelangt Goethe zum „Erfahrungsresultat" von Grundstrukturen, die er Urbilder oder Urphänomene nennt, an anderer Stelle auch „geprägte Form". Sie sind für ihn von so elementarer Art, daß er mit schon

religiöser Distanz davorsteht. Das drückt er in den „Maximen und Reflexionen" und in „Metamorphose der Pflanzen" aus:
> „Vor den Urphänomen, wenn sie unseren Sinnen enthüllt erscheinen, fühlen wir eine Art von Scheu, bis zur Angst ... Die wahre Vermittlerin ist die Kunst."

„Wäre denn aber auch ein solches Urphänomen gefunden, so bleibt immer noch das Übel, daß man es nicht als ein solches anerkennen will, daß wir hinter ihm und über ihm noch etwas Weiteres aufsuchen, da wir doch die Grenzen des Schauens eingestehen sollten. Der Naturforscher lasse die Urphänomene in ihrer ewigen Ruhe und Herrlichkeit dastehen."

Goethes Schauen ist also Erkennen vorhandener, vorgegebener letzter Formen, jedoch „mit Selbsterkenntnis". Das bedeutet doch wohl, daß ihnen eine Prägung innewohnt, in der er sich selbst findet, oder anders ausgedrückt, daß die vorhandenen Formen spezifisch erkannt werden.

Ich habe nirgends eine so klare Darstellung dieses Sachverhaltes gelesen wie bei Werner Heisenberg (Schritte, S. 43 ff, 216 ff, 252 – 269). Heisenberg schreibt über Wolfgang Pauli (ebenfalls Nobelpreisträger der Physik), „er hat versucht, den Elementen des Erkenntnisvorgangs nachzuspüren, die der rationalen Durchdringung vorausgehen". Heisenberg erklärt (Schritte, S. 45):
> „Die Brücke, die von dem zunächst ungeordneten Erfahrungsmaterial zu den Ideen führt, sieht Pauli in gewissen, in der Seele präexistenten Urbildern, den Archetypen, wie sie von Kepler und auch von der modernen Psychologie erörtert worden sind. Diese Urbilder dürfen – hier schließt sich Pauli weitgehend an die Gedanken C. G. Jungs an – nicht in das Bewußtsein verlegt oder auf bestimmte rational formulierbare Ideen bezogen werden. Vielmehr handelt es sich um Formen des unbewußten Bereichs der menschlichen Seele, Bilder von stark emotionalem Gehalt, die nicht gedacht, sondern gleichsam malend geschaut werden. Die Beglückung beim Bewußtwerden einer neuen Erkenntnis entspricht dem zur Deckung-Kommen solcher präexistenter Urbilder mit dem Verhalten äußerer Objekte."

An anderer Stelle schreibt Heisenberg (Schritte, S. 218):
> „Goethe empfindet sehr deutlich, daß die Grundstrukturen von einer solchen Art sein müssen, daß nicht mehr entschieden werden kann, ob sie der als objektiv gedachten Welt oder der menschlichen Seele zugehören, da sie für bei-

de die Voraussetzung bilden. So hofft er, daß sie durch ‚Schauen, Wissen, Ahnen, Glauben' wirksam werden."
Und er faßt zusammen:
„Wissenschaft und Kunst bilden im Laufe der Jahrhunderte eine menschliche Sprache, in der wir über die entfernteren Teile der Wirklichkeit sprechen können, und die zusammenhängenden Begriffssysteme sind ebenso wie die verschiedenen Kunststile gewissermaßen nur verschiedene Worte oder Wortgruppen in dieser Sprache." (Physik und Philosophie, S. 98)
In einem anderen Wort Heisenbergs braucht man nur den Ausdruck „Quantentheorie" durch „Urphänomene" zu ersetzen und erhält eine erstaunliche Entsprechung (Physik und Philosophie, S. XV):
„Die Quantentheorie ist ein wunderbares Beispiel dafür, daß man einen Sachverhalt in völliger Klarheit verstanden haben kann, und gleichzeitig doch weiß, daß man nur in Bildern und Gleichnissen von ihm reden kann."

Es ist erstaunlich, wie weit Goethes Erkenntniswege und Erkenntnismittel von Physikern unserer Zeit auch als die ihren erkannt werden, wenn es um Grundstrukturen geht, um Goethes Urphänomene. Jedoch die Übereinstimmung geht noch weiter. Heisenberg stellt fest (Schritte, S. 47f):
„Das wissenschaftliche Erkenntnisstreben hat im 19. Jahrhundert zur Grenzvorstellung einer objektiven, von aller Beobachtung unabhängigen materiellen Welt geführt, und am Ende der mystischen Erlebnisse steht als Grenzzustand die von allen Objekten völlig abgelöste, mit der Gottheit vereinigte Seele. Zwischen diesen beiden Grenzvorstellungen sieht Pauli das abendländische Denken gleichsam ausgespannt ... In der Seele des Menschen werden immer beide Haltungen wohnen und die eine wird stets die andere als Keim ihres Gegenteils schon in sich tragen. Ich glaube, als Abendländer müssen wir uns diesem Prozeß anvertrauen und das Gegensatzpaar als komplementär anerkennen."

Hier führen Heisenberg und Pauli die Bereiche des Geistes und der Seele in ihrem gemeinsamen Ursprung zusammen, und das mit Hilfe des physikalischen Begriffs der Komplementarität, den Nils Bohr 1927 zur widerspruchsfreien Deutung der Quantenmechanik eingeführt hatte und der besagt, daß in bestimmten Fällen zwei scheinbar sich widersprechende Beobachtungen nur zwei verschiedene, sich ergänzende Bilder zur Beschreibung derselben, sonst nicht beschreibbaren physikalischen Realität sein können. Die beiden Physiker haben diesen Begriff also auch als einen für die Erkenntnistheorie bedeutsamen Gedanken gefunden und die Folgerung daraus als einen abendländischen Prozeß erkannt.

Es ist nun wiederum erstaunlich, wie Goethe mit diesem Gedanken 100 Jahre früher umging, als er in seiner Weltsicht von Polarität und Wandel die polaren Erscheinungen des Lebens nicht statisch als Gegensatzpole sah, sondern dynamisch als Ergänzungspole, die damit Antrieb sind für den Wandel zum Ausgleich, beim Menschen für den Wandel zur Ausgeglichenheit (Teil 1.5). Und das Drama Faust, das heißt Fausts Leben, steht unter dem Imperativ, diesen Wandel zur Ausgeglichenheit zu vollziehen.

Zurück zu Goethes Erkenntnisvorgang und zu seinem Schauen:
Nach einer Diskussion mit Schiller über die Metamorphose der Pflanzen erklärte dieser, das sei keine Erfahrung, sondern eine Idee (bei Schiller in der Definition Kants), worauf Goethe antwortete:
„Das kann mir sehr lieb sein, daß ich Ideen habe, ohne es zu wissen, und sie sogar mit den Augen sehe."
Und zu Eckermann sagte er zu diesem Thema am 6.5.1827:
„Es war im ganzen nicht meine Art, als Poet nach der Verkörperung von etwas Abstraktem zu streben. Ich empfing in meinem Innern Eindrücke, und zwar Eindrücke sinnlicher, lebensvoller, lieblicher, bunter, hundertfältiger Art, wie eine rege Einbildungskraft es mir darbot; und ich hatte als Poet weiter nichts zu tun, als solche Anschauungen und Eindrücke in mir künstlerisch zu runden und auszubilden und durch eine lebendige Darstellung so zum Vorschein zu bringen, daß andere dieselben Eindrücke erhielten, wenn sie mein Dargestelltes hörten oder lasen."

In allen Kulturen wurden ähnliche Erfahrungen gemacht. C. G. Jung spricht von Inhalten des persönlichen und solchen des kollektiven Unterbewußten, von Motiven mythologischer Natur oder allgemein menschlicher Symbolik, er nennt es Urbilder, später Archetypen, und erklärt den Archetypus als „ein potentielles Achsensystem, das im unbewußten Bereich der Psyche präexistent und immanent ist." In allen Kulturen wurden ähnliche Erfahrungen gemacht, aber nicht die gleichen. Für den Faustkommentar interessiert uns die griechische Kultur, und es muß für das Verständnis des Dramas schon an dieser Stelle die tiefbedeutende Verschiedenheit zwischen der griechischen und der abendländischen Kultur angesprochen werden.

Der Lebensmaßstab für die Griechen der Antike war die Ästhetik mit der Polarität Schönheit und Häßlichkeit, und nicht die orientalische Moral mit ihrer Polarität Gut oder Böse. Platon, der Goethe der Griechen, nannte seine Urbilder Ideen, und er beschrieb sie in seiner Ideenlehre als Urformen, deren Abbilder oder Schatten die Dinge der Wirklichkeit sind. Die Idee des Schönen sei „immerwährend, weder werdend noch vergehend, weder wachsend noch abnehmend." Das „Urwirkliche" sei somit aller Vergänglichkeit enthoben, es sei ewig, sei mithin auch ewig gewesen, also unwandelbar, also statisch. Der Mensch erinnere sich an einen früheren Blick auf die Urformen. Erkennen ist Wiedererinnern an die präexistenten Ideen. Platon hat das Lebensgefühl der griechischen Antike ausgesprochen und in seinen Urbildern ewige Ideen und unwandelbare Formen gesehen, die am besten dargestellt werden durch Mathematik; in Griechenland heißt das durch Geometrie. Die größte Tugend des antiken Griechen war die Ataraxia: die Unerschütterlichkeit, die Seelenruhe. Der Grieche der Antike sieht dementsprechend seine Welt als etwas Festes, Körperhaftes, Statisches, Zeitloses, ja sogar Geschichtsloses (Teil 2.4). Wir werden diese Merkmale im Faust wiederfinden, in der Helenaszene.

Goethes Urphänomene sehen anders aus (Teil 1.5). Er erkennt in ihnen wandelbare Formen: „Die einen sitzen, andre stehn und gehn, wie's eben kommt. Gestaltung, Umgestaltung, des ewigen Sinnes ewige Unterhaltung." (Finstere Galerie, II 6286 – 6288, Unterhaltung verstanden als Unterlage, Grundlage). Seine Urphänomene sind „Geprägte Form, die lebend sich entwickelt" (Urworte orphisch), also dynamisch. Goethe hat das Lebensgefühl des europäischen Abendlandes ausgesprochen und mit Begriffen belegt wie: werden, sich entwickeln, wirken, schaffend handeln, lebendiges Tun. Den größten sittlichen Wert für den Abendländer findet Goethe in der Tat (I 1224 – 1237). Der Abendländer Goethe sieht dementsprechend seine Welt als etwas Unbegrenztes, Raumhaftes, Dynamisches, von der Zeit Bestimmtes, Historisches. Dem entspricht der Unterschied zwischen Entwicklungsdrama und Haltungsdrama in der europäischen und der antiken Kultur (Teile 2.4 und 2.6).

Die Urformen wahrzunehmen ist offenbar im Menschen angelegt, ganz allgemein in jedem Kulturkreis, allerdings nicht für jeden Menschen, sondern für die, die man seit jeher Seher genannt hat oder Weise, oder Propheten, oder Genies. Diese hatten die Fähigkeit, die wahrgenommenen „Formen des unbewußten Bereichs der menschlichen Seele, Bilder von stark emotionalem Gehalt, die nicht gedacht, sondern gleichsam malend geschaut werden", zum

Ausdruck zu bringen, und zwar jeder mit seinem Ausdrucksmittel. Das beginnt in den Anfangszeiten mit dem Mythos und setzt sich fort mit Architektur, Plastik, Malerei, Dichtung, Religion, Musik bis hin zur Mathematik und Physik. Jedes dieser Ausdrucksmittel kann einen Aspekt der Urformen der zugehörigen Kultur beschreiben, alle zusammen ihre Gesamtstruktur. Jedes dieser Ausdrucksmittel enthält die charakteristischen Elemente des Gesamtmusters. Die Muster allerdings unterscheiden sich für jeden Kulturkreis und haben jeweils ihre eigene spezifische Färbung, verschieden natürlich je nach seinem Lebensraum zwischen Nordmeer, Nil, Ganges und Jangtse. Ihre Aussage ist für alle Mitglieder des zugehörigen Kulturkreises unmittelbar zugänglich und erkennbar, der Eindruck ist direkt und bedarf keiner Begründung oder Erklärung. Mitglieder eines fremden Kulturkreises können den Aussagegehalt in seiner seelischen Dimension nicht erfassen.

Es ist wohl so, daß in einem Wahrnehmungsprozeß von einigen Generationen der Mensch, im Falle eines Kulturkreises eine Gruppe von Menschen, sich von der umgebenden Natur ablöst und sich als deren Gegenüber erkennt, und daß aus der Erkenntnis seiner Individualität und der Individualität seiner Umgebung die Prägung hervorgeht und die Formen sich bilden, die Heisenberg präexistierende Urbilder nennt, die C. G. Jung Archetypen nennt, für die Platon den Ausdruck Ideen hat und Goethe das Bild Urphänomene (Seite 54). Es ist klar, daß diese Urformen die Grundlage für die Einzigartigkeit der Kulturkreise und aller ihrer Ausdrucksformen sind, der Formen ihres Seelenausdrucks bis zu denen ihres Geistesausdrucks, vom Mythos bis zur Mathematik. Jede Hochkultur hat ihre eigenen, typischen Urformen. Sie sind in allen ihren Ausdrücken erkennbar, und man kann daraus auf sie zurückschließen und sie in einem symbolischen Bild veranschaulichen, „insofern uns erlaubt ist, es in sichtbaren und greiflichen Gestalten zu erkennen" (Goethe, Seite 53).

Goethe hat diese Formen zum Ausdruck gebracht mit seinem Mittel, der Dichtung, und für seinen Kulturkreis, den abendländischen. Im Faustdrama beschreibt er das Verhältnis der europäisch-abendländischen Kultur zur antiken griechischen und zur christlich-orientalischen Kultur, und er stellt im Drama dar, daß die „geprägte Form" durch Kultureinflüsse von außen nicht geändert werden kann. Deshalb sind die obigen Ausführungen ein Schlüssel zum Verständnis des Faust.

1.5 Goethes Welt- und Lebensbild

Goethes Welt ist die belebte Welt, seine „lebendige Natur", das „volle Menschenleben", optimistisch erlebt und „zum Erstaunen da", von der er sagen kann:
„Wär nicht das Auge sonnenhaft,
Die Sonne könnt' es nicht erblicken.
Läg nicht in uns des Gottes eigne Kraft,
Wie könnt uns Göttliches entzücken."

Dieses Bild wird noch lebendiger durch einen Vergleich mit Schiller und dessen zumindest für sein Werk gültige Losung „Der erhabene Charakter legt das Ideal in das Leben, aber er sucht es nicht in ihm". Schillers Gestalten stehen im Konflikt zwischen Pflicht und Neigung in einer herausgehobenen Lebenssituation, in der sie sich nach einer philosophischen Vorgabe zu entscheiden haben. Sie entwickeln sich nicht. Sie sind meist Konstruktionen aus Kantschem Geist.

Goethes Gestalten dagegen sind Abbilder seines Lebens. Sie entwickeln sich. Sie entwickeln sich jedoch nicht beliebig, sondern gebunden an das „Gesetz, wonach du angetreten. Und keine Zeit und keine Macht zerstückelt / Geprägte Form, die lebend sich entwickelt" (Urworte orphisch). Das ist Goethes Lebensbild, nach dem die Gestalten seiner Dichtung gezeichnet sind, vor allem Faust. So gelten die Bezüge in beiden Richtungen: von Goethe auf Faust und zurück von Faust auf Goethe. Aus Goethes Lebenslauf erschließt sich uns Faust und umgekehrt: wenn wir im Faust Goethes Leben wiederfinden, bestätigt das die Deutung des Dramas. Wir müssen beides tun, um zur richtigen Lösung zu kommen. Wenn wir also Goethes Weltbild kennenlernen, dann kennen wir den Hintergrund, nach dem er den Faust gestaltet hat, und damit sind wir jetzt mitten drin in unserem Faustkommentar.

Als Grundprinzip des organischen Lebens erkennt Goethe das Gesetz von Polarität und Wandel.
Den Begriff „Polarität" kann er nur in der eigenen, spezifischen Färbung verstehen, anders als in anderen Kulturkreisen (Seite 56f). Er muß sich, um Heisenbergs Wort zu gebrauchen, „als Abendländer dem Prozeß anvertrauen und das Gegensatzpaar als komplementär anerkennen" (Seite 54). Die Pole sieht er also nicht

als unvereinbare Gegenpole einer starren Entweder-Oder-Polarität, wie etwa in der Gut-oder-Böse-Moral orientalischer Kulturen. Er kann sie nur als wechselwirkende Ergänzungspole einer dynamischen Sowohl-als-auch-Polarität verstehen, als zwei Erscheinungsbilder eines und desselben dahinter liegenden Ganzen. Dieses Ganze gilt es zu erfassen und zu erreichen. Goethe sieht die Pole also als komplementäre Bilder, wie sie in der Physik von Bohr und Heisenberg für ein nicht direkt faßbares Phänomen festgestellt wurden. Als Ergänzungspole aber ist ihre Wirkung naturgemäß dynamisch, d.h., sie enthalten die Bedingung, zum Ausgleich zu kommen – nach Goethe die Bedingung zum Wandel oder, wie er es im Faust sagt, zur „Gestaltung, Umgestaltung, des ewigen Sinnes ewige Unterhaltung" (Unterhaltung verstanden als Unterlage, Grundlage; Finstere Galerie, II 6287). Auf Goethe selbst und auf Faust übertragen bedeutet Ausgleich dann: Ausgeglichenheit, Ausgewogenheit, dynamisches Gleichgewicht zwischen den Extremen, und zwar als Aufgabe, als Lebensziel, ein Imperativ also.

Das ist die abendländische Färbung des allgemeinen Prinzips Polarität, und es paßt dazu, daß das Wort „Dynamik" eine eigenartige Resonanz in uns hervorruft, genauso, wie wahrscheinlich das Wort „statisch" bei den Griechen der Antike ein verbindendes Selbstverständnis hervorgerufen hat. In dieser Feststellung liegt keine Wertung, sondern die Beschreibung der Verschiedenheit des Lebensgefühls der Kulturkreise, wie das auch in den Tragödien von Aischylos und Shakespeare nach Gehalt und Aufbau zum Ausdruck kommt (Teile 2.4 und 2.6). Goethe hat das schon im Jahre 1771 im Alter von 22 Jahren in seiner Shakespeare-Rede ausgedrückt:

> „Das was wir bös nennen, ist nur die andere Seite vom Guten, das so notwendig zu seiner Existenz und in das Ganze gehört."

Goethe beschreibt seine Einsichten fast wissenschaftlich in den „Maximen und Reflexionen", und poetisch in seinem Gedicht „Eins und Alles":

> „Grundeigenschaft der lebendigen Einheit: sich zu trennen, sich zu vereinen, sich im Allgemeinen zu ergehen, im Besonderen zu verharren, sich zu verwandeln, sich zu spezifizieren und, wie das Lebendige unter tausend Bedingungen sich dartun mag, hervorzutreten und zu verschwinden, zu solideszieren und zu schmelzen, zu erstarren und zu fließen, sich auszudehnen und sich zusammenzuziehen. Weil alle diese Wirkungen im gleichen Zeitmoment zugleich vorgehen , so kann alles und jedes zu gleicher Zeit eintreten. Ent-

stehen und Vergehen, Schaffen und Vernichten, Geburt und Tod, Freud und Leid, alles wirkt durcheinander, in gleichem Sinn und gleichem Maße; deswegen denn auch das Besondere, das sich ereignet, immer als Bild und Gleichnis des Allgemeinen auftritt."

„Und umzuschaffen das Geschaffene,
Damit sich's nicht zum Starren waffne
Wirkt ewiges lebendiges Tun ...
In keinem Falle darf es ruhn.
Es soll sich regen, schaffend handeln,
Erst sich gestalten, dann verwandeln;
Nur scheinbar steht's Momente still.
Das Ewige regt sich fort in allen:
Denn alles muß ins Nichts zerfallen,
Wenn es im Sein beharren will."

Es gibt keine kürzere Darstellung dieses Lebensgesetzes als im Faust, wo der Erdgeist als dessen Personifizierung auftritt (I, 501 – 509) und der verwirrte Faust diese Grunderkenntnis zuerst nicht „ertragen" kann, weil er sie nicht versteht, und danach sie anmaßend verwirft, weil er sie nicht versteht (Teil 2.2).

Und Goethe vollzieht auch den letzten abschließenden Schritt: Wenn das Gesetz von der Lebenspolarität, das als Ergänzungspolarität den Wandel zwingend enthält, derart unbedingt ist, dann soll der Mensch es aktiv annehmen, und er soll aus eigener Entscheidung und aus seinem freien Willen den Ausgleich der Extreme suchen, also nach der Ausgeglichenheit streben. So kommt Goethe zu seinem Lebensimperativ. Im Drama Faust sprechen ihn die Geister aus: „Baue sie wieder, in deinem Busen baue sie auf" (I, 1606 – 1626), die Welt nämlich, die Faust mit dem großen Fluch in seinem Inneren zerstört hat.

Diese beiden Szenen – der Auftritt des Erdgeistes, der das Gesetz verkündet, und die Erscheinung des Geisterchores, der den Imperativ gibt – sind die Höhepunkte der Faustdichtung. Die Tragödie ist beendet, das Drama beginnt. Es wird sich zeigen, ob Faust Gesetz und Imperativ erkennt und annimmt. Die Entscheidungen liegen bei ihm. Und es wird sich zeigen, ob er am Ende zur Ausgeglichenheit seines Charakters kommt. Das ist die Vorgabe für ihn. Sein Lebensweg wird so zu seinem selbstbestimmten Schicksal (Teil 2.3). Dazu muß er aus seiner Studierstube raus, gemäß Schillers Wort „Es bildet in Talent sich in der Stille, sich ein Charakter in dem Strom der Welt."

Im Vorwort zur Farbenlehre stellt Goethe fest (Zitat Seite 53), daß das Erfahrungsresultat seines Schauens, wenn es lebendig und nützlich werden soll, mit „Selbsterkenntnis" gewonnen werden muß. Er findet sich also in seinen Urbildern wieder, und er erkennt die geprägte Form, der man nicht entfliehen kann (Urworte). Er hat die Selbsterkenntnis als Abendländer in seinem siebenten Lebensjahrzehnt vollendet und bis zu seinem Tode daran festgehalten. Er hat sein Erfahrungsresultat in das Faustdrama hineingeschrieben: als „geistiges Band", das das Drama zusammenhält und als Lebensziel für Faust (Teil 3). Er hat dieses Resultat schon im Jahre 1817 in dem Gedicht „Urworte orphisch" ausgesprochen. Dieses Gedicht ist das Motto, unter dem mein Kommentar steht. Ich werde es immer wieder zitieren müssen.

Mit dieser geistigen Ausstattung, genauer gesagt, mit dieser seelischen Grundlage trifft Goethe auf die beiden beherrschenden geistigen Strömungen seiner Zeit, auf Christentum und Griechentum. Drei Welt- und Lebensanschauungen stehen nebeneinander, letztlich sogar gegeneinander. Goethe erkennt ganz klar, daß die seelische Bedingtheit, die ganze Kulturen mit ihren eigenen, unverwechselbaren Formen schafft, auch für die Individualität des Einzelnen gilt (Urworte, 1. Strophe):
„Bist alsobald und fort und fort gediehen
Nach dem Gesetz, wonach du angetreten.
So mußt du sein, dir kannst du nicht entfliehen ...
Und keine Zeit und keine Macht zerstückelt
Geprägte Form, die lebend sich entwickelt."
Und Goethe erkennt zweitens, daß widerstreitende Einflüsse von außen nur einen zeitweiligen Eindruck hinterlassen – Urworte, 2. Strophe:
„Die strenge Grenze doch umgibt gefällig
Ein Wandelndes, das mit und um uns wandelt;
Nicht einsam bleibst du, bildest dich gesellig ...
Im Leben ist's bald hin- und widerfällig ...
Schon hat sich still der Jahre Kreis gegründet,
Die Lampe harrt der Flamme, die entzündet."
Und Goethe erkennt drittens, daß am Ende die Prägung sich gegen die Einflüsse durchsetzt – Urworte, 4. Strophe:
„Da ist's denn wieder, wie die Sterne wollten:
Bedingung und Gesetz; und aller Wille
Ist nur ein Wollen, weil wir eben sollten,
Und vor dem Willen schweigt die Willkür stille ...
So sind wir scheinfrei denn nach manchen Jahren
Nur enger dran, als wir am Anfang waren."

Goethe hat diese Entwicklung erlebt. Mit 21 Jahren Straßburger Münster und Shakespeare; in der Lebensmitte Klassiker und „Iphigenie"; im Alter dann Studium der „Geschichte der Hohenstaufen" (Friedrich von Raumer, 6 Bände), Boisserées Sammlung mittelalterlicher Gemälde, Wartburg, Nibelungenlied, Kölner Dom (Trunz, S. 661 – 662 und 670 – 671): so ist er „Nur enger dran, als wir am Anfang waren." Und Faust zieht nach seinem griechischen Abenteuer sein Fazit in der Szene „Hochgebirg" (II, 10039 – 10066), woraus ich zitiere:

„... Täuscht mich ein entzückend Bild,
Als jugenderstes, längst entbehrtes höchstes Gut?
Des tiefsten Herzens früheste Schätze quellen auf;
Aurorens Liebe, leichten Schwung bezeichnet's mir,
Den schnell empfundnen, ersten, kaum verstandnen Blick,
Der, festgehalten, überglänzte jeden Schatz.
Wie Seelenschönheit steigert sich die holde Form,
Löst sich nicht auf, erhebt sich in den Äther hin
Und zieht das Beste meines Innern mit sich fort."

Für unseren Kommentar können wir folgern: Faust ist ein Entwicklungsdrama und beschreibt die Entwicklung eines Menschen, von seinen Anlagen bestimmt und von seiner Kultur beherrscht, von eigenen Entscheidungen geleitet, von äußeren Umständen wenig beeinflußt: „Geprägte Form, die lebend sich entwickelt."

Albertus Magnus, Graf von Bollstädt, 1193 – 1280, Dominikaner, Lehrer an den Universitäten von Paris und Köln, Bischof von Regensburg, hat durch seine Kommentare Aristoteles in das europäische Denken eingeführt; er hat zum ersten Mal neben das Christentum eine andere Denkmöglichkeit gestellt. Weil das geozentrische Weltsystem zum Schöpfungsmythos der Bibel paßte, akzeptierte die Kirche Aristoteles. So wurde er zum Dogma an den europäischen Universitäten und behinderte die Entwicklung der abendländischen Naturwissenschaft; verhindert wurde sie weder von Aristoteles noch von der Kirche: zu stark war der Ausdruckswille. Der Prozeß der Kirche gegen Galilei, 1633, hat europaweit die Gegenreaktion aufgebaut und vorangetrieben. Der Protest gegen Dogmatik und Machtanspruch der Kirche sammelte sich schon im 15. Jahrhundert mit den Medici in Florenz und formierte sich mit dem Ziel einer Wiedergeburt der griechischen Antike in der Renaissance als Leben in und für Schönheit und, falsch verstanden, als unbegrenztes Ausleben der Persönlichkeit. Die Renaissance war als Protestbewegung ein Zwischenspiel von etwa 150 Jahren, eine Unterbrechung in der geradlinigen Entwicklung der abend-ländischen Kultur. Sie hat nur einem Aspekt der griechischen Kultur gehuldigt, was ja für eine Protestbewegung auch reichte. Sie war keine Wiedergeburt des Griechentums, was grundsätzlich unmöglich ist, denn sie war getragen von abendländischen Menschen und enthielt damit zwangsläufig abendländische Elemente. Die Renaissance war also ein Zwitter: griechisch konnte sie naturgemäß nicht sein, abendländisch wollte sie, bewußt oder unbewußt, nicht sein. Goethe hat sie im Faust in der Gestalt des Euphorion gezeichnet.

Auf dieses falsch verstandene und bis in seine Zeit bejubelte Bild vom Griechentum stieß Goethe. Er folgte zeitweise dem Zeitgeist und dessen Schwärmerei für die Schönheit – „Jeder sei auf seine Art ein Grieche, aber er sei's!" (dazu Urworte, 2. Strophe). Im Faust dann zeigt er das Verhältnis beider Kulturen zueinander. Zuerst erweiterte er in den Helenaszenen das einseitige Bild von der Schönheit um den Gegenpol Häßlichkeit und zeigt damit die Polarität des griechischen Lebensgefühls, dessen Wertmaßstab in der Ästhetik lag. Dann beschrieb er in den Helenaszenen die Unvereinbarkeit zweier Kulturen, die jede ihre eigene, unverwechselbare und unnachahmbare Individualität haben (Teil 2.4).

Zum Christentum hatte Goethe von Jugend an eine kritische Haltung. Er sah die Kluft zwischen dem Bibelchristentum und dem Kirchenchristentum. Vor allem aber sah er – später – den Riß zwischen dem Bibelchristentum und einer in ganz Europa praktizierten christlichen Lehre, die zwar die Bilder der Bibel beibehalten, ihren Glaubensinhalt aber vom Wesen her verändert hat. Der europäische Katholizismus hat den Bibelglauben assimiliert und umgeformt zu einem Glauben mit stark abendländischer Färbung (Teil 2.5). Auf diesen gespaltenen Glauben stieß Goethe. Er hat ihn nicht akzeptiert, aber er hat sich im Faust damit auseinandergesetzt. Deshalb sind hier drei Bemerkungen nötig, um das Thema für den Textkommentar vorzubereiten.

1. Goethe hielt die Forderung, nach der Bibel sogar die unbedingte Forderung, das Gute zu erreichen und das Böse zu eliminieren, für den Menschen für nicht erfüllbar. Deshalb lehnte er neben der Gut-oder-Böse-Moral auch die aus ihr folgenden Moralbegriffe Sünde und Schuld und die Heilsbegriffe Gnade, Erlösung, Verdammnis ab. Dagegen hielt er es für den Menschen für erreichbar, ein dynamisches Gleichgewicht zwischen den Polen zu halten. Genau das beschreibt er im 5. Akt in FaustII (Teil 2.3).

Der paulinischen Lehre von der Erbsünde – wie überhaupt dem Pauschalprinzip – stellt Goethe den Gedanken vom freien Willen, der eigenen Entscheidung und der persönlichen Verantwortung des Menschen gegenüber. Damit stellt sich die Frage nach der Schuld, dem schwierigen Moralbegriff orientalischer Religionen, den die anderen Weltreligionen nicht kennen (Teil 2.2). Es hat religiöse Bedeutung, daß die Schuldfrage im Faust nicht gestellt wird. Die Szene „Mitternacht" (11384 – 11397), in der die Schuld zum ersten Mal auftritt, hat Symbolcharakter: die Schuld bleibt draußen.
Faust erlebt sein selbstverantwortetes Schicksal „in einer Welt, in der unser Tun Folgen hat, denen wir uns stellen müssen". Dazu gehört eine Lebensauffassung, wie sie Kant mit seinem Kategorischen Imperativ einfordert.

Den strafenden Gott der Bibel lehnt Goethe ab, und er zeigt das in der Domszene in Faust 1 (3776 – 3834), die wie eine Illustration zum Bibelwort Hebräer 10, 30 – 31, dasteht: „Schrecklich ist's, in die Hände des lebendigen Gottes zu fallen." Dietze kommentiert diese Szene als „gnadeverweigernde Erbarmungslosigkeit" (S. 630). Im Urfaust, 1775, zeigt Goethe sich als Pantheist, der er zeitweise auch war: „Mißhör' mich nicht, du holdes Angesicht! Wer darf ihn nennen? Und wer bekennen ..." (3431 – 3458), und mit Gretchens Antwort: „Ungefähr sagt das der Pfarrer auch, nur mit ein bißchen anderen Worten", drückt Goethe ein religiöses Gefühl aus, in das Fausts Pantheismus und Gretchens Christentum in einen Urgrund der Religiosität einfließen. Hier liegen Goethes Urphänomene. Davon wird im Textkommentar, Teil 2.5, die Rede sein.

2. Auch mit dem Kirchenchristentum und seiner weltlich-politischen und wirtschaftlichen Machtentfaltung und den dabei angewandten Durchsetzungsmitteln beschäftigt sich Goethe im Faust (Teil 2.5). Hierher gehört ein Überblick. Seit Konstantin und dem Toleranzedikt von Mailand (313 n.Chr.) gewann die Mission mit Feuer und Schwert zunehmend Gewicht gegenüber der Mission mit dem Wort: „Gehet hin in alle Länder und lehret alle Völker." Trotzdem bediente sich die Kirche neben den weltlichen, physischen Machtmitteln auch psychischer Zwangsmittel, nämlich des von ihr gepflegten Hexen- und Engelsglaubens und des Glaubens an Hölle und Teufel. Diese hat Goethe, neben anderen, parallel geführten Themen, in den Szenen Hexenküche, Walpurgisnacht und Grablegung parodiert nach der Devise: „Denn ein vollkomme-

ner Widerspruch bleibt gleich geheimnisvoll für Kluge wie für Toren (I, 2557 f.).

Mit der „Hexenküche" gibt Goethe eine Karikatur der Hölle, eine Übertreibung ins Lächerliche, in der die absurden Tätigkeiten der Höllenbewohner (Tiere) nicht fehlen, und die Höllenqual auch nicht (Zauberspiegel; daneben auch andere Bedeutung). Der Vergleich dieser Hölle mit dem Hades, der Totenwelt der Griechen, die Goethe im Faust II beschreibt, zeigt ohne weitere Erklärung die Verschiedenheit der griechischen zur orientalischen Kultur. Nach der griechischen Mythologie (und Religion, Teil 2.4) nimmt der Hades alle Toten auf zu gleichen Bedingungen, denn der Tod macht alle Menschen gleich. Alle unterliegen nur einem, also dem gleichen Eingangsritual: sie überschreiten den Fluß des Vergessens, Lethe, und verlieren die Erinnerung an ihr irdisches Leben. Das orientalische Christentum dagegen sortiert die Seelen für das Weiterleben nach dem Tode nach ihrem Sündenaufkommen und ihrer Schuldlast und verteilt die Guten und Noch-Guten und die Schon-Bösen und Bösen auf Himmel und Hölle, wo sie im Lichte stehen, vorn oder weiter hinten oder wo sie die Höllenqualen des Fegefeuers erleben, lange oder weniger lang.

Die Hexen hat er in dieser Szene und in „Walpurgisnacht" verspottet bis hin zur Obszönität und pornographischen Darstellungen; die stärksten davon hat er wieder herausgenommen (Paralipomena Nr. 52 – 69) darunter die in der Faustforschung so genannte „Satansmesse". Mit diesen Szenen wollte Goethe das von der Kirche als Alternative zum frommen Leben aufgebaute Bild persiflieren; und um das noch zu verdeutlichen, läßt er in der Szene „Grablegung" außerdem die heiligen, geschlechtslosen Engel erscheinen.

In den Szenen Hexenküche, Walpurgisnacht und Grablegung – und nur hier – tritt der biblische Teufel auf als ein so stark verzerrter Mephisto, daß man den normalen Mephisto des übrigen Dramas nicht mehr mit dem Teufel gleichsetzen kann. Diese Absicht Goethes wird der Textkommentar erweisen (Teile 2.2 und 2.5). Goethe nennt die „Helfershelfer" des Teufels „ihr Herrn vom graden, Herrn vom krummen Horne", Sudau spricht von „Mephistos homoerotischer Lüsternheit" (S. 100), und Dietze erklärt die ganze Szene Grablegung als einen „zur Burleske gesteigerten Kampf um die Seele Fausts zwischen Engeln und Teufeln" (S. 269). Hier erkennt man den

Begleiter Fausts nicht wieder, auch nicht den Mephisto aus dem Prolog, und so stehen diese Szenen – mit den diesbezüglichen Teilen – nur neben dem Lebensweg Fausts und werden daher im Textkommentar in Teil 2.5 behandelt.

3. Die dritte Bemerkung zum Christentum in Goethes Weltbild betrifft die Wandlung, die der Christenglaube seit etwa 900 n.Chr. in Europa erfahren hat. Goethe stellt sie im Faust unter anderem an der Gestalt der Maria dar.
Maria kommt in der Bibel nur drei Mal handelnd vor: in Bethlehem, Kana und Golgatha. Dazwischen versinkt sie in der biblischen Anonymität der Frauen und unterliegt der Frauenverachtung, die ein Merkmal aller orientalischen Kulturen ist (Teil 2.5). Gelobt werden die hundertvierundvierzigtausend, „die sich mit Frauen nicht befleckt haben" (Offenbarung, 14,4), und Paulus schreibt an die Korinther: „Es ist dem Menschen gut, daß er kein Weib berühre" (1. Korinther 7,1), und die weibische Dienstkleidung der Priester drückt keinesfalls Respekt vor der Frau aus, sondern die Verurteilung des Geschlechtlichen im ganzen Neuen Testament und die Auslobung des menschlichen Neutrums (Zölibat). Die höchste Ehrung des Orients erhielt Maria auf dem Konzil von Ephesus im Jahre 431 mit dem Beinamen Theotokos: die Gottesgebärerin, den sie fortan in den Schriften trug.

Ganz anders in Europa. Hier gibt es seit der Jahrtausendwende kaum eine Stadt, die nicht eine „Marienkirche", „Notre Dame" oder ein Münster „Unserer lieben Frau" hat. Alle Dome sind voll von Marienskulpturen und Mariengemälden. Sie alle zeigen eine Maria mit dem Kinde auf dem Arm oder an der Brust. Sie sind Ausdruck einer tief verehrten Mütterlichkeit und einer tief gefühlten Weiblichkeit. Maria, die Gottesmutter, ist etwas anderes als der biologische Vorgang der Gottesgebärerin. Die Marienverehrung steigerte sich bis zur Himmelskönigin, hinter der oft die Jesusgestalt zurückgestellt war: so stark war der Ausdruckswille. Diese grundlegende Änderung der Bedeutung Marias ist das deutliche Beispiel für die Assimilierung des orientalischen Christentums durch das Abendland; sie ist ein Beispiel dafür, daß der abendländische Katholizismus (wie er sich selbst nannte) die alten Bilder der Bibel mit neuen Glaubensinhalten füllte. Mit der Veränderung des Marienbildes konnte die Kirche zudem im europäischen Raum Empfindungen binden und Menschen an sich ziehen, denen eine Theotokos immer fremd geblieben wäre. Dies ist ein weiteres Beispiel für die Verschiedenheit der Kulturen, kein wertendes, aber ein beschreibendes. Ganz allgemein kann man sagen, daß das Verhältnis zur Frau ein charakteristisches Merkmal in den Kulturen ist.

Dies alles geschah um die Jahrtausendwende, schon bald, nachdem die abendländische Kultur, etwa um 900 begann, sich zu entfalten. Im Jahre 1054 spaltete sich die Kirche in eine – wie sie es damals nannte – abendländische und eine morgenländische Kirche (Schisma). Die abendländische Kirche hieß bald lateinische, später katholische Kirche. Die Grundlage für die abendländische wie für die morgenländische Kirche blieb dieselbe Bibel, aber die Auslegung war unterschiedlich, weil die abendländisch-katholische Kirche andere Inhalte in die Bilder legte. Für den Faustkommentar sind drei davon wichtig: die eben besprochene Wandlung des Marienbildes; zweitens die allein eigene, ganz persönliche Beichte, die als Bestandteil des Bußsakraments im Jahre 1215 zum Kirchengesetz in der katholischen Kirche erhoben wurde; und drittens die Aufweichung des orientalischen, monotheistischen Gottesbildes in Richtung auf ein europäisch-abendländisches, polytheistisches Götterbild, das die katholische Kirche mit Heiligen und Seligen installiert hat, das später Luther mit der Reformation zurück zum Orientalismus eliminiert hat. Wir werden darüber in Teil 2.5 bei der Szene Bergschluchten sprechen.

Es ist kein Zufall, daß Goethes innigste Stücke im Faust die beiden Mariengebete sind, das in der Zwinger-Szene, das schon im Urfaust steht (I, 3587 – 3619):
„Ach neige, Du Schmerzensreiche,
Dein Antlitz gnädig meiner Not ...",
und das aus der Szene Bergschluchten, das Goethe im Alter im Jahre 1830 schrieb (II, 11997ff):
„Höchste Herrscherin der Welt!
Lasse mich im blauen,
Ausgespannten Himmelszelt
Dein Geheimnis schauen."
Das erste Mariengebet ist eine intime, persönliche Beichte und Bitte und steht im Gegensatz zur pauschalen Bitte inmitten der Gemeinde: „Unser Vater ... unser täglich Brot ... vergib uns ... unsere Schuld ... und führe uns nicht ..." (Matthäus 6, 9 – 13). Unsere Schuld heißt es, nicht meine Schuld. Gretchen bittet: „Was mein armes Herz hier banget ... saß ich in allem Jammer ... rette mich von Schmach und Tod ..." Das ist der Unterschied.
Das zweite Mariengebet bittet um den Blick auf das Geheimnis, das noch nicht erkannte, das nicht personifizierte Geheimnis.

Vielleicht fragt es nach den „Bildern von stark emotionalem Gehalt, die nicht gedacht, sondern gleichsam malend geschaut werden". Das Gebet bittet um „Dein" Geheimnis, das „der höchsten Herrscherin der Welt". Ist das noch Maria, oder ist es das „Ewig-Weibliche"?

In beiden Gebeten läßt Goethe die Bilder des abendländisch umgeformten Christentums mit dem allgemeinen abendländischen Lebensgefühl zusammenfließen. Das ist sein Weltbild. Wir wissen, daß sein Weltbild dem Faustdrama zugrunde liegt. Im Textkommentar werden wir weitere Bilder Goethes hinzufügen, andere gegenüberstellen und den von Goethe in das Drama hineingeschriebenen Lebenslauf Fausts erschließen.

Am Ende der Betrachtungen über Goethes Weltbild muß ein Wort über das „Ewig-Weibliche" gesagt werden. Alle Darstellungen aller seiner Frauengestalten in allen seinen Werken erweisen das Weibliche als Ausgleichspolarität. Für das Urphänomen, das den Ursprung allen Lebens umfaßt – „wer kann es nennen, das Unbeschreibliche" – hat Goethe den Ausdruck „Das Ewig-Weibliche". Dieser steht am Ende des Faust, auch jetzt noch nicht faßbar. Aber er führt hin – die Diktion des Chorus mysticus erlaubt diesen Schluß – zum Ort der Ursprünge „in der Gebilde losgebundne Reiche" (6275 – 6280), zu den Müttern aus der Szene „Finstere Galerie". So schließt sich der Kreis.

1.6 Goethes Bearbeitung

Goethe hat den Faust in mehreren Schritten geschrieben, zwischen denen lange Pausen lagen, in denen er sein Leben verarbeitete, seine Erkenntnisse verdichtete und den Wandel herbeiführte, um das mit seinen Worten zu sagen. Das „Erfahrungsresultat" (Teil 1.4) schrieb er dann in den Faust hinein als „Bekenntnis und Verwandlung von Erfahrung in Poesie" (Dichtung und Wahrheit II, 7).

Faust hat sein Leben in mehreren Schritten durchlaufen, zwischen denen lange Pausen liegen ..., ich könnte fortsetzen wie im Eingangssatz, doch will ich jetzt nicht die Parallelität ansprechen, sondern die scheinbare Zusammenhanglosigkeit des Handlungsablaufs im Drama. Goethe verdichtet die Lebensabschnitte Fausts zu Kulminationsereignissen und überspringt den Prozeß dahin. Die Pausen sind notwendige, stille Bestandteile des Lebens, und das Drama Faust ist deshalb eine kontinuierliche Lebensbeschreibung und nicht eine Ansammlung von Episoden.
Eines dieser Ereignisse beschreibt Goethe in der Szene „Anmutige Gegend", die die Brücke zwischen den beiden Faustteilen ist, den ersten Teil abschließend, dem zweiten Teil schon zugehörig. Sie beschreibt das Erfahrungsresultat des vorangegangenen Lebensabschnitts als Voraussetzung des folgenden. Dazu Teil 2.2 und II, 4695 ff.

„So bleibe denn die Sonne mir im Rücken! ...
Wölbt sich des bunten Bogens Wechseldauer ...
Am farbigen Abglanz haben wir das Leben."

Was passiert hier?
Hier vollzieht sich die Wandlung von Erfahrung in Leben. Etwas genauer gesagt: Hier vollzieht sich die Wandlung von Erlebtem in Charakter (Teil 2.2).
Es vollzieht sich: das ist passiv, ohne Zutun Fausts, der das nur wahrnimmt, den ganzen Monolog hindurch.

Was passiert am Anfang des 4. Akts?
Hier geschieht das gleiche, aber es vollzieht sich nicht. Faust leitet den Handlungsprozeß selbst ein, aktiv und bewußt. Die Szene „Hochgebirg" beginnt:

„Betret ich wohlbedächtig dieser Gipfel Saum,
Entlassend meiner Wolke Tragewerk."
Faust setzt hier Erfahrung nicht mehr in Reflexion um, sondern in Handlung. Das setzt sich fort bis zu seinem Tod, den er auch aktiv annimmt. Dabei ist die Frage, ob er sich am Ende „gebessert" habe, gegenstandslos. Goethe beurteilt die Lebensleistung nicht nach Gut-Böse-Kategorien. Faust steht unter einem anderen Imperativ: „Baue sie wieder, in deinem Busen baue sie auf!" (I, 1620f).

Diese beiden Szenen enthalten ein „Bruckstück einer großen Konfession" Goethes (Dichtung und Wahrheit, 7. Buch), die er auch in seinem Gedicht „Selige Sehnsucht" (1814) ausgedrückt hat:
„Und wenn du das nicht hast,
Dieses: Stirb und werde!
Bist du nur ein trüber Gast
Auf der dunklen Erde."
Darin liegt die Erklärung für die scheinbare Abgeschlossenheit einzelner Lebensabschnitte Fausts, nämlich Goethes Überzeugung: Wenn man seine Vergangenheit bewältigen will, muß man sie abschließen: Leben wandeln in Erfahrung und Erkenntnis, diese wandeln in Charakter und so fertig werden für neues Leben. Goethe ist dafür oft getadelt worden, daß er es sich zu leicht mache: keine Sühne, keine Strafe. Diese Kritik wird oft vermischt mit Tadel an seiner Lebensführung.
Allerdings war Goethe bequem, und er hat für seine Bequemlichkeit Konzessionen gemacht. Er war auch egoistisch und skrupellos, man soll ihn nicht vergöttern. Er war ein großer Dichter, das genügt. Er hatte einen großen seelischen Spannungsbogen, seine Polaritäten lagen weit auseinander. Er hatte, wie alle großen Menschen, seine eigenen Maßstäbe. Man soll das neidfrei und tolerant annehmen, ohne die eigene private Meßlatte anzulegen.

Bevor Faust zu eigenen Konsequenzen fähig wurde, wie die in „Hochgebirg" und „Großer Vorhof", war er nicht einmal imstande, ein Fazit zu ziehen. Mephisto mußte das tun, wie nach Fausts Helenakatastrophe in der Szene „Rittersaal": „Da habt ihr's nun, mit Narren sich beladen, das kommt zuletzt dem Teufel selbst zu Schaden" (6564f). Durch das ganze Drama hindurch ist Fausts Entwicklung erkennbar. Die Gestalten Faust und Mephisto verlieren zunehmend ihre Eigenwertigkeiten und gleichen sich an (Teil 2.3). Goethe hat aus der Geschichte eines Teufelsbündners eine Entwicklungsgeschichte gemacht, also ein Kunstwerk im Stil seiner Epoche, das Fausts Entwicklung unter dem Einfluß seiner Prägung und dem Einfluß der Geistesströmungen seiner Zeit darstellt.

Goethe hat in „Dichtung und Wahrheit" zu dieser Aufgabe gesagt, sie habe
> „den Menschen in seinen Zeitverhältnissen darzustellen und zu zeigen, inwiefern ihm das Ganze widerstrebt, inwiefern es ihn begünstigt, wie er sich eine Welt- und Menschenansicht daraus gebildet und wie er sie, wenn er Künstler, Dichter, Schriftsteller ist, wieder nach außen abspiegelt."

Das ist der rote Faden durch den „Faust", und das wird schon aus der folgenden Entstehungsgeschichte des Dramas sichtbar. Zum schnellen Überblick wird eine Zeittafel vorangestellt.

Die Entstehungsgeschichte des Dramas

1773 – 1775	Urfaust	Alter: 24 Jahre
	Nacht, darin:	Eingangsmonolog
	– Szene Erdgeist	Das Gesetz
	– Szene Wagner	
	– Szene Mephisto	Schülergespräch
	Auerbachs Keller	In Prosa.
	Landstraße	
	Straße	Begegnung mit Gretchen
	Abend	Kleines, reinliches Zimmer
	Allee	Faust, Mephisto
	Nachbarin Haus	Marthe, Gretchen, Mephisto
	Garten	
	Gartenhäuschen -	
	Gretchens Stube	„Mein Ruh ist hin ..."
	Marthens Garten	Gretchenfrage Religion
	Am Brunnen	Lieschen, Gretchen
	Zwinger	„Ach neige ..."
	Dom	Dies irae, dies illa ...
	Nacht	Valentin. Trüber Tag. Feld
	Nacht. Offen Feld	
	Kerker	In Prosa
Pause 11 Jahre	Weimar. Regierungsämter. Geringe dichterische Tätigkeit. Naturkundliche Studien. Ausklang des Sturm und Drang. Italienreise.	

1786 – 1788 **Faust. Ein Fragment**   Alter: 37 Jahre
                     Studierzimmer II   Fünf Belehrungen Mephistos
                     Hexenküche
                     Wald und Höhle   Anrufung des Erdgeistes

Pause   2. Italienreise. Abgabe der Staatsämter. Egmont,
9 Jahre Iphigenie, Tasso. Schiller. Der Klassiker Goethe.

1797 – 1801 Faust. 1. Teil   Alter: 48 Jahre
                 Zueignung
                 Vorspiel
                 Prolog im Himmel
                 Osternacht   Zweiter Monolog, Selbstmordgedanke

                 Osterspaziergang
                 Studierzimmer I   Bibelübersetzung. Pudel. Mephisto
                 Studierzimmer II   Die Wette

                 Geisterszenen
                 Zusammenbruch   Der Fluch
                 Geisterchor   Der Imperativ
                 Walpurgisnacht
                 Kerker in Versform
                 Teil II, 3. Akt   Anfangsteile Helena. Kein Bezug Faust
                 Teil II, 5. Akt   Erste Pläne. Gericht im Himmel?

Pause   Naturwissenschaftliche Arbeiten: Geologie, Morphologie, Witterungs- und Farbenlehre. Prosawerke.
24 Jahre Zwei „Rhein-Main-Reisen": Sammlungen Boisserée, niederländische und mittelalterliche Gemälde, Kölner Dom. Abklärung des Weltbildes (Seiten 77f, 51f, 61f). Weltanschauungsgedichte (Seite 79). Der Kulturhistoriker Goethe.

1825 – 1831	Faust, 2. Teil	Alter: 76 – 82 Jahre
	1. bis 5. Akt:	Gesamtkonzept
	Ausführung:	Schwerpunkte, Fertigstellung
1825	3. Akt; Helena:	Umarbeitung, Fortführung
	5. Akt	Umarbeitung alter Fragmente
1826	Anmutige Gegend	
1827	Hochgebirg	
	3. Akt; Helena	Fertigstellung
	5. Akt	Teile
1828	2. Akt	Got. Zimmer. Labor: Homunkulus
1829	Finstere Galerie:	„Gestaltung, Umgestaltung ..."
	Rittersaal:	Erscheinung Helena, Paris
	1. Akt	Papiergeldszene. Fertigstellung
1830	2. Akt:	Klassische Walpurgisnacht
1831	5. Akt:	Mitternacht, Sorge. Fausts Tod
	12. Juli	11403 – 11419: „Noch hab' ich mich ins Freie nicht gekämpft ..." 11437 – 11452: „Ich bin nur durch die Welt gerannt ..."
	21. Juli	„Abschluss des Hauptgeschäftes"

Faust begann mit dem Geniestreich des 24jährigen Goethe, mit dem Urfaust, der in der Konzeption genial und im Ausdruck stark war, in der Systematik noch mangelhaft. Goethe war darauf vorbereitet durch eine gründliche Ausbildung im Elternhaus (er beherrschte fünf Sprachen), durch das Studium der vier Fakultäten Jura, Medizin, Theologie, Philosophie, durch eigenes Literaturstudium (Pietismus, Pantheismus, Alchemie, Magie), durch die Begegnung mit Herder in Straßburg, der in ihm die Begeisterung für Shakespeare und für deutsche Literatur und die Baukunst des Mittelalters (Straßburger Münster) weckte. Er war mit eigenen Arbeiten hervorgetreten, unter anderem mit den Aufsätzen „Zum Shakespeare- Tag", „Von deutscher Baukunst", dem Roman „Werthers Leiden", dem Drama „Goetz von Berlichingen". Schon damals hat er seine Anschauung von Welt und Leben durch Gedichte ausgedrückt, z.B.: „Prometheus", „Wanderers Sturmlied", „Mahomets Gesang". Er stand mitten in der Zeit des „Sturm und Drang", einer Zeit für Genies.

In den Jahren 1773 – 1775 schrieb er den Urfaust, der alle Elemente der oben angesprochenen Themen enthält. Drei Themenkreise haben ihn dazu angeregt:
1. Der damals in Deutschland in vielen Varianten angebotene Fauststoff mit dem „erhobenen Zeigefinger": Wer sich mit dem Teufel abgibt, kommt durch ihn um.
2. Seine Vorbehalte gegen das Christentum und sein damals schon ausgeprägtes eigenes Lebensbild.
3. Der Prozeß gegen die Kindsmörderin Susanna Margaretha Brand.

Goethe verarbeitete im Urfaust diese Themen, formte den Fauststoff um und erweiterte ihn zu einem Werk mit neuer Aussage:
1. Aus dem Scharlatan der Faustsage entstand das Charakterbild Faust; das Bild eines unfertig gebliebenen Vielwissers, unausgeglichen, egozentrisch, überheblich, rastlos, unstetig; unfähig zur Gründlichkeit, zu normalen menschlichen Kontakten; nicht in der Lage, Zusammenhänge zu erkennen; das Bild eines Menschen, der ablenkbar ist und nach theatralischem Gehabe die Giftschale wieder zurückstellt. So beschreibt Goethe die Ausgangslage für den Faust, der den Auftrag erhalten wird, sein inneres Gleichgewicht herzustellen.
2. Aus dem christlichen Teufel formte Goethe den Mephisto, „die großartigste Theaterfigur, die Goethe je geschaffen hat", sagt Beutler (S. LXIII), den vermeintlichen Gegenspieler Fausts, die Personifizierung von Fausts Polarität, seinen Mitspieler.
3. Aus Friederike Brion und Susanna Margaretha Brandt schuf Goethe seine zarteste Frauengestalt, Gretchen, und aus einem juristischen Fall machte er eine Tragödie.
4. Goethe zeichnete eine Zeitkritik, die Feudalherrschaft und Wissenschaft einschloß, und die vor allem eine für seine Zeit so sensationelle Deutung des Verhältnisses der griechischen Kultur zur abendländischen enthielt, daß er nicht wagte, diese Zusammenhänge direkt anzusprechen, sondern sie in Bildern versteckte.

5. Deutlicher, aber in den ketzerischen Teilen immer noch verdeckt, sprach Goethe seine Religionskritik aus. Er schrieb sein eigenes Lebensbild in den Faust hinein in einer Art, die schon fast religiöse Bedeutung hat und machte Faust zu einem „Bruchstück einer großen Konfession".

Nach diesem zusammenfassenden Blick auf den Faust können wir erkennen, daß im Urfaust alles schon angelegt ist. Goethe konnte also ohne Brüche weiterarbeiten.

Im Urfaust sind Eingangsmonolog und Erdgeistszene das eine Zentralthema. Sie charakterisieren den Faust zu Beginn des Dramas und geben das Lebensgesetz vor (Teil 2.1). Das Erdgeistthema, das durch die spätere Szene „Trüber Tag. Feld" bestätigt wird, ist Schlüsselthema für das ganze Drama und bleibt inhaltlich unverändert bis in die Endfassung. Seine klare Aussage wird vom „Prolog im Himmel" noch nicht verstellt. Das zweite Zentralthema des Urfaust ist die Tragödie Gretchens, die – bereits 1773 – Goethes Religionskritik enthält. Auch dieser Teil geht fast unverändert in die Endfassung ein.

Der Urfaust blieb elf Jahre liegen. Zu dieser Zeit war Goethe mit den Staatsgeschäften in Weimar befaßt, so daß seine künstlerische Arbeit stagnierte. „Egmont" und „Tasso" blieben unvollendet, „Iphigenie" gelang erst in Prosa. Jedoch die Arbeit an diesen Stücken zeigte schon die Wende Goethes vom „Sturm und Drang" zur Klassik an. Wie immer an einer solchen Wende beschrieb er die neu gewonnene Auffassung in Gedichten, hier z.B. in „Das Göttliche" und „Grenzen der Menschheit".

Aus den Weimarer Begrenzungen in seinem poetischen Schaffen entfloh Goethe nach Italien (1786 – 1788). Schon das Reiseziel bestätigte seine neue Denkrichtung, der Aufenthalt dort festigte sie. Das beweisen die Dramen „Iphigenie" und „Egmont", die er dort abschloß, und zwar in der klassischen Versform. Den Urfaust erweiterte Goethe um drei Szenen:

1. Goethe schrieb Teile der Studierzimmerszene (II, nach der Endfassung) mit den fünf Belehrungen Mephistos (1770 – 1867), die Faust nicht versteht, die aber Mephisto als den überlegen Führenden ausweisen. Sofort am Anfang des Dramas nimmt Mephisto also zielbewußt seine Aufgabe wahr, weit weg von der Figur des christlichen Teufels.
2. Goethe fügt die „Hexenküche" ein. Sie ist eine Parodie auf den Teufels- und Hexenglauben.

3. Mit der Szene „Wald und Höhle" bestätigt Goethe das Erdgeistthema, das Gestaltungsprinzip für Fausts Lebensweg bis zum Ende des II. Teiles bleibt.

Mit diesen Szenen aus Italien veröffentlichte Goethe im Jahre 1790 zum ersten Mal Texte zu Faust unter dem Titel „Faust. Ein Fragment". Man kann den Schluß ziehen, daß Goethe von Beginn an die Rollen von Faust und Mephisto festschreiben und die Bedeutung des Erdgeistes klarstellen wollte, daß er zu diesem Zweck die Szenen in Italien schrieb und damit auch den verbindenden Gedanken für das ganze Drama festgelegt hat.

Erst 1797, neun Jahre nach Italien, setzt Goethe die Arbeit an Faust fort, die zur Veröffentlichung von „Faust. Der Tragödie erster Teil" im Jahre 1808 führte, also zur Endfassung von Faust I. Das Konzept aus dem „Fragment" veränderte er nicht. Er rundete den vorliegenden Text ab und füllte ihn auf. Die wichtigsten neuen Teile sind:

1. Studierzimmer I mit der Bibelübersetzung (1224 – 1237), dem ersten Hinweis auf die Weltsicht des späteren Goethe und des alten Faust.
2. Der große Fluch: der seelische Zusammenbruch Fausts (1583 – 1606).
3. Der Geisterchor (1607 – 1626), der den Imperativ für Fausts weiteres Leben und damit das Thema für das Drama bis zu Fausts Tod vorgibt. Damit ist die Tragödie Faust – wenn sie denn überhaupt eine ist – beendet, das Drama beginnt, und es wird sich zeigen, ob es Mephisto gelingt, Faust zur Ausgeglichenheit seines Charakters zu führen (Teil 2.3).
4. In der Szene „Walpurgisnacht" setzt Goethe die Karikatur Mephistos vom echten Mephisto ab und bestätigt ihn damit als Mitspieler Fausts, der nicht der christliche Teufel ist. Die Szene ist eine Kritik am Hexenglauben und enthält versteckt einen weiteren Hinweis auf Fausts spätere Weltsicht.

Es fällt auf, daß Goethe den Faust konsequent nach dem ersten Plan fortgesetzt hat, obwohl in die neunjährige Pause seit Italien schon die Zeit fiel, die man die Weimarer Klassik nennt. Diese Zeit ist gekennzeichnet durch die Zusammenarbeit mit Schiller bei gemeinsamen Zeitschriften, durch Sach- und Fachdiskussionen mit ihm, durch beiderseitige Stellungnahmen zu laufenden und geplanten Arbeiten. Schiller hat Goethe auch zur Fortsetzung des Faust gedrängt. Aber es zeigte sich, daß die Zusammenarbeit keinen Einfluß auf ihre Werke hatte, sondern eher zur Selbstbestätigung führte.

In Goethes Klassikerjahre fallen Pläne für ein Helena-Drama, ähnlich Iphigenie. In den Paralipomena stehen 21 Stücke aus den Jahren 1800 – 1826 zum Helenathema, teils fertig ausgeführte Texte, teils Konzepte; davon etwa elf größere. Das zeigt Goethes Unsicherheit gegenüber diesem Thema in dieser Zeit. Es ist die Zeit, in der Goethe für sein Geschichtsbild den letzten, entscheidenden Entwicklungsschritt vollzieht. Es ist der Schritt vom Klassiker Goethe zum Kulturhistoriker Goethe.

Diese Entwicklung Goethes ist bis heute schwer erkennbar, weil sie überdeckt wurde durch den Kult von dem Olympier Goethe – so, als wäre Goethe auf der geistigen Stufe der Klassik stehengeblieben. Die Arbeit am Helenathema ist aber symptomatisch für Goethes Auseinandersetzung mit der Geschichte, und er selbst schreibt dazu am 25. Mai 1827 an Nees von Esenbeck:

„Wie ich im Stillen langmütig einhergehe, werden Sie an der dreitausendjährigen ‚Helena' sehen, der ich nun auch schon sechzig Jahre nachschleiche, um ihr einigermaßen etwas abzugewinnen ... So habe ich voriges Jahr mit einem gewaltigen Anlauf die ‚Helena' endlich zum übereinstimmenden Leben gebracht. Wie vielfach hatte sich diese in langen, kaum übersehbaren Jahren gestaltet und umgestaltet. Nun mag sie im Zeitmoment solidesziert endlich verharren."

Erst spät habe ich die Bedeutung der beiden Rhein-Main-Reisen in den Jahren 1814 und 1815 für Goethe und für Faust erkannt, bei denen er die Sammlung mittelalterlicher niederdeutscher Malerei der Brüder Boisserée besichtigte (heute: Alte Pinakothek München), „die ihn tief beeindruckte". Die meisten Interpreten erwähnen dieses Ereignis nur im Zusammenhang mit Marianne von Willemer. Ich hielt es anfangs für den Beginn von Goethes Umorientierung zur europäisch-abendländischen Kunst und Kultur. Bei Trunz fand ich dann die lange Liste von Goethes Beschäftigung mit diesem Thema (S. 661f und 670f). Diese beginnt mit dem Straßburger Münster und Shakespeare (1770) und enthält – hier ein Auszug – die Liederhandschriften des Mittelalters, die ersten Ausgaben des Nibelungenliedes (Hagen 1807, Simrock 1827), die Gemäldesammlung Boisserées (1814/1815), die aktive Anteilnahme Goethes an Boisserées Arbeiten zur Vollendung des Kölner Doms, das Studium der sechs Bände von Raumers „Geschichte der Hohenstaufen". Trunz faßt zusammen (S. 661):

„Die dichterische Verbindung der zwei Bereiche – griechisches Altertum und deutsches Mittelalter – hatten als Hintergrund Goethes Geschichtsschau im Alter. So sehr seine

Liebe zum Griechentum erhalten blieb, er hatte sich dank der Beschäftigung mit den Bildern der Sammlung Boisserée, mit dem Kölner Dom, mit dem Nibelungenlied, mit Raumers ‚Geschichte der Hohenstaufen' und ähnlichen Werken ein erweitertes Verständnis zum deutschen Mittelalter geschaffen. Er sprach es in seinen Gedichten aus."

„Die Verbindung Helenas mit Faust konnte erst entstehen, als sein eigener Hochklassizismus vorüber war und er – durch Nibelungen, van Eyck, Hafis und Calderón und andere Regionen geführt – bereit war, Antike und Mittelalter zu verbinden."

Das sagt Trunz. Die Elemente hat er in der Hand. Den letzten Schritt zur Deutung des Faust geht er nicht.

Die Pause von 24 Jahren nach der Veröffentlichung von Faust I war es, in der Goethe sein Weltbild zu Ende formte, in der er seine letzten „Erfahrungsresultate" (Seite 53) wieder in Gedichten ausgesprochen hat: Selige Sehnsucht 1814, Urworte orphisch 1817, Eins und Alles 1821, Vermächtnis 1829. Nach dieser Pause ging er im Alter von 76 Jahren daran, sein „Bruchstück einer großen Konfession" in Faust II zu Ende zu schreiben. Erst dann war er seiner sicher und hat in sechs Jahren den Faust II geschrieben. Das war gewiß seine größte Leistung, und es durfte getrost seine letzte sein: Es war vollbracht. Sehen wir, was uns geblieben ist:

1. Akt Kaiserliche Pfalz, „Es bildet ein Charakter sich im Strom der Welt" (Schiller, s.o.).
Finstere Galerie: Urphänomen Ursprung. Mephisto als Lehrer.
2. Akt Klassische Walpurgisnacht: postkulturelle Dekadenz. Homunkulus, die unfertige Kultur, sucht in falscher Richtung.
3. Akt Helena. Die Unvermischbarkeit zweier reifer Kulturen. Euphorion. Renaissance. Unzerstörbarkeit der geprägten Form.
4. Akt Hochgebirg. Aktive Annahme des Gesetzes aus freier Entscheidung.
Selbstverantwortetes Schicksal. Urworte 4. Strophe.
5. Akt „Schafft sie mir zu Seite". Schuld bleibt draußen. Sorge bleibt. Faust vor seinem Ziel. Der Epilog.

Auch die Entstehungsgeschichte des Dramas parallel zum Leben Goethes bestätigt, daß der Faust ein Entwicklungsdrama ist. In Teil 2.4 wird der Vergleich mit der griechischen Tragödie gezogen, die der Form nach Situationsdrama ist und dem Inhalt nach Haltungsdrama. Der Vergleich weist das Drama Faust mit größter Deutlichkeit als Darstellung einer Charakterentwicklung aus. Situation und Entwicklung verhalten sich zueinander wie Statik und Dynamik (Teil 1.4, Seite 59f). Auf der einen Seite also Schönheit, Situation, Haltung, auf der anderen Seite Charakter, Entwicklung, Schicksal: das sind typische Elemente zweier verschiedener Kulturen, von denen man sagen muß, daß die griechische viel zu eigenständig und groß war, um als Vorläufer der abendländischen zu gelten, und daß die abendländische viel zu eigenständig und zu groß ist, um als Anhängsel der griechischen zu gelten. Faust aber – und Goethe – sind Mitglieder der abendländischen Kultur.

Zum Aufbau des Dramas und des Kommentars

Wir haben schon festgestellt, daß das Drama Faust den Lebensweg und den Entwicklungsweg Fausts zwischen den Szenen „Nacht" und „Großer Vorhof" beschreibt, zwischen Eingangsmonolog (ab 354) und Mephistos Epilog (bis 11603). Seine Entwicklung steht zwischen den drei Einflußgrößen, den beiden großen Geistesströmungen seiner Zeit, dem Christentum und dem Griechentum, als Einwirkungen von außen, und der Prägung durch seine abendländische Herkunft als Gegenwirkung von innen, als vorgegebene „Bedingung und Gesetz" (Urworte, 4. Strophe). Für das Ineinandergreifen dieser Themen, und damit für den Aufbau des Dramas, gibt es kein Beispiel in der Dramenliteratur. Dietze präzisiert (S. 624):

> „Goethes Genialität bewährt sich darin, die menschheitsgeschichtliche Problematik seines Hauptwerkes allgemeingültig und spezifiziert, zugleich abstrakt und konkret darzubieten. ...so ist das titanische Werk vielschichtig angelegt, hat mehrere einander überlagernde, sich gegenseitig ergänzende, miteinander korrespondierende Bedeutungsebenen."

Wir haben gesehen, daß z.B. die weit auseinanderliegenden Szenen „Hexenküche" und „Grablegung" zu Goethes allgemeiner Kritik am Kirchenchristentum gehören, und daß diese Szenen zweitens Mephisto als christlichen Teufel so stark karikieren, daß der Mephisto der anderen Szenen niemals der christliche Teufel sein kann. Die Szenen „Anmutige Gegend" und „Hochgebirg" stellen konkret zwei entscheidende Wendepunkte auf Fausts Lebensweg dar, und sie beschreiben auf der allgemeinen Bedeutungsebene zwei kulturhistorische Stationen, nämlich die Ablösung von Christentum und Griechentum durch die vom Abendland geprägte Lebensform. Daneben zeigt die Szene „Anmutige Gegend" gegenüber der Szene „Dom" den starken Kontrast in der Frage Religiosität, und mit der Szene „Mitternacht" verbindet sie das Ethikthema zur Frage Schuld, beides Eckpunkte in Goethes religiösem Weltbild. Und die Szene „Hochgebirg" ist – neben der obigen Bedeutung – erstens im Zusammenhang mit „Rittersaal" und „Schattiger Hain" die Schlüsselszene auf der Bedeutungsebene „Griechische Antike – Abendland", und zweitens erschließt sie, in Verbindung mit „Finstere Galerie" und dem Chorus mysticus, den Weg zu Goethes Urphänomenen. Wir werden z.B. sehen, was den „Prolog im Himmel" und „Bergschluchten" verbindet, was Homunkulus' Tod und Euphorions Tod unterscheidet, und wir werden fragen, was die „Walpurgisnacht" mit dem Christentum zu tun hat, und wie sie mit der „Klassischen Walpurgisnacht" zusammenhängt.

Die so kompliziert verflochtenen Themen lassen sich dennoch übersichtlich darstellen, wenn sie zuerst entflochten werden. Will man die „konkreten und spezifizierten" Themen und die „abstrakten und allgemeingültigen" verständlich beschreiben, muß man sie zunächst getrennt behandeln und danach wieder zum Gesamtbild zusammensetzen. Daraus ergibt sich, daß das Drama in diesem Kommentar nicht seitenlinear besprochen wird, sondern themenlinear. Bei diesem Aufbau werden zwangsläufig viele Texte des Dramas an mehreren Stellen behandelt und zitiert, wenn sie auf einer anderen Ebene in anderem Kontext eine andere Bedeutung haben.

In den Teilen 2.1 bis 2.3 werden Lebensgesetz, Lebensimperativ und Lebenslauf Fausts mit dem Blick auf die konkreten und spezifizierten Erscheinungsformen besprochen; d.h., überwiegend ist es ein Blick auf die Symptome seines Entwicklungsweges, der zeigt, wie seine Entwicklung abläuft. Das geschieht in der Form von ausgewählten Kapiteln, mit denen Goethe die persönlichkeitsbildenden Lebensstationen beschreibt. Das ist die handlungsführende Themenlinie, also der rote Faden durch das Drama.

In den Teilen 2.4 bis 2.6 werden – weitgehend entflochten – die abstrakten und allgemeingültigen Zeitumstände besprochen; d.h., überwiegend ist es die Darstellung des kulturellen Hintergrundes, vor dem Fausts Entwicklung abläuft. Das geschieht soweit, wie Goethe diese Themen im Drama direkt bespricht oder aufruft, und es wird durch kulturhistorische Daten soweit ergänzt, wie es zum Verständnis von Fausts Entwicklungsweg nötig ist.

In Teil 3, „Das geistige Band", werden alle Themenlinien zusammengeführt und zu Goethes Gesamtaussage zusammengebunden. Hier wird deutlich, wie Fausts Entwicklung abläuft, und warum sie nicht anders ablaufen kann. Dann werden wir „den geheimen Sinn" (Seite 47f, Punkte 8 und 3) kennen, den Goethe in das Drama Faust gelegt hat.

Die im Drama enthaltenen Stücke „Zueignung", „Vorspiel auf dem Theater" und „Walpurgisnachtstraum" haben mit dem Drama Faust nichts zu tun und werden in diesem Kommentar nicht behandelt. Die Szenen „Prolog im Himmel", „Grablegung" und „Bergschluchten" werden bei den allgemeinen Themen besprochen, wie Randbedingungen, die für eine spezielle Lösung einer Gleichung nötig sind, obwohl in der Faustforschung Fausts irdischer Lebensweg gerne ins Übersinnliche dieser Szenen fortgesetzt wird. Das überlassen wir der Spekulation.

In der folgenden Aufstellung einiger Schlüsselszenen mit ihren Inhaltsschwerpunkten wird auch die Verkettung der Bedeutungsebenen deutlich.

Fausts Lebensweg

Szene Nacht	Ausgangslage: Fausts Verwirrung
Erdgeistszene	Das Gestaltungsgesetz: Thema des Dramas
Der Geisterchor	Der Lebensimperativ für Faust
Hexenküche	Fausts Verjüngung
Walpurgisnacht	Vision Gretchen und Fausts Umkehr
Kerker	Fausts Abkehr von der Kirche
Anmutige Gegend	Lebensbejahung
Finstere Galerie	Mephisto: Urbilder des Abendlandes
Rittersaal	Fausts Unverständnis: Griechenbild
Klass. Walpurgisnacht	Postkulturelle Dekadenz
Schattiger Hain	Das verlorene Griechenbild
Hochgebirg	Vision Abendland
Mitternacht	Schuld und Sorge: gefundenes Gleichgewicht
Vorhof des Palastes	Mephistos Epilog

Themenlinie Griechentum

Rittersaal	Unverstandenes Griechentum
Klass. Walpurgisnacht	Dekadenz verwirft Kultur
Palast des Menelas	Griechische Mythologie und Kultur
Innerer Burghof	Zwei verschiedene Kulturen

Schattiger Hain	Nichtwiederholbarkeit von Kultur
Hochgebirg	Nichtübertragbarkeit von Kultur

Themenlinie Christentum

Prolog im Himmel	Der assimilierte Himmel
Bibelübersetzung	„Im Anfang war das Wort". Monotheismus
Hexenküche	„Irrtum statt Wahrheit". Karikatur Hölle
Zwinger	Mariengebet. Individualität
Dom	Kirchenchristen
Walpurgisnacht	Frühlingsfest und Hexensabbat
Kerker	Die Katastrophe der Kirche in Europa
Gegenkaisers Zelt	Der Erzbischof: Weltmacht Kirche
Grablegung	Glaubenschristen
Bergschluchten	Quasi-polytheistischer Himmel

Themenlinie Abendland

Bibelübersetzung	„Im Anfang war die Tat".
Studierzimmer II	Mephisto als Abendländer (ab 1335)
Schülerszene	Die vier fremden Fakultäten
Anmutige Gegend	Vision der kulturellen Herkunft
Finstere Galerie	Präexistente Urbilder
Klass. Walpurgisnacht	Hellenismus –Abendland
Schattiger Hain	Zwitter Euphorion: Renaissance
Hochgebirg	Das gefundene Abendland
Mitternacht	Schicksal kommt, Schuld bleibt draußen
Bergschluchten	Polytheismus. Mythos und Kultur

Das geistige Band

Szene „Nacht"	Fausts Verwirrung: Verlorene Kultur
Kerker	Abkehr von der Kirche
Finstere Galerie	Fausts verpaßte Chance
Klass. Walpurgisnacht	Suche in der falschen Welt
Helenaakt	Eigenständigkeit der Weltkulturen
Hochgebirg	Gefahr aus dem abendländischen Charakter
Palast	Gefahr aus der kulturellen Leerstelle
Mittemacht	Das vollziehende Schicksal
Vorhof des Palastes	Das korrigierende Schicksal
Fausts Tod	„Was du ererbt von deinen Vätern hast"

Nach den Ausführungen des Teils 1 dieses Kommentars können wir ein Ergebnis feststellen. Unsere Vorgabe aus der Einleitung, die hier diskutierten äußeren Bedingtheiten des Dramas würden schon Ansätze für die Deutung zeigen, hat sich bestätigt. Aus der kritischen Diskussion über die Faustforschung, über Goethes eigene Kommentare, über Goethes Erkenntnismittel, über seine Welt- und Lebensansicht und schließlich über die Entstehungsgeschichte des Dramas haben wir Schlüsse und Ausschlüsse gefunden, und wir haben Erklärungspfeile gefunden, die alle in die gleiche Richtung weisen, so daß wir annehmen können, daß wir auf dem richtigen Wege sind, daß sich unsere Voraussetzungen bestätigen und daß unser Erklärungsrahmen stimmt. Widersprüche und Brüche haben wir nicht gefunden, sondern innere Geschlossenheit. So können wir jetzt unsere Eingangsfeststellung bestätigen: Faust ist nicht schwer.

Und nun werden wir das Drama Faust von innen betrachten.

2. Textkommentar

2.1 Das Drama Faust

Das Drama Faust beginnt mit der Szene „Nacht", Vers 354, und endet mit Fausts Tod, Vers 11603. Wir haben das schon im Zusammenhang mit dem Dramenaufbau (Seiten 80f) festgestellt. Das Drama beschreibt Fausts Lebensweg, seine persönliche Entwicklung in diesem Lebensabschnitt. Natürlich hat das Drama biographische Züge bis in den 5. Akt hinein (Seiten 70f) und selbstverständlich hat Goethe ihm sein Welt- und Lebensbild unterlegt (Seiten 59ff). So steht denn auch Fausts Leben unter zwei Bedingungen:
— dem Gesetz des Erdgeistes von Polarität und Wandel allen Lebens
— dem Imperativ des Geisterchores nach Fausts seelischem Zusammenbruch

Danach ist die Tragödie Faust beendet, und das Drama Faust beginnt. Diese beiden Gesetze sind Höhepunkt und Thema des Dramas Faust. Alles weiter in beiden Teilen sind ausgewählte Kapitel aus seinem Entwicklungsweg, der unter diesen Gesetzen steht. Alle Stationen im Leben Fausts zusammen sind eine gewachsene Einheit, keine logische. Die Bilanz am Ende wird zeigen, ob und wie Faust Gesetz und Imperativ erfüllt hat mit Hilfe Mephistos.

Der Erdgeist

Szene „Nacht". Faust ist in einem katastrophalen Zustand, ichbezogen, selbstmitleidig, zerrissen zwischen Übermut und Mutlosigkeit, ohne Entschlußkraft. Zufällig und „unwillig" (Regieanweisung nach 459), mit überzogener Emotion, löst er den Auftritt des Erdgeistes aus. Der Geist erscheint, er hat das erste Wort: „Wer ruft mir?" (482).

Allein dieser Dativ schafft Distanz. Faust: „Schreckliches Gesicht!" Das hat er nicht erwartet: „Weh! Ich ertrag dich nicht!" – So ist es immer, wenn ein unsicherer Geist auf den überlegenen trifft. Erfährt er dann seine Grenzen (486 – 498), wird er anmaßend: „Ich bin's, bin Faust, bin deinesgleichen!" Auch das ist immer so; und auch das: Dieser Faust kann den Erdgeist nicht kränken oder seine Absicht beeinflussen. Mit unangreifbarer Distanziertheit und Autorität verkündet der Erdgeist das Gesetz von Polarität und Wandel, dem alles Leben unterworfen ist. Er spricht mit verblüffender Prägnanz, kein Wort zuwenig und keines zuviel, kürzer geht es nicht (501 – 509):

„In Lebensfluten, in Tatensturm
Wall' ich auf und ab,
Webe hin und her!
Geburt und Grab,
Ein ewiges Meer,
Ein wechselnd Weben,
Ein glühend Leben,
So schaff' ich am sausenden Webstuhl der Zeit
Und wirke der Gottheit lebendiges Kleid."

Sehen wir genauer hin:
— „Lebensfluten, Tatensturm."
 Leben – Taten, Fluten – Sturm, das sind komplementäre Bilder zur Beschreibung derselben, sonst nicht beschreibbaren Realität (Seite 55f)
— „Auf und ab, hin und her, Geburt und Grab".
 „Ein ewiges Meer, ein ..., ein ..."
 Das sind die Polaritäten, die sich immer zur Einheit ergänzen:
— „Wall' ich, webe, wirke."
 In diesen starken Verben drückt sich Goethes dynamisches Weltbild aus (Seiten 59f).
— „Wechselnd Weben, glühend Leben."
 Darin liegen die Bilder für Wandel und „Gestaltung, Umgestaltung" (6287).
— „Am sausenden Webstuhl der Zeit."
 Das Webergleichnis von Wandel und Entwicklung wendet Goethe immer als Bild für ein Gestaltungsgesetz an, wie auch in der Schülerszene (1922 – 1935).
— „Der Gottheit lebendiges Kleid."
 Das endlich ist das Ziel: Ausgewogenheit und Harmonie.

Faust im gegenwärtigen Zustand versteht gar nichts. Der am Thema vorbeiredende Faust: „Der du die weite Welt umschweifst ..." wird beschieden: „Du gleichst dem Geist, den du begreifst." Das letzte Wort hat der Erdgeist.

Die Souveränität des Auftritts des Erdgeistes betont Goethe mit der Gegenüberstellung zur Szene „Prolog im Himmel", in der Mephisto das erste und das letzte Wort hat, und in der „Der Herr" parlamentiert und wettet.

Dieser kurze Text drückt mit großer Einfachheit Goethes Lebensbild aus (Teil 1.5). Er steht schon im Urfaust. Goethe schrieb ihn mit 24 Jahren. Er hat eine so große innere Geschlossenheit, daß man annehmen muß, er ist der geniale und zwanghafte Ausdruck seines Schauens (Teil 1.4).

Sehen wir die Polaritäten an, die Goethe im Faust anspricht, so finden wir zwei Arten, nämlich die des organischen Lebens, z.B.: Geburt – Grab (504), Entstehen – Vergehen (1339), Ruhn – Tun (1637), und die der anorganischen Welt, z.B.: Finsternis – Licht (1350), Raum – Körper (1353), das Nichts – das Etwas (1363). Bringen wir beide in Zusammenhang mit dem Gesetz des Erdgeistes, so erkennen wir darin das ganz umfassende Weltbild Goethes: das des organischen Lebens, das ein Lebensprinzip darstellt, und das der anorganischen Welt, das ein Formenprinzip darstellt. Mit dem Merkmal „Wandel" ausgestattet, erhalten sie die Bedeutung von Ergänzungs- und Ausgleichspolaritäten, und damit also die Bedeutung eines Gestaltungsgesetzes. Das Gestaltungsgesetz des Lebens führt zur Harmonie, das der Welt zur Einheit. In diesem Sinne gibt der Erdgeist Faust ein Ziel vor.

Aus Text und Kontext haben wir die zentrale Bedeutung des Erdgeistes in Goethes Drama zweifelsfrei erkannt. Aus Goethes Welt- und Lebensbild (Teil 1.5) konnten wir außerdem auf seine Absicht für das Drama schließen. Daß dennoch so viele namhafte Interpreten die Erdgeisterscheinung im Drama entweder gar nicht beachten oder in Einzelfällen wegdeuten, ist nur damit zu erklären, daß sie das Deutungsschema mit der sogenannten Himmlischen Rahmenhandlung beibehalten. Man muß sich entscheiden (Seiten 30ff).

— ob man das Drama Faust als religionsphilosophisches Thema deuten will, in dem Fausts Lebenslauf vor dem Leben, im Himmel, beginnt und nach dem Leben, in den Bergschluchten, endet – was gegen Goethes Lebensbild geschieht. Dann muß man die Konsistenz des Dramas, seine innere Richtigkeit, preisgeben (Teil 1.2).

— ob man das Drama Faust als Entwicklungsbild eines Menschen unter dem Einfluß der Geistesströmungen seiner Zeit deuten will, dann aber mit dem Erdgeist in der beschriebenen Funktion und mit einer konsistenten Deutung, mit der inneren Geschlossenheit des ganzen Dramas. Wir haben in unserem Kommentar den zweiten Weg schon gewählt und werden ihn konsequent fortsetzen.

Der Geisterchor

Studierzimmer II. Fausts neue Lage ist die alte. Er hat weder den Erdgeist und dessen Gesetz verstanden, noch Mephisto, der das Gesetz erklärt, noch die Geister: „Schwindet, ihr hohen Wölbungen droben!" Mephisto ist sein neues Publikum, seine Monologe werden länger. Sein Selbstmitleid spitzt sich zu: „Nur mit Entsetzen wach' ich morgens auf, ich möchte bittre Tränen weinen" (1554f). Seine Vermessenheit bleibt: „... die Schöpfung meiner regen Brust ..." (1560), Pathos und Theatralik überschlagen sich: „Und so ist mir das Dasein eine Last, der Tod erwünscht, das Leben mir verhaßt", so daß Mephisto später mahnen muß: „Hör auf, mit deinem Gram zu spielen." Faust läßt nicht ab, bis zum maßlosen, selbstzerstörerischen Fluch (1583 – 1606):

„So fluch' ich allem, was die Seele
Mit Lock- und Gaukelwerk umspannt, ...
Verflucht voraus die hohe Meinung, ...
Verflucht das Blenden der Erscheinung, ...
Verflucht, was uns in Träumen heuchelt ...
Verflucht, was als Besitz uns schmeichelt ...
Fluch sei dem Balsamsaft der Trauben!
Fluch jeder höchsten Liebeshuld!
Fluch sei der Hoffnung! Fluch dem Glauben,
Und Fluch vor allem der Geduld!"

Das ist die Katastrophe. Das ist seelische Selbstzerstörung. Ist dies das Ende der Tragödie Faust? Unmittelbar nach dem letzten Fluch greift der Geisterchor ein und verhindert die Katastrophe. Er fängt Faust auf. Er fängt ihn auf mit dem zukunftsöffnenden Imperativ (1607 – 1626):

„Weh! Weh!
Du hast sie zerstört,
Die schöne Welt,
Mit mächtiger Faust,
Sie stürzt, sie zerfällt!
Ein Halbgott hat sie zerschlagen!
Wir tragen
Die Trümmer ins Nichts hinüber,
Und klagen
Über die verlorene Schöne.

Mächtiger
   Der Erdensöhne,
   Prächtiger
   Baue sie wieder,
   In deinem Busen baue sie auf!
   Neuen Lebenslauf,
   Beginne,
   Mit hellem Sinne,
   Und neue Lieder
   Tönen darauf!"

Sehen wir auch hier noch einmal hin:
— Entsetzen beim Geisterchor:
   „Weh! Weh! Du hast sie zerstört, die schöne Welt!"
— Aber kein Vorwurf, keine Anklage, sondern Hilfe: „Wir tragen die Trümmer ins Nichts hinüber!"
— Der Geisterchor klagt nicht über die Zerstörung, sondern über den Verlust:
   „Und klagen über die verlorene Schöne."
— Er verweist auf die Zukunft und gibt Faust den Imperativ für sein künftiges Leben vor:
   „Prächtiger baue sie wieder,
   In deinem Busen baue sie auf!
   Neuen Lebenslauf beginne!"
— Und noch mehr: der Geisterchor ermutigt Faust:
   „Und neue Lieder tönen darauf!"

Das ist die Verdeutlichung des Gesetzes des Erdgeists. Das ist der Imperativ für Faust auf sein Lebensziel hin: „In deinem Busen baue sie auf!" Das ist eine Zielvorgabe mit Anreiz: „Und neue Lieder tönen darauf!" Das ist nicht ultimativ: Faust kann sich selbst entscheiden.

Die Tragödie Faust ist vermieden. Das Drama Faust beginnt. Der Geisterchor hat Faust den Lebensimperativ gegeben, in Gegenwart Mephistos. Damit wurde Fausts Charakterentwicklung zu seinem Schicksal, „dem er sich stellen muß in der unmittelbar wirklichen Welt (Seiten 41, 65; Heisenberg, Schritte, S. 219).

Beutler, Dietze und Sudau gehen auf die Szene „Geisterchor" gar nicht ein, und Trunz sieht in ihr eine Vorbereitung zur Wette (S. 539).

Den Geisterchor hat Goethe der Szene „Dom" gegenübergestellt, in der Gretchen verworfen und verdammt wird, mit „gnadeverweigernder Erbarmungslosigkeit", wie Dietze das ausdrückt (S. 630). Hier ist schon erkennbar, daß Goethe in dem Drama nicht nur

Religionskritik übt, sondern dem Kirchenchristentum eine Religiosität gegenüberstellt, die auf das Leben gerichtet ist, nicht auf den Tod, die Hilfen für das Diesseits anbietet, nicht Verheißungen für ein Jenseits. Wir werden das durch das ganze Drama hindurch verfolgen.

2.2 Fausts Lebensweg I

Die Ausgangslage

Es ist Nacht.
Faust sitzt in seinem gotischen Arbeitszimmer.
Er ist unruhig auf seinem Sessel.
Er arbeitet nicht.
Er zieht Bilanz. Was hat er vorzuweisen?

— „Philosophie, Juristerei, Medizin, Theologie" (354f).
Das ist viel. Das sind alle vier Fakultäten, die damals an den Universitäten gelehrt wurden. Das ist das ganze Wissen seiner Zeit.

— „Heiße Magister, heiße Doktor gar."
Das ist viel Anerkennung und gebietet Ehrfurcht.

— „Da steh' ich nun, ich armer Tor!
Und bin so klug als wie zuvor; ...
Und ziehe schon an die zehen Jahr
Herauf, herab und quer und krumm
Meine Schüler an der Nase herum." (358ff)
Das ist zu wenig. Ist es nicht Aufgabe der Professoren, das Wissen zu vermehren? War etwa keine Aufgabe vorhanden für einen, der von sich sagt, er sei „gescheiter als alle die Laffen, Doktoren, Magister, Schreiber und Pfaffen?" (366). Hat nicht die Zeit nach ihm eine ungeheure Wissenschaftsvermehrung gebracht? Was hat er denn in den zehn Jahren getan?

— „Drum hab ich mich der Magie ergeben." (377)
Auf Nebenwege gehen alle, die geradeaus nicht weiterkommen, und alle tun das mit überzogenen Erwartungen (378 – 385), in schönstem Selbstbetrug. Faust teilt nicht mit, welche Erkenntnisse ihm dieses Fach gebracht hat. Das ist auch nicht möglich. Es ist auch nicht nötig, denn diese trotzige Aussage hat nur Alibiwert, um die Leistungsdefizite der letzten zehn Jahre zu verdecken, vor allem vor sich selbst. Es ist Selbstrechtfertigung und Selbstbetrug. Damit ist das Thema für Faust erledigt. Neues Thema! Auf Rechtfertigung folgt Melancholie:

— „O sähst du, voller Mondenschein, Zum letzten Mal auf
meine Pein ... Ach! Könnt' ich doch auf Bergeshöhn
In deinem lieben Lichte gehen, ..." (386 – 397)
Zwölf Zeilen lang geht das. Lesen Sie bitte jede einzelne Zeile, damit Sie den abrupten Stimmungswechsel vorher und nachher deutlich sehen und Fausts Unruhe und Unstete erkennen. Aus der Melancholie stürzt er sich nun ins Selbstmitleid:

— „Weh! Steck' ich in dem Kerker noch?
Verfluchtes dumpfes Mauerloch ..." (398 – 417)
Faust bejammert sich in 20 Versen. Dann plötzlich kommt er zum Entschluß: „Flieh! auf! hinaus ins weite Land!" (418), den er sofort wieder aufgibt, weil er ein Buch sieht (419). Er vollzieht einen extremen Themenwechsel vom Jammer zu Nostradamus (420) und fühlt auch gleich die Geister um sich schweben (428). Er hat sich so weit in diese Vorstellung hineingesteigert, daß er doch tatsächlich die Geister anspricht: „Antwortet mir, wenn ihr mich hört!" (429), als ob sie leibhaftig um ihn wären. Und dann: „Er schlägt das Buch auf und erblickt das Zeichen des Makrokosmos" (Regieanweisung nach Vers 429). Wir haben gesehen (Seite 51), wie genau Goethe zwischen Schauen und Erblicken unterscheidet, so daß wir folgern können, daß Faust das Zeichen zufällig erblickt, nach wahllosem Griff in die Seiten. Seine Überraschung bestätigt das:

— „Ha!"
Nach dieser Überraschungsreaktion hat Faust gleich neue Gefühle. Er verspürt „Wonnen" und „junges heil'ges Lebensglück" (430 – 433) und steigert sich weiter bis zur Frage: „Bin ich ein Gott?" (439). Das ist Hybris. Das ist aus den Fugen geratene Egozentrik, also die eine von zwei möglichen Folgen eines unbeherrschten Selbstmitleids; die zweite folgt später, mit der Giftschale. Faust erkennt nicht selbst: „Die Geisterwelt ist nicht verschlossen", sondern er erkennt, daß das der Weise spricht (442f). Er fordert sich selbst auf: „Bade unverdrossen die ird'sche Brust im Morgenrot!" (446), und er spricht weiter von Himmelskräften, die „Harmonisch all' das All durchklingen!" (447 – 453). Das alles sind Eindrücke, keine Erkenntnisse. Faust arbeitet immer noch nicht. Man erwartet von ihm keine naturwissenschaftlichen Erkenntnisse, aber vielleicht historische, etwa wie von Wagner (Faust II, 2. Akt, Homunkulus).

— „Er schlägt unwillig das Buch um und erblickt das Zeichen des Erdgeistes" (Szenenanweisung nach Vers 459).

Das ist wieder diese Zufallsspielerei, keine Gelehrtenarbeit, und wieder Eindrücke (460 – 467), und wieder fühlt Faust einen Geist um sich schweben (468 – 475), und wieder spricht er sein Geistphantom an (476 – 481). Diesmal aber steigert er sich nochmals: Es heißt nicht mehr „wenn ihr mich hört", sondern mit Bestimmtheit: „Enthülle dich!" (476), und mit übersteigertem Einsatz: „Du mußt! Du mußt! Und kostet es mein Leben!" (481). Der Geist erscheint: „Wer ruft mir?" (482). Faust, der schon in seiner ersten Reaktion auf die Erklärung des Erdgeistes gezeigt hat, daß er nichts verstanden hat (510f, Seite 86), steigert seine Überheblichkeit „zusammenstürzend" (Szenenanweisung nach 513) von der Fragestellung „Bin ich ein Gott!" (439) zur Behauptung: „Ich Ebenbild der Gottheit!" (516), und ruft dies unbeherrscht dem Erdgeist hinterher, damit noch einmal beweisend, daß er nichts verstanden hat. Das ist schon nahe am geistigen Zusammenbruch.

Dann kommt Wagner – neues Publikum. Der zusammengebrochene Faust läßt sich – nach einer anmaßenden Schmähung: „Der trockne Schleicher" (521) – sogleich in einen längeren Disput ein. Es folgt eine Szene voller Lebenswahrheiten in glänzenden Formulierungen, ein geistiges Vergnügen. Auf Faust bezogen, kann man zwei Beobachtungen machen:

1. Faust ist sofort wieder obenauf, er paßt sein Erscheinungsbild der neuen Situation schnell an. Hat er eben noch geklagt: „Bilde mir nicht ein, was Rechts zu wissen. Bilde mir nicht ein, ich könnte was lehren, die Menschen zu bessern und zu bekehren" (371 – 373), so belehrt er jetzt bei jedem angesprochenen Thema mit unduldsamem Autoritätsanspruch (528 – 593).

2. Fausts Zusammenbruch kann nicht so schwer gewesen sein, wenn er unmittelbar danach einen auf Wirkung zielenden Disput führen kann. Vielmehr muß man fragen, woher solche Sprunghaftigkeit, woher solche innere Unsicherheit kommen, und man kann auf ein Mangelgefühl schließen. Wir werden sehen, daß dieser Persönlichkeitsverlust tatsächlich die Folge einer Mangelerscheinung ist.

Wagner geht. Faust ruft ihm einen Schmähruf hinterher (602 – 605). Er ist wieder allein.

Er selbst ist wieder sein Publikum. Was danach kommt, ist eine Wiederholung seiner Selbstbespiegelung aus dem Eingangsmonolog, jedoch auf höherer Intensitätsstufe, ebenfalls sich steigernd bis zum Quasi-Zusammenbruch. Fassen wir zusammen:

— Wir finden zunächst Faust in anderer Stimmungslage (606 – 613), in der er sich ganz anders einordnet, entgegengesetzt zum Eingangsmonolog: „Ach! die Erscheinung war so riesengroß, daß ich mich recht als Zwerg empfinden sollte." (612f), und: „So hatt' ich, dich zu halten, keine Kraft. In jenem sel'gen Augenblicke ich fühlte mich so klein, so groß." (625 – 627). Vorher hieß es: „Ich bin's, bin Faust, bin deinesgleichen" (500), und: „Wem denn? ... Und nicht einmal dir!" (515 – 517). Faust sieht die Erscheinung des Erdgeistes nur in Bezug auf sein Ego. Er befaßt sich gar nicht mit der Erscheinung selbst und erst recht nicht mit dem Wort des Erdgeistes, das den Ausweg aus seiner krisenhaften Lage zeigte.

— Faust erliegt einer groben Selbsttäuschung, wenn er feststellt: „Ich, Ebenbild der Gottheit, das sich schon ganz nah gedünkt dem Spiegel ew'ger Wahrheit" (614f). Er war weit weg davon. Und ebensolche Selbsttäuschung sind seine sich selbst überhöhenden Worte 616 – 620. Es ist folgerichtig, wenn aus dieser Lage der Stimmungsumschlag in neues Selbstmitleid kommt (622f und 652ff bis 685).

— Fausts Lebensuntüchtigkeit zeigt sich in den Worten 634 – 643, die seine Passivität gegenüber dem Leben ausdrücken: „Drängt immer fremd und fremder Stoff sich an" (635; Drängt sich an!), „... herrliche Gefühle erstarren in dem irdischen Gewühle" (639; erstarren!); „Wenn Glück auf Glück im Zeitenstrudel scheitert" (643). Worauf wartet er, wenn er nicht arbeitet, nicht aktiv ist? Erkenntnisse kommen aus intensiver Arbeit, nicht aus „Glück auf Glück", und auch nicht aus der Magie (377). Ebenso passiv sind seine Worte 644 – 651 über die Sorge. Sie drücken seine abwartende, hinnehmende, fatalistische Haltung aus und gewinnen ihre Bedeutung erst im Zusammenhang mit der Szene „Mitternacht" als Maßstab für Fausts Entwicklung.

— Natürlich findet Faust eine Erklärung für seine unausgeglichene Gemütslage (656 – 685), wenn er z.B. sagt: „Hier soll ich finden, was mir fehlt?" (660). Finden reicht nicht, suchen sollte er; es genügt nicht, zufällig Bücher aufzuschlagen. In einem Geistesblitz (einem zufälligen?) hat er den richtigen Gedanken: „Was du ererbt von deinen Vätern hast, erwirb es, um es zu besitzen." (682). Aber er sucht nicht danach, er spekuliert, statt zu arbeiten. Seine Spekulation ist allerdings in grandiose Dichtung eingefaßt.

— Und dann kommt die letzte Steigerung, wieder ein Quasi-Zusammenbruch, zwangsläufig wie im Eingangsmonolog. „Doch warum heftet sich mein Blick auf jene Stelle?" (686). Die vier Fragen 686 – 689 belegen die Zufälligkeit. Faust gibt diesem Zufall sofort nach: „Ich grüße dich, du einzige Phiole, die ich mit Andacht nun herunterhole!" (690f). Und nun folgen 45 Verse (692 – 736), in denen Faust sich an dem Selbstmordgedanken berauscht. Wer so spricht, springt nicht vom Geländer. Wer so lange spricht, wartet auf ein Zeichen. „Der letzte Trunk sei nun, mit ganzer Seele, als festlich hoher Gruß, dem Morgen zugebracht!" (735 – 736). Regieanweisung nach 736: „Er setzt die Schale an den Mund." Er trinkt nicht, und das Zeichen kommt: „Glockenklang und Chorgesang."

— Inkonsequent setzt Faust, der doch angeblich mit dem Leben abgeschlossen hat, und zwar „entschlossen" (709), „mit Manneswürde" (713) und sogar „heiter" (718), die Schale wieder ab: „Welch tiefes Summen, welch ein heller Ton zieht mit Gewalt das Glas von meinem Munde?" Inkonsequent findet Faust, der Nichtchrist: „und leider auch Theologie" (356), der Pantheist: „Wer darf ihn nennen? ... den Allumfasser, ... den Allerhalter ..." (3432 – 3458), inkonsequent also findet dieser Faust den Grund für den abgebrochenen Selbstmordversuch im Christenglauben, in „Des Osterfestes erste Feierstunde" (745) und in dem „tröstlichen Gesang" der Osterchöre (746). Faust ist nicht fähig zur Konsequenz, nicht im Handeln, nicht im Denken. Er ist sofort ablenkbar ... irgendwohin: Zufall!
Gleich aber verhöhnt er wieder den Christenglauben: „Klingt dort umher, wo weiche Menschen sind. Die Botschaft hör' ich wohl, allein mir fehlt der Glaube" (765f). Und gleich entschuldigt er sich mit „Erinnerung" und „kindlichem Gefühle" (781) und theatert: „Die Träne quillt, die Erde hat mich wieder!" (784).

Und jetzt bitte eine Pause, die Wiederholungen waren ermüdend, trotz großartiger Dichtung. Nutzen wir die Pause für eine Nachbetrachtung. Zugegeben, ich habe pointiert dargestellt, aber ich muß kein Wort zurücknehmen; die Texte sind eindeutig, die Kontexte auch. Jedoch wollte Goethe seinen Faust keinesfalls abqualifizieren. Er wollte die Ausgangslage für Fausts Charakterentwicklung beschreiben. Mit diesem Faust müssen wir später den aus den Szenen des 5. Akts vergleichen, wenn wir beurteilen wollen, wie er sich entwickelt hat.

Diese erste Bilanz Fausts, die Ausgangslage für das Drama, sieht Faust in einem sich selbst aufschaukelnden Gedankenrausch, geistig nicht kontrolliert, von Emotionen bestimmt, von Magie abhängig, von Zufälligkeiten geleitet. Sie ist auf die Vergangenheit gerichtet und endet in der Gegenwart (Selbstmordspekulation), ohne Vorausschau. Faust hat kein konkretes Ziel, also keine Zukunft. Also stellt er sich selbst ins Zentrum und verliert das Bewußtsein für die grundsätzlichen Begrenzungen des Menschen und damit für die notwendigen Bescheidenheiten. Also steigert er sich hinein in Selbstüberhebung, Vermessenheit und Größenwahn, wird zum Schwärmer und Spekulierer. Seine Egozentrik hat keinen Gegenpol, genauer gesagt, keine zum Ausgleich führende seelische Polarität (den Erdgeist hat er nicht verstanden). Die zehn Jahre währende Passivität (361), zehn Jahre Entwicklungsstillstand also, führten zum Fatalismus. Beides, Passivität und Fatalismus, erzeugen in Faust eine Leere, die er zwangsläufig kompensiert durch hektische Aktivität – eine sprunghafte, überspannte Aktivität, weil ihr der Ausgleich fehlt, durch Ruhe und Besinnung („Werd' ich zum Augenblicke sagen: Verweile doch! Du bist so schön! Dann magst Du mich in Fesseln schlagen ..." 1699 – 1706 sei hier vorweggenommen). Faust hat es versäumt, sein Einzelwissen in Zusammenhänge zu ordnen, er hat die Teile in der Hand, leider ohne geistiges Band (frei nach 1938f); das ist der Unterschied zwischen Vielwisserei und geordnetem Wissen. Es ist jetzt schon abzusehen, daß dieser Faust sich selbst in die Katastrophe treibt, aus der er nur noch aufgefangen werden kann von dem Geisterchor (1607 – 1626; Seite 88).

Die Szenenanweisung unmittelbar vor dem Erscheinen des Erdgeistes: „Er faßt das Buch und spricht das Zeichen des Geistes geheimnisvoll aus", liest sich wie die Beschreibung einer Selbstsuggestion. Berücksichtigt man Fausts ekstatischen Zustand („Du mußt! Du mußt! Und kostet' es mein Leben!" 481), sollte man vielleicht den Erdgeist nicht in personifizierter Gestalt sehen, sondern abstrakt als Goethes Gesetz von der Polarität (Seite 59f), das in Fausts Vorstellung latent vorhanden ist, das in seiner derzeitigen Verfassung einseitig verdrängt ist, an das er sich jetzt flüchtig erinnert. In dieser Sicht bestünde der Imperativ für Faust darin, seinen anderen Lebenspol zu regenerieren, um zur seelischen Ausgeglichenheit zu gelangen. Mephistos von seiner Person abstrahierte Rolle wäre die des Ausgleichspols für Faust. Dann müßte Mephisto ganz eindeutig vom Erdgeist kommen, der dieses Gesetz verkörpert, von ihm gesandt, um Fausts Charakterentwicklung zur Ausgewogenheit zu führen. Diese Betrachtungsweise kann manche schwierige Situation im Drama mühelos widerspruchsfrei erklären. Wir werden aber im nächsten Abschnitt sehen, daß Mephistos Platz im Drama ganz allgemein der des Gesandten des Erdgeistes ist, und daß nur diese Sicht das Drama insgesamt widerspruchsfrei erklären kann.

In großartiger Dichtung stellt Goethe Zustände und Gedankengänge so ausdrucksstark, inhaltsvoll und abgeschlossen dar, daß man verleitet wird, Worte und ganze Textabschnitte für sich allein zu sehen, als isolierte Teile, so z.B. die Stücke: „Habe nun ach! ..."(354 – 385); „O sähst du, voller Mondenschein ..." (386 – 397), „Weh! Steck ich in dem Kerker noch? ..." (398 – 409), „Und fragst du noch, warum dein Herz ..." (410 – 417), und so fort, alle hier als Abschnitte gekennzeichneten Teile des Eingangsmonologs. Beutler stellt fest (S. 536): „... wie ja überhaupt der ganze 1. Teil in erster Linie eine Kette lyrischer Monologe und Dialoge ist; die dramatischen Konflikte liegen zumeist zwischen den Szenen." Deshalb haben wir im obigen Kommentar auch ganze Stücke nebeneinander gestellt. Aus ihrem Zusammenhang und ihren gegenläufigen und parallelläufigen Aussagen konnten wir – textgebunden und wortgetreu – Fausts chaotischen Zustand erkennen. Alle Worte und fast alle Wörter bestätigen das. Ich habe so viele zitiert, wie zur Verdeutlichung nötig waren. Den Rest kann der Leser ohne Mühe selbst in das Bild einordnen.

Mephistos Ankunft

Die Szene „Vor dem Tor", der Osterspaziergang, enthält die Beschreibung des Festtagstreibens jener Zeit, enthält in der Naturbeschreibung „Vom Eise befreit sind Strom und Bäche durch des Frühlings holden, belebenden Blick ..." (903 – 940) eine der schönsten Wortmalereien Goethes, enthält Fausts Bad in der Menge, zeigt im Disput mit Wagner einen veränderten Faust, dem man den Selbstmordversuch vor erst sehr wenigen Stunden gar nicht mehr anmerkt. Und sie enthält die Ankunft Mephistos.

Mephisto kommt in der Gestalt eines schwarzen Hundes, der Kreise um Faust und Wagner zieht, „und immer näher jagt" (1153). Wagner sieht „nichts als einen schwarzen Pudel" (1156). Der magiegläubige Faust bemerkt: „Und irr' ich nicht, so zieht ein Feuerstrudel auf seinen Pfaden hinterdrein" (1154f). Das ist ein magisches Szenar, genau das richtige, um Aufmerksamkeit und Interesse bei Faust zu wecken. So wird Mephisto von Beginn an glaubwürdig für den magiegläubigen Faust.

Wir sehen dann auch, wie Faust mit überzeugter Selbstverständlichkeit seine magischen Beschwörungen anwendet (1271 – 1309), wie er ohne Überraschung die Verwandlung vom Pudel zum Gespenst, Nilpferd und zur Höllenbrut zu erkennen glaubt (1250 – 1257), und wie er ohne Verwunderung die Diskussion mit dem fahrenden Scholasten beginnt (1324). Wenn wir das beachten, dann müssen wir das Einfühlungsvermögen erkennen, mit dem Mephisto sich bei Faust einführt. So ist auch sein Verhalten im Studierzimmer bei Fausts Bibelübertragung zu erklären, die eine Schlüsselszene für Goethes Religions- und Kulturkritik ist und in den Teilen 2.5 und 2.6 behandelt wird.

Aus dem noch beiläufig ausgesprochenen Wort „Höllenbrut" (1257) verdichtet sich bei Faust der Gedanke an Hölle und Teufel bis zur Frage: „Bist du Geselle ein Flüchtling der Hölle?" (1298f) und zur Feststellung: „So setzest du der ewig regen, der heilsam schaffenden Gewalt die kalte Teufelsfaust entgegen" (1279ff), bis zur Aufforderung: „Ei sage mir, du Sohn der Hölle" (1397), und bis zur Feststellung Fausts: „Die Hölle selbst hat ihre Rechte? Das find' ich gut, da ließe sich ein Pakt, und sicher wohl, mit euch, ihr Herren, schließen?" (1413ff). Das ist Fausts Gedankenkette, die zur Wette führt. Sie beruht darauf, daß Faust Mephistos Selbstdarstellung nicht verstanden hat, wie wir gleich sehen werden. Mephisto aber, weil er den Kontakt zu Faust und dessen Akzeptanz sucht, greift Fausts Stichwort vom Flüchtling der Hölle auf, geht auf ihn ein und inszeniert ein magisches Theater um seinen Abgang und den Drudenfuß auf Fausts Schwelle (1395). Das führte nicht nur Faust, sondern auch die meisten Faustforscher zu der Meinung, Mephisto sei der christliche Teufel.

Mephisto

Daß Mephisto der christliche Teufel nicht ist, geht aus seiner Vorstellung schon im ersten Gespräch hervor:

Faust: „Wie nennst du dich?" (1327)

Mephisto: „Die Frage dünkt mich klein für einen, der das Wort so sehr verachtet, der, weit entfernt von allem Schein, nur in der Wesen Tiefe trachtet" (1327ff).

Der erste Teil der Antwort bezieht sich auf die eben mitgehörte Bibelübertragung Fausts. Der zweite Teil bezieht sich auf den Eingangsmonolog und Fausts Herausforderung des Erdgeistes. Mit der Kenntnis davon zeigt Mephisto seine Zugehörigkeit zum Erdgeist.

Natürlich versteht Faust das nicht und antwortet mit Beleidigungen (1331 – 1334), die Mephisto überhört, so wie am Vorabend der Erdgeist Fausts Anmaßung überhört hat (499f). Auf Fausts nachgeschobene Frage: „Nun gut, wer bist du denn?", antwortet Mephisto aufschlußreich: „Ein Teil von jener Kraft, die stets das Böse will und stets das Gute schafft" (1335f). Damit stellt er sich vor als Teil des Prinzips der Polarität des Lebens, das der Erdgeist verkörpert. Dabei wählt er als Beispiel „das Böse – das Gute" und paßt sich damit Fausts derzeitigem Verstehensrahmen an. Mit der Formulierung „und stets das Gute schafft" zeigt er seine Absicht an. Faust versteht nichts: „Was ist mit diesem Rätselwort gemeint?" Und nun kommt die seit 200 Jahren mißverstandene Antwort Mephistos: „Ich bin der Geist, der stets verneint" (1338).

Das Wort Verneinen ist von Generationen von Philosophen und Theologen negativ belegt und verabsolutiert worden, es wurde geradezu zum Begriff der Negation: Der Teufel wurde der große Verneiner, und Verneinen wurde zur Sünde. Goethe täuscht den Leser (Teil 1.3), indem er vier Zeilen weiter mit dem Versmaß das Wort „Sünde" betont. Aber das Wort „Verneinen" ist ambivalent: verneint jemand Negatives, bejaht er Positives. Verneint jemand die Sünde, bejaht er ... – was bejaht er dann? Hier liegt die Quelle des Mißverständnisses, denn es gibt in der christlichen Religion bezeichnenderweise keinen Gegenbegriff zu Sünde. Für die Christenreligion ist Sünde absolut bis hin zur Erbsünde, genauso wie der Begriff „Verneinen". Die Christenreligion ist sündenorientiert. Mephisto gibt sofort die Erklärung (1342ff): „So ist denn alles, was ihr Sünde, Zerstörung, kurz das Böse nennt, mein eigentliches Element."

Aus dem Kontext und dem Verständnis des Wortes „Verneinen" erschließt sich dieses Wort nur dann, wenn man darin die Wörter „ihr" oder „nennt" oder beide betont (Seite 24). Mit dem Wort „nennt" relativiert Mephisto die Begriffe Verneinen, Sünde, das Böse, und gibt eine Erklärung zu seiner Antwort: „Ich bin der Geist, der stets verneint." Er weist damit auch auf ein anderes Religions- und Kulturverständnis hin (Teil 2.6). Mit dem Wort „ihr" weist er auf Fausts falsches Verständnis der Begriffe hin und verweist ihn auf seinen Platz.

Mephisto gibt für die Doppelwertigkeit des Wortes Verneinen beispielhaft die Erklärung: „Denn alles, was entsteht, ist wert, daß es zugrunde geht." Entstehen – Vergehen: Das ist die vom Erdgeist ausgesprochene Polarität „Geburt und Tod". Das Wort „ist wert" ist hier neutral, denn Geburt und Tod entziehen sich jeglicher Bewertung, wie auch „Entstehen und Vergehen". Mit der Erwähnung dieser Polarität zeigt Mephisto noch einmal seinen Platz in der Nähe zum Erdgeist (1339f). Faust hat nicht einmal zugehört, denn mit seiner Frage: „Du nennst dich einen Teil, und stehst doch ganz vor mir?" greift er zurück auf die schon vorhergegangenen Erklärung: „ein Teil von jener Kraft" (1335).

Geduldig antwortet Mephisto:
„Bescheidne Wahrheit sprech' ich dir.
Wenn sich der Mensch, die kleine Narrenwelt,
gewöhnlich für ein Ganzes hält –
ich bin ein Teil des Teils, der anfangs alles war."
Das ist genau die Sicht unserer heutigen Physik, die die Welt versteht als Ergebnis von Differenzierungen aus einem einheitlichen Urzustand.

Bitte lesen sie jetzt noch einmal Teil 1.4 nach, besonders die Seite 55, wo über den Begriff Komplementarität gesprochen wurde, denn nun geht es um die Beschreibung eines Ganzen durch polare, sogar einander widersprechende Bilder, weil dieses Ganze selbst anders nicht beschrieben werden kann. Es geht um die Polaritäten Finsternis-Licht, Raum-Körper, um Formprinzipien der anorganischen Welt (Seite 87), mit Ausführungen Mephistos (Goethes), die man eine poetische Fassung heutiger kosmologischer Kenntnisse nennen kann (1346 – 1358).

— Es geht um „Finsternis, die sich das licht gebar: das stolze Licht, das nun der Mutter Nacht den alten Rang, den Raum ihr streitig macht" (1350 – 1352), um Finsternis als einen Urzustand, der vor dem Raum, vor den Körpern, vor dem Licht war.

— Es geht um Licht, das „verhaftet an den Körpern klebt. Von Körpern strömt's, die Körper macht es schön, ein Körper hemmt's auf seinem Gange; so hoff' ich, dauert es nicht lange, und mit den Körpern wird's zugrunde gehn." Es geht um

Finsternis also als einem Endzustand, in den Licht und Körper und Raum zurückkehren (1354 – 1358).

— Es geht um das Nichts, dem sich entgegenstellt das Etwas, diese plumpe Welt (1352f), als eine Urpolarität der anorganischen Welt.

— Es geht um Mephistos Sicht, in der zyklischen Welt zum Ursprung, „der Mutter Nacht", zurückzukehren, wenn man – ich bin nicht sicher – das Wort „so hoff' ich" in dieser Weise verstehen kann.

Drei Mal hat Mephisto versucht, Faust das Polaritätsprinzip zu erklären, an den Beispielen der christlichen Gut-oder-Böse-Polarität, der Lebenspolarität Entstehen-Vergehen und an den Polaritäten der anorganischen Welt Raum-Körper, Finsternis- Licht. Die Kenntnis dieses Prinzips weist Mephisto wiederum als Abgesandten des Erdgeistes aus, der erschienen ist, um den einseitig aus der Form geratenen Faust als Ausgleichspol zur seelischen Ausgewogenheit zu führen.

Faust ist nicht fähig, diese Zusammenhänge zu erkennen, er ist nicht einmal fähig, sie aus Mephistos Erklärungen nachzuvollziehen; er antwortet – Thema verfehlt, aber großspurig (1359ff): „Nun kenn' ich deine würd'gen Pflichten! Du kannst im Großen nichts verrichten und fängst es nun im Kleinen an."

Und noch ein viertes Mal sucht Mephisto den Kontakt zu Faust (1362 – 1378), diesmal mit reduziertem Anspruch, zurechtgestutzt auf Fausts Auffassungsvermögen. Er spricht diesmal doppeldeutig, mit Bildern aus Fausts Vorurteilen. Er bereitet das Ende dieses Gesprächs vor, ohne die Fortsetzung zu gefährden. Hier nun fällt zum ersten Mal das Wort vom Nichts (1363), einem ähnlich negativ belasteten Wort wie Verneinen. Goethe verwendet es als wertfreien, polaren Begriff zum Etwas (1363f). Die Erklärung dazu und die kulturgeschichtliche Bedeutung werden in den Teilen 2.5 und 2.6 behandelt.

Auch der vierte Versuch Mephistos scheitert an Fausts Vorurteilen und an seiner Überheblichkeit (1379 – 1384): „So setzest du der ewig regen, der heilsam schaffenden Gewalt, die kalte Teufelsfaust entgegen ..." Zum ersten Mal fällt im Drama Faust das Wort „Teufel". Faust spricht es aus und meint Mephisto. Der überhört es und lenkt ein: „Wir wollen wirklich uns besinnen, die nächsten Male mehr davon" (1385f). Faust hakt nach: „... du

Sohn der Hölle" (1397). Faust ist es, der den Teufel ins Spiel bringt, und Mephisto spielt mit: er übernimmt den „Teufel" (1408), inszeniert für Faust das schon angesprochene magische Abgangstheater mit dem Drudenfuß auf Fausts Schwelle (1395) und versucht sogar, hier noch auf Faust einzuwirken, mit Hilfe seiner Geister.

> Mephisto kündigt an:
> „Du wirst, mein Freund, für deine Sinnen
> In dieser Stunde mehr gewinnen,
> Als in des Jahres Einerlei" (1436ff).
>
> Mephisto weiß, was kommt:
> „Was dir die zarten Geister singen,
> Die schönen Bilder, die sie bringen,
> sind nicht ein leeres Zauberspiel" (1439ff).
>
> Mephisto gibt das Zeichen zum Einsatz:
> „Beisammen sind wir, fanget an!" (1446)

Beisammen sind „wir" bedeutet, daß die Geister zu Mephisto gehören und auf sein Zeichen warten. Ihr Gesang, das ist Mephistos Absicht, zeigt Faust in schönen Bildern (1440) und in Traumgestalten (1510) einen Ausweg aus dem „hochgewölbten gotischen Zimmer" (Regieanweisung zum ersten Monolog), und vor allem einen Ausweg aus seiner Unruhe und Einseitigkeit, hin zum ausgeglichenen Leben (1447 – 1505):

> „Schwindet, ihr dunklen
> Wölbungen droben!
> Reizender schaue,
> Freundlich der blaue
> Äther herein!
> Wären die dunklen
> Wolken zerronnen! ...
> Flieget den hellen
> Inseln entgegen, ...
> Wo wir in Chören
> Jauchzende hören, ...
> Einige klimmen
> Über die Höhen,
> Andere schwimmen
> Über die Seen,
> Andere schweben;
> Alle zum Leben ..."

Mephisto erscheint denn auch in der folgenden Szene, um die Bilder des Gesanges umzusetzen: „Damit du losgebunden, frei, erfahrest, was das Leben sei" (1542f). Mephistos Abspruch zu dieser Szene (1506 – 1525) ist Hohn auf Faust. Fausts Kommentar (1526ff) paßt zu seinem Zustand.

Wir haben festgestellt (Seite 101), daß Faust den „Teufel" ins Spiel gebracht hat (1381, 1397), und daß Mephisto das Spiel mitspielt (1408ff), um Fausts Akzeptanz zu gewinnen. Mephisto bestätigt das direkt in der Schülerszene (2009f): „Ich bin des trocknen Tons nun satt, muß wieder recht den Teufel spielen." Spielen, sagt Mephisto. Wir werden gleich sehen, daß er auch Fausts Wette mit spielt.

Wir müssen auch beachten, daß das Wort „Teufel" schon gleich nach der Wette den christlich-religiösen Sinn verliert, und daß der Teufel, wie auch die Wette, für Fausts weiteren Lebensweg keine Bedeutung mehr hat. Das Wort „Teufel" kommt nur noch in anderen Zusammenhängen vor:

— am häufigsten im Zusammenhang mit Goethes Religionskritik, in Szenen wie „Hexenküche", „Walpurgisnacht" und „Grablegung"
— in allgemein gehaltenen, oft zynischen Bemerkungen wie der des Kanzlers (4897 – 4902)
— in abgegriffenen Redewendungen, wie in 3281 oder 2809f
— in nichtssagenden Flüchen, wie 3700f oder 3709.

Wir sollten bedenken, daß Faust im Verlauf des Dramas mehrere Male unbefangen in die Nähe des Wettstichworts vom Augenblick kommt – „Verweile doch, du bist so ‚schön" (1699f) –, und daß Mephisto jedes Mal eingreift, abwiegelt und das Aussprechen verhindert, mit Rücksicht auf Faust, um seinen Lebensweg nicht zu stören.
Dafür das deutlichste Beispiel aus der Szene „Innerer Burghof (9411 – 9435):

> Helena:
> „Ich scheine mir verlebt und doch so neu,
> In dich verwebt, dem Unbekannten treu."
> Faust:
> „Durchgrüble nicht das einzigste Geschick!
> Dasein ist Pflicht, und wär's ein Augenblick."
> Phorkyas (Mephisto), (heftig eintretend):
> „Buchstabiert in Liebesfibeln,

> Tändelnd grübelt nur am Liebeln,
> Müßig liebelt fort im Grübeln,
> Doch dazu ist keine Zeit."

(Es folgt die Mitteilung von Menelas' Rache.)
Faust reagiert ungehalten (9435):
„Verwegne Störung! Widerwärtig dringt sie ein."

Mephisto denkt gar nicht daran, den Wettpreis einzufordern. So verhält sich der Teufel nicht, mit dem Faust damals glaubte, die Wette abgeschlossen zu haben, und auch nicht der christliche Teufel, als den die Mehrzahl der Faustforscher Mephisto darstellen, und schon gar nicht der Teufel, den Goethe beschreibt, wo er ihn meint. Mephisto ist auf Fausts Lebensweg der Teufel nie gewesen.

In vielen Situationen im Drama beweist Mephisto seine Herkunft. Er tut das durch Handlungen, nicht durch Erklärungen zur Person. Nachdem wir oben festgestellt haben, wer er *nicht* ist, müssen wir jetzt noch einmal beispielhaft und zusammengefaßt sagen, *wer* er ist.

1. In der soeben besprochenen Studierzimmerszene antwortet Mephisto auf Fausts Frage, wer er sei, indirekt. Er tut das vorsichtig, abwartend, in Bildern, in denen er nicht nur sich selbst vorstellt, sondern auch Faust auf seine Defizite hinweist und damit seine Aufgabe andeutet. Dabei erläutert er die Begriffspaare: das Böse – das Gute, Entstehen – Vergehen, Finsternis – Licht, Raum – Körper. Diese gehören zum Gesetz von der Polarität, das der Erdgeist verkündet hat, und dieses Gesetz kann nur der kennen, der zum Umfeld des Erdgeistes gehört. Das gilt auch für das Webergleichnis des Erdgeistes, das Mephisto dem Schüler ausführlich erklärt (1922 – 1939).

2. Fausts mit maßlosem Pathos dargebotene Selbstüberhebung in der Studierzimmerszene II (1765 – 1775) weist Mephisto zurück und zeigt ihm mit einem Bild nach dem Erdgeistgesetz seine Schranken: „... und euch taugt einzig Tag und Nacht" (1783), womit er sich von Faust abgrenzt und als dem Erdgeist zugeordnet zu erkennen gibt.

3. Drei Mal treten die Geister auf, die Geister auf dem Gange (1259ff), die Geister mit dem Gesang „Schwindet ihr dunkeln Wölbungen droben" (1447ff), und schließlich der

Fausts Lebensweg und das ganze Drama bestimmende Geisterchor (1607ff). Dabei haben die beiden ersten Auftritte neben den eigenen Aufgaben die Funktionen, den entscheidenden dritten Auftritt für Faust als ganz zwangsläufig erscheinen zu lassen. In allen Auftritten bestätigen sie ihre Zugehörigkeit zu Mephisto und zum Erdgeist, Den Geisterchor stellt Mephisto vor: „Dies sind die Kleinen von den Meinen" (1627f).

4. In der Szene „Wald und Höhle" bekennt Faust:
„Erhabner Geist, du gabst mir, gabst mir alles, warum ich bat" (3217). Gemeint ist der Erdgeist. Und Faust weiß auch: „Du gabst ... mir den Gefährten, den ich schon nicht mehr entbehren kann" (3217f). Gemeint ist Mephisto, und Goethe klärt damit die Rangordnung nach oben. Faust hat verstanden.

5. In der Szene „Trüber Tag. Feld" beschwört Faust den Erdgeist: „Wandle ihn, du unendlicher Geist!" In beiden Szenen ruft Faust den Erdgeist an. Die Antwort gibt beide Male Mephisto. Der Erdgeist läßt antworten. Es ist Fausts letzter Aufstand gegen sein zweites Ich, sein letzter Rückfallversuch in seinen Ausgangszustand. Diesmal verschafft sich Mephisto schonungslos Ruhe und Respekt. Zuerst mit dem Hinweis auf Fausts Krise:
„Nun sind wir schon wieder an der Grenze unseres Witzes, da, wo euch Menschen der Sinn überschnappt."
„Wir" und „unseres" deutet Fausts jetzt nicht mehr lösbare Verbindung an. „Euch der Sinn überschnappt" ist der Verweis auf Fausts frühere Einseitigkeit.
Dann mit dem Platzverweis:
„Warum machtest Gemeinschaft mit uns, wenn du sie nicht durchführen kannst? Willst fliegen und bist vorm Schwindel nicht sicher?"
Mephisto klärt die Distanz zwischen seinem und des Erdgeistes Einsichtsbereich und dem Fausts, und er klärt auch die Rangordnung des Einsichtsvermögens.
Schließlich mit dem Hinweis auf die Verursachung:
„Drangen wir uns dir auf oder du dich uns?"
Damit verweist Mephisto Faust auf seine hier schon vergessene Urheberschaft und auf die Tatsache, daß Faust bei seiner ersten Anrufung des Erdgeistes nicht wußte, was er tat. Dazu paßt, daß Mephisto auf Fausts hilflose und sein ganzes Unverständnis verratende Frage: „Warum?" nur noch die zurückweisende Bemerkung hat: „Endigst du?"

6. Im ganzen Drama personifiziert Mephisto das Gesetz des Erdgeistes, und zwar den jeweils anderen Pol des einseitig aus dem Gleichgewicht geratenen Faust. Innerhalb dieser Rolle wechselt er seine Positionen, immer angepaßt an Fausts jeweiligen Zustand, immer auf diesen ausgleichend wirkend, wie die Führungsgröße in einem Regelkreis in der Automatisierungstechnik. Je krasser sich Faust gebärdet, um so krasser greift Mephisto ein und setzt z.B. Fausts idealistisch überzogenem Egoismus einen nüchternen Realismus entgegen. So leitet Mephisto in den Griechenlandszenen, besonders in der „Klassischen Walpurgisnacht", auch die Wende in Fausts Griechen-schwärmerei ein. Wir werden Mephistos Positionen genau verfolgen und erkennen, daß er zuerst den Gegenpol zu Faust, später seine Ergänzungspolarität, zuletzt seine Ausgleichspolarität bildet. Auch damit weist Mephisto auf seinen Auftraggeber und auf seine Aufgabe hin.

In einer ersten Zwischenbilanz halten wir fest:

1. Mit der Klärung der Gestalt Mephistos im Drama ist der wichtigste Schritt zur Interpretation getan.
2. Die Rolle Mephistos im Drama konnte nur nach vorausgehender Einordnung des Erdgeistes und des Geisterchores in das Drama richtig erkannt werden.
3. Zur richtigen Beurteilung der Dramenfiguren Erdgeist, Geisterchor und Mephisto war die Kenntnis von Goethes Welt- und Lebensbild nötig. Dessen ausführliche Behandlung in den Teilen 1.4 und 1.5 bildete den Hintergrund, vor dem diese, das Drama bedingenden Gestalten ganz zwangsläufig transparent wurden.
4. Die Interpretation ergab sich aus der Anwendung der Regeln aus Teil 1.2, nämlich: den Inhalt des Dramas und sein „geistiges Band" allein aus Text und Kontext zu erschließen. Wir haben also das Drama Faust nicht „vertheologisiert" (Himmlische Rahmenhandlung, christlicher Teufel, Teufelspakt als Zentralthema); wir haben es nicht „verphilosophiert" (das Drama als Ansammlung von Tragödien, Systematisierungen, Entelechiediskussion, Mephisto als Verneiner im Haushalt des Kosmos); wir haben das Drama auch nicht „verideologisiert" (Übermensch- und Titanismusdiskussion, Inanspruchnahmediskussion, Faust als Repräsentant der Menschheit oder eines „Deutschtums", wie es Ideologen konstruieren). Wir haben das Drama nicht

durch Hinzufügungen verfälscht und nicht durch Weglassungen verändert. Kurz: wir haben ausschließlich eine Text- und Kontextanalyse durchgeführt (Teil 1.2).

5. Wir haben unsere Behauptung aus dem Eingang zum Kommentar zur Lage bestätigt (Seite 18): Faust ist nicht schwer.

Die Wette

Faust (1548ff):
„Was kann die Welt mir wohl gewähren?
Entbehren sollst du! Sollst entbehren!
Das ist der ewige Gesang".
„Nur mit Entsetzen wach' ich morgens auf,
Ich möchte bittre Tränen weinen,
Den Tag zu sehn, der mir in seinem Lauf
Nicht einen Wunsch erfüllen wird, nicht einen".
„Und so ist mir das Dasein eine Last,
Der Tod erwünscht, das Leben mir verhaßt"

Mephisto (1572ff):
„Und doch ist nie der Tod ein ganz willkommner Gast"
„Und doch hat jemand einen braunen Saft,
In jener Nacht, nicht ausgetrunken.".
„Allwissend bin ich nicht, doch viel ist mir bewußt".

Das sind die beiden Wettpartner.
Der eine: Emotion auf hohem Niveau, ausdauernd, mit Steigerungspotential. Todesgedanke: stark vorgetragen, diesmal ernst oder wieder nicht glaubwürdig?
Der andere: erst Zweifel, dann Spott, dann die Bemerkung, die Lage erkannt zu haben: „Doch viel ist mir bewußt."

Es ist eine alte Wahrheit: Spieler erhöhen in solchen Lagen den Einsatz, reflexhaft und unreflektiert.

Faust erhöht sofort. Er steigert sich hinein in den großen Fluch, Zeile für Zeile den Einsatz erhöhend (1583 – 1606). Es ist die Katastrophe, es ist seelischer Selbstmord. Faust im freien Fall: der Geisterchor fängt ihn auf und gibt ihm dazu noch ein Zukunftsbild: „Und neue Lieder tönen darauf!" (1607 – 1626). Lesen Sie bitte die Seite 88.

Mephisto erlebt das alles mit und kommentiert:
„Hör auf mit deinem Gram zu spielen, der, wie ein Geier, dir am Leben frißt" (1635f).
Mephisto sagt „zu spielen". Und er ergänzt den Imperativ des Geisterchors mit einem Hilfsangebot an Faust (1642ff):

> „Doch willst du mit mir vereint
> Deine Schritte durchs Leben nehmen,
> So will ich mich gern bequemen,
> Dein zu sein, auf der Stelle.
> Ich bin dein Geselle
> Und mach' ich Dir's recht,
> Bin ich dein Diener, bin dein Knecht."

— Vereint", sagt Mephisto, er sagt nicht: „zusammen". Er sagt damit: als ein Teil von dir.
— „Durchs Leben nehmen" ist unbegrenzte Endgültigkeit; das ist nicht ein befristeter Pakt oder eine Wette mit Fälligkeitsklausel.
— „Dein Geselle" – zunächst. Das ist zugreifende Hilfe.
— „Dein Diener, dein Knecht" – später. Das ist Einordnung ohne Bedingung, ohne Forderung einer Gegenleistung.

Was macht Faust daraus?
„Und was soll ich dagegen dir erfüllen?"
„Nein, nein! Der Teufel ist ein Egoist"
„Sprich die Bedingung deutlich aus;
Ein solcher Diener bringt Gefahr ins Haus" (1649ff).

Faust hat weder den Erdgeist verstanden noch den Geisterchor, noch Mephisto bisher.
Faust erhöht noch einmal den Einsatz. Er verwettet seine Seele dem Teufel, wohlgemerkt: nicht dem Mephisto. Mephisto spielt Fausts Spiel mit.
Der Rest ist Abwicklung der Wette. Bitte lesen Sie den Text nach bis Vers 1759.

Im weiteren Verlauf des Dramas spielt die Wette keine Rolle mehr, und für Fausts Lebensweg hat sie keine Bedeutung. Sofort nach Abschluß hat Faust sie für immer vergessen. Mephisto wollte mit ihr nur den Zugang zu Faust gewinnen, sonst nichts. Lesen Sie bitte noch einmal Seite 103f. Die Wette, und damit die vieldiskutierte Frage nach ihrem Gewinn (Seite 29), sind gegenstandslos.

Sudau erklärt (S. 135):
„Die mit so viel Kraftaufwand abgeschlossene Wette – wie bedeutungslos scheint sie im Zuge der gesamten Fausthandlung zu werden! Daß Auerbachs Keller eine erste, Gretchen eine zweite, die Walpurgisnacht eine dritte Versuchung Mephistos im Sinne seines angestrebten Wettgewinns seien: davon spricht das Drama kein einziges explizites Wort, das sind lediglich Hilfskonstruktionen des Verstehens, wenn auch recht plausible. Diese Plausibilität verliert sich dann aber rasch im zweiten Teil ..."

Trunz stellt fest (S. 536):
„Die Wette wird in den vielen folgenden Gesprächen zwischen Faust und Mephistopheles niemals erwähnt. Die Verbindung beider ist fortan etwas Bestehendes. Aber bedarf es dafür überhaupt der Wette?"

Ich fühle mich von der Stellungnahme dieser beiden namhaften Interpreten in dieser Einzelfrage bestätigt, frage mich aber, warum beide dann eine große Diskussion um die Frage des Wettgewinns führen (Teil 1.1, Seiten 27ff).

Nach der Wette erkennen wir eine Veränderung in Mephistos Verhalten gegenüber Faust. Hat er vorher erklärt und sich als Geselle angeboten, so belehrt er jetzt und übernimmt die Führungsrolle. Das hat zwei Gründe:

1. In seiner alten Manier hat Faust sein Angebot abgelehnt (1651 – 1655) und die Wette dagegengestellt: „Was willst du armer Teufel geben? Ward eines Menschen Geist, in seinem hohen Streben, von deinesgleichen je gefaßt?" (1675ff), und, sich selbst widersprechend: „Ich habe mich zu hoch gebläht, in deinen Rang gehör' ich nur." (1744f).
2. Gleich nach der Wette setzt Faust zum Vortrag an, auch in seiner alten Manier (1765 – 1775):
„Dem Taumel weih' ich mich, dem schmerzlichsten Genuß, verliebtem Haß, erquickendem Verdruß" (1766f).

„Und was der ganzen Menschheit zugeteilt ist, will ich in meinem innern Selbst genießen" (1770f).

Diese verworrene Selbstdarstellung Fausts muß man Zeile für Zeile lesen, um zu verstehen, daß Mephisto keine andere Wahl hatte, als nun selbst zu entscheiden und zu handeln. Es wird lange dauern, bis Faust den Ausgleich erreicht – verständlich bei dieser Ausgangslage.

Mephisto weist Fausts Selbstdarstellung zurück, zeigt ihm seine Schranken, grenzt sich von ihm ab und belehrt ihn (1776 – 1784):
1. „O glaube mir, der manche tausend Jahre
 An dieser harten Speise kaut, ...
 Und euch taugt einzig Tag und Nacht".
Ohne Mephistos Worte zu beachten beharrt Faust mit seiner – man muß es so sagen – kindlichen Trotzreaktion auf seiner wirren und überzogenen Rede:
„Allein ich will!" (1785)

Dieses so sehr mißverstandene Wort ist aus dem subjektbezogenen Lebensgefühl der Romantik heraus hochstilisiert und verabsolutiert worden, hat in der Folge zur Falschbeurteilung Fausts als einem Übermenschen und Titanen geführt und treibt bis heute in der Faustliteratur sein Unwesen in der Titanismusdiskussion (Seite 37) und in der Repräsentantendiskussion (Seite 38), worin das Drama Faust für angebliche Deutschtümelei, von Hermann dem Cherusker bis Hitler, verantwortlich gemacht wird, und worin Faust als Repräsentant mal des christlichen Abendlandes, mal des deutschen Imperialismus, und sogar der Menschheit dargestellt wird.

Verzeihen Sie mir, daß ich jetzt eine Spekulation nicht zurückhalten kann und die Frage stelle, warum Goethe dieses Faustwort so unmotiviert hingeschrieben hat. Nach vielem Lesen vermute ich, daß er damit Fausts derzeitigen desolaten Gemütszustand bloßstellen und so Mephistos jetzt schon autoritäres Eingreifen rechtfertigen wollte. Diese erste Spekulation soll auch meine letzte sein, ich verspreche es.

2. Zum zweiten Mal Mephisto (1788 – 1802):
„Ich dächt', ihr ließet Euch belehren, assoziert euch mit einem Poeten, laßt den Herrn in Gedanken schweifen ..." ist eine Verhöhnung, auf die Faust nur noch erwidert: „Was bin ich denn, wenn es nicht möglich ist ...?" (1803ff).

3. Mephisto (1806ff):
   „Du bist am Ende – was du bist ...
   Du bleibst doch immer, was du bist."
   Hier wird es ernst: Urworte orphisch, 1. Strophe.
   Faust antwortet resigniert und verzagt.

4. In den beiden anderen Äußerungen (1816 – 1833, 1835 – 1841) stellt Mephisto Faust auf das neue Leben ein, das er für ihn ausgewählt hat:
   „Ich sag es dir: ein Kerl, der spekuliert,
   Ist wie ein Tier auf dürrer Heide ...
   Und rings umher liegt schöne grüne Weide."
   „Was willst du dich das Stroh zu dreschen plagen?"
   Faust antwortet nicht mehr. Das heißt, er willigt ein.

Mephistos Abgangskommentar (1851 – 1867) ist Sarkasmus und Voraussage des Endes dieses Faust, nämlich des Faust, der sich – wie er meint – dem Teufel übergeben hat.

Nach der Schülerszene kehrt Mephisto zu Faust zurück und gibt die Abgangsmodalitäten bekannt (2051 – 2072).
„Wir breiten nur den Mantel aus, der soll uns durch die Lüfte tragen" (2065f), wie im Osterspaziergang gewünscht (1122ff). Nicht in der Studierstube, nur in der Welt kann Faust den Imperativ erfüllen und die „neuen Lieder" finden. Mephisto beendet Fausts Studierzimmerleben: „Ich gratuliere dir zum neuen Lebenslauf!"

Hier stehen wir an einem Wendepunkt von Fausts Lebenslauf und an einem Wendepunkt des Dramas Faust.
Wir erinnern uns:
— Wir haben Erdgeist und Geisterchor in das Drama zurückgeholt. Wir haben Mephistos Platz im Drama bestimmt, als dem Erdgeist zugehörig.
— Wir haben mit ausführlicher Text- und Wortanalyse den Faust gefunden, von dem ausgehend Goethe seinen Entwicklungsweg zeichnet: einen Faust, der die Kontrolle über sich verloren hat, sowohl geistig als auch emotional; einen Faust, der das Lebensgesetz des Erdgeistes nicht wahrgenommen, geschweige denn verstanden hat; einen Faust, den der Geisterchor vor der Katastrophe bewahrt und ihm das Lebensziel gesetzt hat.

Lebensgesetz und Lebensimperativ sind jetzt vorgegeben. Jetzt beginnt Fausts Entwicklungsweg, Fausts neuer Lebenslauf:

— Es ist Mephisto, der das Gesetz des Erdgeistes an Faust vollzieht.
— Und es liegt bei Faust, den Imperativ zu erfüllen: ob überhaupt, oder wie; denn die Begrenzungen sind gegeben durch seinen Charakter und durch die beiden großen Geistesströmungen seiner Zeit, das Christentum und das Griechentum.

Das ist der Rahmen, in dem das Drama Faust steht, von Vers 354 bis Vers 11603; das ist das „geistige Band", das es verbindet. Der Einwand, daß man mit Goethes Texten alles beweisen könne, auch das Gegenteil, zählt nicht. Er trifft nur zu, wenn man einen engen Bereich betrachtet. Er trifft nicht zu, wenn man einen breiteren Kontext oder gar das ganze Drama betrachtet. Dann nämlich ist die Deutung durch die Forderung nach innerer Stimmigkeit für das ganze Drama so stark eingeschränkt, daß alle falschen Deutungen wegfallen und nur die richtige bleibt. Es ist ähnlich einer Differentialgleichung, deren Lösung durch Randbedingungen und Anfangsbedingung bestimmt ist.

Eine Lösung solcher Art ist die oben beschriebene Deutung als Entwicklungsdrama. Deshalb lassen sich alle Details darin zwangsläufig und eindeutig einordnen. Wir brauchen daher in unserem Kommentar von nun an nur die Meilensteine auf Fausts Weg zu beschreiben. So lassen wir dem Leser genügend Raum für eigene Einordnungen der ausgelassenen Details in diesen Rahmen.

Aufbruch

Die erste Station des neuen Lebenslaufes, Auerbachs Keller, in der im Urfaust noch Faust den Weinzauber vorführt, hat Goethe schon für „Faust. Ein Fragment" (1790) umgearbeitet und Mephisto die aktive Rolle gegeben. Goethe bestätigt damit das nach der Wette veränderte Verhältnis Mephistos zu Faust. Faust meldet sich nur einmal: „Ich hätte Lust, nun abzufahren" (2293). Das Trinkgelage mit den Studenten beeindruckt Faust nicht und hinterläßt keinerlei Wirkung.

Die zweite Station, die „Hexenküche" ist eine Karikatur von Hölle und Teufel. Sie wird in Teil 2.5 besprochen. Zum Handlungsverlauf gehört der in die Karikatur eingebaute Verjüngungszauber. Für Fausts Lebensweg sind zwei Aspekte anzumerken:

1. Schon jetzt zeigt sich die Bedeutungslosigkeit der Wette für das Drama Faust, nämlich in der Spiegelszene (2439 – 2440):
„Was seh' ich? Welch ein himmlisch Bild
zeigt sich in diesem Zauberspiegel!
O Liebe, leihe mir den schnellsten deiner Flügel,
und führe mich in ihr Gefild!"
„Muß ich in diesem hingestreckten Leibe
den Inbegriff von allen Himmeln sehn?
So etwas findet sich auf Erden?"

   Noch drei Mal fasziniert ihn das Spiegelbild genußsüchtig (2456, 2461 f, 2599f). Schon hier hätte Mephisto die erste Gelegenheit gehabt, die Wette anzumahnen und den Wettpreis einzufordern, wäre er der seelenversessene Teufel. Aber er lenkt ab: „Nein! Nein!" (2601) und beweist damit sein Desinteresse an der Wette, mitten in seiner Hölle, mitten in seinem Teufelsauftritt. Und Faust zeigt hier zum ersten Mal nach der Wette, daß er sich weiterhin emotional treiben läßt, daß seine Äußerungen vor dem Spiegel nicht Leichtsinn, schon gar nicht bewußter Leichtsinn waren, sondern daß er schon jetzt die Wette vergessen hat.

2. Das Hexen- und Höllenthema, das psychische Zwangsmittel des Kirchenchristentums zu Fausts Lebzeiten (Seite 66), beeindruckt Faust nicht. Bei diesem Thema zeigt sich zum ersten Mal, daß das Christentum auf Fausts Leben keinen Einfluß ausübt. Daß das auch für grundsätzliche Inhalte des Christentums der Fall ist, wird sich im Verlauf des Dramas zeigen (Teil 2.5).

Gretchen und Faust

Faust:
  „Mein schönes Fräulein, darf ich wagen,
  Meinen Arm und Geleit Ihr anzutragen?"
Margarete:
  „Bin weder Fräulein, weder schön,
  kann ungeleitet nach Hause gehen."

Schon in diesem ersten Wortaustausch sind Fausts und Gretchens Persönlichkeitsstrukturen sichtbar. Faust nennt Gretchen beschwatzend und aufschneiderisch Fräulein, eine Anrede, die damals dem Adel vorbehalten war, während ein Bürgermädchen mit Jungfer angesprochen wurde. Der Herr Professor Faust redet unnatürlich aufgesetzt weiter: „darf ich wagen ... Ihr anzutragen", radschlagend auf Wirkung berechnet bei diesem Kind „über vierzehn Jahr doch alt" (2027).

Jungfer Margaretes schnippische Antwort zeigt ihre Überraschung über diese unprovozierte, öffentliche Anrede, und sie überlegt und spricht es später auch aus (3169ff):

„Ich war bestürzt, mir war das nie geschehn;
Es konnte niemand von mir Übles sagen.
Ach, dacht' ich, hat er in deinem Betragen
Was Freches, Unanständiges gesehn?
Es schien ihn gleich nur anzuwandeln,
Mit dieser Dirne gradehin zu handeln."

Schon im ersten Wortaustausch sind Fausts Absichten und Gretchens Tragödie vorhersehbar. Beutler und Sudau beschreiben die Gretchenepisode mit dichterischer Einfühlsamkeit und literarischem Wert. Beutler findet Worte über den „rührenden Zauber dieses guten und schlichten Mädchens" und schreibt (S. LXVII):

„Ergreifend, wie dieses Kind im Augenblick höchster Gefährdung Faust nach seiner Religion fragt, damit instinktiv nach demjenigen greifend, was ihr bisher im Leben Weg und Halt gewesen ist, oder wie sie mitten in dieser Tragödie der Untreue in „König von Thule" das hohe Lied der Liebestreue singt."

Sudau schreibt ein Kapitel „Das bürgerliche Trauerspiel Gretchen" und geht darin ein auf Fausts Selbstdarstellung mit Worten, die nur scheinbar höflich sind, wirklich aber seine Überlegenheit eitel und mit Imponiergehabe herausstellen. Er schreibt darin (S. 106):

„Gretchens unverständiges ‚Wie?' sowie ihr abruptes Unterbrechen von Fausts schwärmerischer Suada zeigen, daß der Dialog in ein Aneinandervorbeireden übergleitet ... Faust versteigt sich in eine Sprache, die Gretchen nicht teilt."
Und zum Religionsgespräch (3414 – 3502) und Gretchens Feststellung: „Denn du hast kein Christentum" (3468) sagt Sudau: „Ziemlich lapidar beendet Gretchen die Auseinandersetzung und macht klar, daß Fausts schwärmerisches Glaubensbekenntnis sie nicht beeindrucken und beeinflussen konnte, sondern daß sie im Gegenteil nur jene Botschaft entnommen hat, die Faust gerade verhüllen wollte."

Beutlers und Sudaus Beschreibungen muß man im Original lesen. Es ist schade, daß Sudau zusätzlich die Gretchengestalt in einem Abschnitt „Antichrist und weiblicher Christus" vertheologisiert (S. 103) und in einem Abschnitt über „eine kritisch-sozialpsychologische Analyse" (S. 106) verpsychologisiert mit Argumenten, die nicht aus dem Drama kommen, wenn er zum Beispiel in Gretchens Schilderung ihrer häuslichen Verhältnisse (3109 – 3148) die Konstruktion einer „Werbestrategie" findet, in der Gretchen „taktisch agiert", um sich für ihre „Ehetauglichkeit" zu „qualifizieren". Diese beiden Beiträge Sudaus sind Beispiele für „autorenspezifische Konstruktionen (Seiten 18ff). Auch sie muß man im Original lesen, um den Unterschied zwischen Psychologie und Menschenkenntnis zu sehen – Goethes Menschenkenntnis und Menschenverständnis, die aus seinem tiefen Wissen heraus (Teile 1.4 und 1.5) alle seine Werke beherrscht. Die scheinbar plausiblen Begründungen in diesen beiden Deutungsversuchen sind zu kurz gegriffen, sie stehen zur späteren Kerkerszene und zur noch späteren Szene „Bergschluchten" im Widerspruch (siehe dort). Goethe hat diese Versionen nicht in den Faust hineingeschrieben. Man kann eben mit Goethe nicht alles beweisen, wenn man mit kurzer Sicht interpretiert, den Gesamttext vernachlässigt und eine konsistente Deutung nicht sucht. Wir wollen uns an Goethes Text halten.

Gretchen, naiv, neugierig (2678 – 2683):
 „Ich gäb was drum, wenn ich nur wüßt',
 Wer heut der Herr gewesen ist!
 Er sah gewiß recht wacker aus,
 Und ist aus einem edlen Haus;
 Das konnt' ich ihm an der Stirne lesen –
 Er wär' auch sonst nicht so keck gewesen."
Sie fängt an zu singen, indem sie sich auszieht (2759 – 2782):
 „Es war ein König in Thule
 Gar treu bis an sein Grab ..."
Die sechs Strophen von Liebe und Treue drücken ihre inneren Gedanken aus, und sie singt sie in dieser intimen Situation für sich selbst, als ob sie einen Schutzwall um ihre heile, bisher ungestörte Welt legen will, furchtsam vor ihrer eigenen Neugier und dem ungewissen Neuen.

Mit der Sicherheit, die ihre festgefügte Welt ihr gibt, führt sie das erste Gespräch mit Faust selbstbewußt, ja sogar offensiv (3073 – 3078):
 „Ich fühl' es wohl, daß mich der Herr nur schont, ...
 Ich weiß zu gut, daß solch erfahrnen Mann

> Mein arm Gespräch nicht unterhalten kann."

Als Faust ausweicht, von Weisheit dieser Welt spricht (3079f) und ihre Hand küßt, bescheidet sie ihn mit sicherem Gespür:

> „Inkommodiert Euch nicht!" (3081)

Hartnäckig bleibt sie dabei, Faust auszufragen, jetzt schon deutlicher (3096f):

> „Ja, aus den Augen aus dem Sinn!
> Die Höflichkeit ist Euch geläufig;
> Allein Ihr habt der Freunde häufig.
> Sie sind verständiger, als ich bin."

Und Faust weicht wieder aus und philosophiert von Eitelkeit und Kurzsinn (3100ff). Nicht Nachfrage nach dem Inhalt, sondern Unverständnis über die Art der Antwort Fausts und Ungeduld gegenüber seinem Verhalten drückt Gretchens barsches Wort aus (3101): „Wie?"

Und als Faust, das „Wie?" mißverstehend, nun erst recht zu einer hochgestochenen Rede ansetzt, von Einfalt, Unschuld, heiligem Wert, von Demut, Niedrigkeit und höchsten Gaben redet (3102 – 3105), da unterbricht sie ihn mitten in seinem Wortschwall beim Wort „Natur" und führt das Gespräch wieder auf die persönlichen Belange zurück. Über was sonst sollte man auch sprechen bei der ersten Begegnung, wenn man sich kennen lernen will? Also spricht Gretchen über ihre häusliche Welt (3109 – 3148), wovon sie etwas versteht. Faust hört nur zu. Als Gretchen fragend ihren ersten Eindruck erwähnt (3169 – 3174), als sie ihm dazu noch mit vorsichtigen Worten ihre Sympathie gesteht (3175 – 3178), gibt Faust wiederum keine Antwort und flüchtet sich in die Leerformel „Süß Liebchen" (3179). Darauf provoziert sie ihn mit dem Blumenorakel (3180 – 3185). Faust antwortet nicht in ihrer einfachen, offenen Art, sondern er bleibt unpersönlich: „Laß dieses Blumenwort Dir Götter-Ausspruch sein" (3184). Er sagt „Dir", nicht „uns", und er sagt „Götter-Ausspruch", nicht „mein Ausspruch". Es ist ergreifend, wie dieses einfache Mädchen aus dieser unverbindlichen Antwort entnimmt, was es hören will: „Mich überläuft's!" (3187). Und Faust setzt noch einmal drauf und rettet sich wieder ins Pathos (3188 –3194):

> „... und eine Wonne
> zu fühlen, die ewig sein muß!
> Ewig! – Ihr Ende würde Verzweiflung sein.
> Nein, kein Ende! Kein Ende!"

Die Ewigkeit ist kurz, Faust flieht weg in „Wald und Höhle" aus Irritation darüber, daß er ein liebendes Mädchen fand, wo er ein Abenteuer suchte.

Faust hat es eilig:
> „Wenn nicht das süße junge Blut
> heut nacht in meinen Armen ruht,
> So sind wir um Mitternacht geschieden." (2636ff)

Bedenken wegen Gretchens Alter wischt er weg (2027):
> „Ist über vierzehn Jahr doch alt."

Dem Vorwurf „Hans Liederlich" (2628ff) begegnet er (2634):
> „Laß er mich mit dem Gesetz in Frieden!"

Den Gedanken an Behutsamkeit, wenn auch frivol vorgebracht (2645 – 2652), tut er ebenso frivol ab (2653):
> „Hab' Appetit auch ohne das."

Die Begegnung mit Gretchen arrangiert Mephisto mit einer Täuschung, indem er Faust als Reisenden ausgibt (3019 und 3075), und mit der Lüge über Herrn Schwerdtleins Tod, die er sogleich mit absurden Argumenten verdrängt (3040 – 3049): „Ist es das erste Mal in Eurem Leben, daß Ihr falsch Zeugnis abgelegt?"

Und dann kommt das entlarvende Zwiegespräch mit Mephisto (3050 – 3072), das voraussehend oder vorausgeplant den Kern der Gretchenszene vorwegnimmt:
> „Dann wird von ewiger Treu und Liebe,
> von überallmächt'gem Triebe –
> wird das auch so von Herzen gehen?"
> „Lass das! Es wird!"

Jetzt folgen wieder Fausts typische, hochgezogene Reden (3059 – 3066), die aber – wie immer, wenn er etwas überdecken will – so überzogen sind, daß sie doppelzüngig und unglaubwürdig werden, so daß Mephisto feststellen kann (3067): „Ich hab' doch recht!"

Und Faust bestätigt das sogar (3069 – 3072):
> „Wer recht behalten will und hat nur eine Zunge,
> Behält's gewiß.
> Und komm, ich hab des Schwätzens Überdruß,
> Denn du hast recht, vorzüglich weil ich muß."

„Weil ich muß", denn Faust konnte nicht mehr seine Verstellung (Reisender), sein Verführungsspiel („Schönes Fräulein", Schmuckkästchen), seine Lüge (Herrn Schwerdtleins Tod) und seine wahren Absichten („Hab' Appetit auch ohne das") offen legen. Er war jetzt schon gezwungen, sich vor Gretchen zu verbergen, und er hat das Doppelspiel gespielt: „vorzüglich, weil ich muß."

So eingestimmt traf er Gretchen. Es wurde schwieriger als vorausgesehen, denn er traf eine andere, als er erwartet hatte. Ihrer Natürlichkeit und Offenheit konnte er nur Ausflüchte und Phrasen entgegensetzen (3079f, 3100f, 3102ff), bis sie diese Reden unterbrach und das Gespräch mit dem fast verstummten Faust nach ihrer Art führte. Aber sie sprachen aneinander vorbei, Faust täuschend, Gretchen getäuscht. Nach seinem in seiner Übertreibung schon hilflos wirkenden Ausbruch (3188 – 3194, „Kein Ende! Kein Ende!") läßt sie ihn stehen, und zwar „in Gedanken" (Regieanweisung nach 3194). Als Faust später bei dem direkten Versuch: „Darf ich Euch nicht geleiten?" (3208) die Absage erhält: „Die Mutter würde mich" (3209), nimmt er Gretchens „Auf baldig Wiedersehen!" (3210) kaum noch wahr. Das schnelle Abenteuer findet er nicht und flieht in „Wald und Höhle"; übereilt; denn dort besinnt er sich bald eines anderen (3303 – 3373), kehrt zurück, und Gretchens Tragödie vollendet sich.

Faust und Mephisto

„Wald und Höhle" ist eine Schlüsselszene im Drama. Hier erkennt Faust zum ersten Mal Zusammenhänge. Es sind seine Verbindung zu Erdgeist und Mephisto, das Polaritätsprinzip des Erdgeistes und seine Beziehung zu Mephisto als seinem Gegenpol.

Faust spricht den Erdgeist direkt an (3217):
„Erhabner Geist, du gabst mir, gabst mir alles,"
und er sieht sich nicht mehr als seinesgleichen (500) und Ebenbild der Gottheit (516), sondern als Teil gegenüber der Natur draußen (3228ff), und sogar als unvollkommenen Teil (3240):
„Und wenn der Sturm im Walde braust und knarrt, ...
Dann führst du mich zu sichern Höhle, zeigst
Mich dann mir selbst, ..."
„O daß dem Menschen nichts Vollkommnes wird,"

und Faust erkennt in Mephisto seinen vom Erdgeist gesandten Partner (3241ff), als Widerpart hier zuerst gegen seine überzogene Egozentrik (z.B. 3266ff, 3282ff):
„Du gabst ...
Mir den Gefährten, den ich schon nicht mehr
Entbehren kann, ..."
„Wie hätt'st du, armer Erdensohn,
Dein Leben ohne mich geführt? ..."

"Ein überirdisches Vergnügen! ...
Zu einer Gottheit sich aufschwellen lassen, ..."
"Dir steckt der Doktor noch im Leib."
"Und kurz und gut, ich gönn' Ihm das Vergnügen,
Gelegentlich sich etwas vorzulügen."

Faust erkennt den Erdgeist und akzeptiert Mephisto als vom Erdgeist ihm zugesellten Gefährten. Damit sind seine Einsichten erschöpft. Alles andere in diesem Monolog (3217 – 3250) stimmt nicht. "Worum ich bat" stimmt nicht. Faust hat den Erdgeist um nichts gebeten; er hat ihn nicht einmal verstanden. Auch Mephisto hat er nicht verstanden, wenn er sagt, daß der "zu Nichts, mit einem Worthauch, deine Gaben wandelt". Darauf geht der so heftig angerufene Erdgeist nicht ein. Das erledigt Mephisto.

Wenn man das folgende Zwiegespräch Fausts mit seinem Gegenpart Mephisto als Fortsetzung des Selbstgesprächs im Monolog auffaßt, erkennt man seine immer noch vorhandene Sprunghaftigkeit zwischen Selbstgerechtigkeit und Selbstanklage, wie zum Beispiel: Faust (3241 ff):
 "Du gabst zu dieser Wonne,
 Die mich den Göttern nah und näher bringt
 Mir den Gefährten ..."

Aber im selben Satz:
 Der "mich vor mir selbst erniedrigt."

Faust und Mephisto (3278f):
 "Verstehst du, was für neue Lebenskraft
 Mir dieser Wandel in der Öde schafft?"

Und dann extremhaft (3282ff):
 "Ein überirdisches Vergnügen! ...
 Und dann die hohe Intuition – (mit einer Gebärde)
 Ich darf nicht sagen, wie – zu schließen."

Und in derselben Rede:
 "Du, Hölle, mußtest dieses Opfer haben! ...
 Was muß geschehen, mag's gleich geschehen!"

Mephistos Fazit (3300ff):
 "Du bist schon wieder abgetrieben,
 Und, währt' es länger, aufgerieben,
 Zu Tollheit oder Angst und Graus.
 Genug damit!"

Jedoch, man kann in dieser Szene lesen, daß die kritischen Gedanken schon die Rechtfertigung verdrängen, das heißt, daß Mephisto schon die aktive Rolle spielt und offensiv eingreift, wogegen Faust nur reagiert, manchmal hilflos (3293): „Pfui über dich!" Erkenntnis des Erdgeistes und Selbstkritik sind immerhin der erste Schritt auf dem Wege zu dem Ziel, das der Geisterchor gesetzt hat.

Goethe hat die Szene „Wald und Höhle" 1788 in Rom geschrieben und damit nach 15 Jahren die Erdgeistszene aus dem Urfaust bestätigt. Er war damals 39 Jahre alt. Im Alter von 48 Jahren fügte er die Szene Studierzimmer II mit dem Geisterchor hinzu (Seiten 73 und 105), die ebenfalls das Erdgeistthema als zentrales Thema des Dramas bestätigt (Seiten 85 ff). Man kann also bei diesem in der Endfassung gewiß nicht von einem Senilitätsfehler sprechen (Seiten 31f), sondern man muß erkennen, daß Goethe das Konzept für das Drama im Urfaust schon in Umrissen angelegt und es danach konsequent weitergeführt hat. Und wer „sich auf Miñe, Wink und leise Andeutung versteht" (Goethezitat Nr. 9, Seite 48), wird aufmerksam die Verse 3236ff lesen:
„Schweben mir ...
Der Vorwelt silberne Gestalten auf."
Er wird sie mit den Versen 682f in Verbindung bringen und darin eine Ankündigung für das Ende von Fausts Entwicklungsweg erkennen.

„Trüber Tag. Feld" steht direkt nach Fausts Vision des toten Gretchen in der „Walpurgisnacht" (4184ff) und beschreibt Fausts diesmal echte Erschütterung, die eine Wende in seinem Selbstgefühl und seinem Leben einleitet. Goethe hat diese Szene aus dem Urfaust in Prosa stehen gelassen und betont mit dem Unterschied zur Versform und mit der Wucht des Prosawortes Fausts Betroffenheit. Zwischen haltlosen Schuldzuweisungen und wirren Anklagen gegen Erdgeist und Mephisto und zwischen Bezichtigungen und Beschwichtigungen sich selbst gegenüber wird er sich als Verursacher der ausweglosen Lage Gretchens bewußt.

Faust beschuldigt den Erdgeist: „Verräterischer, nichtswürdiger Geist", und wenige Atemzüge weiter huldigt er ihm: „Großer, herrlicher Geist, der du mir zu erscheinen würdigtest." Er bezichtigt den Erdgeist und beschwichtigt sich selbst: „Und mich wiegst du indes in abgeschmackten Zerstreuungen, verbirgst mir ihren wachsenden Jammer und lässest sie hilflos verderben!" Er beschimpft Mephisto: „Hund! Abscheuliches Untier!", und bittet ihn zuletzt doch um Hilfe. Er fordert sogar den Erdgeist heraus: „Steh und trutze mir durch deine unerträgliche Gegenwart!", und einen Augenblick weiter: „Wandle ihn, du unendlicher Geist! ...", bittet er ihn um Hilfe gegen Mephisto – oder gegen sich selbst? Die Emotion ist so groß und unkontrolliert, daß man ihm jetzt glauben kann: „Mir wühlt es Mark und Leben durch ..."

Mephisto, inzwischen von Faust als sein anderes Ich akzeptiert (Seite 119f), antwortet emotionslos.

1. Er verweist auf Fausts Zustand:
   „Nun sind wir schon wieder an der Grenze unseres Witzes, wo euch Menschen der Sinn überschnappt."
   „Wir" heißt, daß beide nicht mehr getrennt werden können. „Euch" heißt, daß Faust weiterhin ausgeschlossen ist von aller Vernunft (damals „unseres Witzes"). Und weiter:
   „Warum machst du Gemeinschaft mit uns, wenn du sie nicht durchführen kannst?"
   Das heißt, daß Faust hier einseitig emotional ist, weit entfernt von aller Ausgeglichenheit und von dem Ziel des Imperativs des Geisterchores.
2. Mephisto, oder das andere Ich, stellt Faust, oder das eine Ich, bloß mit der Frage:
   „Drangen wir uns dir auf oder du dich uns?"
   Faust wendet sich, den Zusammenhang verkennend, an den Erdgeist mit der hilflosen Frage: „Warum?", und Mephisto bleibt nur noch die schließende Gegenfrage:
   „Endigst du?"

Die Szene endet mit Fausts Entschluß, Gretchen zu retten, mit einer Tat allerdings jenseits aller realen Möglichkeit, aber immerhin steht gegen das Wort am Anfang: „Sie ist die erste nicht", jetzt das Wort „Rette sie!" und die Forderung: „Auf und davon!" Und das ist doch wohl ein erster Schritt.

Mit diesem Disput Faust – Mephisto ist ihr Verhältnis zueinander geklärt. Aus dieser Krise fängt Mephisto ihn auf. Er übernimmt wieder seine Führungsaufgabe und führt Faust in Gretchens Kerker zu einem „Erfahrungsresultat, das wir hoffen, ... nützlich werden soll" (Seite 53), das Faust in der Szene „Anmutige Gegend" gewinnt.

Die Tragödie Gretchen

„Genug damit!", so beendet Mephisto das fruchtlose Gespräch mit Faust in der Szene „Wald und Höhle" (Seite 119). Das neue Thema ist Gretchen. Faust kehrt zu ihr zurück mit altem Ziel, alter Taktik und alter Verstellung, und das führt direkt in Gretchens Katastrophe hinein.

Lesen wir die Verse ab 3303 als Fausts Selbstgespräch, so erkennen wir die Abgründe in ihm, zunächst die zwei Seelen, die er Wagner offenbarte (1112ff):

„Zwei Seelen wohnen, ach! in meiner Brust,
Die eine will sich von der anderen trennen:
Die eine hält, in derber Liebeslust,
sich an die Welt mit klammernden Organen;
Die andere hebt gewaltsam sich vom Dust
Zu den Gefilden hoher Ahnen."

Es sind zerbrochene Teile. Sie wollen sich trennen und legen Fausts Zerrissenheit bloß. Die eine Seele schielt „in derber Liebeslust" nach dem schönen Weib (3327 – 3329):

„Bring' die Begier nach ihrem süßen Leib
Nicht wieder vor die halb verrückten Sinnen!"

Die andere überdeckt, typisch, die Kluft wieder mit Pathos, diesmal in einer neuen Variante, der Rechtfertigung durch Schuldzuweisung (3345-3365):

„Bin ich der Flüchtling nicht? Der Unbehauste?
Der Unmensch ohne Zweck und Ruh,
Der wie ein Wassersturz von Fels zu Felsen brauste.
Begierig wütend, nach dem Abgrund zu? ..."
„Sie, ihren Frieden mußt' ich untergraben!
Du, Hölle, mußtest dieses Opfer haben!"

Warum die Hölle? Er ist es doch, der Gretchen seiner „derben Liebeslust" opfert, und zwar eilig: „Was muß geschehn, mag's gleich geschehn!", und zwar im Bewußtsein der Folgen: „Und sie mit mir zugrunde gehen!" So beschaffen macht sich Faust auf den Weg; zurück zu „ihrem süßen Leib". Er macht sich Mut: „Geh ein und tröste sie, du Tor!" Faust hat sich nicht geändert. Hier hat er sich bis zur Skrupellosigkeit gesteigert.

Goethe beschreibt in einem zarten Gedicht Gretchens ganz anderen Zustand (3374 – 3413):

„Mein Ruh' ist hin,
Mein Herz ist schwer,
Ich finde sie nimmer
Und nimmermehr ..."

Sie wartet auf Faust, obwohl sie nur seine gespielte Fassade kennt (Seite 116). Aus einer Angstecke ihres Gemüts heraus stellt sie ihm die Religionsfrage (3415ff):
> „Nun sag', wie hast du's mit der Religion?
> Du bist ein herzlich guter Mann,
> Allein ich glaub', du hältst nicht viel davon."

Auf dem sicheren Boden ihrer Frömmigkeit sucht sie nach einer Gewißheit bei Faust und bohrt nach bis zur direkten Frage: „Glaubst du an Gott?" (3426).

Herr Professor Faust doziert über Pantheismus (3431 – 3458) mit den berühmten Worten Goethes zu diesem Thema:
> „... Wer darf ihn nennen?
> Und wer bekennen:
> Ich glaub' ihn? ...
> Der Allumfasser,
> Der Allerhalter,
> Faßt und erhält er nicht,
> Dich, mich, sich selbst? ..."

Jungfer Margaretes Gefühl erweist sich dem gelehrten Vortrag als überlegen. Sie spürt genau den Unterschied, aber auch die Übereinstimmung mit ihrem Christentum und drückt das so aus:
> „Das ist alles recht und schön und gut;
> Ungefähr sagt das der Pfarrer auch,
> Nur mit ein bißchen andern Worten."

Damit stellt Goethe die Übereinstimmung zwischen Pantheismus und Christentum im Grundsätzlichen fest, insofern, als beide monotheistisch sind. Der Unterschied zwischen ihnen besteht nur darin, daß Gott entpersonalisiert und durch eine allumfassende, allerhaltende (3438) Natur ausgetauscht ist: „wölbt sich der Himmel nicht da droben?" (3442). Der Pantheist Faust ist hier also erst einen halben Schritt gegangen. Einen ganzen Schritt vollzog die Kirche selbst, indem sie mit Trinität, Marienverehrung und Heiligsprechungen den Himmel bevölkerte und sich in Richtung Polytheismus bewegte (Seite 67). Weiter konnte die Kirche im Abendland sich nicht anpassen, ohne ihre Grundlagen aufzugeben. Sogar Luther konnte die Lehre von der Trinität nicht zurücknehmen und half sich mit einer gewagten Übersetzung des hebräischen Wortes „barnasha" aus.

Goethe stellt hier Faust als einen Menschen dar, der in der Zeit der übermächtigen Christenreligion von dieser nur noch halb beeinflußt wird. Goethe wird Fausts Entwicklung weg vom Orientalismus in den Szenen „Mitternacht" und „Großer Vorhof" beschreiben. Wir werden sehen.

Gretchen spürt wieder genau Fausts Ausweichen vor ihrer Frage und bringt die Sache auf den Punkt (3466ff):
„Wenn man's so hört, möcht's leidlich scheinen.
Steht aber doch immer schief darum;
Denn du hast kein Christentum."

Damit erklärt sie Faust, daß er sie nicht überzeugt hat. Hier hat sie festen Boden und läßt sich nichts abhandeln, und deshalb erklärt sie ihm auch mit fester Sicherheit (3469 – 3475):
„Es tut mir lang' schon weh,
Daß ich dich in der Gesellschaft seh' ..."
„Der Mensch, den du da bei dir hast,
Ist mir in tiefer innrer Seele verhaßt."

Auch hier kennt Gretchen keinen Kompromiß, und sie macht das dem kleinlauten Faust ausführlich klar, bis Vers 3500. Dieser antwortet nur mit vier kurzen, ausweichenden Worten, mit denen er abwiegelt, verleugnet und damit unehrlich wird gegen Gretchen. Man kann sagen, Faust wird sprachlos aus Unehrlichkeit. Gretchen beendet das Gespräch: „Ich muß nun fort" (3502).

Hier müssen wir einen Moment innehalten und uns noch einmal Gretchens unverrückbaren Glauben vergegenwärtigen, um zu verstehen, daß sie in Irrsinn gefallen ist, als der zerstört wurde, und zwar von der Kirche selbst.

Und zu Faust müssen wir feststellen, daß Gretchens Christentum an ihm vorübergeht und ihn nicht berührt. Gretchen kann ihn nicht beeinflussen. Das Christentum, die beherrschende Religion seiner Zeit, hat keinen Einfluß auf ihn; weder das abendländisch umgeprägte Christentum (Seite 67 und Teil 2.5) noch das Bibelchristentum, erst recht nicht das Kirchenchristentum. Das ist dann auch der Ausgangspunkt, von dem aus Goethe im Drama Faust sein eigenes Lebens- und Weltbild darstellt – nicht als eine Hilfe zum Sterben und eine Verheißung für ein Jenseits, sondern als eine Hilfe für das Leben.

Nun folgen Gretchens Tragödie und Fausts Bubenstück. Das mindestens muß es wohl sein, damit ein Faust angestoßen wird zur Einsicht.

„Ich muß nun fort" (3502), so beendet Gretchen die für sie unbefriedigende Antwort Fausts auf die Religionsfrage und die vielsagend kurzen, abwiegelnden, unehrlichen Antworten Fausts auf die Frage nach Mephisto. In diesem Wort Gretchens liegt aber auch etwas Zögerliches, denn drei Verse weiter: „Ach, wenn ich nur alleine schlief!" (3505), und schließlich: „Seh' ich dich, bester Mann, nur an, weiß nicht, was mich nach deinem Willen treibt" (3517). Gretchen wendet sich Faust bereits ganz zu, und der nutzt die Lage und gibt ihr das verhängnisvolle Fläschchen (3511).

Die Mutter stirbt an dem Gift. Der Bruder Valentin fühlt sich nach dem Kodex seiner Zeit von Gretchens Schande (3740) und dem Verlust ihrer Ehre (3772) mit betroffen. Er schmäht Gretchen öffentlich, sucht das Duell und wird von Faust erstochen. Faust entflieht in die Walpurgisnacht. Gretchen, von Welt und Gott verlassen, fällt in Irrsinn, ertränkt ihr Kind und landet zur Hinrichtung im Kerker.

Am Brunnen (3544 – 3586) beginnt der Zerfall ihrer Welt, zuerst im Inneren ihrer Brust, zuerst auf ihrer von der Kirche gesetzten Werteskala:
„Wie konnt' ich über anderer Sünden
Nicht Worte g'nug der Zunge finden! ...
Und bin nun selbst der Sünde bloß!"

Sie begreift das alles aber nicht als Sünde (3585f):
„Doch – alles, was dazu mich trieb,
Gott! war so gut! ach, war so lieb!"

Deshalb wendet sie sich in ihrem personal vorgestellten, ganz starken Glauben mit der Bitte um Hilfe in dem ergreifenden und erschütternden Gebet an Maria, die Mater dolorosa (3587 – 3619):
„Ach neige,
Du Schmerzensreiche,
Dein Antlitz gnädig meiner Not! ...
Was mein armes Herz hier banget,
Was es zittert, was verlanget,
Weißt nur du, nur du allein! ...
Hilf! rette mich von Schmach und Tod!
Ach neige, ..."

Hier beschreibt Goethe ein anderes Religionsgefühl als das hebräisch-orientalische der Bibel, nämlich das des abendländischen Katholizismus seit dem Jahre 1054 (Schisma, Seite 68), der mit der Beichte ein neues Element in das Christentum eingeführt hat (Teil 2.5). Hier bedarf es keiner Vermittlung durch den Priester und erst recht keines entblößenden Gebets inmitten der Gemeinde als deren Teil. Hier steht Gretchen ganz allein und ganz persönlich vor ihrem Glauben. Doch Maria schweigt.

Dann wendet sich Gretchen an ihre Kirche, und die schweigt nicht: sie verurteilt und verdammt. Die Domszene (3776 – 3834) stellt Goethe in direkten Kontrast zum Mariengebet am Zwinger. Wir werden in den Texten des Dramas und seiner Gesamtaussage die beiden Gründe dafür finden:

1. Goethe hat mit diesen beiden Szenen den Unterschied – genauer gesagt die Gegensätzlichkeit – des abendländischen Katholizismus zum Kirchenchristentum dargestellt. Den Höhepunkt und Schlußpunkt dieser Darstellung legt Goethe in die Szene „Bergschluchten".

2. Goethe will auf der Grundlage dieser beiden Darstellungen – quasi durch diese beleuchtet seine eigenen religiösen Gedanken vorstellen (Teil 2.6).

Aus diesen Gründen hat Goethe von den 18 Strophen des Hymnus „Dies irae, dies illa" des Thomas von Celano (gest. 1255) für die Domszene diese drei ausgewählt, die übersetzt lauten: „Tag des Zorns! Jener Tag wird die Welt in Asche legen. Wenn der Richter auf dem Throne sitzt, wird alles Verborgene an den Tag kommen, Nichts wird ohne Sühne bleiben. Was soll dann ich Elender sagen? Wen als Fürsprecher erbitten, wo kaum der Gerechte sicher ist?" Das also ist in der Domszene die Antwort der Kirche auf Gretchens Not, ganz im Duktus der Offenbarung des Johannes des Neuen Testaments der Bibel. Doch es wird noch krasser: Der böse Geist wirft ihr Schuld (3777) und Missetat vor (3786), verweigert ihr das Gebet (3787) und droht mit Flammenqualen (3805). „Die Posaune tönt!" (3801; Offenbarung 8,6 bis 12). Gretchen zerbricht unter diesen Schlägen: „Wär' ich hier weg!" (3808). „Mir wird so eng! – Luft!" (3820). Auch das verweigert der böse Geist: „Luft? Licht? Weh dir!" (3824). Gnadeverweigernde Erbarmungslosigkeit, kommentiert Dietze diese Szene (S. 630). Die Kirche hat verdammt und verurteilt. Sie übergibt den Delinquenten ihrem weltlichen Arm zur Vollstreckung. Gretchen fiel im Dom in

Ohnmacht (nach 3834). Wir finden sie wieder aufgewacht und geistesverwirrt im Kerker.

Die Domszene steht schon im Urfaust. In der Endfassung, etwa 30 Jahre später, hat Goethe sie an zwei Stellen geändert. Er hat damit die Aussage präzisiert und auf das Drama als Ganzes ausgerichtet. Nach der Szenenanweisung im Urfaust war die Domszene eine Totenmesse für Gretchens Mutter, also eine spezielle Messe. Sie hieß: „Exequien der Mutter Gretgens. Gretgen, alle Verwandte. Amt, Orgel und Gesang." In der Endfassung steht nur noch: „Amt. Orgel und Gesang." Damit hat Goethe aus einer speziellen Aussage über die Kirche eine allgemeine gemacht. Die andere Änderung betrifft die Verse 3821 und 3822. Sie lauten in der Endfassung: „Verbirg dich! Sünd' und Schande bleibt nicht verborgen." Im Urfaust hieß es: „Verbirgst du dich? Bleiben verborgen dein Sünd und Schand'?" Aus der Frage hat Goethe eine Aussage gemacht, ja sogar eine Weisung (Ausrufezeichen). Er hat damit das Urteil der Kirche über Gretchen und Gretchens Verdammnis in die Szene hineingeschrieben. Diese beiden Änderungen muß man als Absichtserklärung Goethes verstehen. Damit ist die eben gegebene Analyse der Domszene bestätigt. Warum Goethe Urteil und Verdammnis vom „bösen Geist" aussprechen läßt, wird in Teil 2.5 besprochen.

Gretchens Tragödie ist total: Ihre Familie ist zerstört und damit ihre häusliche Geborgenheit. Ihre Einbindung in die soziale Welt hat Valentin zerrissen (3723 – 3763); Faust, ihr „König in Thule, gar treu bis an das Grab", hat sie verlassen; Maria schweigt und die Kirche hat sie verdammt. „Schrecklicher und erbarmungsloser kann eine Verlassenheit nicht sein. Diese maßlose Seelenbedrängnis zerreißt Gretchens geistige Kräfte; sie verfällt dem Wahnsinn und ertränkt ihr Kind." (Sudau, S. 107).

Nach Fausts Vision des toten Gretchen in der Walpurgisnacht (4183 – 4205) und seiner – diesmal echten – Krise in „Trüber Tag. Feld" (Seite 120) führt Goethe ihn zu seiner tiefen Erschütterung in den Kerker Gretchens und uns in eine Szene, über die der französische Literaturhistoriker Edmond Vermeil spricht als dem „tragischen Grauen dieser in der Weltliteratur einzig dastehenden Szene" (Trunz, S. 578).

Gretchens Tod

Kerker. Gretchen singt das wirre Lied aus dem Märchen vom Machandelbaum (4412 – 4420). Goethe hat schon immer ihre intime Gemütslage mit einem Lied beschrieben. Als Faust kommt, erkennt sie ihn zunächst nicht und verbirgt sich auf dem Lager (4423):
„Weh! Weh! Sie kommen. Bittrer Tod!"

Und auf den Knien (4427 – 4433):
„Wer hat dir Henker diese Macht
Über mich gegeben!
Du holst mich schon um Mitternacht.
Erbarme dich und laß mich leben! ..."

Das ist Todesangst, kreatürlich, aus der Umnachtung heraus. Wirre Reden redet sie (4434 – 4440 und 4442 – 4450) und sucht Hilfe gegen den Henker bei ihrem Glauben (4453): „O laß uns knien, die Heil'gen anzurufen!", ehe sie Faust erkennt.

„Das war des Freundes Stimme!" (4461), und zwei Mal lichtet Hoffnung ihren wirren Geist: „Ich bin frei! mir soll niemand wehren." (4463), und: „Du bist's! Kommst mich zu retten. Ich bin gerettet!" (4473). Und schon fällt sie wieder in Verwirrung und verkennt ihre Lage und den Ort der Begegnung: „O weile! Weil' ich doch so gern, wo du weilest." (4479 und 4484 – 4501). Wechselbad zwischen Hoffnung, Zweifel und Verzweiflung. „Und bist du's auch gewiß?": Hier mischt sich in den Zweifel das letzte Fünkchen Hoffnung auf Hilfe aus der Welt.

Dann stürzt sie wieder tiefer ab in Verzweiflung (4502 – 4517) und holt aus ihrer Seele die letzte Liebe raus (4520 – 4535):
„Ich will dir die Gräber beschreiben,
Für die mußt du sorgen
Gleich morgen;
Der Mutter den besten Platz geben,
Meinen Bruder gleich darneben,
Mich ein wenig beiseit',
Nur nicht gar zu weit!
Und das Kleine mir an die rechte Brust ..."

Und dann hat sie in tiefer Umnachtung nur noch Gedankenfetzen – teils Irrsinnsworte, teils Wachseinsreste: noch einmal ihr König in Thule, gar treu bis an das Grab (4538 – 4542); wieder die Ausweglosigkeit (4544 – 4549); vorüberfliegende Wahnvorstellung von ihrem toten Kind (4551 – 4561); vorüberfliegend auch der irre Angstgedanke an die Mutter (4565 – 4573); der Gedankenschatten zum verlorenen Hochzeitstag (4580 – 4586); zuletzt die Vision von der Hinrichtung (4587 – 4594) und von der für sie vergangenen Welt: „Stumm liegt die Welt wie das Grab!" (4595).

Und dann erstirbt in ihr die letzte Hoffnung auf die Welt. Sie sieht den anderen Faust, den sie nicht kennt und vor dem sie sich fürchtet: Mephisto. Die Angst vor dem fremden Geliebten überfällt sie: „Er will mich!" (4601 – 4604) und: „Heinrich! Mir graut's vor dir."

Und dann erscheint das Schuldgefühl: Sie sieht den Kerker als heiligen Ort (4603), ganz nach der damaligen christlichen Terminologie, in der Kerker und Richtplatz „heiliger Ort" sind, Stätten des göttlichen Gerichts, vor dem allein man Schuld sühnen kann.

Und dann erstirbt in ihr die letzte Hoffnung auf den Himmel. Noch einmal klammert sie sich an ihren Glauben, ganz direkt, wie sie ihn versteht, und bittet um Gnade, um ihr Leben:
„Gericht Gottes! Dir hab' ich mich übergeben!"
„Dein bin ich Vater! Rette mich!
Ihr Engel! Ihr heiligen Scharen,
Lagert euch umher, mich zu bewahren!"

Vater, sagt sie, rette mich. Ihr Engel, sagt sie, lagert euch umher; das ist wörtlich örtlich: in dieser Zelle. Mich zu bewahren, sagt sie; das ist vor dem Henker, denn in diesem Zustand des Irrsinns kann sie Urteil und Hinrichtung nicht als Sühne verstehen; sie kann das überhaupt nicht verstehen, denn in diesem Zustand zählt nur das Kreatürliche. Aber der Himmel antwortet ihr nicht. „Sie ist gerichtet!" So endet der Urfaust.

Etwa 30 Jahre später fügt Goethe ein, die „Stimme (von oben). Ist gerettet!", und damit beschreibt er die Katastrophe des Christentums im Abendland.

Die Faustforschung hat diese Einfügung als „Befreiung der Entelechie vom letzten Stofflichen" interpretiert (Seite 25), meistens jedoch im Sinne der christlichen Dogmatik als religiöse Errettung. Die Wort- und Textkritik der Kerkerszene bestätigt das nicht, vielmehr zeigt sie, daß es für die zerstörte Seele Gretchens keine Rettung gibt: Die Schmerzensreiche schweigt, der Vater antwortet nicht, die Kirche hat sie verworfen. Ihre Seele stirbt den Tod ohne

Gnade und Erbarmen, wie später auch ihr Leib. Gretchen steht unter nackter Todesangst und ist zu keiner Einsicht mehr fähig, auch nicht zu einem in ein Jenseits weisenden Glaubensakt. „Gerettet" muß also im Zusammenhang mit Goethes Kritik am Kirchenchristentum gesehen werden, worin er – wir stellten das schon in einem anderen Zusammenhang fest – dem Christentum eine Religiosität gegenüberstellt, die auf das Leben gerichtet ist, nicht auf das Sterben, die Hilfen für das Diesseits anbietet, nicht Verheißungen für ein Jenseits. Dazu stellt er dem Tode Gretchens den Tod Fausts gegenüber. Dazu hat er auch die Szene „Anmutige Gegend" geschrieben, die wir gleich behandeln werden.

Und Faust?
Mit seiner Vision des verurteilten Gretchen bricht die wilde Walpurgisnacht jäh ab; Faust ist getroffen (4183 – 4188; 4195 – 4198; 4201 – 4205). Unmittelbar darauf folgt die Szene „Trüber Tag. Feld", in der Faust abwechselnd dem Erdgeist huldigt und ihn anklagt; in der er die Verantwortung für Gretchens Schicksal mal dem Erdgeist anlastet: „... und lässest sie hilflos verderben!", mal auf Mephisto ablädt: „Wandle ihn, du unendlicher Geist!"; in der er sich selbst als getäuscht sieht: „Und mich wiegst du indes in abgeschmackten Zerstreuungen." Zum ersten Mal im Drama schlägt seine Passivität um, vom Sich-treiben-Lassen zu einer Tat; zuerst noch: „Rette sie!", dann aber doch: „Bringe mich hin! Sie soll frei sein!"

In seiner diesmal echten Erschütterung hört Faust kaum Gretchens Worte; er sagt wenig und immer dasselbe. Er ist zum zweiten Mal sprachlos, diesmal aus Erschütterung. Ihm geht es nur um Gretchens Befreiung. Er sieht nicht Gretchens Umnachtung; er sieht nicht, daß sie den ersten Tod schon gestorben ist, den Tod des Gemüts; er sieht nicht, daß sie also gar nicht mehr im Leben ist. Er erkennt das erst am Ende der Szene aus Mephistos Wort: „Sie ist gerichtet!" Im Urfaust „verschwindet er mit Faust, die Thüre rasselt zu, man hört verhallend: ‚Heinrich! Heinrich!'"

In der Endfassung „rasselt keine Thüre zu". Hier stellt Goethe der „Stimme (von oben)" eine andere Stimme gegenüber, die „Stimme (von innen), Heinrich! Heinrich!" Und das nun ist in der Tat die Stimme der Selbsterkenntnis. Am Ende des ersten Teiles des Dramas hat Faust zur Selbstbesinnung gefunden. Das ist der zweite Schritt in Richtung des Lebensimperativs auf Fausts Lebensweg seit dem Geisterchor.

Die Frage Schuld

Das Wort „Schuld" ist bis jetzt im Drama nicht vorgekommen. Goethe hat diesen Begriff im Faust nur einmal gebraucht: in Teil II, 5. Akt, Szene „Mitternacht". Dort erscheint die Schuld als eines der vier grauen Weiber vor Fausts Tür. Die Sorge geht hinein, die Schuld bleibt draußen. Der Symbolgehalt dieser Szene spricht in mehrfacher Hinsicht Goethes Welt- und Lebensbild an, und man muß fragen, welche ethischen Maßstäbe er setzt und dem Drama Faust zugrunde legt. Das wird sich aus der Deutung am Ende dieses Kommentars ergeben. Wenn also Goethe den Begriff „Schuld" draußen läßt, werde ich ihn auch nicht als Erklärungshilfe in diesem Kommentar verwenden, denn ich habe vor, Faust zu interpretieren und nicht zu erweitern (Teil 1.2). Bei uns, in dem von der christlichen Moral belasteten Abendland, wird bei Tragödien des Ausmaßes der Gretchentragödie immer die Schuldfrage gestellt, und deshalb ist es nicht verwunderlich, wenn auch die Faustforschung diese Frage immer wieder erörtert, obwohl Goethe sie nicht hineingeschrieben hat. Goethe stellt nicht die Frage nach der Schuld, die Schuldfrage. Er stellt die Frage zur Schuld, also die Frage Schuld. Das geht aus der dramatischen und der inneren Konstruktion der Gretchenszenen hervor. Diese Frage aber hat Bedeutung für das ganze Faustdrama, und deshalb müssen wir uns mit ihr befassen.

Schuld ist ein Moralbegriff orientalischer, monotheistischer Religionen (Teil 2.5), der zwangsläufig aus dem Monotheismus folgt und aus dessen Gut-oder-Böse-Moral (Seiten 64f) und aus den Begriffen „Sünde" und „Erbsünde". Um das noch einmal etwas anders auszudrücken: „Schuld" ist die konsequente Fortschreibung der Gut-oder-Böse-Moral orientalischer Religionen, in sich stimmig und in Übereinstimmung mit dem Welt- und Lebensbild ihrer Träger, der Orientalen. Erbsünde und Prädestination lasten kollektiv auf allen Menschen, somit auch auf jedem Einzelmenschen, ohne sein persönliches Zutun. Schuld und Kollektivschuld sind geglaubte und zu glaubende Moralthesen dieser in sich schlüssigen Religionen. Sie sind ohne Wenn und Aber einsichtig für Menschen des zugehörigen Kulturkreises; sie sind schwer zu fassen für Menschen mit anderem Welt- und Wertegefühl aus anderen Kulturkreisen, besonders aus einer Kultur, die Individuum und Persönlichkeit als Träger ihrer Wertbegriffe sieht und der das Kollektivgebet (in der Gemeinde), Kollektivschuld und Kollektivvergebung innerlich fremd sind (Teile 1.5 und 2.5). Nach allem ist auch verständlich, daß die zehn Gebote ihrer Formulierung nach zehn Verbote sind, was auch ihrer Bedeutung entspricht, der zufolge eine Übertretung Sünde ist und damit Schuld. Alle angesprochenen Begriffe sind Bestandteile einer Gehorsamsethik und drücken das Lebensgefühl orientalischer Kulturen aus, das von einem allmächtigen Gott geprägt ist, der seinem auserwählten Volk Verheißungen gibt, wenn es sich an seine Verbote hält. Der Monotheismus und die ihm entsprechende Moral sind also spezifische Merkmale orientalischer Kulturen, die man in keiner der anderen großen Weltkulturen und deren Religionen findet. Schuld ist also ein Moralbegriff der abgeschlossenen, in sich schlüssigen orientalischen Weltsicht, die das Christentum in das Abendland hineingetragen hat, als dieses noch eine nur geographische Bezeichnung für einen kulturell noch amorphen Raum war. Deshalb sollte man meinen, daß es dieser in sich gefestigten Religion ein leichtes war, in diesen Raum vorzudringen. Und doch ist das dem Christentum nur gegen großen Widerstand gelungen, weil zu dieser Zeit das europäische Abendland bereits in einem vorkulturellen Zustand war, in dem sich seine spezifischen Inhalte schon formierten und zum Ausdruck drängten. Das ist der Hintergrund, vor dem Goethe den Moralbegriff „Schuld" sah, den er aus dem Faust draußen ließ.

„Schuld" als Rechtsbegriff kam nach Europa mit der Justinianischen Sammlung des römischen Rechts, dem „Corpus iuris civilis", das im 12. bis 13. Jahrhundert an der Rechtsschule von Bologna von den „Glossatoren" bearbeitet und in Deutschland mit der „Rezeption" im 14. und 15. Jahrhundert aufgenommen wurde. Wie stark es sich dabei um ein materielles Recht handelte, zeigt sich bis heute an der Praxis der Teilung der Schuld, meistens der Teilung der Kosten, im Gegensatz zur Unteilbarkeit einer moralischen Schuld. Das römische Recht, das damals bereits kodifiziert vorlag, verdrängte Ansätze eines europäischen Rechts, die sich mit geringen Abweichungen um drei Zentren gebildet hatten: in Oberitalien das Recht der Langobarden, in Südfrankreich das westgotische Recht und in Deutschland das gotische Stammesrecht im Sachsenspiegel (Eike von Repgau, 1220 – 1235) und im Schwabenspiegel (Augsburg, um 1275, mit Verbreitung bis in die Schweiz). Der promovierte Jurist Goethe kannte diese Aspekte der Rechtsgeschichte und gibt seine Stellungnahme im Drama Faust (1971ff):

> „Ich weiß, wie es um diese Lehre steht.
> Es erben sich Gesetz' und Rechte
> Wie eine ew'ge Krankheit fort.
> Sie schleppen von Geschlecht sich zum Geschlechte
> Und rücken sacht von Ort zu Ort.
> Vernunft wird Unsinn, Wohltat Plage;

Weh dir, daß du ein Enkel bist!
Vom Rechte, das mit uns geboren ist,
Von dem ist leider! nie die Frage."

Wir haben schon mehrfach festgestellt, daß Goethe zu Schuld als Moralbegriff wie als Rechtsbegriff – zurückhaltend gesagt – ein distanziertes Verhältnis hatte. Über die drei Morde der Gretchentragödie spricht er kein Schuldurteil.

Gretchen hat ihrer Mutter den Schlaftrunk gegeben, dessen Wirkung sie nicht kannte, und sie hat keinesfalls an Tod gedacht: „Doch – alles, was mich dazu trieb, Gott! war so gut! ach, war so lieb!" (3585 – 3586). Ihr Kind hat sie im Zustand der Umnachtung ertränkt. An Valentins Tod hat sie keinen Anteil. Natürlich hat sie nach dem geltenden Recht im juristischen Sinne Schuld. Hat sie das aber auch nach dem „Rechte, das mit uns geboren ist"? Was meint Goethe damit? Weiter, nach dem Tode der Mutter und Valentins: Nach welchen Maßstäben wurde Gretchen in der Domszene von der Kirche verdammt und moralisch schuldig gesprochen? Setzt Schuld Absicht und Wille zur Tat voraus? Ist nach dem Prädestinationsdogma Tat prädestiniert, in diesem Falle auch Mord, und in welchem Verhältnis zueinander stehen Prädestination und Schuld? Ist diese Frage überhaupt zulässig, und läßt sich ein religiöses Moraldogma hinterfragen, oder muß es von jedermann geglaubt werden? Wer ist jedermann: ein Angehöriger des Kulturkreises, zu dessen Lebens- und Weltgefühl diese Moral gehört, oder auch Angehörige anderer Kulturen mit anderen Inhalten? Wie kann man Prädestination und Eigenverantwortung zusammenbinden? Das alles sind Fragen nach der Relativität des Begriffes „Schuld". Goethe wird sie im Drama später beantworten. Wir können hier nur die Tatsachen feststellen: Gretchen wird für die Folgen ihres Tuns, egal ob bewußten oder unbewußten Tuns, verantwortlich gemacht und hingerichtet. Und wenn man schon die Begriffe zweier Kulturen vermischt: wo bleibt die Verantwortung der prädestinierenden Instanz; so absurd diese Frage ist, so absurd ist die Übernahme kulturfremder, aufgezwungener Moral- und Rechtsvorstellungen.

Faust hat beim Tode von Gretchens Mutter und ihrem Kind nicht mitgewirkt, jedenfalls nicht direkt. Der Tod Valentins folgte nach damaligem Verständnis aus einem Ehrenhandel und war nicht justitiabel; schlimmstenfalls war es für Faust Notwehr. Faust hat im juristischen Sinne keine Schuld, wenn Schuld juristisch nicht teilbar ist. Das wirft sofort die Frage auf, ob es Bruchteile einer und derselben Schuld geben kann, und ob eine und dieselbe Schuld verteilbar ist. Und damit sind wir wieder in der Nähe von Kollektivschuld und Erbsünde. Und wie steht es mit Fausts moralischer Schuld? Es gab damals nur eine Instanz dafür: die Kirche. Goethe hat keine Verdammung und keine moralische Schuld Fausts in das Drama geschrieben. Warum? Wollte er hier schon sagen, daß ein Schuldspruch der Kirche den Nichtchristen Faust nicht erreichen kann, daß also ein Schuldspruch der Kirche nur partiell gilt und relativ ist? Über die Relativität der christlichen Moral, die aus der starren Gut-oder-Böse-Polarität (Seiten 64f) folgt, werden wir noch zu reden haben, wenn wir in Faust II, 3. Akt, von einer anderen Religion einer anderen Kultur sprechen, nämlich der Religion der antiken Griechen, deren Grundlage eine Polarität zwischen dem Schönen und dem Häßlichen ist, wenn wir also von Begriffen der Ästhetik **und** nicht der Moral sprechen. Für Faust müssen wir feststellen, daß es keine juristisch relevanten Tatbestände gibt. Aber er erfährt Wirkungen seines Tuns. Diese finden wir in der Szene „Anmutige Gegend".

Auch Sudau stellt fest: (S. 48):
„Die Konzeption des Faustdramas ist somit überhaupt erst recht zu begreifen, wenn man sich vom moralischen Gut-und-Böse-Schema löst. Es ist in der Logik des Werkes völlig konsequent, wenn Faust am Ende der Schuld als einer der vier ihn bedrängenden allegorischen Weiber keinen Zutritt läßt."

Die Fragen und Feststellungen zum Thema Schuld folgen aus Text und Kontext der letzten Szenen von Faust I. Goethe legt die Fragwürdigkeit des moralischen Begriffs Schuld und die Unverträglichkeit des juristischen Begriffs Schuld bloß, wenn es um deren Übertragbarkeit von einem Kulturkreis auf einen anderen geht. Goethe stellt dieser in ihrem Lebensbereich schlüssigen Denkungsart seine eigene Weltsicht gegenüber, geboren aus dem abendländischen Weltgefühl. Er beginnt damit in der folgenden Szene. Der ganze Teil II des Dramas handelt davon. Der Höhepunkt sind die Szenen „Mittemacht" und „Großer Vorhof des Palastes". Es ist Goethes Altersweisheit, die Summe der Erfahrungen seines Lebens. Mit seinen Worten (Vermächtnis, 1829):
„Das Wahre war schon längst gefunden,
Hat edle Geisterschaft verbunden;
Das alte Wahre, faß es an! ...
Dann ist Vergangenheit beständig,
Das Künftige voraus lebendig,
Der Augenblick ist Ewigkeit."

Anmutige Gegend

Immer, wenn Goethe Gemütszustände und Gemütsbewegungen darstellen will, oder wenn er Änderungen von Bewußtseinslagen beschreiben will, tut er das mit lyrischen Elementen. So war es mit dem Osterspaziergang zwischen Giftampulle und Mephistos Ankunft, mit dem Geisterlied (1447 – 1505) zwischen Bibelübersetzung und Fausts Zusammenbruch im großen Fluch, mit Gretchens Lied vom König in Thule (2759ff), ihrem Lied: „Mein Ruh' ist hin ..." (3374ff) und ihrem Mariengebet (3587ff). So ist es auch hier, wo Goethe zwischen Fausts Erschütterung in Gretchens Kerker und Fausts kommenden Lebensstationen die Wirkungen der Erschütterung und deren Verarbeitung beschreibt. Er tut das mit den Gesängen im ersten Teil dieser Szene und mit der zweiten Bilanz, die Faust im zweiten Teil der Szene zieht.

„Anmutige Gegend" vermittelt eine Stimmung, die der Wirkung der Musik nahe kommt. Goethe hat an den Anfang der Szene Ariels „Gesang, von Äolsharfen begleitet" gestellt, und er hat den vier Strophen des „Chors" ursprünglich die Titel „Serenade", „Notturno", „Matutino" und „Reveille" gegeben. Lesen Sie bitte noch einmal nach: Goethe hat eine Musik in Worten geschrieben, Ariel spricht Gedichte, und Fausts Monolog ist ein Gedicht; beides nach Art und Inhalt vergleichbar mit Goethes späten „weltanschaulichen" Gedichten. Warum dieser Aufwand? Weil Goethe hier sein Lebensbild von der Notwendigkeit des Wandels darstellt (Seiten 59f), das er auch im Gedicht von 1821, „Ein und Alles" (Seite 61) ausdrückt; des Wandels, der sich hier in Faust vollzieht.

Die Faustforschung greift überwiegend das Stichwort „Lethe" auf (4629), den Fluß des Vergessens in der Unterwelt der griechischen Mythologie, aus dem die Toten trinken und danach die Erinnerung an ihr irdisches Leben verlieren. Dantes Umdeutung als Fluß der Läuterung in der „Göttlichen Komödie" (Inferno, XIV Gesang) wird kaum als Deutungshilfe herangezogen.
Trunz erläutert (S. 582):
„Faust ist ermüdet, unruhig; ... denn es handelt sich jetzt um Vergessen und um Genesung. Diese ist Geschenk der Natur; daher Naturgeister, Elfen; deren Wirkung symbolisiert als Gesang mit Äolsharfen. Danach ist Faust erquickt und verwandelt. Für die symbolische Szene spielt die reale Zeit keine Rolle. Das Nacheinander im Drama ist fast nur noch ein Nebeneinander im Sein."

Beutler erklärt (S. LXXI):
„Während Gretchen sich somit für ihr Vergehen, das mehr Schicksal als Schuld war, dem Schwert des Henkers übergeben hat, entzieht sich Faust der irdischen Verantwortung... Geister sind um ihn besorgt, ... Geister der still heilenden, befriedenden Natur. Nicht, daß sie Fausts Schuld auslöschen. Er wird sie tragen müssen wie den Frevel seines Bundes ..."

Zu „Vergehen", „Schuld" und „irdische Verantwortung" erinnern Sie sich bitte des vorangegangenen Abschnitts. Über „Schicksal" in Goethes Sinn wird noch gesprochen. Vorab dazu kann Goethes „Urworte orphisch", 1. Strophe, Auskunft geben, das Leitmotiv dieser Schrift.

Dietze erwähnt die Szene „Anmutige Gegend" gar nicht. Erler gibt Erklärungen zu einzelnen Begriffen.

Ein weiteres Zitat aus meinen frühen Notizen bezieht sich speziell auf diese Szene, aber auch allgemein auf das ganze Drama.
„Schuld wird hier verstanden als biographischer, charakterbildender, entwicklungsnotwendiger Teil des Lebens, der durch Wirken ausgeglichen und aufgehoben wird, so daß Schuld dadurch getilgt ist."

Sudau erklärt zur Szene „Anmutige Gegend" (S. 48), das moralische Problem sei eliminiert und in Naturgesetz aufgehoben, und fährt fort:
„Wie wenig bedeutsam Goethe dieses Problem nimmt, zeigt allein der Umstand, daß Faust (im Eingang des zweiten Teils) von allen bösen Erinnerungen und Gewissensqualen in Bezug auf Gretchen durch einen Heilschlaf des Vergessens erlöst wird. Die Haltung des Luftgeistes Ariel und der Elfen entspricht da völlig Goethes moralischer Indifferenz: gleich, ob er heilig oder böse./jammert sie der Unglücksmann. [...] / Entfernt des Vorwurfs glühend bittre Pfeile, / Sein Innres reinigt von erlebtem Graus. Schon hier wird Faust eine Gnade von oben zuteil, wie später bei seiner Grablegung."

Schon Sudaus Zitat ist nicht korrekt. Er stellt Verse kritiklos hintereinander, die nicht nur nicht zusammengehören, sondern sogar deutlich voneinander getrennt sind, und konstruiert daraus sein ganz persönliches Urteil über Goethes „moralische Indifferenz". Sudaus erster Zitatteil, „ob er heilig oder böse, jammert sie der Unglücksmann" gehört als Einführung zum Elfenlied mit den Versen: „kleiner Elfen Geistergröße eilet, wo sie helfen kann." Das jedoch ist höchst moralisch, im Unglück Hilfe zu leisten, ohne Abwägung gegen wen. Sudaus zweiter Zitatteil:

„Entfernt des Vorwurfs glühend bittre Pfeile, sein Innres reinigt vom erlebten Graus" gehört zu Ariels Rezitativ. Dieses hat schon äußerlich ein anderes Versmaß, und es hat auch ein anderes Thema, so daß eine Vermengung der beiden Zitatteile unzulässig ist.

Ariels Rezitativ (4621 – 4633) gibt den Elfen den Einsatz vor, vom Vers „Besänftiget des Herzens grimmen Strauß" bis zum Vers „Gebt ihn zurück dem heiligen Licht", und zwar in dem Sinne, wie Goethe ihn 15.02.1830 an Zelter schreibt:

„Man bedenke, daß mit jedem Atemzug ein ätherischer Lethestrom unser ganzes Wesen durchdringt, so daß wir uns der Freuden nur mäßig, der Leiden kaum erinnern. Diese hohe Gottesgabe habe ich von jeher zu schätzen, zu nützen und zu steigern gewußt."

Wer von uns kennt nicht diese Erfahrung? Wer kennt nicht die Redewendung „den Himmel auf Erden erlebt" oder „die Hölle auf Erden erlebt". Wir wissen alle, daß das Leben Spuren hinterläßt, Zeichen, Narben, Kainsmale, die fürs Weiterleben bewältigt, d.h. verarbeitet werden müssen, die dann Prägung hinterlassen oder Veränderung, Wandel, Erneuerung, oder wie jeder es anderes nennen möchte. Goethe hat das in seinem Gedicht „Selige Sehnsucht" von 1814 so ausgedrückt:

„Und solang du das nicht hast,
Dieses: Stirb und Werde!
Bist du nur ein trüber Gast
Auf der dunklen Erde."

Sudau gibt sich nicht die Mühe, das „moralische Problem" differenziert zu sehen; er sieht in dieser Szene lediglich einen „Heilschlaf des Vergessens"; er bezichtigt Goethe einer „moralischen Indifferenz"; er deutet in sie eine „Gnade von oben" hinein, die nicht im Text steht. Er hat Unrecht, wie wir gleich an Text und Wort sehen werden.

Die Reduzierung dieser Szene auf „Schuld" und „Vergessen" befriedigt nicht, sie fordert vielfachen Protest heraus: „So einfach, Herr Faust, so leicht, Herr Goethe, kann man es sich nicht machen." Ich protestiere mit, auch gegen das Zitat aus meinen Notizen (Seite 136), obwohl es Nachdenklichkeit wecken sollte, wenn darin vom „charakterbildenden Teil des Lebens" gesprochen wird. Aber zur Tilgung von Schuld reicht das nicht aus, wenn man Schuld mit dem ganzen moralischen und juristischen Gewicht unseres heutigen Verständnisses belastet sieht. Und damit sind wir wieder bei dem problematischen Begriff Schuld. Goethe vermeidet ihn; er schildert Tatbestände und relativiert damit diesen Begriff, wie wir im vorangegangenen Abschnitt gesehen haben. Diesen Begriff stellt Goethe weder in der Szene „Anmutige Gegend" noch im ganzen Drama zur Debatte. Um Schuld geht es hier also nicht, um Heilschlaf und Vergessen auch nicht, worum also?

Was passiert hier?
Faust erfährt die Wirkungen aus seinem Erleben. Hier vollzieht sich Wandel von Leben in Charakter.

Wie kann man einen solchen Vorgang beschreiben? Mit Psychologie geht das nicht, mit Philosophie auch nicht; es geht gar nicht mit Worten. Goethe braucht dafür Bilder und Gleichnisse mit Naturmotiven und Seelenmotiven, und er verbindet sie zu Strophen, die wie Musik klingen. Wie Musik sich bei mehrmaligem Hören immer mehr erschließt, so muß man die Strophen Ariels und der Elfen mehrmals lesen, bis man Goethes Aussage vernimmt. Dennoch lassen sich Texte zuordnen:

> Im ersten Rezitativ weist Ariel die Elfen ein:
> „Besänftiget" des Herzens grimmen Strauß
> „Entfernt" des Vorwurfs glühend bittre Pfeile
> Sein Innres reinigt von „erlebtem" Graus
> „Gebt ihn zurück ..."
>
> in den vier Strophen geben die Elfen ihre Hilfe:
> „Wenn sich lau die Lüfte füllen ...
> Senkt die „Dämmerung" heran.
> Und den Augen dieses Müden
> „Schließt sich des Tages Pforte zu."
> Nacht ist schon hereingesunken ...
> Glänzen droben klarer Nacht,
> Tiefsten Ruhens Glück besiegelnd.
> Hingeschwunden Schmerz und Glück.
> Traue neuem Tagesblick.
> Wogt die Saat der Ernte zu.
> Schaue nach dem Glanze dort!
> Säume nicht, dich zu erdreisten."

im zweiten Rezitativ (4666 – 4678) zieht Ariel das Ergebnis für Geistesohren:
„Tönend wird für Geistesohren
Schon der „neue Tag" geboren ...
Welch Getöse bringt das Licht! ...
Unerhörtes hört sich nicht."

Goethe hat es sich nicht leicht gemacht. Hier gibt es keinen Heilschlaf des Vergessens, keine Schuld und keine Gnade von oben, keine Läuterung. Hier gibt es keinen Vorwurf, keine Anklagen, sondern Hilfe. Wir haben das schon einmal erfahren, beim Geisterchor (Seite 88). Goethe schreibt Leben. Und in Anlehnung an das obige Zitat können wir feststellen: Leben wird verstanden als charakterbildendes Ereignis. Faust erlebt Wandlung, und das ist ein weiterer Schritt auf dem vom Geisterchor mit dem Imperativ vorgegebenen Weg.

Faust bestätigt das im Monolog der Szene „Anmutige Gegend", und deshalb greift Trunz zu kurz mit seiner Analyse, dieser sei da, „um das Bild der Welt abzurunden, nicht um Fausts Weg darzustellen." (S. 486). Über diesen großartigen Monolog ist in der Faustliteratur sehr viel geschrieben worden, immer im Zusammenhang mit Goethes Weltbild.

Wir stellen diesen Monolog in den Gesamtzusammenhang beider Teile des Dramas und erkennen ihn als die Brücke zwischen beiden Teilen insofern, als er die Entwicklung des Faust des ersten Teiles abschließt und Fausts Weg in das Leben des zweiten Teils öffnet. Dies kommt zum Ausdruck in Fausts zweiter Bilanz, die er in diesem Monolog zieht (4695 – 4727).

„Hinaufgeschaut!" beginnt Fausts zweite Bilanz. Schon mit dem ersten Wort ordnet er sich auf niedrigerer Stufe ein. Das ist nicht mehr der Faust, der nach dem Abgang des Erdgeistes sagt: „Ich Ebenbild der Gottheit! Und nicht einmal dir!" (516f), also nicht mehr der Faust, den wir aus seiner ersten Bilanz kennen (Seiten 91ff).

Was hat sich geändert?
Versuchen wir einen Vergleich dieser beiden Bilanzen:
„Hinaufgeschaut! – Der Berge Gipfelriesen
Verkünden schon die feierlichste Stunde;
Sie dürfen früh des ewigen Lichts genießen,
Das später sich zu uns herniederwendet."

„Später", „zu uns hernieder" – Faust hat sich eingestuft. Selbstbetrug, Egozentrik und Überheblichkeit, die ihn noch bis in die Szene „Wald und Höhle" beherrschten, sind gewichen. Seine Rede ist kontrolliert und maßvoll.

„Wird neuer Glanz und Deutlichkeit gespendet,
Und stufenweis herab ist es gelungen –
Sie tritt hervor! – und, leider schon geblendet,
Kehr' ich mich weg, vom Augenschmerz durchdrungen."

Faust, der den Erdgeist beschworen hatte mit den Worten: „Du mußt! Du mußt! Und kostet' es mein Leben!", hat neue Erfahrungen: gespendet werden ihm Glanz und Deutlichkeit, ohne Beschwörung und Magie; und er begreift, daß dem Menschen bestimmt ist, „Erleuchtetes zu sehen, nicht das Licht" (Goethe).

„Nun aber bricht aus jenen ewigen Gründen
Ein Flammenübermaß, wir stehn betroffen; ...
So daß sie wieder nach der Erde blicken."

Wollte Faust in der Szene „Nacht" noch „Harmonisch all' das All durchklingen!" (453), fühlte er sich dort bereit, „Auf neuer Bahn den Äther zu durchdringen" (704), so blickt er jetzt nach der Erde. Er hat seine Begrenzung gefunden, seine Bescheidung und seine Bescheidenheiten, wie die folgenden Zeilen belegen.

„So bleibe denn die Sonne mir im Rücken! ...
Am farbigen Abglanz haben wir das Leben."

Am farbigen Abglanz:
Zu diesem Wort gibt es in der Faustliteratur viele gute Bemerkungen in Bezug auf Goethes Weltbild. Wir erkennen aber auch bei Faust die Einsicht, das Leben – und die Welt – in den Erscheinungen zu finden. Damit findet er sich selbst darin, als ein Teil davon, sieht Leben und Welt von innen, und nicht mehr „Ich Ebenbild der Gottheit ..., und abgestreift den Erdensohn" (614f). Das ist der Schritt weg von der Hybris zur Einfügung in das Leben und ein Schritt auf dem vom Geisterchor gewiesenen Weg: „Neuen Lebenslauf beginne, ... und neue Lieder tönen darauf!"

Goethe hat die Szene „Anmutige Gegend" im Jahre 1826 geschrieben, etwa 25 Jahre nach Faust I. Trunz' treffendes Wort von der Bedeutung der Zeit für das Drama (Seite 135) kann man gewiß auch so verstehen, daß nämlich das Nebeneinander im Drama immer auch ein Nacheinander im Sein sein kann. Dann wird uns der Prozeß des Wandels verständlicher, des Wandels von Erlebtem in Charakter.

Das eine der beiden großen Themen der europäischen Malerei ist das Porträt. Es ist die Darstellung der Persönlichkeit, der unverwechselbaren Individualität. „Charakterkopf" ist hier das Stichwort. Unsere Museen sind voll davon. Noch einmal: betrachten Sie bitte von Rembrandts über hundert Selbstporträts wenigstens zehn parallel zu seinem Lebenslauf, vom Selbstporträt des 23jährigen Rembrandt aus dem Jahre 1629, dem „Selbstbildnis mit Saskia" aus dem Jahre 1636 bis zu den beiden letzten mit dem Barett aus den Jahren 1668/1669. Sie werden eine Selbstbiographie finden, eine Lebensentwicklung von starker Identität. Es sind nach unserem Empfinden Bilder von tiefer Schönheit. Ich will das am Gegenbeispiel klarmachen: das Lebensgesetz des antiken Griechen war die Ästhetik, und seine Lebenspolarität lag zwischen schön und häßlich, sein Ideal war der jugendlich schöne Körper und die Gelassenheit des Auftretens, auch bei unerwarteten, schweren Situationen. Selbst Perikles im Alter erreichte bei seinen Auftritten vor dem Volk seine große Wirkung als schöner Mann. Es ist das, was wir hübsch nennen (6480f). Hendrickje Stoffels (aus 1658) ist eine schöne Frau, aber keine hübsche. Genau diese Zusammenhänge hat Goethe in der Szene „Anmutige Gegend" dargestellt, nämlich Wandlung von Erlebtem in Charakter.

Faust erlebt in dieser Szene einen solchen Lebensschritt, und Goethe stellt das dar in der zweiten Bilanz Fausts. Schon das erste, imperativische Wort dieser Bilanz: „Hinaufgeschaut!" zeigt seine Wandlung von Egozentrik zur Einordnung.

Lesen wir den Eingangsteil des Faustmonologs (4679 – 4694), so wird klar, warum wir formuliert haben: „Es vollzieht sich Wandlung." Das ist, auf Faust bezogen, ein passiver Vorgang; Faust nimmt das nur wahr, ohne eigenes Zutun (Seite 70). Es ist das berühmte „Erfahrungsresultat", von dem Goethe oft spricht (Seite 53). Wir dürfen gespannt sein auf den nächsten Erfahrungsschritt, den Faust selbst herbeiführt, mit aktivem Handeln, nach den Erlebnissen mit der antiken griechischen Kultur.

2.3 Fausts Lebensweg II

Kaiserliche Pfalz

Die Pfalzen waren im Mittelalter neben den Universitäten die Plätze, an denen sich das große Leben abspielte. Sie waren die Zentren der Macht, der Kunst und der Kultur, eben in Zeiten, als die Träger der Macht auch die Träger der Kultur waren. Nur an diesen Orten befaßte man sich damals mit Homer und der griechischen Antike. Goethe brauchte die Kaiserliche Pfalz als Einstieg Fausts in die Helenaszenen. Er brauchte sie für seine Beschreibung der Begegnung der antiken und der abendländischen Kultur.

Goethe beschreibt die dekadenten Zustände am Hof eines oberflächlichen Kaisers, dem „das Wohl des Reiches und seiner Untertanen keine Sorge macht" (zu Eckermann am 1. Oktober 1827), der seine Pflichten vernachlässigt und Vergnügungen bevorzugt (4765 – 4769, 5057 – 5060). Auch die Welt der Antike bietet hier nur den Rahmen für Lustbarkeiten, und zwar in dem damaligen falschen, weil einseitigen Bild von einer Welt nur des Schönen.
Faust paßt sich in das Hofleben ohne Schwierigkeiten ein. Er kann sogar eine aktive Rolle spielen, indem der die Geldnot des Kaisers mit Papiergeld beseitigt, indem er am Mummenschanz als Gott des Reichtums teilnimmt (unter der Maske des Gottes Plutus der griechischen Mythologie), und indem er auf des Kaisers Wunsch eine Aufführung des Hoftheaters zum Thema „Helena und Paris" organisiert.

Damit beginnen die Helenaszenen und Goethes Auseinandersetzung mit der Antike. Goethe beschreibt den zeitweise beherrschenden Einfluß der Griechenschwärmerei auf Faust. Erst Helenas Tod beendet diesen Lebensabschnitt Fausts abrupt. Er steht dann vor seiner letzten Entwicklungsphase. Wir werden den Symbolcharakter dieser Dramenhandlung studieren müssen, um Goethes Absicht herauszufinden.

Finstere Galerie

Faust sucht Mephistos Hilfe für die Aufführung des Stückes „Helena und Paris". Doch Mephisto warnt (6188 – 6195):
„Unsinnig war's, leichtsinnig zu versprechen,"
„Hier stehen wir vor steilern Stufen."
Er sagt auch, warum (6209f):
„Das Heidenvolk geht mich nichts an,
es wohnt in seiner eigenen Hölle."

Mit diesen wenigen Versen eröffnet der Kulturhistoriker Goethe die vergleichende Darstellung der abendländischen und der griechischen Kultur. In diesen wenigen Versen schon macht Goethe klar,

— daß der Vergleich nicht an der Oberfläche (Helena und Paris) geführt werden kann, sondern nur an den Ursprüngen, nach „steilern Stufen" –, daß dort eine andere, verschiedene Kultur liegt, „ein fremdestes Bereich",
— daß diese eigene Polaritäten hat, seine eigene Hölle (Phorkyas, 3. Akt),
— daß Mephisto die Verschiedenheiten kennt (auch 6201f),
— daß Faust sie nicht kennt (z.B. 6204f).

Warum steht diese Szene hier?
Aus dem Gesamtzusammenhang des Dramas muß man schließen, daß Mephisto dem unsicheren Faust den direkten Weg zur abendländischen Kultur weisen will und ihm den Irrweg (2. Akt) und den Umweg (3. Akt) über die griechische Kultur ersparen will. Das ist aber ein schwieriger Versuch:

„Ungern entdeck' ich höheres Geheimnis",
sagt Mephisto (6212), denn:
„Vor den Urphänomenen fühlen wir eine Art Scheu bis zur Angst",
sagt Goethe (ganzes Zitat: Seite 50), und:
„Da sich gar manches unserer Erfahrungen nicht rund aussprechen und direkt mitteilen läßt ...", sagt Goethe, habe er „abspiegelnde Gebilde" gewählt (Zitat Nr. 8, Seite 48), und Heisenberg erklärt zur Quantenphysik, „daß man nur in Bildern und Gleichnissen von ihr reden kann" (Seite 55).

Das ist die Lage vor der wohl tiefgründigsten Szene des Dramas Faust, die wir nur kommentieren können, indem wir versuchen, „Eindrücke" zu vermitteln (Goethe am 6.5.1827, Seite 56).

Mephisto zu Faust (6213ff):
"Göttinnen thronen hehr in Einsamkeit,
Um sie kein Ort, noch weniger eine Zeit;
Von ihnen sprechen ist Verlegenheit."

Einsamkeit, kein Ort, keine Zeit, das sind spezifisch abendländische Wahrnehmungen, die aus dem Mythos kommen und bis heute unser Denken beschäftigen: unsere Physik hat sogar die bis dahin als absolut gedachten Begriffe Raum und Zeit relativiert und damit – bestimmt nicht bewußt, aber sensationell – den abstrakten Weltentstehungsmythos der abendländischen Kultur (Seite 276) zum Gegenstand der Physik gemacht.
Das Gegenbild: Jeder Grieche der Antike hätte bei Mephistos Wort den "Horror vacui" empfunden, den Schrecken vor der Leere. Ihr Himmel war ganz irdisch familiär bewohnt und ihre Götter hatten ihre Zweitwohnung sehr konkret gleich nebenan auf dem Olymp und in ihren Tempeln, z.B. in Delphi und in Athen. Selbst für Aristoteles war Leere nicht denkbar, und er hat das Vakuum als einen Stoff erklärt, als Äther. Goethe spricht hier von Grundstrukturen unserer Kultur, wie sie Heisenberg beschreibt (Seiten 54ff), seinen Urphänomenen, "insofern uns erlaubt ist, es in sichtbaren und greiflichen Gestalten zu erkennen" (Seite 53).

Mephisto (6216):
"Die Mütter sind es! Schaudert's dich?"

Das ist ein Bild für das Unbeschreibliche, nämlich für:
"Formen des unbewußten Bereichs der menschlichen Seele, Bilder von stark emotionalem Gehalt, die nicht gedacht, sondern gleichsam malend geschaut werden" (Seite 54).
"Archetypen, im unbewußten Bereich der Psyche präexistent und immanent" (Seite 56).
"Urphänomene, vor denen wir eine Art von Scheu bis zur Angst fühlen", die wir "in ihrer ewigen Ruhe und Herrlichkeit dastehen" lassen sollten (Seite 54).

Mephisto zu Faust (6220ff):
> „Nach ihrer Wohnung magst ins Tiefste schürfen; ...
> Kein Weg! Ins Unbetretene,
> Nicht zu Betretende; ein Weg ans Unerbetene,
> Nicht zu Erbittende. Bist du bereit?"

Fausts Frage nach dem Weg bescheidet Mephisto: „Kein Weg!" Das „Nicht zu Erbittende" kann man nicht beschreiben, man muß es haben: „Das Gesetz, wonach du angetreten." Er hat nicht verstanden (6228ff): „Du spartest, dächt' ich, solche Sprüche."

Mephisto zu Faust (6239ff):
> „Und hättest Du den Ozean durchschwommen,
> Das Grenzenlose dort geschaut,
> so sähst du dort doch Well' auf Welle kommen, ...
> Du sähst doch etwas ...
> Nichts wirst du sehn in ewig leerer Ferne,
> Den Schritt nicht hören, den du tust,
> Nichts Festes finden, wo du ruhst."

Wir werden diese Bilder wiederfinden, wenn wir vom zyklischen Weltbild und von dem „Mystischen Ort für ein nicht vorstellbares Wo, irgendwo, nirgendwo" sprechen werden (Seite 275). Wir wollen das an Beispielen nach unserem heutigen Entwicklungsstand verdeutlichen.

Das Grenzenlose:
Unsere heutige Kosmologie hat das Universum als unbegrenzt, doch nicht unendlich festgestellt.

In ewig leerer Ferne:
Die Astronomie hat bei den Durchmusterungen das Weltall als nahezu leeren Raum gefunden. Denken wir die Sonne verkleinert auf die Größe eines Fußballes (Radius 10 Zentimeter), dann hätte in diesem Maßstab die Erde die Größe eines Stecknadelkopfes (Radius 1 Millimeter) und würde eine Bahn um die Sonne von 21 Meter beschreiben, dann hätte die Bahn des äußersten Planten Pluto einen Durchmesser von 840 Metern. Der nächste Stern, Proxima centauri, immer noch in unserer Galaxie, wäre 5700 km entfernt; die nächste Galaxie, die Magellansche Wolke, 220 Millionen Kilometer, alles im obigen Maßstab.

Nichts wirst du sehn:
Aus dem Kontext des Dramas müssen wir schließen, daß Goethe den Begriff „Nichts" als eine Art Voraussetzung (für Alles) sieht, ja er fordert ihn sogar als Polarität zum „Etwas" (1363f) schon im ersten Gespräch mit Faust (1346 – 1364), wo es um das Etwas und das Nichts geht, um Finsternis und Licht, um Raum und Körper und um die „Mutter Nacht" (1351) als dem Ursprung von Allem (Seiten 100f). Der Geisterchor trägt „die Trümmer ins Nichts hinüber", und in Mephistos Epilog steht das „Ewig Leere" im Kreis „als wenn es wäre" (11603f). Hier finden wir Goethe in Geistesverwandtschaft zu Eckhart von Hochheim, dem Mann, von dem ein abendländisches Religionsverständnis hätte ausgehen können (Seiten 264f).

Nichts Festes wirst du finden:
In der griechischen, euklidischen Mathematik des dreidimensionalen Raumes werden alle Körper, alles Feste, anschaulich und für die Vorstellung faßbar beschrieben. Gauß entdeckte 1816 die Mathematik der „nichteuklidischen Geometrien", die mit der Vorstellungskraft nicht mehr zu erfassen sind. Die in diesen Räumen beschriebenen Gegebenheiten sind nicht greifbar, und dennoch führt diese Mathematik zu realen Ergebnissen.

Das zweite der beiden großen Themen der europäischen Malerei (Seite 141) ist das Raumproblem. Zwei Generationen hat die italienische Malerei gebraucht, um die Perspektive zu beherrschen (Brunelleschi, Masaccio, Alberti, etwa 1420 bis 1440). Sofort übernahmen alle großen Maler Europas diese Tiefenraumdarstellung in allen Themenbereichen von Landschaftsmalerei und Städtepanoramen bis zur Historienmalerei und Hintergrunddarstellungen in der Porträtmalerei. Altdorfers „Alexanderschlacht" (Alte Pinakothek, München) wird so beschrieben: Sie stelle „auf knappstem Raum einen Ausschnitt des Kosmos, verbunden mit dem kriegerischen Treiben auf der Erde" dar. Nach etwa 200 Jahren war in der Porträtmalerei die Perspektive von den Holländern abgelöst durch die zerfließenden Hintergründe mit dem Höhepunkt bei Rembrandts Spätwerken, seinen warmen, dunkelbraunen Hintergründen. Für diese Entwicklung von der dreidimensionalen Perspektive zu den verwischten Strukturen in Rembrandts nicht greifbaren, tiefen, dunklen Hintergründen drängt sich der Vergleich mit der Entwicklung in der Mathematik auf (Seite 288). Nach weiteren 150 Jahren zeigt sich in der Musik die gleiche Entwicklung zu den dunklen Orchesterklängen von Bruckners Bläsern.

Hier fällt uns zum ersten Mal auf, daß es in der europäischen Malerei eine Verbindung von Porträt mit dem Bild vom Raum gibt. Das sind jedoch die beiden grundlegenden Charakteristika der abendländischen und nur der abendländischen Kultur, die in ihrem Menschen- und Lebensbild den Charakterkopf in den Mittelpunkt stellt und in ihrem Weltbild die Unendlichkeit des Räumlichen.

Andere Weltkulturen haben andere Charakteristika (Teile 2.4 und 2.5) von gleicher Großartigkeit. Ich las einmal den Aphorismus, daß jede der Weltkulturen ein anderer Gedanke Gottes sei. Goethe hat – das haben wir jetzt schon gesehen – in der Szene „Finstere Galerie" das Weltbild der europäisch- abendländischen Kultur gezeichnet.

Wie konnte er das alles wissen? Er hat es nicht gewußt. Aber er hatte das „im unbewußten Bereich der Psyche präexistente und immanente" (C. G. Jung, Seite 56) Weltbild unserer Kultur, und er war fähig, die gemeinsame Wurzel von Kunst, Religion und Wissenschaft zu erkennen, die auch die Wurzel für seine poetische Beschreibung dieses Weltbildes ist.

Mephisto zu Faust (6283ff):
> „Ein glühender Dreifuß tut dir endlich kund,
> Du seist im tiefsten, allertiefsten Grund,
> Bei seinem Schein wirst du die Mütter sehn,
> Die einen sitzen, andre stehn und gehn
> Wie's eben kommt. Gestaltung, …gestaltung,
> Des ewigen Sinnes ewige Unterhaltung,
> Umschwebt von Bildern aller Kreatur,
> Sie sehn dich nicht, denn Schemen sehn sie nur."

Die einen sitzen, andre stehn und gehen.
Erinnern wir uns an Platos Ideen (Seite 57), an seine Urformen des Schönen, „immerwährend, weder werdend noch vergehend, weder wachsend noch abnehmend", ewig und jeder Vergänglichkeit enthoben, in eherner Statik: So wird hier sofort der Unterschied deutlich, die Bewegung, die Dynamik als Merkmal der abendländischen Kultur. In Goethes Zeilen und zwischen ihnen erkennt man die „Ruhe und Herrlichkeit", in die dieses Phänomen Dynamik eingebettet ist, „wie's eben kommt". Man kann das beschreiben, erklären kann man es nicht.

Gestaltung, Umgestaltung,
Des ewigen Sinnes ewige Unterhaltung.
Dies ist nun ein Schlüsselwort in Goethes Weltbild. Unterhaltung steht hier für Unterlage oder Grundlage, und so drückt dieses Wort das Lebensgesetz vom Wandel aus, der angetrieben wird von den Lebenspolaritäten, und zwar als dynamische Ausgleichspolaritäten (Seiten 60). Goethes Bilder für deren Ursprung sind die Mütter.

Mephisto, sagten wir eingangs, wollte Faust den direkten Weg zu neuer Erkenntnis seiner fremdüberlagerten eigenen Prägung weisen. Er beschwört ihn (6299f): „Der erste, der sich jener Tat erdreistet; sie ist getan, und du hast sie geleistet". Aber: „Die strenge Grenze doch umgeht gefällig ein Wandelndes, das mit und um uns wandelt" (Urworte) Faust ist noch zu stark in der Zeitmeinung gebunden, und so muß er Irrweg und Umweg gehen, bis er zu der neuen Erkenntnis kommt.

Mephisto aber ist Eingeweihter in „höheres Geheimnis" (6212), „euch Sterblichen von uns nicht gern genannt" (6219). Das zeigt er auch mit der rhetorischen Frage: „Hast du Begriff von Öd und Einsamkeit?" (6227). Rembrandts späte Porträts drücken das aus, und auch der taube Beethoven hat Begriff davon, wie es seine späten Quartette belegen; alles Abendländer bis hin „in der Gebilde losgebundne Reiche" (6275f). Mephisto wird für Faust, den Griechenlandschwärmer, bis zu Helenas Tod das abendländische Gegengewicht sein, danach wieder sein Wegbereiter.

Fassen wir zusammen:
„Das Grenzenlose dort geschaut,"
„Nichts wirst du sehn in ewig leerer Ferne,"
„Nichts Festes wirst du finden,"
„Göttinnen thronen hehr in Einsamkeit"
„Die Mütter sind es",
„Die einen sitzen, andre stehn und gehen",
„Gestaltung, Umgestaltung."

„Wovon man nicht sprechen kann, darüber muß man schweigen", sagt Wittgenstein in seinem „Tractatus logico-philosophicus". Und Goethe spricht nur in Bildern, von „Bildern aller Kreatur" (6289).

Rittersaal

Den ersten Hinweis zum Kulturvergleich bringt Goethe schon vor der Aufführung des Helenaschauspiels bei Betrachtung des Bühnenbildes. Am Beispiel der Architektur, der wohl augenfälligsten Verschiedenheit im Ausdruck der Weltkulturen, beschreibt er diese mit den Worten des Astrologen (6403 – 6408) und des Architekten (6409 – 6414). Dann tritt Faust auf. Großartig, wie Goethe anweist (6426), wiederholt er Gedanken, die er von Mephisto gehört hat und eröffnet die Vorstellung.

Der Auftritt von Helena und Paris ist keineswegs repräsentativ für das Lebensgefühl der antiken Griechen, denn er zeigt von ihrer Lebenspolarität nur die eine Seite, die Schönheit. Der Gegenpol, die Häßlichkeit, bleibt unerwähnt. Goethe zeigt damit die Einseitigkeit der Antikenschwärmerei seiner Zeit, die das Griechentum in seiner Vollständigkeit nicht verstanden hat. Er zeigt diese Einseitigkeit an der Gestalt Faust.

Der Auftritt von Helena und Paris vermittelt einen Eindruck von der Schönheit des Körpers, der für alle Griechen verständlich und eindeutig ist, unmittelbar zugänglich und nicht erklärungsbedürftig. Nicht so für die mittelalterliche Hofgesellschaft, wie man an den Kommentaren der Damen und Herren in pro und contra sofort erkennen kann. Es wird klar, daß der Schönheitsbegriff der Griechen ein anderer ist als der der Abendländer (Seite 141).

Und Faust?
Er verwechselt Allegorie und wirkliches Leben (6553ff):
> „Hier faß ich Fuß! Hier sind es Wirklichkeiten,
> Von hier aus darf der Geist mit Geistern streiten,
> Das Doppelreich, das große, sich bereiten."

Er verkennt, daß es das Doppelreich nicht gibt; er verkennt, daß Lebensgefühl und Weltsicht einer in sich vollkommenen Kultur auf eine andere Kultur nicht übertragen werden können. Goethe zeigt die Nichtübertragbarkeit daran, daß die ganze Szenerie platzt: das Griechenbild verträgt den Eingriff nicht, und Faust übersteht nicht das Eingreifen (6560ff):
> „Was tust du, Fauste! Fauste! – Mit Gewalt
> Faßt er sie an, schon trübt sich die Gestalt.
> Den Schlüssel kehrt er nach dem Jüngling zu,
> Berührt ihn! – Weh uns, Wehe! Nu! Im Nu!"
> (Explosion, Faust liegt am Boden. Die Geister gehen im Dunst auf).

Und Mephisto?
> „Da habt ihr's nun! mit Narren sich beladen,
> Das kommt zuletzt dem Teufel selbst zu Schaden."

Er hat sich schon in der Szene „Finstere Galerie" für Helena als nicht zuständig erklärt (6199 – 6202), er hat sich sogar für die ganze Antike als nicht zuständig erklärt (6209f):
> „Das Heidenvolk geht mich nichts an,
> Es haust in seiner eigenen Hölle."

Und als er Helena sieht (6480f und Seite 141):
> „Das wär' sie denn! Vor dieser hätt' ich Ruh;
> Hübsch ist sie wohl, doch sagt sie mir nicht zu."

Mephisto bringt Faust zurück ins „hochgewölbte, enge gotische Zimmer, ehemals Faustens, unverändert", als wollte er damit zeigen, wohin Faust gehört und worauf er sich besinnen soll. Daß Goethe es tatsächlich so gemeint hat, geht aus dem Kontext hervor, denn diese Situation wiederholt sich im 3. Akt, unmittelbar nach Helenas Tod, wo Mephisto (Phorkyas) Faust den Sinn seines

Griechenlandausflugs erklärt (9945 – 9953) und den weiteren Weg weist.

Mephisto findet Fausts Welt „allunverändert ist es, unversehrt" (6571), und: „Die Tinte starrt, vergilbt ist das Papier; doch alles ist am Platz geblieben". Sieht man das symbolisch, kann man sagen, das Abendland hat die Griechenlandepisode unbeschadet überstanden. Wagner ist nun Doktor Wagner, „der Erste jetzt in der gelehrten Welt" (6644).
Doktor Wagner arbeitet geheimnisvoll in seinem Laboratorium: „Es wird ein Mensch gemacht" (6835). „Was man an der Natur Geheimnisvolles pries, ... das lassen wir kristallieren" (6557 – 6560), ein Intelligenzprodukt also. Also doch kein Mensch, sondern nur ein halbfertiges Etwas, das seine Vervollständigung noch finden muß, ein Homunkulus eben. Sieht man das symbolisch, kann man sagen, Homunkulus sei ein Bild für das noch nicht fertige, noch verunsicherte Abendland.

Faust liegt benommen in seinen Griechenlandphantasien und nimmt das alles nicht wahr.

Homunkulus

Die Faustforschung behandelt Homunkulus meistens als isoliertes Thema. Homunkulus sei „Geist schlechthin" (Kommerell, S. 41, 68), der wie „das absolute Denken kein eigentliches Dasein" besitze (Gundolf, S. 796f), „ganz aus Einfällen und Ironien gebildet" sei (Helene Herrmann, S. 316). Die Verbindung zur Fausthandlung ist dann auch nur dünn, oft nur spekulative Philosophie, wie z.B. bei Trunz, der erklärt (S. 489f):
> „Die Gesellschaft, die vielen, die Oberfläche; sie begehren Kunst als Unterhaltung; der große Einzelne beginnt sie zu schaffen und versinkt in Tiefstes; seine Einsamkeit, die Versenkung als Wagnis der Existenz; Helena als höchstes Kunst- und Natur-Gebilde zugleich, wie die höchste Kunst zugleich höchste Natur ist, darum der Weg zu ihr einerseits die Sehnsucht des Schaffenden in Faust als Traum unter Mithilfe des Bewußtseins (Homunkulus), andererseits die Werdegesetzlichkeit der Natur, in der ein schaffender Eros als Höchstes den schönen Menschen hervorbringt (Klassische Walpurgisnacht)."

Haben Sie verstanden? Ich nicht. Bleiben wir lieber bei den einfachen Worten und der einfachen Darstellung (Faust I, 548 – 553).

Beutler stellt die Verbindung zwischen Homunkulus und der Fausthandlung her über „die südliche Nacht" und „ihren Höhepunkt in einer strahlenden Apotheose des Eros" (S. LXXX). Doch Beutler stellt auf derselben Seite die entscheidenden Fragen:
1. „Wie ist es möglich gewesen, daß Homunkulus vorübergehend für Goethe wichtiger ward als sein Held Faust?"
2. „Wie kommt Homunkulus ... zu dem Anspruch auf sein Schicksal?"

Die richtigen Fragen allein sind bereits der halbe Weg zur Lösung. Wir geben um der Deutlichkeit willen die Antworten vorab und liefern die Belegstellen nach.
1. Homunkulus und Faust sind in der Klassischen Walpurgisnacht zwei gleichwertige Bilder einer und derselben tieferliegenden Realität, nämlich der Realität Abendland; um es genau zu sagen und Goethes Absicht zu treffen:
Bilder des in seiner Entwicklung noch nicht fertigen Abendlandes. Beide suchen ihre Vervollständigung. Faust sucht sie noch immer in Helena, „die schönste Frau" (7398), im Superlativ, also 100prozentig, er sucht ein Idol: die Schönheit. Homunkulus sucht seine Gestalt, er sucht sie in der griechischen Philosophie. Beide suchen vergebens.

Beutler (S. LXXXII):
„Das Schicksal des Homunkulus und das Fausts stehen in einer geheimen unterirdischen Verbindung. Bei beiden handelt es sich um ein vollkommenes Sein, bei beiden um ein ‚Stirb und Werde'."

Das ist wieder einer der Wegweiser aus der Faustliteratur (Seite 41). Hier hätte Beutler die Zusammenhänge dieses Kommentars spätestens finden müssen.

Faust sucht allein am unteren Peneios und wird zur Kur in die Unterwelt verbracht zu „einigem Verweilen" (7457). Homunkulus sucht am oberen Peneios und in den Felsbuchten, ebenfalls allein, und wird dem Ozean übergeben, um die Schöpfung von vorn anzufangen, „und bis zum Menschen hast du Zeit" (8321ff). Beide suchen getrennt, daher fehlt Faust in den Felsbuchten, um Beutler zu antworten. Aber deshalb war Homunkulus nicht wichtiger, sondern er war nur ein anderer Aspekt desselben Problems.

2. Beutler fragt nach Homunkulus' Anspruch auf sein Schicksal. So wie „Schicksal" in der Christenlehre nicht vorkommt, so ist es auch kein Begriff der antiken Ethik, schon gar nicht der spätantiken Philosophie (Teil 2.4). Deshalb kann Homunkulus es dort auch nicht finden. Und nun zum Anspruch: Schicksal ist ein tragender Begriff der abendländischen (nordischen) Mythologie und wäre ein tragender Begriff einer abendländischen Religion geworden, wenn nicht die Kirche diese Religion verhindert hätte (Teil 2.5). Die abendländische Kultur hat denn auch – nach dem Scheitern erster Versuche durch Eckhart von Hochheim, Nikolaus von Kues und anderen – ihre Religiosität in anderen Formen ausgedrückt, vor allem in der polyphonen Musik (Ausdrücke wie Schicksalssymphonie deuten das an).
Schicksal ergibt sich als Folge einer aus eigener Entscheidung geführten eigenen Tat und ist ein eigenes Ereignis. Homunkulus hat alle Entscheidungen Proteus und Thales überlassen (s.u.), und deshalb hat er keinen Anspruch auf ein Schicksal. Das hat Goethe hier dargestellt; er wird Schicksal als Folge von Taten beim Tode Euphorions und beim Tode Fausts darstellen.

„Herr Vetter" nennt Homunkulus in seiner ersten Anrede Mephisto (6885), und er spricht ihn sofort auf seinen Zaubermantel an (6890). „Herr Vetter" gibt Mephisto die Anrede spöttisch zurück (7002). Man kennt sich. Und so charakterisieren sie sich gleich in ihrem ersten Gespräch gegenseitig. Homunkulus erkennt in dem schlafenden Faust den Griechenträumer: „Homunkulus (erstaunt): ‚Bedeutend!'" (6903). Er ist in der Lage, Fausts Traum zu lesen (6903 – 6920), den Traum von Leda und dem Schwan, also von der Zeugung der Zeus-Tochter Helena. Dazu Mephisto (6921 ff):
„Was du nicht alles zu erzählen hast!
So klein du bist, so groß bist du Phantast.
Ich sehe nichts –"
Phantast, sagt Mephisto, der die Lage überblickt, und stellt die Distanz fest.

Homunkulus antwortet direkt und mit einem persönlichen Anwurf solcher Retortenmenschen (6923 – 6934):
„Das glaub' ich. Du aus Norden,
im Nebelalter jung geworden,
Im Wust von Rittertum und Pfäfferei,
Wo wäre da dein Auge frei!
Im Düstern bist du nur zu Hause.

> Verbrannt Gestein, bemodert, widrig,
> Spitzbögig, schörkelhaftest, niedrig!"

Und er kommt gleich zur Sache (6940ff):
> „Jetzt eben, wie ich schnell bedacht,
> Ist klassische Walpurgisnacht;
> Das Beste, was begegnen könnte."

Mephisto:
> „Dergleichen hab' ich nie vernommen."

Homunkulus legt nach:
> „Wie sollt' es auch in euren Ohren kommen?
> Romantische Gespenster kennt ihr nur allein."

(Romantisch steht bei Goethe für „nordisch, mittelalterlich"; Sudau, S 174; Erler, S. 724).

Mephisto:
> „Wohin denn aber soll die Fahrt sich regen?
> Mich widern schon antikische Kollegen."

Homunkulus legt die Richtung fest:
> „Südöstlich diesmal aber segeln wir.
> [Griechenland, von Weimar aus gesehen.]
> Waldquellen, Schwäne, nackte Schönen."

Mephisto:
> „Das Griechenvolk, es taugte nie recht viel!
> Doch blendet's euch mit freiem Sinnenspiel,
> Verlockt des Menschen Brust zu heitern Sünden."

Damit ist alles klar:
Homunkulus erkennt Fausts Traum, empfindet ihn als bedeutend, versteht ihn als Anregung (6903 – 6920) und beschließt die Reise zur klassischen Walpurgisnacht für alle. Er hat ähnliche Absichten wie Faust (6903 – 6920): „Entdeck' ich wohl das Tüpfchen auf das i". Er ist, wie wir gesehen haben, nur ein anderer Aspekt von Fausts Problem (Seite 153), und deshalb haben die Auftritte von beiden die gleiche Wichtigkeit. Damit haben wir die Textbelege für die Antwort auf Beutlers erste Frage. Die Belege zur zweiten Frage finden wir in den Felsschluchten des Ägäischen Meers.

Faust ist nach seinem Debakel im Rittersaal nicht aufgewacht und hat gar nicht wahrgenommen, daß Mephisto ihn in seine heimische, gotische Umgebung gebracht hat. Faust träumt. Homunkulus hat seine Aktivitäten übernommen. Er treibt jetzt hin zum Ziel Griechenland. Faust wird aus seiner Träumerei erst auf den Pharsalischen Feldern aufwachen, wenn das denn eigentlich wirklich ein Erwachen sein sollte.

Die drei Reisenden landen nicht in der griechischen Antike. Sollte das ihr Ziel gewesen sein, so landen sie am falschen Ort, zur falschen Zeit, in der falschen Welt. Sie landen eben in der „Klassischen Walpurgisnacht", die mit der antiken griechischen Welt genauso wenig zu tun hat wie die Walpurgisnacht am Brocken (im zweiten Teil der Szene) mit dem abendländischen Leben (Teil 2.5). So ist auch Goethes Namenswahl für dieses Ereignis zu verstehen.

1. Sie landen am falschen Ort:
   Die „pharsalischen Felder" sind der Ort der Schlacht zwischen Caesar und Pompeius, in der der künftige Weg des römischen Weltreiches entschieden wurde: mit Caesars Sieg der Weg in die römische Kaiserzeit. Pharsalos ist nicht der Platz der griechischen Götter, weder Olymp noch Delphi. Es ist auch nicht der Platz der alten Kulturvölker, der Athener und Spartaner, es ist nicht Mykene, Korinth, Platää, Theben.

2. Sie landen zur falschen Zeit:
   Die Schlacht von Pharsalos fand im Jahre 48 v.Chr. statt. Das ist etwa 850 Jahre nach Homer, etwa 430 Jahre nach dem Siege der Athener bei Marathon und dem Untergang des Leonidas an den Thermopylen, etwa 350 Jahre nach Perikles. Es ist die Zeit, als das ursprüngliche, archaische Griechenland schon verfiel und zur Großstadtzivilisation degenerierte. Im Jahre 48 v.Chr. war also die große griechische Kultur längst vergangen. Und die drei Kulturreisenden landen tatsächlich noch viel später, als die Hexe Erichto schon eine Erinnerung an die Schlacht durchführt (7005ff).

3. Sie landen in der falschen Welt:
   Griechenland ist zu dieser Zeit politisch eine römische Provinz, kulturell ein Randgebiet Alexandrias, soziologisch eine amorphe, geschichtslose, großstädtische Menschenmasse. Die olympischen Götter sind lange schon tot, die antiken Helden sind längst vergessen, Sophrosyne und Ataraxia sind

> keine Tugenden mehr, Homer wird belächelt, die heitere Welt der Antike ist vergangen, die Jugend übt den Körper nicht mehr in den Gymnasien, und die Alten halten wegen der olympischen Spiele nicht mehr Kriege an. Sogar die spätantike Philosophie gilt nichts mehr. Der Alexandriner Plotin schämt sich jetzt „in seinem Körper zu sein", läßt ihn verkommen bis zu Eiterbeulen und Gestank und findet eine Anhängerschaft für seine Philosophie auf dieser Grundlage. Die Menschen verleben die Zeit, sie erleben nichts mehr, ich sollte sagen: sie erleben sich nichts mehr. Man pflegt Kulte in Sekten und wartet auf Nero und einen Karl Marx. Sie warten. Sie gestalten nicht mehr Kultur und Geschichte wie ihre Vorfahren. Sie überlassen ihre Probleme anderen. Es wird schon einer kommen. Sie leben in der Kulturlosigkeit und in der Geschichtslosigkeit. Sie leben in der Welt des Hellenismus.

Es gibt keinen Zweifel daran, daß Goethe diese Lage mit voller Absicht ausgewählt hat, um damit – auch damit – die vergebliche Suche nach Inhalten bei fremden Kulturen darzustellen. Das ist nicht zu bezweifeln, weil es im Text steht. Wir werden sehen.

Goethe läßt unsere Griechenlandsucher lange nach der Schlacht auf den Pharsalischen Feldern einschweben, wo Erichto, keine Figur der griechischen Welt, sondern
> „eine antike Hexe, vor allem bekannt durch Lucan, in dessen Epos ‚De bello civili' sie im 6. Buch auftritt" (Trunz, S. 633. Lucan lebte 39 bis 65 n.Chr.),

wo also Erichto eine Art nostalgischer Erinnerungsfeier an die Schlacht zelebriert, ähnlich dem jährlichen Auftritt der Blocksberghexen am 30. April/1. Mai zur Erinnerung an die heilige Walpurga, Äbtissin des Klosters Heidenheim.

Erichto „tritt einher" „zum Schauderfeste dieser Nacht" (7005), „als Nachgesicht der sorg- und grauenvollsten Nacht" (7011). Homunkulus hat den Weg gewiesen (6940 – 6942), aber er hat das Ziel verfehlt. Die ersten Worte auf fremdem Boden belegen das (7052 – 7056): Homunkulus spricht vom „Fabelreich"; Faust fragt: „Wo ist sie?" Homunkulus: „Wüßten's nicht zu sagen". Allein Mephisto weiß Rat (7062 – 7067).

Klassische Walpurgisnacht

Und nun beginnt die groteske Rennerei durch Thessalien. Teils gemeinsam, teils allein, irren sie zwischen „Oberem Peneios", „Unterem Peneios", „Oberem Peneios wie zuvor" und „Felsbuchten des Ägäischen Meeres" ziellos und planlos umher auf der Suche nach dem alten Griechenland und finden es nicht. Sie finden Greife, Ameisen, Arimaspen, Sphinxe, Sirenen, die Kraniche des Ibykus. Sie finden den Kentauren Chiron, die Ärztin Manto, die schöne Galatee: alles Hexen- und Fabelwesen und Ersatzfiguren zur griechischen Mythologie und Geschichte. So sind z. B. die Arimaspen ein einäugiges skythisches Reitervolk aus der Mongolei, von dem Herodot berichtet (um 450 v.Chr.). Die Sphinxe stellen sich selbst vor (7442): „Wir von Ägypten her, sind längst gewohnt, daß unsereins in tausend Jahren thront"; Manto ist eine Priesterin, bei Goethe die Tochter des Arztgottes Äskulap (7451); und von Galatee schreibt Trunz (S. 654): „Galatee hat mit Venus gemeinsam, daß sie schön ist und Liebe erregt. Doch Venus (Aphrodite) gehört zu den olympischen Göttern, und diese ließ Goethe in der ‚Klassischen Walpurgisnacht' ganz aus dem Spiel." Die Figuren dieser Szenerie kommen aus aller Welt in Griechenland zusammen, aber sie sind keine Griechen mehr. Sie werden von den meisten Faustautoren beschrieben und können dort nachgelesen werden. Sogar die in der Faustliteratur viel besprochenen Philosophen Anaxagoras und Thales lebten nahe der Zeit des Perikles, als Athen schon Weltstadt war, also weit weg von den Ursprüngen der antiken Kultur (Teil 2.4). Wenn diese aber von den Reisenden gesucht wird, so sind sie zur falschen Zeit am falschen Ort.

Es hat gewiß symbolische Bedeutung, wenn Goethe den Griechenskeptiker Mephisto am obern Peneios beläßt, wo er Zeit hat, das Umfeld zu studieren, während die beiden Griechensucher Faust und Homunkulus vergebens Thessalien durchstreifen. Und ebenso bedeutungsvoll ist es, daß die beiden noch einmal zu Mephisto zurückkehren, seinen Ratschlag aber mißachten, weiterziehen und sang- und klanglos aus dem Blickfeld verschwinden, der eine am unteren Peneios, der andere in den Felsbuchten.

Mephisto
hat die Verschiedenheit herausgefunden, und er faßt das so zusammen (7080 – 7092):
„Und wie ich diese Feuerchen durchschweife,
So find' ich mich doch ganz und gar entfremdet,

> Fast alles nackt, nur hie und da behemdet:
> Die Sphinxe schamlos, unverschämt die Greife.
> Zwar sind auch wir von Herzen unanständig,
> Doch das Antike find' ich zu lebendig;
> Das müßte man mit neustem Sinn bemeistern
> Und mannigfaltig modisch überkleistern ...
> Ein widrig Volk!"

Das müßte man mit neustem Sinn bemeistern: Goethe läßt Mephisto verdeckt seine eigene Absicht aussprechen, die er mit dem Drama Faust hat, nämlich eine vergleichende Kulturkritik (Teile 2.4 und 2.6). Goethe hat in die Szene „Mummenschanz" den Wunsch des Poeten versteckt (5295ff):

> „Wißt ihr, was mich Poeten
> Erst recht erfreuen sollte?
> Dürft' ich singen und reden,
> Was niemand hören wollte."

In seinem Drama hat er es getan: Er hat den Blick auf die Antike mit neustem Sinn bemeistert, und er hat diesen Sinn im Drama versteckt, wie er am 01.06.1831 an Zelter schrieb:

> „Es ist keine Kleinigkeit ... auch wohl dem fertig Hingestellten noch einige Mantelfalten umzuschlagen, damit alles zusammen ein offenbares Rätsel bleibe, die Menschen fort und fort ergetze und ihnen zu schaffen mache."

Zurück zum Text:
Mephisto spricht mit den Greifen, die danach erklären (7138f):

> „Den mag ich nicht! Was will uns der?
> Der Garstige gehöret nicht hierher!"

Er hört den Ameisen und Arimaspen zu; er setzt sich zwischen die Sphinxe (7146f):

> „Du bist recht appetitlich oben anzuschauen,
> Doch untenhin die Bestie macht mir Grauen."

Er widersteht den Lockungen der Sirenen (7176f):

> „Es krabbelt wohl mir um die Ohren,
> Allein zum Herzen dringt es nicht."

Mephisto erkennt (7677 – 7695 und 7791 – 7810):

> „Die nordischen Hexen wüßt' ich wohl zu meistern.
> Mir wird's nicht just mit diesen fremden Geistern.
> Der Blocksberg bleibt ein gar bequem Lokal:
> Wo man auch sei, man findet sich zumal.
> Frau Ilse wacht für uns auf ihrem Stein.
> Die Schnarcher schnauzen zwar das Elend an,
> Doch alles ist für tausend Jahr getan.

> Wer weiß denn hier nur, wo er geht und steht,
> Ob unter ihm sich nicht der Boden bläht? ..."
>
> „Viel klüger, scheint es, bin ich nicht geworden;
> Absurd ist's hier, absurd im Norden,
> Gespenster hier wie dort vertrackt.
> Volk und Poeten abgeschmackt.
> Ist eben hier ein Mummenschanz,
> Wie überall, ein Sinnentanz ...
> Wo bin ich denn? Wo soll's hinaus?
> Das war ein Pfad, nun ist's ein Graus ...
> Das heiß' ich frischen Hexenritt.
> Die bringen ihren Blocksberg mit."

Mephisto findet sich „doch ganz und gar entfremdet", aber er findet Parallelen zwischen der klassischen Walpurgisnacht und der nordischen am Brocken bei Schierke und Elend und am Ilsenstein.

Mephisto erkennt für beide Veranstaltungen: „Absurd ist's hier, absurd im Norden"; er sieht Gespenster hier wie dort, nicht aber sieht er Gestalten aus Mythologie oder Religion; er sieht in beiden Walpurgisnächten das Volk (das sich amüsiert) abgeschmackt und die Poeten (die das Drehbuch schrieben) abgeschmackt; er sieht in beiden Mummenschanz und Sinnentanz: also genau so wenig wie die Walpurgisnacht am Brocken die abendländische Kultur widerspiegelt, genau so wenig ist die Klassische Walpurgisnacht ein Bild für die Kultur der griechischen Antike. Mephisto erkennt, daß Faust und Homunkulus hier vergebens nach Inhalten suchen. Krasser konnte Goethe gar nicht die Nichtauswechselbarkeit zwischen Abendland und Griechenland beschreiben.

Und noch eine Parallele hat Goethe in die „Klassische Walpurgisnacht" hineingeschrieben: Mephisto erinnert an die Szene „Mummenschanz" in der Kaiserlichen Pfalz. Hier karikiert Goethe den Einfluß griechischer Kultur, genauer: den Einfluß vermeintlich griechischer Kultur auf das europäische Leben im Mittelalter bis hin in die höfische Unterhaltung. In einem heterogenen Faschingsumzug erscheinen auch antike Gestalten, so Faust, maskiert als Plutus. In dieser Szene ist die Oberflächlichkeit der damaligen Zeit im Umgang mit der Antike dargestellt. Mit dieser unzureichenden Voraussetzung ist Faust in der Klassischen Walpurgisnacht angekommen, und deshalb ist sein Scheitern vorprogrammiert. Mephisto hat es erkannt. Goethe hat es hineingeschrieben.

Faust
ist auf den Pharsalischen Feldern mit der Frage: „Wo ist sie?" (7056) aufgewacht und verläßt seine Gefährten mit der Frage „Wo ist sie?" (7070), und mit einem Loblied (7070 – 7079) mit dem Höhepunkt: „Hier! durch ein Wunder, hier ist Griechenland!" (7074).
Er irrt sich. Nach vergeblicher Suche trifft er am oberen Peneios wieder auf Mephisto und begrüßt ihn mit den Worten: „Wie wunderbar!" (7181), und hält eine Lobrede auf Sphinxe, Sirenen, Ameisen und Greife (7182 – 7190). Er glaubt, das gesuchte Griechenland gefunden zu haben, in dem Helena lebt. Er irrt sich wieder. Er beachtet nicht Mephistos Warnung (7191 ff):
„Sonst hättest du dergleichen weggeflucht.
Doch jetzo scheint es dir zu frommen;
Denn wo man die Geliebte sucht,
Sind Ungeheuer selbst willkommen."

Wie ein Blinder wendet er sich an die Sphinxe: „Hat eins der Euren Helena gesehen?" (7196), und er versteht nicht den Sinn der Antwort: „Wir reichen nicht hinauf zu ihren Tagen." (7197). Aber auf den Hinweis „Von Chiron könnest du's erfragen" (7199) setzt er seine Suche fort.

Mit aufgereizten Sinnen (7271 – 7   ) durchträumt er am unteren Peneios zum zweiten Mal die Zeugungsszene Leda und Schwan in Einzelheiten. Danach trifft er Chiron, den Kentauren, ein Fabelwesen, halb Pferd, halb Mensch, der halbnaturgemäß immer rennt (7332), halbnaturgemäß als Lehrer und Arzt sich nun mit Faust befaßt.
„Wohin des Wegs", fragt Chiron.
„Wohin du willst", sagt Faust, weil er es nicht weiß.
Nach einigen Schmeicheleien kommt Faust zur Sache:
„Nun sprich auch von der schönsten Frau!" (7398).
Vergeblich versucht Chiron, Faust zu belehren (7399 – 7405).
Faust:
„Sie ist mein einziges Begehren!" (7412).

Chiron versucht, Faust klarzumachen, daß es Helena nicht mehr gibt, indem er von ihr nur in der Vergangenheitsform spricht, indem er von „jener Zeit" redet (7415), indem er schließlich erklärt: „Ich seh' die Philologen, sie haben dich so wie sich selbst betrogen." (7426).
Faust glaubt niemandem mehr: „Du sahst sie einst; heut' hab' ich sie gesehn" (7472). Er verwechselt Traum und Wirklichkeit. Chiron hält ihn für krank und beruhigt: „Mein fremder Mann! ..."

(7446ff). Statt zur nicht existenten Helena will er Faust zur Ärztin Manto bringen:
„Ihr glückt es wohl, bei einigem Verweilen,
Mit Wurzelkräften dich von Grund zu heilen."

Chiron zu Manto (7484ff):
„Helenen, mit verrückten Sinnen,
Helenen will er sich gewinnen,
Und weiß nicht, wie und wo beginnen;
Asklepischer Kur vor andern Wert."

Manto zu Faust, Chiron ist schon fort (7488):
„Den lieb' ich, der Unmögliches begehrt."

Das ist ein drittes, von der Romantik falsch verstandenes, von einer ideologischen Interpretation mißbrauchtes Wort (Seite 110). Dieses Wort ist in sich unlogisch und auch poetisch höchstens falsch erklärbar, z.B. als „metaphysische Bejahung des Faustischen Charakters" (Beutler, S.607). Es sieht eher nach einer Beruhigung für Faust aus, wie z.B. „Aber ja doch, Sie *sind* Napoleon. Kommen Sie."

Manto zu Faust (7489):
„Tritt ein, Verwegner, sollst dich freuen!
Der dunkle Gang führt zu Persephoneien."

Die Verse 7405 bis 7490 lesen sich wie eine Krankengeschichte mit Diagnose, Therapie und Endstadium.
Faust hat ein Idol gesucht, und das auch noch in der falschen Welt. Natürlich hat er nichts gefunden; er ist nur auf Unverständnis gestoßen. Im Großzusammenhang des Dramas bedeutet das: geborgtes Leben, Leihnahmen aus fremdem Bereich sind der falsche Weg für eigene Entwicklung. Das gilt für Faust und symbolisch auch für die europäische Kultur, und genau dies wollte Goethe darstellen.

Homunkulus
versucht „sein eigen Abenteuer" aktiv und optimistisch:
„So soll es blitzen, soll es klingen.
(das Glas dröhnt und leuchtet gewaltig.)
Nun frisch zu neuen Wunderdingen!" (7065f)

Auch er kommt zum oberen Peneios zurück, trifft dort Mephisto und berichtet selbstzufrieden (7830 – 7841):
„Ich schwebe so von Stell' zu Stelle
Und möchte gern im besten Sinn entstehn ...
Allein, was ich bisher gesehn,
Hinein da möcht ich mich nicht wagen.
Nur um dir's im Vertraun zu sagen:
Zwei Philosophen bin ich auf der Spur ...
Von diesen will ich mich nicht trennen,
Sie müssen doch das irdische Wesen kennen;
Und ich erfahre wohl am Ende,
Wohin ich mich am allerklügsten wende."

Mephisto hört die Unsicherheit und gibt auch Homunkulus seinen Rat (7842ff):
„Das tu auf deine eigne Hand.
Denn, wo Gespenster Platz genommen,
Ist auch der Philosoph willkommen.
Damit man seiner Kunst und Gunst sich freue,
Erschafft er gleich ein Dutzend neue.
Wenn du nicht irrst, kommst du nicht zu Verstand.
Willst du entstehn, entsteh auf eigne Hand!"

„Entsteh auf eigne Hand": das ist das Schlüsselwort, Irrtum inbegriffen, Griechen und Philosophen inbegriffen. Homunkulus hat nicht verstanden.

In der folgenden, 551 Verse langen Gemeinsamkeit mit den Philosophen, später nur noch mit Thales und seinem Umfeld, ergreift Homunkulus nur acht Mal kurz das Wort. Diese Zurückhaltung fällt um so mehr auf, als er doch in Wagners Laboratorium die beherrschende Rolle gespielt hat. Hier ordnet er sich den Philosophen kritiklos, fast schon devot, unter und zeigt damit seine Verlorenheit auf dem fremden Boden. Zum Beispiel:
— Als Thales ihn mitten im Disput mit Anaxagoras anspricht, antwortet er hilflos: „Was sagt mein Thales?" (7881).
— Als er im Disput über den Vulkanismus einen Kommentar gibt (7936 – 7945), aus dem Thales erkennt, daß er Anaxagoras' Meinung bar versteht, weist er ihn zurecht: „Sei ruhig! Es war nur gedacht." (7946). Damit belegt Thales, daß Homunkulus von griechischer Philosophie nichts versteht. Er erklärt ihm den Erkenntnisvorgang der (griechischen) Philosophie, die ihre Ergebnisse spekulativ gewinnt, „durch reines Denken", ohne Kontrolle durch Beobachtung, und die ihre Ergebnisse durch Überzeugen vermittelt, nicht

durch Beweise, die also Lehrmeinungen produziert. Anaxagoras (7851 f):
„Dein starrer Sinn will sich nicht beugen; bedarf es Weitres, dich zu überzeugen?"

— Auf Thales' Vorschlag, den alten Nereus zu befragen, geht Homunkulus sofort ein (8092). Willenlos stimmt er allem zu und lobt alles (8219f, 8235f, 8265f, 8458f). Thales allein bestimmt jetzt Homunkulus' Geschick.

Nereus, der weise Meergott, lehnt ab und verweist an den Kollegen Proteus. Thales stellt vor (8246 ff):
„Er fragt um Rat und möchte gern entstehn ...
Ihm fehlt es nicht an geistigen Eigenschaften,
Doch gar zu sehr am greiflich Tüchtighaften.
Bis jetzt gibt ihm das Glas allein Gewicht,
Doch wär' er gern zunächst verkörperlicht."
„Auch scheint er mir von anderer Seite kritisch:
Er ist, mich dünkt, hermaphroditisch."

Thales deutet damit an, daß Homunkulus aus sich selbst entstehen möchte. Proteus weiß, wo so etwas gelingt und gibt den Rat, ihn ins Meer zu werfen, wo er eine neue Entwicklung aus dem Kleinen beginnen kann (8260 – 8264). Auch hier stimmt Homunkulus zu und zeigt sein Unverständnis gegenüber seiner Lage (8265f); und Goethe zeigt die Verständnisbarriere zwischen den Kulturen.

Homunkulus' Fahrt endet in den Felsbuchten des Ägäischen Meeres, an der Mündung des Peneios, von wo es nicht weit ist zur Insel Samothrace (8071). Dort leben die Kabiren,
„Götter, die in Mysterienkulten verehrt wurden ... und mit großen Zeugungsgliedern in Zwerggestalt abgebildet" wurden (Trunz, S. 653),
nach den olympischen Göttern nun die neuen Götter des Hellenismus.

Beutler schreibt (S. 617):
„Als unter dem zersetzenden Einfluß der Bühne (Euripides) und der Philosophen (Sophisten) im 5. und 4. Jhdt. v.Chr. die alte mythologische, die olympische Religion an Kraft verlor, wandte sich die Frömmigkeit der Zeit immer mehr den Mysterien zu. Der berühmteste Geheimkult war der von Eleusis. Für Nordgriechenland aber war der einflußreichste der der Kabiren."

In den Felsbuchten erreicht die Klassische Walpurgisnacht ihren orgiastischen Höhepunkt. Nereiden und Tritonen (Meeresgottheiten) entfernen sich (8067, 8071 ff), um die Kabiren zu holen (8168ff), die das Festkomitee dieser Erosveranstaltung übernehmen (8210 – 8219). Ein Chor, Sirenen, Telchinen, Proteus und Thales preisen das Meer. Der Höhepunkt ist der Auftritt Galatees: nicht der Auftritt Aphrodites, der olympischen Göttin der Liebe, sondern der Auftritt Galatees, der hellenistischen Kultfigur des Eros.

Homunkulus sieht alledem immer teilnahmsloser zu. Proteus verwandelt sich in einen Delphin (8316f). Zu Homunkulus (8319f):
„Ich nehme dich auf meinen Rücken,
vermähle dich dem Ozean."

Thales (8321 – 8326):
„Gib nach dem löblichen Verlangen,
Von vorn die Schöpfung anzufangen! ...
Und bis zum Menschen hast du Zeit."

Wenig später zerschellt Homunkulus an Galatees Muschelwagen. Er ist ein wenig beachtetes Opfer des Eroskultes geworden. Nur Thales beobachtet und kommentiert das Ereignis (8469 – 8473).

Und das Fest geht weiter, exzessiv.
„Und ringsum ist alles von Feuer umronnen;
So herrsche denn Eros, der alles begonnen!"

Sang- und klanglos war der Untergang des Homunkulus!
Noch nicht einmal Ataraxia, würde ein alter Grieche sagen.
Noch nicht einmal Schicksal, sagt der Abendländer.

Damit sind wir wieder bei Beutlers zweiter Frage (Seite 152). Die Antwort haben wir dort gegeben. Die hier nachgelieferten Textbelege bestätigen Homunkulus als unfähig zu eigener Entscheidung und zu eigener Tat; somit kann er kein Schicksal haben und hat auch keinen „Anspruch" darauf.

Text und Kontext sagen aber noch mehr aus:

1. Homunkulus ist ein unfertiger Mensch: Er versteht seine eigene Welt nicht. Die Griechen verstehen ihn nicht. Er versteht die Griechen nicht. Er ist weder – noch.
2. Mephistos Rat war richtig: „Entsteh auf eigne Hand!" (7848 und Seite 162).

3. Wie in der nordischen Walpurgisnacht das abendländische Lebensbild vom kirchlichen Hexenglauben überdeckt wird (Teil 2.5), so geht in der Klassischen Walpurgisnacht das griechische Lebensgefühl in einem spätgriechischen, hellenistischen Eroskult unter. Diese Parallelität mag auch der Grund für die gleiche Namensgebung für beide Szenen sein.
4. Die Homunkulusfigur ist die Gegenfigur zu Euphorion. Die „Klassische Walpurgisnacht" ist Vorbereitung auf den Helenaakt, und zwar durch ihre Gegensatzposition.

Uns bleibt noch, Mephistos Weg in dieser Szene zu Ende zu verfolgen. Er beginnt mit einer poetisch schönen Ouvertüre (7951 – 7981), in der die Bergnymphe Dryas ihm Auskunft über die Phorkyaden gibt, die drei Schwestern, die zusammen nur ein Auge und nur einen Zahn haben, die sie bei Bedarf einander ausleihen. Sie symbolisieren für den antiken Griechen den äußersten Grad des Häßlichen und stellen so den Gegenpol zur Schönheit dar in der dem antiken Lebens- und Weltbild zugrunde liegenden Polarität. Ich zitiere daraus:

Mephisto:
   „Neugierig aber wär' ich, nachzuspüren,
    womit sie Höllenqual und -flamme schüren."
Dryas:
   „Die Phorkyaden! Wage dich zum Ort.
   Und sprich sie an, wenn dich nicht schauert."
Mephisto:
   „Dergleichen hab' ich nie gesehn.
   Die sind ja schlimmer als Alraune ..."
   „Wir litten sie nicht auf den Schwellen
   Der grauenvollsten unsrer Höllen.
   Hier wurzelt's in der Schönheit Land,
   Das wird mit Ruhm antik genannt."

Mephisto erkennt das antike Polaritätsprinzip und wundert sich über die Einseitigkeit des europäischen Griechenbildes. Mit der Begegnung Mephistos mit den Phorkyaden (7982 – 8033) hat Goethe eine Schlüsselszene gestaltet, in der Mephisto vorübergehend die Gestalt der Phorkyas übernimmt, also der Häßlichkeit, um Fausts einseitiges, also falsches Griechenbild zu korrigieren. Das geschieht im 3. Akt.

Mephisto zu den Phorkyaden (7986f, 7995):
   „Ich trete vor, zwar noch als Unbekannter,

          Doch, irr' ich nicht, weitläufiger Verwandter."
       „Nur wundert's mich, daß euch kein Dichter preist."

Kein Dichter des Abendlandes, meint er; das ist's.
Mephisto (8015ff):
   „Da ging es wohl auch mythologisch an,
   In zwei die Wesenheit der Drei zu fassen,
   Der Dritten Bildnis mir zu überlassen
   Auf kurze Zeit."

Wir können zusammenfassen:
In der Szene „Klassische Walpurgisnacht" sind Faust und Homunkulus zwei sich ergänzende Bilder Goethes für die noch in der Entwicklung befindliche, nicht fertige abendländische Kultur. Beide suchen ihre Vervollständigung in einer fremden Welt, symbolisch für das Abendland. Mephistos Rat an Homunkulus (7848): „Willst du entstehn, entsteh auf eigne Hand!", gilt also ebenso für Faust wie für die abendländische Kultur. Wir werden sehen, wie Goethe das in den Szenen nach „Hochgebirg" umsetzt.

Die Deutung zur „Klassischen Walpurgisnacht" konnte nur gegeben werden, weil diese Szene in den Zusammenhang des Dramas und in die Konsistenzforderung für unseren Kommentar (Teil 1.2) eingebunden wurde. Daß sogar ein Detail wie die Kabiren sich nahtlos einordnen läßt, ist eine nachträgliche Bestätigung für die innere Stimmigkeit dieses Konzepts; das ist vergleichbar mit der Richtigkeit einer physikalischen Theorie, die durch spätere Beobachtungen bestätigt wird. In die Gesamtaussage des Dramas reiht sich die Szene „Klassische Walpurgisnacht" mit der Erkenntnis ein, daß in der Zeit nach der Schlacht bei Pharsalos die griechische Kultur bereits verfallen war (Seite 155), daß also jede Hochkultur ihre Verweilzeit in der Geschichte hat und danach unwiederbringlich vorüber ist. Das Erstaunliche ist, daß Goethe damit eine Erkenntnis vorweggenommen hat, die erst heute unbestritten ist. Zweitens hat Goethe klargemacht, daß das Abendland lange die hellenistische Zeit unberechtigt in die Kulturzeit Griechenlands einbezog und deshalb dort die gesuchten Ideale nicht finden konnte. Und drittens brauchte Goethe die „Klassische Walpurgisnacht" als Kontrastmittel, um in den folgenden Helenaszenen nun die Welt Homers mit ihren unverwechselbaren Inhalten zu zeichnen.

Helena

Im dritten Akt steht Faust nun wirklich in der griechischen Antike. Gleich mit dem ersten Vers erscheint Helena, wenn schon keine olympische Göttin, so doch geadelt von Zeus selbst: eine Zeustochter. Sie tritt auf wie eine griechische Heroin in einer griechischen Tragödie im Stil griechischer Dramatiker:
„Bewundert viel und viel gescholten, Helena,
Vom Strande komm' ich, wo wir erst gelandet sind."

Beim Vergleich des Helenaaktes mit dem Entwurf aus dem Jahre 1800 (Anfang bis zum Vers 8802) stellt Trunz fest (S. 661 f):
„Dieser Wandel lag in Richtung des Goetheschen Altersstils, aber zugleich ist diese Sprache griechisch – echter, altertümlicher als das Fragment von 1800, weiß mehr von der Fremdheit der hellenistischen Welt ..."
„Dies aber war die Begegnung des modernen Abendländers, für den Faust zum Repräsentanten wurde, mit der Antike."

Genau das denke ich auch (dazu Seite 41: Dennoch: ...), und nun müssen wir versuchen, dieser Fremdheit, so weit es geht, näher zu kommen.

Es ist eine andere Helena als die aus der Szene „Rittersaal" und die, die Faust in der Szene „Klassische Walpurgisnacht" suchte (7398, Seite 160). Goethe stellt hier Helena vor als Sinnbild für den griechischen Schönheitsbegriff in seiner vollen Bedeutung, und er nimmt damit eine spätere Geschichtsschreibung vorweg. Diese Helena ist zwar auch Sinnbild für die Schönheit des Körpers, aber sie ist es darüber hinaus für alles Körperhafte in den Äußerungen der griechischen Kunst und Kultur; vor allem ist sie Sinnbild für Schönheit der Gesinnung und der Lebensführung des antiken Griechen. Der Maßstab dafür sind die großen Tugenden der antiken Welt: die Sophrosyne, die Besonnenheit in der Lebensführung, und die Ataraxia, die Unerschütterlichkeit gegenüber Schicksalsschlägen, also das, was man dort unter Haltung versteht, sagen wir es ruhig: unter schöner Haltung. Dieser Begriff von Schönheit war zwar ein Ideal, aber eines, das die Griechen berauschte. Goethe stellt es in der ersten Szene „Vor dem Palaste des Menelas zu Sparta" vor, und Helena ist also seine Symbolfigur dafür.

Als Vorlage für den Helenaakt hat Goethe die Tragödien des Aischylos gewählt, in denen dem Chor zwei Einzelpersonen gegenübergestellt sind – hier Helena und Phorkyas als Symbole für die Polarität Schönheit und Häßlichkeit. Der Chor hat noch seine ursprüngliche Bedeutung als Stimme des Volkes in seinen religiösen, sittlichen und gesetzlichen Bedingtheiten. Die Einzelperson steht noch in diesen Bedingtheiten und unterwirft sich ihnen entsprechend den Forderungen des antiken Lebensgefühls. Die Tragödie ist noch Haltungsdrama und Ausdruck des frühantiken Lebens- und Weltbildes, im Gegensatz zu den Gesellschaftsdramen des Euripides (Teil 2.4). Goethe hat diese Vorlage gewählt, um in den beiden Personen sein allgemeines Prinzip von der Polarität des Lebens darzustellen (Teil 1.5, Seiten 59f), das er auch in der griechischen Welt findet, dort allerdings in ihrer eigenen, spezifischen, persönlichen Färbung, die aus dem Grundgefühl für Ästhetik kommt, und dieses Lebensgefühl muß schon eine der Ideen Platos sein, oder – mit Goethes Worten – ein Urphänomen (Teil 1.4, Seite 57). Die Polarität Schönheit – Häßlichkeit des klassischen Griechenland symbolisiert Goethe mit Helena und Phorkyas.

Der Chor preist zuerst Helenas „allbezwingende Schöne" (8516 – 8523); er tut das mit der Ermunterung: „Verschmähe nicht ..." Er bestätigt Menelas' Auftrag an Helena, das Haus zu bestellen (8560 – 8567); er tut das mit der Aufforderung: „Erquicke nun ... Doch tritt nur ein ..." (8560ff). Er zerstreut schließlich Helenas Bedenklichkeit um ihr persönliches Geschick (8579 – 8584) mit dem Hinweis auf den Tod vor Troja, und er fordert von ihr Haltung ein: „Königin, schreite dahin guten Muts!" (8592). Und Helena tut es.

Helena ist Griechin der antiken, olympischen Zeit. Trunz (S. 664): „Helena ist stets die gleiche, immer ganz sie selbst. Sie schwankt nie; im Bewußtsein eigenen Wertes und eigener Gefährlichkeit lebt sie immer aus ihrem Mittelpunkt, immer im Hinblick auf eine überlieferte Wertewelt und immer ganz für den Augenblick ... Ihre Sprache formt eine feste, geordnete Welt. Sie denkt stets an das, was sich für sie geziemt als Frau und Königin (8507, 8604, 8647, 8915 usw.) und ruht im Vertrauen auf den Ratschluß der Götter (8513)."

Dazu Helena (8525ff):
„Und nun von ihm zu seiner Stadt vorausgesandt;
Doch welchen Sinn er hegen mag, errat' ich nicht,
Komm' ich als Gattin? Komm' ich als Königin?

Komm' ich ein Opfer für des Fürsten bittern Schmerz
Und für der Griechen lang erduldetes Mißgeschick?
Erobert bin ich: Ob gefangen, weiß ich nicht!"

Helena (8579ff):
"So sprach er, mich zum Scheiden drängend; aber nichts
Lebendigen Atems zeichnet mir der Ordnende,
Das er, die Olympier zu verehren, schlachten will.
Bedenklich ist es; doch ich sorge weiter nicht,
Und alles bleibe hohen Göttern heimgestellt,
Die das vollenden, was in ihrem Sinn sie deucht."

Diese beiden Beispiele genügen. Das muß wohl die Besonnenheit sein, die die Griechen Sophrosyne nannten, die wir Abendländer uns nur unzureichend vorstellen können, die Goethe erahnen und niederschreiben konnte (Seiten 167).

Ihre Unerschütterlichkeit, die Seelenruhe, ihre Ataraxia beweist Helena bei der Nachricht, daß sie es sei, die Menelas zum Opfer bringen will (8924ff):
"Königin, du bist gemeint!"
"Fallen wirst du durch das Beil."

Helena reagiert griechisch (8926, 8962):
"Gräßlich! doch geahnt; ich Arme!"
"Lass diese bangen! Schmerz empfind ich, keine Furcht."

So steht Helena denn da: schöner Mensch und Seelenschönheit, das Schönheitsideal des klassischen Griechenland und der eine Pol seines Lebensbildes. Zunächst.

Wie muß man das deuten, was Helena in den verödeten Hallen in Menelas' Burg gesehen hat? Aus ihrem Bericht vor dem Chor (8647 – 8696) die folgenden Verse:
"Doch eingefaltet sitzt die Unbewegliche;
Nur endlich rührt sie auf mein Dräun den rechten Arm,
Als wiese sie von Herd und Halle mich hinweg."
"Gebieterisch mir den Weg vertretend, zeigt es sich
In hagrer Größe, hohlen, blutig-trüben Blicks,
Seltsamer Bildung, wie sie Aug' und Geist verwirrt."
"Das Wort bemüht
Sich nur umsonst, Gestalten schöpferisch aufzubaun."
"Da seht sie selbst! Sie wagt sogar sich ans Licht hervor!"
"Die grausen Nachtgeburten drängt der Schönheitsfreund,
Phöbus, hinweg in Höhlen oder bändigt sie."

Worin eingefaltet?
Warum gebieterisch ihr den Weg vertretend?
Welche seltsame Bildung verwirrt Aug' und Geist?
Wieso bemüht das Wort sich umsonst, das zu beschreiben?
Wer sind die grausen Nachtgeburten, die allein der Schönheitsfreund Phöbus – das ist Apoll, der Gott des Lichtes – bändigen kann?

Der Chor erkennt Phorkyas in der „auf der Schwelle auftretenden" Schaffnerin (8728):
„Welche von Phorkyas' Töchtern nur bist du?"

Der Chor nimmt seine Aufgabe wahr als Kommentator der aktuellen Lage und als Deuter tieferer Bedeutungen (8697 – 8753). Aus seinem für Helena wegweisenden Wort hier die entscheidenden Verse:
„Vieles erlebt ich ..."
„Hört ich die Götter fürchterlich rufen ..."
„Flüchtend sah ich durch Rauch und Glut
Und der züngelnden Flamme Loh'n ..."
„Sah ich's, oder bildete
Mir der angstumschlungene Geist
Solches Verworrene?"
„Doch daß ich dies
Gräßliche hier mit Augen schau, ..."
„Wagtest du Scheusal
Neben der Schönheit
Dich vor dem Kennerblick
Phöbus' zu zeigen?"
„Denn das Häßliche schaut Er nicht ..."
„Doch uns Sterbliche nötigt, ach,
Leider trauriges Mißgeschick
Zu dem unsäglichen Augenschmerz ..."
In diese 57 Verse des Chors hat Goethe sein Verständnis der Religion der Griechen gelegt.

„Vieles erlebt ich ...", aber schlimmer als der „Götter fürchterlich Rufen", schlimmer als „Rauch und Glut züngelnde Flamme" (des brennenden Troja), schlimmer als die Einbildung eines angstumschlungenen Geistes, „doch" schlimmer ist es, „dies Gräßliche hier mit Augen zu schaun."
„Dies Gräßliche" ist Phorkyas, die Häßlichkeit.
Der Gott Apoll, „Er schaut das Häßliche nicht", also Er kann es übergehen, also hat Er es nicht.

Doch die Sterblichen haben das „Mißgeschick", das Häßliche zu sehen mit „unsäglichem Augenschmerz", also es auch zu haben. So tief im Lebensgefühl der Griechen können nur ihre religiösen Werte verwurzelt sein, und zwar Werte, die die antiken Griechen aus dem zugrunde liegenden Lebensgefühl, der Ästhetik, bezogen: das Gute ist schön, das Schlechte ist häßlich.

Damit hat der Chor Helena erklärt, was sie in der Burg des Menelas gesehen hat:

— „Eingefaltet sitzt" das Häßliche in ihr selbst, „unbeweglich" wie der Gegenpol in Goethes Polaritätsbild.
— „Gebieterisch den Weg vertretend" allen Sterblichen zum 100%-Ideal, das es für sie nicht gibt.
— „Das Wort bemüht sich nur umsonst", dem Häßlichen „Gestalt" zu geben.
— „Bändigen" kann „die grausen Nachtgeburten" nur Apoll, nicht die Sterblichen.

Der Chor hat Helena klargemacht, daß sie, die Sterbliche, ihren Gegenpol gesehen hat, daß dieser ein Bestandteil ihres Wesens ist und also ihre Handlungen mitbestimmt. So erklärt sich auch, daß Phorkyas den Weg zur Rettung weiß (8954ff), und daß Helena den Ausweg annimmt (8963). Damit erklärt sich auch, daß unmittelbar neben der schönen Ataraxia (8962) die häßliche Furcht liegt (8963). Die Polarität im griechischen Weltbild war keine Entweder-oder-Polarität, sondern eine Sowohl-als-auch-Polarität (Seite 59). Aber Helenas und des Chores Erschrecken zeigen das religiöse Gebot an. Helena hat verstanden (9072f):
„Ein Widerdämon bist du, das empfind' ich wohl
Und fürchte, Gutes wendest du zum Bösen um."

Nach der Darlegung des Chores (8697 – 8753) beginnt Phorkyas die häßliche Schmähung Helenas (8754 – 8881), die sich bis zu Helenas Ohnmacht steigert, und die Beutler „die großartigste Schimpfkanonade der Weltliteratur" nennt (S. 626). Mit diesem Streit gibt Goethe ein Beispiel für Häßlichkeit in der griechischen Religion – nicht nur für die Häßlichkeit der Gestalt (also in Phorkyas), sondern auch für die Häßlichkeit schlechter Haltung und schlechten Betragens. Nicht nur Phorkyas als ihr Exponent ist daran beteiligt, sondern auch Helena und der Chor (das Volk) haben daran ihren Anteil. Die andere Seite, die Schönheit in Gestalt, Haltung und Betragen, offenbart sich schließlich wieder in Helena (8913 – 8916); daraus:

„Doch es ziemt Königinnen, allen Menschen ziemt es wohl,
Sich zu fassen, zu ermannen was auch drohend überrascht."

Goethes Darstellung gilt für die Bilder wie für die Begriffe gleichermaßen. Die Übersetzung können Sie selbst fortsetzen. Sie werden immer auf die Religion der Griechen stoßen, die aus ihrem Mythos kommt, ja mit ihm übereinstimmt. Es ist ihr eigener Mythos und es ist ihre eigene Religion. Eine andere hatten die Griechen nicht.

Die Helena aus dieser Welt wird Faust entgegentreten. Sie ist nicht „die schönste Frau", die Faust am unteren Peneios suchte (7398), und sie ist keine Idealgestalt. Sie ist eine Griechin, die fragen kann: „Wie sieht er aus?" (9010), und ist trotzdem das Symbol für das antike Griechenland, oder gerade deshalb.

Auch Faust, der Helena in seinem inneren Burghof entgegentritt, hat sich verändert. Er sucht nicht mehr ein Ideal aber er legt seine Ideale in sie (z.B. 9268f), weil er sie in ihrem Wesen nicht kennt und unbedacht übergeht, daß sie eigene, andere Wertvorstellungen hat. Das ist ein Grund für den tragischen Ausgang der Begegnung. Aber ist es auch ein unglücklicher Ausgang?

Helena ist schon da im inneren Burghof Fausts, ehe Faust sie entdeckt. Griechenland ist schon da im Geistesleben des Abendlandes, ehe das Abendland es für sich entdeckt. Griechenland ist bereits seit Albertus Magnus da (Seite 63), aber das Abendland hat es erst mit der Renaissance für sich vereinnahmen wollen. In der Szene „Innerer Burghof stellt Goethe diese kulturhistorischen Bezüge dar. Einige davon wollen wir gemeinsam suchen.

„Faust begrüßt Helena in fünffüßigen Jamben, einer Versform, welche den sechsfüßigen Jamben, in welchen Helena und die Chorführerin gesprochen haben, verwandt ist." (Trunz, S. 680). Hierin muß ich mich auf die Germanisten verlassen. Ich will es so sagen:

Faust begrüßt Helena auf Griechisch:
„Statt feierlichsten Grußes, wie sich ziemte,
statt ehrfurchtsvollem Willkomm bring ich dir
In Ketten hart geschlossen solchen Knecht, ..."

Superlativ gleich im ersten Wort! In Fausts Begrüßung ist alles Superlativ und Übertreibung:

- Faust führt den Turmwächter Lynceus in Ketten vor, weil er die Ankunft Helenas zu spät gemeldet hat, „der Pflichtverfehlende, mir die Pflicht entwand" (9195), Fausts Pflicht nämlich, Helena rechtzeitig zu empfangen.
- Lynceus hat niederzuknien und vor Helena seine Schuld zu bekennen (9197).
- „Freventlich verwirkt das Leben hat er, läge schon im Blut verdienten Todes" (9209).
- Um den Superlativ noch zu überbieten, erhebt er sie zur Richterin, über einen seiner Gefolgsleute wohlgemerkt: „Doch nur du allein bestrafst, begnadigst, wie dir's wohlgefällt." (9211).

Nun denken Sie bitte daran, mit welcher Plötzlichkeit und Schwärmerei die griechische Lebensart kritiklos in Florenz aufgenommen wurde, „auf Griechisch" natürlich, denn damals beherrschte die gebildete Welt diese Sprache. Das war die Renaissance, die „Wiedergeburt". Was eigentlich wurde wiedergeboren?

Weiter mit Goethes Bezügen. Helena – als Symbol einer ausgereiften Kultur, wie wir gesehen haben – korrigiert Fausts vorschnelles Todesurteil. Sie lehnt „so hohe Würde" zuerst ab (9213 – 9215), erinnert Faust an „des Richters erste Pflicht, Beschuldigte zu hören" (9216) und hört Lynceus an: „Rede denn." (9217). Sie können Lynceus als Bild für „Abendland" verstehen, dann gibt seine folgende Erklärung (9218 – 9245) das damalige Verhältnis zur Antike wieder.

Danach ihr Urteil (9246 – 9257). Daraus:
„Das Übel, das ich brachte, darf ich nicht bestrafen" (9246)
„... der Männer Busen
so zu betören, daß sie weder sich
Noch sonst ein Würdiges verschonten" (9298f)
„Sie führten mich im Irren her und hin
Einfach die Welt verwirrt' ich" (9254f)
„Entferne diesen Guten, laß ihn frei;
Den Gottbetörten treffe keine Schmach" (9256f).

„Das Übel, das ich brachte ... zu betören ... ein Würdiges ... die Welt verwirrt ... den Gottbetörten ...", die weiteren Bezüge zur Kulturgeschichte stellen bitte Sie her.

Und Faust ist erstaunt (9258 – 9262):
„Erstaunt, o Königin, seh' ich zugleich
Die sicher Treffende, hier den Getroffenen ..."

Aber (9268ff):
> „Was bleibt mir übrig, als mich selbst und alles,
> Im Wahn das Meine, dir anheimzugeben?
> Zu deinen Füßen laß mich, frei und treu
> Dich Herrin anerkennen, die sogleich
> Auftretend sich Besitz und Thron erwarb."

Helenas Botschaften liegen offen, aber Faust erkennt sie nicht. Das Abendland hat sie lange nicht erkannt. Goethes Aussage liegt Wort für Wort im Text.

Helena unterbricht schließlich die Loberei und stellt die Verhältnisse klar (9336):
> „Ich wünsche Dich zu sprechen, doch herauf
> An meine Seite komm! Der leere Platz,
> Beruft den Herrn und sichert mir den meinen."

Auch ihr Wort „der leere Platz" versteht Faust nicht, wie aus seiner Antwort hervorgeht (9359 – 9364).

Helena wechselt das Thema (9365 – 9371) und wünscht Unterricht (9367) über den ihr fremden, „seltsamen" Klang der gereimten Rede (9368). „Das Reimspiel symbolisiert also die Vereinigung der deutschen Faustgestalt mit der antiken Helena" drückt Erler (S. 742) die vorherrschende Auslegung aus. Jedoch auch diese berühmte, poetisch großartige Wechselrede (9377 – 9384) gerät Goethe zum Symbol der Verschiedenheit, wie es der Chor gleich anschließend in der ersten Strophe erläutert. Die beiden anderen Strophen sind Erklärung zur Handlung und Bericht über deren Fortgang, wie es die Aufgabe des Chores in der griechischen Tragödie ist. Allein die Tatsache, daß mit dem Chor ein zentrales Element der griechischen Tragödie in Fausts Burg erscheint, bekundet die Verschiedenheit und die Unvermischbarkeit der Kulturen. Die Gegenüberstellung griechischer Chor und Reimverse des Lynceus tut das ebenfalls. Helena spricht es aus. Phorkyas unterbricht die Szene der Zeitvergessenheit (9411 – 9418).

Goethe nannte seinen Entwurf zum Helenaakt aus dem Jahre 1826 „klassisch-romantische Phantasmagorie", also ein Trugbild (dazu auch Seite 78). Trunz schreibt dazu (S. 661): „Faust trifft Helena in ihrem Land, aber sie ihn in seiner Zeit. Damit treffen sich der antike – Goethe sagt klassische – und der mittelalterliche – Goethe sagt romantische – Geist und verbinden sich." Das stimmt nur bedingt, wie wir gesehen haben.

Wohl treffen sich die beiden Kulturen, aber ihr Geist verbindet sich nicht. Auch Trunz stellt das fest (S. 665): „Zugleich ist Phorkyas-Mephisto gegenüber der Antike die Stimme der modernen abendländischen Welt; er bleibt dem Altertum fremd und betont die Kluft ..." Aber Trunz zieht daraus nicht die entsprechende Konsequenz für das Verhältnis der Kulturen zueinander. Ihre Unwiederholbarkeit drückt Goethe schon mit der Konstruktion seines Trugbildes aus: Helena kann ihr Land nicht verlassen und Faust nicht seine Zeit. Jede Kultur hat ihren Ort und ihre Zeit in der Geschichte, und dort hat jede ihre eigene, unverwechselbare, nicht übertragbare Form gebildet, die ein früh geprägtes, ebenfalls eigenes Lebens- und Weltbild offenbarte. Wollte man dieses – schwer genug und mit allen Mängeln, die solchen Verkürzungen anhaften – mit einem einfachen Bild verdeutlichen, so könnte man es bei den Griechen reduzieren auf eine Urerfahrung über die „Idee" Ästhetik (Plato, Seite 56), die die Maßstäbe für das geschlossene Körperhafte lieferte, sowohl für die äußeren Formen als auch für die inneren Formen der Lebensführung. Goethe hat das in den Helenaszenen beschrieben. Wollte man das gleiche für die europäischen Abendländer tun, so könnte man es reduzieren auf ein „Urphänomen" Dynamik (Goethe, Seite 57), das die Maßstäbe für das offene Raumhafte lieferte, sowohl in der Wissenschaft als auch in der Kunst, mit ihren Begriffen Raum und Zeit, sowie auch für die inneren Formen mit den Begriffen Entwicklung und Geschichte. Das Zusammentreffen dieser beiden Welten beschreibt Goethe in der Euphorionszene.

Euphorion

Die Gestalt Euphorion ist Goethes Antwort auf die in den ersten drei Akten des Dramas gestellte Frage nach dem Verhältnis des Abendlandes zur Antike. Mit dem Bild Euphorions und mit dem Ende Euphorions gibt Goethe auch seine Antwort auf die Frage nach der Einflußnahme der antiken Kultur auf die Entwicklung Fausts und auf die kulturelle Entwicklung des europäischen Abendlandes.

Der Chor – „die Mädchen schlafen" (9574) – ist unbeteiligt, das griechische Volk als Korrektiv (Seite 168) schläft, als Euphorion geboren wird. Phorkyas: „nur mich, die Eine, riefen sie zu stillem Dienste, ... wie es Vertrauten ziemet" (9589f). Sie ist mit Helena „vertraut", seit der Flucht von Menelas zu Faust, einer Flucht, die den griechischen Haltungskodex verletzte. Phorkyas, Helenas häßliche Seite, stand Pate bei der Flucht und nun auch bei der Geburt Euphorions: Wir müssen staunen über Goethes Einfühlungsvermögen in die griechische Kultur, hundert Jahre, bevor die Historiker die Kulturen als selbständige Gestalten der Geschichte festgestellt haben.

Phorkyas also berichtet, und der Chor – die griechische Welt – verwirft: „Tust du doch, als ob da drinnen ganze Weltenräume wären", und zwar griechische Weltenräume: „Wald und Wiese, Bäche, Seen" (9594f). Phorkyas sieht es anders: Sie beschreibt Fausts Burg: „Saal an Sälen, Hof an Höfen" (9597), die der Chor schon einmal als fremd abgelehnt hatte (9122ff): „schauerlich in jedem Falle". Auch damit gibt Goethe sein Bild von der Verschiedenheit der beiden Kulturen, und er wird damit immer deutlicher bis zum Schluß dieser Szene.

Phorkyas meldet die Geburt Euphorions (9599), und sie charakterisiert ihn (9599 – 9628) mit Worten wie: da springt ein Knabe, Scherzgeschrei und Lustgejauchze, ein Genius ohne Flügel, springt er auf den festen Boden, rührt er an das Hochgewölb, was erglänzt ist schwer zu sagen, sich als Knabe schon verkündend, künftigen Meister alles Schönen. Hier beschreibt Goethe in dem aktiven Euphorion schon das Gegenbild zum passiven Homunkulus, und es zeichnet sich von Beginn an ab, daß Euphorions Ende schicksalhaft sein wird.

Es folgt ein zweites Gegenbild, diesmal aus Ioniens und Hellas' urväterlichen Sagen (9633ff). Der Chor nimmt seine Aufgabe als griechische Volksstimme wahr und erklärt, daß „alles, was je geschieht heutigen Tages, trauriger Nachklang ist's herrlicher Ahnherrentage" (9637ff), also auch Euphorion. Er berichtet von der Geburt Hermes', des Götterboten und Gottes der Kaufleute und der Diebe, der ein Sohn der Nymphe Maja und des Zeus ist (9644). Hier zeichnet Goethe das griechische Gegenbild (9629 – 9678) zu Euphorion. Goethe unterstreicht die Verschiedenheit in der Szenenanweisung zur Musik (nach 9678). Der Bericht des Chors über Hermes soll abgeschlossen werden durch „ein reizendes, reinmelodisches Saitenspiel", also durch griechische Musik auf der Kithara. Der folgende Auftritt Euphorions soll begleitet werden durch „vollstimmige Musik", also europäische, polyphone Musik, „bis zur bemerkten Pause", das heißt bis zum Vers 9938, bis zu Euphorions Tod. Deshalb läßt Goethe von hier ab die Sprache überwechseln vom griechischen Rhythmus zum deutschen Reim.

Euphorion springt in die Welt: weder Grieche noch Abendländer; er verhält sich mal so, mal so:
- Sprung griechisch (9695 – 9710):
 „Hört ihn Kinderlieder singen". Faust und Helena und der Chor geben Beifall:
 „O, wie rührt mich der Verein."
- Sprung abendländisch (9711 – 9722):
 „In allen Lüften hinaufzudringen ist mir Begierde."
 Faust fürchtet um seine Verbindung mit Helena:
 „Nur mäßig! mäßig! Daß (nicht) ... zugrund uns richte der teure Sohn."
- Sprung abendländisch (9723 – 9742):
 „Ich will nicht länger am Boden stocken." Helena befürchtet, und der Chor sieht es voraus: „Bald löst, ich fürchte, sich der Verein." Helena und Faust beschwören: „Bändige! bändige!"

Dann mischt sich Euphorion in den (griechischen) Chor (9745 – 9810), und es folgt eine symbolhaltige Szene.
Helena lobt: „Ja, das ist wohlgetan" (9749f).
Faust zweifelt: „Wäre das doch vorbei" (9752f).
Der Chor nimmt ihn auf (9755 – 9778): „All' unsre Herzen sind all dir geneigt ... denn wir verlangen doch nur am Ende, dich zu umarmen, du schönes Bild!" Aber Euphorions ungriechische Maßlosigkeit („welch ein Mutwill! welch ein Rasen!" 9785), der Mangel an Besonnenheit („Schlepp' ich her die derbe Kleine zu erzwungenem Genusse, 9794f), paßt nicht in die Welt der Chormädchen: die derbe Kleine flammt auf (9807), und Euphorion verliert Griechenland, „das verschwundne Ziel".

Und nun zeigt sich erschreckend Euphorions gespaltenes Wesen (9811 – 9900). Er steigert sich von Übermut zu Ekstase, von „Immer höher muß ich steigen" (9821), und: „Krieg ist das Losungswort" (9837) bis zum Stakkato (9870 – 9900):
 „Nun fort!
 Nun dort
 Eröffnet sich zum Ruhm die Bahn."
 „Und der Tod
 Ist Gebot,
 Das versteht sich nun einmal."
 „Dort hin! Ich muß! Ich muß!
 Gönnt mir den Flug!"

Die erschrockenen Eltern fragen:
> „Sind denn wir
> Gar nichts Dir?
> Ist der holde Bund ein Traum?"

Und Helena, Faust und Chor:
> „Ist der Tod denn dir Gebot?"

Der holde Bund war ein Traum, und der Tod war Gebot: Aus der Verbindung zwischen Faust und Helena und aus der Vereinigung zweier in sich geschlossener Kulturen konnte keine dauernde Neugeburt entstehen. Euphorion ist abgestürzt.

Goethes Szenenanweisungen kann man Wort für Wort wie einen Auszug aus der Kulturgeschichte lesen:
> „Er wirft sich in die Lüfte, die Gewande tragen ihn einen Augenblick, sein Haupt strahlt, ein Lichtschweif zieht nach. Ein schöner Jüngling stürzt zu der Eltern Füßen, man glaubt in dem Toten eine bekannte Gestalt zu erblicken; doch das Körperliche verschwindet sogleich, die Aureole steigt wie ein Komet zum Himmel auf, Kleid, Mantel und Lyra bleiben liegen."

Die Einzelheiten dazu behandeln wir später (Seiten 181f).

Der Chor, Begleiter und Zurückgelassener des Ereignisses Euphorion, seine Mit- und Nachwelt, bringt ihm den Nachruf mit einem Trauergesang (9907 – 9938), der ein tragisches Schicksal beklagt und ihn damit – zumindest hälftig – dem Abendland zuordnet, der auch für Faust gelten wird, wie auch allgemein für Tragödien des Abendlandes. Ich zitiere Ausschnitte ohne Kommentar:
> „Nicht allein! – Wo du auch weilest,
> Denn wir glauben dich zu kennen."
> „Lied und Mut war schön und groß."
> „Hoher Ahnen, großer Kraft,
> Leider früh dir selbst verloren."
> „Und ein eigenster Gesang"
> „Doch zuletzt das höchste Sinnen
> Gab dem reinen Mut Gewicht,
> Wolltest Herrliches gewinnen,
> Aber es gelang dir nicht."
> „Wem gelingt es? – Trübe Frage,
> Der das Schicksal sich vermummt."

Euphorion bedeutet im Drama
- das Gegenbild zu Hermes (Seite 176); er hat Griechenland verloren, „das verschwundene Ziel" (9810);
- das Gegenbild zu Homunkulus, dem entschlußlosen und tatenlosen Reisenden ohne Schicksal (Seiten 152f und 164f); Euphorion – obwohl er sein abendländisches Erbe überzogen hat – hat ein Schicksal; infolge eigener Tat aus eigener Entscheidung hat er ein eigenes Schicksal als persönliches Ereignis, genauer: als sein eigenes Ereignis: insofern ist er Abendländer.
- Er steht unter dem Wort:
„Wem gelingt es? – Trübe Frage,
Der das Schicksal sich vermummt." ...
„Völlige Pause. Die Musik hört auf."

Danach ist nichts mehr. Hier fällt im Drama Faust zum ersten Mal das Wort Schicksal in seiner mythologischen, abendländischen, und dazu in seiner tragischen Bedeutung, die aus der Spannung zwischen Wollen und Gelingen kommt: „Wem gelingt es?" Wir werden bei Fausts Tod vor einem ähnlichen Ereignis stehen.

Euphorion hat „aus der Tiefe" nach Helena gerufen, nicht aus dem Totenreich der Griechen (9904l):
„Lass mich im düstern Reich,
Mutter mich nicht allein."
Der Chor, die griechische Welt, nimmt das verhallende Wort Euphorions auf und gibt es weiter:
„Nicht allein" – wo du auch weilest."

Helena nimmt das Wort des Chores an, bittet für den halb verlorenen Griechen Euphorion um Aufnahme in den Hades, denn der ist nicht „Person" im Sinne der griechischen Werteordnung, und seine Aufnahme ist nicht gewiß. Helena bittet auch für sich und folgt Euphorion (9944).
„Persephoneia, nimm den Knaben auf und mich."

Helena folgt ihm mit der Haltung, die die griechische Welt von ihren Helden verlangt: mit der Besonnenheit im Wort und mit der Unerschrockenheit in der Haltung, und „wie immer ihr Schicksal in eine Ordnung eingefügt" (Trunz, S. 692); sagen wir es etwas anders: in die griechische Ordnung sich fügend (9939 – 9944):
„Ein altes Wort bewährt sich leider auch an mir:
Daß Glück und Schönheit dauerhaft sich nicht vereint.
Zerrissen ist des Lebens wie der Liebe Band;
Bejammernd beide, sag' ich schmerzlich Lebewohl."

Hier muß ein Wort zur griechischen Religion gesagt werden (Teil 2.4). Was bedeutet das oft gebrauchte Wort „in eine Ordnung eingefügt" anderes, als „in eine Religion eingefügt"? Und warum drückt Trunz das so undeutlich und allgemein und passivisch aus, wenn er nicht das Wort Religion allein dem Christentum vorbehalten möchte? Goethes Formulierung „ein altes Wort" bedeutet doch hier, wo es sich um Tod und Jenseits handelt, nichts anderes als „ein religiöses Gebot". Goethes Formulierung „bewährt sich" ist doch der Ausdruck einer aktiven und selbstverständlichen Annahme dieses Gebotes; Goethes Formulierung, „daß Glück und Schönheit dauerhaft sich nicht vereint", bedeutet doch nichts anderes als die Alleingeltung der „Idee" Ästhetik (Plato, Seite 57), zu der es keine Alternative gibt, und es bedeutet die sittliche Wertsetzung, im Leben die Schönheit anzustreben und die Häßlichkeit zu meiden. Aus dieser inneren Spannung des griechischen Lebensgefühls erwachsen die tragischen Situationen im Leben der Griechen, das, was man in unserer Ausdrucksweise vielleicht eine Haltungstragik nennen kann. „Bejammernd beide" und „schmerzlich", und dennoch aktiv handelnd „sag ich Lebewohl", ist Goethes Ausdruck für Helenas Entscheidung. Das ist eine andere Tragik als die, an der Euphorion zerbrochen ist; das ist eine Meßlatte in der griechischen Werteordnung. Das Wort für eine derartige Bindung an ein Lebens- und Weltgefühl ist Religion. Hier ist es die unverwechselbare und in den Weltkulturen einzigartige Religion der Griechen (Teil 2.4). Anders kann man Goethes Worte nicht deuten, zumal der ganze Helenaakt voller Beispiele für die griechische Werteordnung ist.

In diesen Zusammenhang, zu ihrer Religion, gehört auch ein Wort zum Jenseits der Griechen, dem Hades. Wer einen Namen sich erwarb (9981) und Person ist (9984) nach ihrer Werteordnung, lebt dort weiter als Person. Nur eines fehlt ihm: nach Überschreiten des Flusses Lethe und nach dem Trunk des Vergessens daraus verliert er die Erinnerung an die Welt. Das ist die einzigartige und folgerichtige Schöpfung des Volkes der Griechen, dessen Denkmittelpunkt das abgeschlossene Körperhafte ist (Seite 175 und Teil 2.4), nämlich ein Jenseits des von allen anderen Begleitungen abstrahierten Körpers: der Hades als Ort des „Urwirklichen", also einer „Idee" Platos (Seite 57). Das hat seine Entsprechung in dem Ort der Mütter aus der „Finsteren Galerie". Panthalis erklärt es (9966f):

„Hinab zum Hades! Eilte doch die Königin
Mit ernstem Gang hinunter."
„Wir finden sie am Throne der Unerforschlichen."
Hier stehen wir vor steilern Stufen.

In dem Wort „dauerhaft sich nicht vereint" liegt die Erkenntnis, daß jede Epoche ihre Zeit in der Geschichte hat, auch die griechische, und daß Kulturepochen nicht wiederholbar sind. Euphorion hat, so darf man symbolisch sagen, Griechenland zurückgerufen in das Reich seiner Mythologie, denn Griechenlands Zeit war abgelaufen, sein Anteil an der Geschichte war erbracht. Für die Zukunft hinerließ es ein Vermächtnis:
„Das Körperliche verschwindet, Kleid und Schleier bleiben ihm in den Armen."
„Kleid, Mantel und Lyra bleiben liegen."

Was ist geblieben?
Alles, was das Abendland aus der Berührung mit der Antike an Anregungen gewonnen hat und alles, was aus diesen Anregungen in Zuspruch und Widerspruch entstanden ist in Wissenschaft, Kunst und Kulturwesen seit Albertus Magnus (Seite 62) und der Renaissance. Geblieben ist auch der Versuch, sich in das Lebens- und Weltgefühl der griechischen Kultur hineinzuversetzen. Es zu verstehen, das beschreibt Goethe, war nicht möglich. Aber aus dem Versuch, die Denkungsart und die Ideale der Griechen zu erkennen, sind Einblicke geblieben, die dem Abendländer halfen, sich selbst zu erkennen und sich selbst im großen Zusammenhang der Geschichte zu verstehen, als Individuum der Geschichte. Es liegt eine tiefe und gewiß gewollte Symbolik in der Szene „Finstere Galerie", in der Mephisto seinem Partner Faust auf dessen Suche nach Helena und Paris das Abendland mit dessen Wesensattributen vorstellte. Deshalb läßt Goethe Mephisto sagen – zukunftsweisend für die Entwicklung des Abendlandes und wegweisend für Faust (9945 – 9953):
„Halte fest, was dir von allem übrig blieb.
Das Kleid, laß es nicht los."
„Halte fest!
Die Göttin ist's nicht mehr, die du verlorst,
Doch göttlich ist's. Bediene dich der hohen,
Unschätzbaren Gunst und hebe dich empor:
Es trägt dich über alles Gemeine rasch
Am Äther hin, so lange du dauern kannst."

Im Gedicht „Vermächtnis" aus dem Jahre 1829 sagt Goethe das mit den folgenden Worten:
„Dann ist Vergangenheit beständig,
Das Künftige voraus lebendig,
Der Augenblick ist Ewigkeit."

Wir sind es gewohnt, in Helena und Faust Symbole für Antike und Abendland zu sehen. Wir haben nun in Euphorion das Symbol für die Renaissance erhalten. Sie können im letzten Abschnitt (ab Seite 175) jedes Mal den Namen Euphorion durch „Renaissance" ersetzen, und der Inhalt dieser Ausführungen bleibt gültig (Seite 63f und die Bemerkung auf Seite 173, Faust betreffend, die für Euphorion genauso gilt).

Erinnern wir uns, wie die Renaissance in Italien Mitte des 15. Jhdts. „wie ein Komet" erschien (Szenenanweisung nach Vers 9902 und Bemerkung auf Seite 178) und nach gut drei Generationen auszuklingen begann (an einer gotischen Kathedrale haben zehn Generationen stilsicher gebaut); schon Michelangelo schuf das römische Barock. Diese kurze Zeit war gekennzeichnet von der Nachahmung „klassischer" Bezüge in allen Bereichen der Kunst und von einem überhitzten Lebensgefühl. Erinnern wir uns weiter daran, daß die Renaissance in den anderen europäischen Ländern in allen ihren Erscheinungen abgeschwächt und für kürzere Zeit auftrat, so haben wir die Parallele zu Goethes Euphoriongestalt. Schließlich wird die Parallele zum Drama Faust durch die europäische Kulturentwicklung abgerundet, in der nach der Episode Renaissance sich die Reihe Romanik, Gotik ohne Bruch zum Barock fortsetzt.

Halten wir fest:
Die Einflußnahme der griechischen Kultur auf die abendländische konnte nie zur Übernahme antiker Vorstellungen führen und hat den Weg der abendländischen Entwicklung nie auch nur im geringsten geändert (Teil 2.6). Aber die Auseinandersetzung mit ihr hat, ich wiederhole, in Zuspruch und in Widerspruch Anregungen für die eigene Entwicklung gebracht, und der Versuch, die Antike zu verstehen, hat durch den Vergleich zur Erkenntnis der Eigenständigkeit des eigenen Kulturkreises geführt. Goethe hat das in den Versen 9955 bis 9961 ausgedrückt.

Halten wir weiterhin fest:
Das gleiche gilt für Fausts Entwicklung. Faust bleibt vom Wesen des Griechentums unbeeinflußt. Helenas „Körperliches verschwindet. Kleid und Schleier bleiben ihm in den Armen", mehr nicht. Doch auch das nur zunächst, denn: „Helenas Gewande lösen sich in Wolken auf." Er aber ist „alsobald und fort und fort gediehen nach dem Gesetz, wonach er angetreten" (Urworte, 1. Strophe), und zwar fort gediehen zur Einsicht, die Goethe in der 4. Strophe der Urworte ausdrückt, die zum Ergebnis kommt:

> „So sind wir scheinfrei denn nach manchen Jahren
> Nur enger dran, als wir am Anfang waren."

Faust ist nach seinen Antike-Erfahrungen nur noch enger an sich und seiner Welt dran. Mephisto weiß das und sagt voraus:
> „Wir sehen uns wieder, weit, gar weit von hier."

Im Hochgebirg.

Und dann gibt Mephisto den Epilog zum Griechenakt:
> „Noch immer glücklich aufgefunden!
> Die Flamme freilich ist verschwunden.
> Doch ist mir um die Welt nicht leid.
> Hier bleibt genug, Poeten einzuweihen ..."

Glücklich aufgefunden, so wissen wir, nicht nur für Poeten, sondern auch als historisches Beispiel und kultureller Anstoß für die Entwicklung des Abendlandes.
> „Und kann ich die Talente nicht verleihen,
> Verborg' ich wenigstens das Kleid."

Das ist nun ganz deutlich Goethes Überzeugung, daß Inhalte der Kulturen nicht übertragbar sind, allenfalls ihre Formen sind nachahmbar. Das können wir in unseren Parks sehen, in denen halbgriechische Skulpturen stehen: Schönheit abstrakt in bloßem Marmor. Sie stehen da, alle schön und unverbindlich, anzusehen im Vorübergehn. Für die zwölf Stifterfiguren „des unbekannten Naumburger Meisters, erstes Beispiel individueller Persönlichkeitsdarstellung in der Kunstgeschichte" oder für die Ekklesia und die Synagoge vom Südportal des Straßburger Münsters nehmen wir uns Zeit für eine besinnliche Stunde.

Wir sagten, die griechische Kultur kehrt in ihre Mythologie zurück. Goethe beschreibt das in dem Schluß des Helenaaktes:
— Die Helden versammeln sich im Hades, dem Totenreich. Dort leben sie weiter, nur ohne Erinnerung an die Welt, nachdem sie aus dem Totenfluß Lethe getrunken haben. Dorthin ist auch Helena zurückgekehrt. Zu ihr gesellen sich ihre nahen Gefährten, so auch Panthalis, die Chorführerin (9983f):
> „Mit einer Königin zu sein, verlangt mich heiß;
> Nicht nur Verdienst, auch Treue wahrt uns die Person."

Hier beschreibt Goethe noch einmal ein Stück der Religion der Griechen. Treue liegt in ihrer Werteordnung weit oben. Auf ihrer Haltungsskala ist sie edel, auf ihrer Ästhetikskala ist sie schön. Deshalb wahrt sie die Person, konkret und körperhaft, anders als unsere abstrakte Persönlichkeit, der Charakter. Deshalb ist sie ein Schlüssel zum Hades.

— Die Chormädchen fürchten sich vor dem Totenreich. Mit großem Einfühlungsvermögen in die griechische Mythologie findet Goethe den Schluß. Panthalis erklärt ihnen (99811):
„Wer keinen Namen sich erwarb noch Edles will,
Gehört den Elementen an; so fahret hin!"
Für den Hades sind sie nicht Person (9986) genug, und so verwandeln sie sich in Nymphen; ein Teil in Waldnymphen, ein anderer Teil in Bergnymphen, ein dritter Teil in Fluß- nymphen, ein vierter Teil in Nymphen der Reben und Die- nerinnen des Weingottes, Bacchus.

Wir können aus Text und Zusammenhang den Schluß ziehen: Goethe schreibt mit dem Helenaakt das Gegenstück zur Szene „Klassische Walpurgisnacht" (Seite 157). Er zeichnet dort das ab- schreckende Bild zweier unfertiger Menschen, die etwas suchen, was sie für Kultur halten, und die dann das, was sie finden, auch tatsächlich dafür halten, weshalb sie – geistig – zugrunde gehen. Hier hingegen, im Helenaakt, sucht und findet
Faust eine Weltkultur, liebt sie, verliert sie notwendigerweise und behält einen Schatz in den Händen: „Doch göttlich ist's." (9950). Wir haben oben die Kulturgeschichte bemüht, um festzustellen, was ihm geblieben ist: aus dem Versuch, Helena zu verstehen, ist ihm ein „Erfahrungsresultat" geblieben (Seite 53; Zitat aus der Farbenlehre), das ihm half, sich selbst zu erkennen.

„Der Vorhang fällt" vor der griechischen Welt (10038f).
Phorkyas „zeigt sich als Mephisto, um, insofern es nötig wäre, im Epilog das Stück zu kommentieren."
Es ist nicht nötig.

Wir wissen:
Euphorion ist abgestürzt.
Helena, Panthalis und die Chormädchen sind in ihre Mythologie zurückgekehrt.
Faust, nach seinem Ausflug in die griechische Welt und mit den Erfahrungen daraus, findet wieder in seine Welt zurück.

An den Schluß dieses Abschnittes gehört eine Feststellung:
Wir haben die Wörter Schönheit, Häßlichkeit, ihren Hintergrund Ästhetik und die Wörter Besonnenheit und Unerschrockenheit als gedankliche Begriffe aus unserer Sprache gebraucht, um die griechische Welt zu beschreiben, und zwar rekonstruktiv zu beschreiben, als die einzige Möglichkeit, einer fremden Kultur nahe zu kommen.

Treffen konnten wir den seelischen Gehalt von Sophrosyne und Ataraxia nicht, den die Griechen in ihren mythisch und religiös belegten Wörtern empfanden. Goethe hat deren Bedeutungen denn auch in die Handlung poetisch eingebettet, „... insofern uns erlaubt ist, es in sichtbaren und greiflichen Gestalten zu erkennen" (Seite 53). Schon den Bewohnern der griechischen Länder zur Zeit des Hellenismus sind mit den griechischen Göttern auch die Inhalte der religiösen Begriffe fremd geworden, was Goethe in der „Klassischen Walpurgisnacht" dargestellt hat. In unserem Kommentar konnten wir allenfalls in die Nähe der Bedeutungen kommen.

Anders wird es in den folgenden Abschnitten sein. Wörter wie Geprägte Form, Charakter, Wille, Tat, Schicksal sind Urwörter unserer Kultur (Goethes Urphänomene, Seiten 57f). Sie sind in allen abendländischen Sprachen mit den gleichen Bedeutungen enthalten, sie sind für Abendländer unmittelbar zugänglich und erkennbar, ihre Bedeutung ist nicht erklärungsbedürftig. Wir werden diese mythisch und religiös belegten Wörter unseres Kulturkreises nun gebrauchen, und jeder wird ihren Gehalt aufnehmen; jeder, der heute noch dazu in der Lage ist (siehe dazu die Seite 42).

Hochgebirg

Dritter Akt, Ende:
„Helenas Gewände lösen sich in Wolken auf, umgeben Faust, heben ihn in die Höhe und ziehen mit ihm vorüber."
„Weit, gar weit von hier."
Hat Mephisto das örtlich gemeint, oder zeitlich oder gedanklich?

Vierter Akt, Anfang:
„Hochgebirg, starre, zackige Felsengipfel."

„Eine Wolke zieht herbei, lehnt sich an, senkt sich auf eine vorstehende Platte herab. Sie teilt sich."
„Faust tritt hervor."

Faust tritt aus der griechischen Wolke heraus und hat wieder Grund unter sich. Er steht wieder auf festem Boden. Und er hat seine Sprache wiedergewonnen.

Euphorion war abgestürzt und Helena hatte er verloren, er selbst blieb dabei stumm. Auch auf Mephistos Erklärung hatte er kein Wort: zum ersten Mal im Drama. Er blieb einsam in der griechischen Wolke, „weit gar weit". Jetzt zieht er Bilanz, seine dritte.

Zur Szene „Anmutige Gegend" konnten wir auf Fausts Entwicklungsweg eine Wandlung von Leben in Charakter feststellen (Seiten 138ff), und zwar als das von Goethe oft bemühte Erfahrungsresultat (Seite 53). Wir haben dort aus Fausts zweiter Bilanz gefunden, daß sich diese Wandlung vollzog; ein passiver Vorgang, den Faust wahrnimmt (Seite 141). Hier, im „Hochgebirg", jetzt auf festem Grund, vollzieht Faust selbst die Wandlung:

„Der Einsamkeiten tiefste schauend unter meinem Fuß,
Betret' ich wohlbedächtig dieser Gipfel Saum,
Entlassend meiner Wolke Tragewerk, die mich sanft
An klaren Tagen über Land und Meer geführt."

Das ist ein aktiver Vorgang, den Faust vollzieht, und zwar: „schauend", nicht erblickend (Seite 51); „Betret' ich", nicht: „erreich' ich"; „wohlbedächtig", nicht zufällig; „entlassend" diesmal, nicht verlierend. Faust hat Sicherheit gewonnen durch Erkenntnis „an klaren Tagen" in der Wolke. Das alles steht in Goethes Text, manchmal nur in einem Wort, so auch hier:

„Sie löst sich langsam, nicht zerstiebend, von mir ab.
Nach Osten strebt die Masse mit geballtem Zug,
Ihr strebt das Auge staunend mit Bewund'rung nach.
Sie teilt sich wandelnd, wogenhaft, veränderlich."

Faust gewinnt Abstand von Helena. Sein Griechenbild wandelt sich, „langsam, nicht zerstiebend", es löst sich von ihm ab. Die Einzelheiten verschwimmen zu einem „göttergleichen Fraungebild" (10049), das Helena nur noch ähnlich ist, aber ähnlich auch der Göttin Juno oder Leda, der Mutter Helenas (10050). Sein Griechenbild wird „formlos breit und aufgetürmt" (10052), es „spiegelt blendend flüchtiger Tage großen Sinn" (10054, Seite 181, auch: der Anfang dieses Abschnitts). Doch:

„Doch mir umschwebt ein zarter lichter Nebelstreif
Noch Brust und Stirn, erheiternd, kühl und schmeichelhaft.
Nun steigt es leicht und zaudernd hoch und höher auf,
Fügt sich zusammen."

Trunz (S. 701) liest hier gemäß Goethes Sprachgebrauch die Wörter „erheiternd" als vergeistigend, klärend und „schmeichelhaft" als wohltuend.

Was „fügt sich zusammen" vergeistigend, klärend und wohltuend? Es ist das, was unter der Frage „Was ist geblieben?" für die abendländische Kultur beantwortet ist (Seite 181), und das für Faust heißt: Aus dem Versuch, die Denkungsart und die Ideale der Griechen zu erfassen, sind ihm Einblicke geblieben, die ihm halfen, sich selbst zu finden und sich selbst in seiner Welt und in seiner Geschichte zu verstehen. Das heißt aber nichts anderes, als seine kulturelle Zugehörigkeit zu erkennen und ihre kulturelle Prägung zu akzeptieren. Und das heißt auch – unter anderem – in der Verkettung von Tat und Schicksal zu stehen. Wir stehen hier am Wendepunkt in Fausts Lebenslauf und am Wendepunkt im Drama Faust. „Und neue Lieder tönen darauf" (Seiten 88f).

Die neuen Lieder:
„Täuscht mich ein entzückend Bild,
Als jugenderstes, längst entbehrtes höchstes Gut?
Des tiefsten Herzens früheste Schätze quellen auf."

Faust sagt hier nicht, welche früheste Schätze das sind, aber von Goethe wissen wir es. Es sind Straßburg und das gotische Münster, Herder und die deutsche Literatur, Shakespeare, schließlich Friederike und Sesenheim, Gretchen. Goethe, das ist hier Faust.

Faust hat seine Welt wiedergefunden durch „Schauen der Einsamkeit tiefste" (10039), „an klaren Tagen" (10042), „mit Sinnen und Verknüpfen", „mit Selbsterkenntnis", „mit Freiheit", bis zum „Erfahrungsresultat" (Seite 53, Farbenlehre). Er mußte erst die Individualität der Griechenwelt erfassen, bevor er seine eigene fand.

Zu Aurorens Zeiten (10061), in den Jugendzeiten, hat er nicht beachtet:
„Den schnellempfundnen ersten, kaum verstandnen Blick,
Der, festgehalten, überglänzte jeden Schatz."

„Überglänzte" steht hier als Form von „überglänzen würde" oder „überglänzt hätte". Deshalb:
„Wie Seelenschönheit steigert sich die holde Form.
Löst sich nicht auf, erhebt sich in den Äther hin
Und zieht das Beste meines Innern mit sich fort."

Die neu gefundene Form ist die alte, eigene Form, die geprägte Form (Urworte, 1. Strophe). Sie „steigert sich, löst sich nicht auf." Sie war allerdings zeitweilig überdeckt.

Das Ergebnis der dritten Bilanz Fausts ist seine Rückkehr in seine eigene Welt. Er selbst vollzieht sie, aktiv, aus eigener Einsicht und eigenem Willen. Er hat Mephistos Rat angenommen: „Willst du entstehn, entsteh auf eigne Hand" (7848). Geprägte Form und Lebensbereich passen wieder zueinander, und es bestätigt sich:

„Das Liebste wird vom Herzen weggescholten.
Dem harten Muß bequemt sich Will und Grille.
So sind wir scheinfrei denn nach manchen Jahren
Nur enger dran, als wir am Anfang waren."

Das ist aus der vierten Strophe der Urworte aus dem Jahre 1817, als sich bei Goethe das Konzept für Faust II schon verdichtete. Es ist Goethes Altersweisheit und auch die Fausts (Seiten 78f).

Fausts Rückkehr

Die Frage nach dem Einfluß des Griechentums auf Faust ist beantwortet. Um den weiteren Ablauf des Dramas zu verstehen, unter anderem, warum in der Szene „Mitternacht" die Schuld draußen bleibt, erörtert Goethe hier noch einmal den Einfluß des Christentums auf Faust, ehe er ihn in seine Welt entläßt. Er wählt dafür das Beispiel Hölle und Teufel. Aber Faust ist jetzt zurück. Er ist Abendländer und er hat eigene Argumente.

Mephisto tritt als Provokateur auf (10067ff). Faust weist ihn ab (10073f). Mephisto, nun „ernsthaft" in der Rolle des Teufels, schildert in einer Groteske die Erschaffung der Hölle durch „Gott den Herrn" (10075) mit „ewig Feuer", „Schwefelstank und -säure". Er erklärt das mit dem Bilde der Entstehung der Gebirge und schließt die Bemerkung an: „Sie gründen auch hierauf die rechten Lehren" (10089). Faust weist das als „tolle Strudeleien" ab (10104) und hält dagegen: „Gebirgsmasse bleibt mir edel-stumm" (10095), und gibt eine Naturbeschreibung.

Mephisto legt nach: Er spricht zweideutig „von fremden Zentnermassen" (10111), fragt „Wer gibt Erklärung" (10112) und antwortet gleich selbst: „Das treu-gemeine Volk allein begreift ..." und „hinkt an seiner Glaubenskrücke" (10116ff). Faust tut das mit einer abfälligen Bemerkung ab.

Mephisto verstärkt. Er erwähnt die Versuchung Jesu (Matth. 4) und „Die Reiche der Welt und ihre Herrlichkeiten" (10131), und fragt: „Empfandest du wohl kein Gelüst?" Und darauf antwortet Faust ganz anders als Jesus, geradezu entgegengesetzt: „Und doch! ein Großes zog mich an. Errate!"

Mephisto forscht nach Fausts Absichten, den irdischen, wie wir eben gesehen haben, und stellt ihm eine typische mittelalterliche Hauptstadt vor (10135 – 10155). Faust: „Das kann mich nicht zufrieden stellen."
Mephisto zeichnet ein barockes Lustschloß samt entsprechenden Gärten und Frauen (10160 – 10175). Faust: „Schlecht und modern! Sardanapal!"

Mephisto spottet mit einem Mondgebilde (10177 – 10180).
Faust: „Dieser Erdenkreis gewährt noch Raum zu großen Taten."

Mephisto höhnt mit dem Vorwurf der Ruhmsucht (10185).
Faust: „Die Tat ist alles, nichts der Ruhm" (10188).

Faust gibt seine Willenserklärung ab, dem Meere Land abzugewinnen (10198 – 10209 und weiter 10212 – 10233). Darin fallen folgende Worte:
  „Mein Auge war aufs hohe Meer gezogen"
  „Und das verdroß mich"
  „Den freien Geist"
  „Durch leidenschaftlich aufgeregtes Blut"
Und weiter:
  „Unfruchtbar selbst, Unfruchtbarkeit zu spenden"
  „Zwecklose Kraft unbändiger Elemente!"
  „Da wagt mein Geist, sich selbst zu überfliegen"
  „Und es ist möglich!"
  „Da faßt' ich schnell im Geiste Plan auf Plan"
  „Das ist mein Wunsch, den wage zu befördern!"

Das alles sind neue Töne:
— Fausts Willenserklärung enthält ein Zukunftsziel, ist also Lebensdynamik.
— Er spricht von „Erdenkreis", der „Raum gewährt", das ist Ausdehnungsdynamik.
— Zweimal fällt das Wort „wagen", zusammen mit „sich selbst überfliegen", weil „es möglich ist". Das sind Erwartungen, in denen Unwägbarkeiten liegen und Risiken enthalten sind.

Es sind Erwartungen, die man – um die Reihe fortzusetzen – einer Dynamik des Willens zuordnen könnte, die direkt aus der Lebenspolarität abendländischer Prägung folgt (Seiten 193ff). Schon nach den bisherigen Textanalysen ist klar, daß Faust von zwei Antrieben bestimmt wird, von seinem Charakter und von seinem Willen. Für Charakter gebraucht Goethe auch das Wort „geprägte Form", also die Prägung.

— Zwischen den beiden Antrieben, den Goetheschen Lebenspolen, fehlt Faust allerdings die Balance (Seiten 59f), wenn man von ihm Äußerungen hört wie: „Das kann mich nicht zufrieden stellen" oder „Und das verdroß mich", bezogen auf ein Naturereignis wie die Gezeiten, oder wenn man sein Urteil hört: „Zwecklose Kraft unbändiger Elemente". Das wirft die Frage nach Begrenzung und Ausgewogenheit auf.

— Zweimal fällt in den obigen Zitaten mit hervorgehobener Bedeutung das Wort „Tat", ein mit „Schicksal" verknüpftes Lebensereignis. Beide haben für Faust nahezu selbsttragende Bedeutung, und doch folgen sie aus Entscheidungen, die im Widerstreit zwischen Charakter und Willen entstehen (Seite 195) Diesen Knoten wird Goethe für Faust im 5. Akt lösen.

Ein kurzer Rückblick soll noch etwas Deutlichkeit bringen. Erinnern wir uns an Fausts gegenwartsbezogene Begrüßungsrede im „Innern Burghof" (9192 – 9217), aus der die schon besprochene Statik des griechischen Lebensgefühls spricht (Seite 57, Plato); erinnern wir uns weiter an Helena, deren Haltung bei aller Dramatik doch von seelischer Ruhe getragen war, so erkennen wir sofort den Unterschied der beiden Kulturwelten und auch den Entwicklungsschritt, den Faust nach Helenas Tod vollzogen hat. Fügen wir noch ein Schlüsselwort hinzu, so wird das vollends deutlich:
Faust zu Helena (9379f):
„Und wenn die Brust von Sehnsucht überfließt,
Man sieht sich um und fragt – wer mitgenießt."
Faust jetzt (10252ff):
„Wer befehlen soll,
Muß im Befehlen Seligkeit empfinden."
„Genießen macht gemein."

Beutler deutet das so (LXXXIX): „Daß Faust sich in erneuter Wandlung befindet." Wir müssen das genauer ausdrücken. Faust hat hier die entscheidende Wende in seinem Leben vollzogen, man kann es geradezu teilen in die Zeit vor Helena und in die nach Helena. Die weitere Entwicklung wird das noch bestätigen.

Nun folgen die Kaiserszenen mit „Trommeln und kriegerischer Musik" (10233), voller Bewegung bis zu Hektik, erfüllt mit einer nach außen gerichteten Dynamik. Einzelheiten aus dem Handlungsverlauf sind für Goethe hier unwichtig, sogar die Belehnung Fausts mit dem Meeresstrand durch den Kaiser, die Goethe nur indirekt beschreibt (11035 – 11038). Wichtig dagegen sind ihm seine Schilderung der Zustände der mittelalterlichen europäischen Welt, was sich aus dem Gesamtzusammenhang des Dramas als folgenötig erweist, denn diese sind jetzt der Hintergrund für Fausts Auftreten. Faust braucht denn auch in der letzten Szene des 4. Akts nicht mehr zu erscheinen.

Goethe schildert mit starken eigenen Akzenten
1. den Zerfall des Reichs in seiner Führung und seiner Ordnung bis hin zur Rebellion und Aufstellung eines Gegenkaisers (10242 – 10296);
2. den Krieg des Kaisers mit eigener Kraft und mit der Hilfe Fausts, Mephistos und der „drei Gewaltigen" (10323 – 10782);
3. die Einsetzung der Kurfürsten – ein Nachbild der goldenen Bulle aus dem Jahre 1356 – und die Schwächung des Kaisertums durch die Verteilung von Hoheitsrechten (10849 – 10976);
4. die Zersplitterung der Kaiserlichen Lande durch von der Kirche für die Kirche erzwungene Zuteilung (10977 – 11042); „So könnt' ich wohl zunächst das ganze Reich verschreiben".

Wir müssen hier noch einmal genau hinsehen.
Goethe verdeutlicht seine Gestalten oft „durch einander gegenübergestellte und sich gleichsam ineinander abspiegelnde Gebilde" (an Iken am 27.09.1827), und so zeichnet er hier mit dem Kaiser eine Gegenfigur zu Faust, die ohne eigene Entwicklung lebt, ja sogar ohne die Voraussetzung dafür, also ohne Individualität und Charakter (Seiten 140f). Der Kaiser lebt für den Augenblick und nicht für die Zukunft, er lebt in die Vergessenheit hinein, weggeworfene Zeit; er hat keine Biographie und kein Porträt, er hat kein Schicksal, er ist ein unbedeutender Mensch. Skizzieren wir das mit Goethes Text:

Aus dem 1. Akt:
„Ich grüße die Getreuen, Lieben,
Versammelt aus der Näh und Weite."
„Doch sagt, warum in diesen Tagen,
Wo wir der Sorgen uns entschlagen, ...
Und Heitres nur genießen wollten,
Warum wir uns ratschlagend quälen sollten."
„Sag', weißt du Narr nicht auch noch eine Not?"
„Es fehlt an Geld, nun gut, so schaff' es denn."
„So sei die Zeit mit Fröhlichkeit vertan!
Indessen feiern wir, auf jeden Fall,
Nur lustiger das wilde Karneval"
„Der Kaiser will, es muß sogleich geschehn,
Will Helena und Paris vor sich sehn."
„Erst haben wir ihn reich gemacht,
Nun sollen wir ihn amüsieren."

Aus dem 4. Akt:
„Auf das Kommando leist' ich hier Verzicht.
In deinen Händen, Fürst, sei deine Pflicht."
„Befiehl und such uns zu befreien!
Geschehe, was geschehen kann."
„Ein Gegenkaiser kommt mir zum Gewinn:
Nun fühl' ich erst, daß ich der Kaiser bin ...
Bei jedem Fest, wenn's noch so glänzend war,
Nichts ward vermißt, mir fehlte die Gefahr."
„Am Freudentag, wenn wir die Gäste grüßen,
Die heiter kommen, heiter zu genießen,
Da freut uns jeder, wie er schiebt und drängt."

Der Leser wird diese und weitere Beispiele und auch die Folgerungen daraus im Gesamttext der Kaiserszene bestätigt finden, insbesondere wenn er sie in die Zeitumstände einbindet: im 1. Akt den Bankrott und den inneren Zerfall des Reiches, im 4. Akt die Empörung und den Bürgerkrieg sowie – nach der Schlacht – die Ausbeutung des Reiches durch die Fürsten als Lohn für die Hilfe (10871 – 10950 und 10953 – 10960), ferner die Plünderung des Reiches durch den Erzbischof mit Hilfe religiöser Erpressung auch ohne Hilfe im Krieg (10977 – 11042).
Faust hat sich auf der Seite des Kaisers am Bürgerkrieg beteiligt. Auch er hat sich seinen Lohn abgeholt, die Belehnung mit dem Küstenland (11035ff). Seine Mittel im Krieg waren rigoros und ohne Skrupel. Mephisto hat sie in der Gestalt der drei Gewaltigen angeboten (10323ff) und eingesetzt; er weiß, daß sie willkommen sind (103291):

> „Und, allegorisch wie die Lumpe sind,
> Sie werden nur um desto mehr behagen."

Die drei stellen sich vor (10331 – 10344):

> „Werd' ich ihm mit der Faust gleich in die Fresse fahren."
> „Im Nehmen sei nur unverdrossen,
> Nach allem andern frag' danach."
> „Zwar nehmen ist recht gut, doch besser ist's behalten."

So, wie sie sich hier vorstellen, handeln sie auch im Gefecht (10525 – 10546) und rauben in des Gegenkaisers Zelt (10783 – 10848). Sie sind „allegorisch" – ein Sinnbild für Fausts derzeitigen Zustand.

Den Besitzansprüchen seiner Vasallen gibt der Kaiser willenlos nach (4905f, 10236f, 10304f, 11003f, 11021f). Er bewahrt nur noch die Fassade, indem er die Zugeständnisse als freiwillige Zuteilungen aus „Dankbarkeit" ausgibt (10949). Fürsten und Kirche werden mächtig, der Kaiser wird schwach, das Reich wird ausgehöhlt. Seine Lage ist selbstverschuldet, sie ist die zwangsläufige Folge von Verantwortungsweggabe, Tatverzicht und Zukunftsverlust. Das sind Kontrastvokabeln zu Fausts Wesensmerkmalen. Dem Kaiser fehlen alle Eigenschaften, die wir bei Faust nach Helena gefunden haben (Seiten 189f). Es sind die Lebensbedingtheiten des Abendländers.

Diese Bedingtheiten müssen wir wenigstens in groben Zügen darstellen (weiteres im Teil 2.6), wenn wir das Ende von Goethes Faust verstehen wollen, so wie wir es für die griechische Welt getan haben, als wir Helena verstehen wollten (Seiten 174f, 180). Einzelheiten haben wir an vielen Stellen dieses Kommentars schon behandelt (Teile 1.5, 2.1, die Abschnitte „Mephisto", „Die Frage Schuld", „Anmutige Gegend", „Finstere Galerie", „Hochgebirg"). Auch aus der Gestalt des Kaisers als Gegenposition zu Faust haben wir soeben Schlüsse ziehen können. Deshalb können wir jetzt das Bild zusammenfassen.

Wie Goethe sein Prinzip von der Polarität allen Lebens für die griechische Welt in den Polen Schönheit und Häßlichkeit fand, so findet er es für unsere Kultur in der Polarität von Charakter und Willen (Urworte, 4. Strophe; Beutler analysiert (S. LXXXIX), daß „Faust sich in erneuter Wandlung befindet, Gefühl und Wollen sich steigern."). Das sind Eigenschaften, die im Gegensatz zur seelischen Ruhe Helenas Elemente einer seelischen Unruhe enthalten, und das ist die Ursache für die Dynamik im Wesen des Abendländers (Seiten 59f), die sich in allen Lebensbereichen in einem Drang zur Ausdehnung äußert. Betrachten wir unsere Beispiele aus Kunst und Wissenschaft (Seiten 145ff), so finden wir darin den Ausdruck einer offenen Ausgedehntheit, etwas „Grenzenloses" (6239ff). Das Streben danach enthält die Faktoren Wagnis und Unsicherheit, im Gegensatz zu der geschlossenen, Sicherheit bietenden Körperhaftigkeit des griechischen Weltbildes. Die Wirkungen der Dynamik des Abendländers sind nach innen hin Charakter, „der lebend sich entwickelt", nach außen hin Tat, beide expansiv. Ihre Antriebe sind zielgerichtet, ihre Ziele sind nach innen Entwicklung, nach außen Zuwachs. In ihrer Grenzenlosigkeit liegen Chance und Gefahr für den Abendländer und für das Abendland: ein abendländisches Erbe (Teil 2.6).

So ist es zu verstehen, daß Goethe dem Ausdehnungsdrang Grenzen setzt: er versteht die Polarität als Ausgleichspolarität, die die Bedingung zum Wandel zur Ausgewogenheit enthält und den Imperativ, das dynamische Gleichgewicht zwischen den Extremen herzustellen und zu halten (Seiten 59ff). Das ist Goethes Lebensimperativ, den er im Drama und in seinen Gedichten immer wieder ausspricht (Geisterchor: 1607ff und Seite 88; Finstere Galerie: „Gestaltung, Umgestaltung ..." 6286ff und Seite 148; die Gedichte „Selige Sehnsucht", 1814; „Urworte", 1817; „Ein und Alles", 1821). So ist auch der Imperativ des Geisterchores an den völlig aus dem Gleichgewicht geratenen Faust im Studierzimmer keine Maximalforderung, sondern die, das erreichbare Gleichgewicht zu finden: „Neue Lieder tönen darauf."

Ebenso wie die polaren Kräfte Charakter und Wille persönliche und eigene Eigenschaften sind, so sieht Goethe auch in der daraus entstehenden Tat ein persönliches Ereignis aus eigener Entscheidung und in eigener Verantwortung. Alle Teile des Dramas belegen das. Und wie jedwede Tat in Welt und Zukunft hineinreicht und also in die Sphäre anderer eingreift zu deren Nutzen oder Schaden und so für sie zum Schicksal wird, so wirkt sie auch zurück als eigenes Schicksal, „in der unmittelbar wirklichen Welt, in der unser Tun Folgen hat, denen wir uns stellen müssen", um noch einmal Heisenberg zu zitieren. Und so haben „Tat und Schicksal" – beide, ich wiederhole es, Folgen aus eigener Entscheidung in eigener Verantwortung – im abendländischen Lebensbild einen so hohen Stellenwert, daß sie nahezu selbsttragende Bedeutung haben (Seiten 189f). So ist es auch klar, daß im abendländischen Denken die Entscheidungsethik einen großen Raum einnimmt und in ihr Verhaltensnormen mit kategorischen Imperativen formuliert werden (Kant, Fichte). Wie hoch Goethe die „Tat" einordnet, zeigt Fausts Bibelübersetzung (1224 – 1237), in der er vom orientalischen Selbstverständnis „Im Anfang war das

Wort" zur abendländischen Weltsicht „Im Anfang war die Tat" findet (Teil 2.5).

Also:
In der Dynamik abendländischer Prägung vereinigen sich die Antriebe, die aus beiden Lebenspolen kommen, aus Charakter und Willen, und so ist auch die Tat immer von beiden geprägt. Jede Tat reicht hinein in Zukunft und Welt und löst dort Hoffnung und Angst hinsichtlich ihrer Wirkungen aus (Szene „Offene Gegend"). Und weil die Tat aus eigener Entscheidung entsteht und in eigener Verantwortung liegt, und weil in der Tat immer auch Wagnis liegt, löst sie auch beim Täter Hoffnung und Angst aus, und das ist die Sorge um das Gelingen in Zukunft und Welt (Szene „Mitternacht"). – So sind Innenleben und Außenwelt in Goethes Lebens- und Weltbild verknüpft. Aus der Spannung zwischen Charakter und Willen im Inneren und aus der Spannung zwischen Willen und Welt erwachsen die Schicksale des Abendländers, die – weil selbst verantwortet – auch die tragischen einschließen, so daß man hier vielleicht von Schicksalstragik sprechen kann, oder von einer Tragik des Wollens (Seiten 178f).

Wenn wir diese Gedanken für trivial halten, so stimmt das für uns; für andere sind sie nicht nachvollziehbar. Wir haben gesehen, wie anders das Lebensbild der Griechen war, die wiederum unser Lebensbild nicht verstanden hätten, es vielleicht für die Zerstörung einer heilen Welt und für die Selbstzerstörung einer gesunden Seele angesehen hätten. Ich habe unsere Selbstverständlichkeiten hingeschrieben, weil Goethe sie im 5. Akt an seinem Faust darstellt; und er stellt sie dar, weil sie bei uns von Philosophien und Theologien verschüttet sind.

Eine auf die Person bezogene Entscheidungsethik und die daraus folgenden Verhaltensnormen waren die Grundlage des Weltbildes in der nordischen Mythologie, im Unterschied zu der auf einen Gott bezogenen Gehorsamsethik orientalischer Religionen. Es ist wohl so, daß polytheistische Religionen der Einzelperson mehr Handlungsspielraum lassen, allerdings auch mehr Verantwortung auflasten, und daß sie die Folgen für die Handlungen als Schicksal im Diesseits belassen. Der Himmel der nordischen Mythologie war polytheistisch, und die Götter waren den gleichen Handlungsnormen unterworfen wie die Menschen und hatten Schicksal wie die Menschen. Die Menschen hatten zu ihren Göttern ein Gefolgschaftsverhältnis aus freiwilliger Anerkenntnis der hohen Autorität „als Elite etwas neidlos Zuerkanntes war" (Seite 15). Die nordische Mythologie war die erste Welterfahrung des Abendländers, und aus ihr wäre eine abendländische Religion entstanden, wenn nicht das Christentum das verhindert hätte, als es in die noch schwache Formierung des abendländischen Geistes hineinstieß (Teil 2.5). Als Goethe das nordische Welt- und Lebensbild etwa ab 1815 in den Resten der Literatur studierte, die den Bücherverbrennungen der Christen entgangen sind, fand er die Fortsetzung für sein Faustdrama. Er hat sie ab 1825 geschrieben. Er hat das abendländische Welt- und Lebensbild, so wie er es aufgenommen und angenommen hat, zum Thema für Fausts Entwicklung gemacht. Als Abendländer hat Faust „Anspruch auf ein Schicksal", wie Beutler das ausdrückt (S. LXXX), und Faust wird es haben.

Vor dem 5. Akt des Faust ist ein Rückblick angebracht.
Der Kommentar hat bisher die Eingangsbehauptung bestätigt, daß „Faust" ein Entwicklungsdrama sei und ein Thema der Kulturgeschichte. Ebenso hat diese Interpretation die Konsistenz des Dramas nachgewiesen (Teil 1.2) und die Frage verneint, ob „Faust" ein Konglomerat sei (Seite 20). Dafür sind auch die Verweisungen und Bezugnahmen auf vorausgehende Texte im Drama wie in diesem Kommentar ein Beleg. Für die Stimmigkeit der Interpretation mußte ich keine Dramenteile unberücksichtigt lassen und keine eigenen Konstruktionen oder gar Wertungen hinzufügen. Philosophische Dispute und psychologische Analysen, zu denen ich gar nicht in der Lage bin, sind hier überflüssig, denn „Faust" ist eine Lebens- und Seelenbeschreibung aus einer Zeit, „da die Kunde von der menschlichen Seele noch eindeutig in den Bereich der Priester und Dichter und nicht der Ärzte fiel" (Seite 254), da die Seelenheil-Kunde noch nicht zur Seelen-Heilkunde degeneriert war. Faust ist nicht Kopfgeburt, sondern „Bruchstück einer großen Konfession", auch und gerade im Vergleich mit Griechentum und Christentum. Das Drama ist das Bekenntnis des Dichters Goethe zum Eigenen (Teil 1.4). Wir haben das bisher aus dem Text herausgelesen und können die Zuversicht haben, es auch in Goethes Dramenschluß zu finden.

Fausts Fehlweg

Der 5. Akt des Faustdramas ist aufgebaut wie der Schlußsatz einer Sinfonie, in dem die Themen des Stückes noch einmal zusammengeführt und in ihren Abhängigkeiten variiert, ineinander verwoben, miteinander verflochten und schließlich zum Ergebnis aufgelöst werden. Wir werden sie jetzt entflechten und identifizieren, und danach sollte jeder von uns diesen Schlussakt noch einmal im Ganzen lesen und Goethes Kunstwerk wahrnehmen.

Das erste Thema ist in den Szenen „Offene Gegend" und „Palast" enthalten und beschreibt die polare Anlage Fausts, seine beiden Seelen (1112), und an diesem Detail zeigt sich das umfassende Gesetz des Erdgeistes (Seiten 85ff), unter dem also auch Faust steht.

Zuerst beschreibt der Wanderer die Welt, in die Faust eingegriffen hat, so wie er sie vor Fausts Eingriff kennt. Er beschreibt das Land und die Leute von damals (11043 – 11078); er beschreibt ein Idyll:
„Ja, sie sind's, die dunklen Linden,
Dort, in ihres Alters Kraft.
Und ich soll sie wiederfinden
Nach so langer Wanderschaft!"
„Meine Wirte möchte ich segnen,
Hilfsbereit, ein wackres Paar."

Und schon führt Baucis von der Erinnerung zum heutigen Tag hin:
„Lieber Kömmling! Leise! Leise!
Ruhe! Laß den Gatten ruhn!
Langer Schlaf verleiht dem Greise
Kurzen Wachens rasches Tun."

Dann zeigt Philemon die neue Welt, die Faust geschaffen hat und beschreibt deren Chancen (11083 – 11106):
„Seht ein paradiesisch Bild."
„Schaue grünend Wies' an Wiese,
Anger, Garten, Dorf und Wald."
„Dort im Fernsten ziehen Segel,
Suchen nächtlich sichern Port."
„So erblickst du in der Weite
Erst des Meers blauen Saum,
Rechts und links, in aller Breite
Dicht gedrängt bewohnten Raum."

Philemon beschreibt die neue Welt und ihre Ausdehnung „in der Weite" und „in aller Breite" als ein Wunder (11109), und wie bei jeder nicht faßbaren Tat liegen auch hier Hoffnung und Angst beieinander.
Die Hoffnung spricht Philemon aus (11115 – 11122):
„Kann der Kaiser sich versünd'gen,
Der das Ufer ihm verliehn?"

Baucis jedoch verleiht der Angst Ausdruck (11111ff, 11123 – 11134):
> „Denn es ging das ganze Wesen
> Nicht mit rechten Dingen zu.
> Gottlos ist er, ihn gelüstet
> Unsere Hütte, unser Hain."

Wie die Vorankündigung einer Gefahr liegt diese Angst über der Welt der Alten. Das sind die ersten Töne zum Thema Chance und Gefahr, Hoffnung und Angst (Seite 194), die aus Fausts Tat und aus seinem Charakter folgen. Fausts Eingriff in die Welt der beiden Alten wird keine unmittelbare Rückwirkung für ihn haben. Die beiden haben nur die eine Zuflucht:
> „Laßt uns zur Kapelle treten,
> Letzten Sonnenblick zu schaun!
> Laßt uns läuten, knien, beten,
> Und dem alten Gott vertraun!"

Der Türmer nimmt noch einmal das Lob für Fausts Leistung auf und preist den Nutzen (11143f, 11163t):
> „Die Sonne sinkt, die letzten Schiffe,
> Sie ziehen munter hafenein.
> Ein großer Kahn ist im Begriffe,
> Auf dem Kanale hier zu sein."
> „Wie türmt sich sein behender Lauf
> Zu Kisten, Kasten, Säcken auf!"

Aus Fausts Willenserklärung (Seite 189) ist Tat geworden. Goethe beschreibt Fausts expansive Tat, ausgelöst von seinem expansiven Willen, wiederholt mit Ausdehnungsbegriffen: „in der Weite", „rechts und links in aller Breite", „dort im Fernsten ziehen Segel", „und weit hinein sie in sich selbst zu drängen". Goethe drückt damit aus, daß der Abendländer Faust die Willensseite seiner Wesenspolarität extrem ausgelebt hat.

Das Glöckchen läutet auf der Düne:
> „Verdammtes Läuten! Allzuschändlich
> Verwundet's, wie ein tückischer Schuß."

So bricht es aus Faust heraus, wie aus einer aufgestauten Emotion (11151 – 11162). Hier zeigt sich die schon angeklungene Charakterseite von Fausts Wesenspolarität (Baucis), und damit erhält das oben entfaltete Thema kontrapunktisch sein Gegenthema. Genau zur rechten Zeit sind Mephisto und seine „drei gewaltigen Gesel-

len" (11165) wieder da. Mit dem Wort „wieder" habe ich mir die Gelegenheit verschafft, mich zu korrigieren, nämlich: sie sind noch immer da. „Allegorisch, wie die Lumpe sind", haben wir sie schon früher als Sinnbild für Fausts Charakter erkannt (Seiten 192f), der sich jetzt auslebt zum Schaden der beiden alten Leute, und der ihre Welt zerstört:
> „Vor Augen ist mein Reich unendlich,
> Im Rücken neckt mich der Verdruß."
> „Der Lindenbaum, die braune Baute,
> Das morsche Kirchlein ist nicht mein."

Und dazu (11233 – 11272):
> „Das verfluchte Hier!
> Das eben, leidig lastet's mir."
> „Mir ist's unmöglich zu ertragen,"
> „Die wenig Bäume, nicht mein eigen,
> Verderben mir den Weltbesitz,"
> „Daß man, zu tiefer, grimmiger Pein,
> Ermüden muß, gerecht zu sein."

Der Rest ist Bericht.

Nach dem Ausbruch seiner Emotion folgt Fausts Tat, jetzt eine Tat aus seinem Charakter.
Faust (11275f): „So geht und schafft sie mir zur Seite."
Mephisto (11351f): „Verzeiht! es ging nicht gütlich ab."

Auf derselben Bedeutungsebene liegt der Bericht, den Mephisto über die Ausfahrt gibt (11171 – 11188) mit Worten, die den Worten den Handlungen und den Räubereien der Gewaltigen im Bürgerkrieg gleichen, und die Faust zuzuschreiben sind: „Vergnügt, wenn der Patron es lobt."

Wir erkennen:
Fausts Charakter beherrscht seinen Willen, und beide finden ihre Ziele draußen in der Welt. Faust hat seinen Willen bisher nicht auf seinen Charakter angewandt, und so hat er seine Ausgewogenheit bisher nicht gefunden und nicht das Gleichgewicht zwischen beiden.

Wieder mischen sich hier andere Töne ein, die sich zu einem Seitenthema zur Polarität des Lebens entwickeln werden, zu Goethes Imperativ Wandlung. Faust bemerkt seine Grenzen:
> „Des allgewaltgen Willens Kür
> Bricht sich an diesem Sande hier" (11255f).
> (Das Wort Kür betont die freie Wahl. Trunz, S. 711)

> „Und wie ich's sage, schäm ich mich" (11238).
> „Mein Türmer jammert; mich, im Innern,
> Verdrießt die ungeduld'ge Tat" (11340).
> „Wart ihr für meine Worte taub!
> Tausch wollt' ich, wollte keinen Raub!" (11370)
> „Geboten schnell, zu schnell getan!" (11382)

Das sind also erste Einsichten in seine Begrenztheit, die einen Wandel in seinem Charakter andeuten. Faust steht jetzt an seinem Wendepunkt; er spürt das:
> „Geboten schnell, zu schnell getan!
> Was schwebet schattenhaft heran?"

Wir haben oft genug von der Verkettung von Tat und Schicksal und von der Verkettung von Charakter und Schicksal gesprochen, so daß wir wissen können: jetzt klopft sein Schicksal an. Und das ist das zweite Thema des Schlussaktes, in Fausts Mitternacht, bevor der Zeiger fällt.

Fausts Mitternacht

Faust hat eine Vision. Mit dem Rauch der brennenden Hütte:
> „Was schwebet schattenhaft heran?"
> „Ich heiße der Mangel. Ich heiße die Schuld.
> Ich heiße die Sorge. Ich heiße die Not."

Alle vier „grauen Weiber" sind Schicksalsträger und können mit der Wucht ihrer Schläge das Geschick von Menschen bestimmen. Zum Palast Fausts haben Mangel und Not ohnehin keinen Zugang. Die Schuld bleibt draußen – warum? Wir werden es später sehen. Die Sorge „schleicht sich durchs Schlüsselloch ein" (11391). Und (11396):
> „Dahinten, dahinten! von ferne, von ferne,
> Da kommt er, der Bruder, da kommt er, der – Tod."

Faust ist verunsichert (11398 – 11402):
> „Ein düstres Reimwort folgte – Tod.
> Es tönte hohl, gespensterhaft gedämpft."

Zum ersten Mal kommt ihm dieser Gedanke. Er kommt ungefragt und ungelegen, Faust ist noch nicht soweit. Ganz unvermittelt und erschrocken erkennt er (11403):
> „Noch hab' ich mich ins Freie nicht gekämpft."

Eilig beginnt er eine Lebensbilanz, seine vierte und letzte (11403 – 11418). Er spricht Einsichten aus zu Magie und Zaubersprüchen (11404f), zum Wert, ein Mensch zu sein (11406f), zu seinem Frevelwort, dem großen Fluch (11409). Die Konjunktive „könnt' ich" (11404), „Stünd' ich" (11406), „Da wär's" (11407) drücken Erkenntnisse zu Fehlern aus, vor allem aber Erkenntnisse zu Versäumnissen im Leben. Er sieht das Ergebnis: Er steht nicht „Natur, vor dir ein Mann allein" (11406), er sieht: „Nun ist die Luft von solchem Spuk so voll" (11410), „von Aberglauben früh und spat umgarnt" (11417), „und so verschüchtert, stehen wir allein" (11418).

Diese Einsichten werden jäh unterbrochen vom Hauptthema (11419 – 11431):
  „Die Pforte knarrt, und niemand kommt herein."
  (Erschüttert)
  „Ist jemand hier?"
Die Sorge ist da.
  „Die Frage fordert Ja!"
  „Bin einmal da."
  „Ich bin am rechten Ort."

Es ist nicht die Sorge, die Faust kennt (644 – 651), sondern:
  „In verwandelter Gestalt
  Üb' ich grimmige Gewalt."
  „Hast du die Sorge nie gekannt."

Diese Sorge ist auf die Zukunft gerichtete Angst. Ihr geht voraus die Erkenntnis der eigenen Versäumnisse, der verlorenen Zeit. Lesen Sie aus dieser Sicht bitte noch einmal die Verse 11403 – 11411 mit den Konjunktiven. Die Sorge ist Angst vor dem Mißlingen aus Zeitmangel, also Angst vor Zukunftsverlust. Liegt in dieser Sorge nicht auch eine Ahnung davon, daß das Wollen zu groß war für die verfügbare Zukunft? Das wäre schicksalhaft tragisch.
Faust verdrängt die Sorge. Sein Thema bleiben Welt und Tat in reichlicher Zukunft. In diesem Sinne setzt er unbeirrt seine Bilanz fort (11433 – 11452):
  „Ich bin nur durch die Welt gerannt."
  „Der Erdenkreis ist mir genug bekannt"
  „Nach drüben ist die Aussicht uns verrannt,
  Tor, wer dorthin die Augen blinzelnd richtet,
  Sich über Wolken seinesgleichen dichtet!
  Er stehe fest und sehe hier sich nun;
  Dem Tüchtigen ist diese Welt nicht stumm.
  Was braucht er in die Ewigkeit zu schweifen!"

„Im Weiterschreiten find er Qual und Glück,
Er, unbefriedigt jeden Augenblick!"

Aber die Sorge setzt sich durch, unaufhaltsam und unerbittlich, wie wenn das Schicksal rollt. Die Sorge zeigt ihm seine Defizite (11453 – 11466):
„Wen ich einmal mir besitze,
Dem ist alle Welt nichts nütze,"
„Bei vollkommnen äußern Sinnen
Wohnen Finsternisse drinnen,
Und er weiß von allen Schätzen
Sich nicht in Besitz zu setzen."
„Er verhungert in der Fülle,"
„Sei es Wonne, sei es Plage,
Schiebt er's zu dem andern Tage."
Und dann fällt das Schicksalswort:
„Ist der Zukunft nur gewärtig,
Und so wird er niemals fertig."

Einen Augenblick, bitte:
— „Finsternisse drinnen": das sind sehr wohl auch die drei gewaltigen Gesellen und die egoistische Tat gegen Philemon und Baucis, es ist aber mehr. Wir sagten bereits (Seite 194), daß sich Unruhe und Dynamik im Wesen des Abendländers in Tat und Ausdehnungsdrang in der Welt äußerten, und daß darin Chance und Gefahr für das Abendland lägen, ein abendländisches Erbe. Hier stellt Goethe dar, daß Unruhe und Dynamik auch Chance und Gefahr für den Abendländer selbst sind, für Faust bisher nur Gefahr, denn seine Dynamik nach draußen überdeckt die Finsternisse drinnen.
— „Und so wird er niemals fertig": Darin liegt sehr wohl das Schicksal, das von draußen kommt, wenn Wollen und Gelingen auseinanderfallen, weil das Wollen zu groß war für das Erreichbare oder weil das Wollen weiter reicht als es die eigene Zukunft zuläßt. Aber in dem Wort liegt auch das Schicksal, das von innen kommt, wenn die persönliche Entwicklung nicht fertig wird.
So wie wir es allgemein festgestellt haben (Seite 194), so verknüpft Goethe Fausts Innenleben und seine Außenwelt.

Es folgen, wenn wir bei unserem Bilde bleiben wollen, Goethes Variationen zum Thema Schicksal, hier zuerst zu seinem äußeren Schicksal in der Welt. Sammeln wir die Fakten:

Faust hat seinen Anspruch auf Zukunft angemeldet:
"Dem Tüchtigen ist diese Welt nicht stumm,"
"Im Weiterschreiten find er Qual und Glück"
Er geht, schon erblindet, ans Werk (11501 – 11510):
"Vom Lager auf, ihr Knechte! Mann für Mann!"
"Ergreift das Werkzeug, Schaufel rührt und Spaten!"
Aber er ist blind für das Mögliche geworden.
Mephisto spricht es aus (11544 – 11550):
"Die Elemente sind mit uns verschworen,
Und auf Vernichtung läuft's hinaus."
Die Kluft zwischen Wollen und Erreichbarkeit in der Welt – oder, wie wir es kurz ausgedrückt haben: zwischen Willen und Welt – ist aufgebrochen.
Faust kann sein Ziel in der Welt nicht erreichen.

Und zweitens:
Faust (11539 – 11543):
"Wie das Geklirr der Spaten mich ergetzt!"
Mephisto (halblaut) (11557f):
"Man spricht, wie man mir Nachricht gab,
Von keinem Graben, doch vom Grab."
Faust kann sein Ziel auch in der Zeit nicht erreichen.

Sein Wollen war überzogen für die Möglichkeiten in der Welt und in der Zeit. Das ist Fausts tragisches Schicksal. Es ist eine Tragik des Wollens. Und weil sein Schicksal nach eigener Entscheidung aus eigener Verantwortung folgte, ist es tragisch im abendländischen Verständnis. Es ist ein abendländisches Erbe (Seiten 194f). Goethe hat das Wort der Erklärung schon in seinen Urworten gesprochen: "So mußt du sein, dir kannst du nicht entfliehen", und er begleitet Fausts Schicksal und deckt es zu mit dem Wort des Verstehens aus seinem Trauergesang (9907 – 9938):
"Doch zuletzt das höchste Sinnen
Gab dem reinen Mut Gewicht,
Wolltest Herrliches gewinnen,
Aber es gelang dir nicht.
Wem gelingt es? – Trübe Frage,
Der das Schicksal sich vermummt."

Fausts Tod

Jetzt schreibt Goethe das dritte große Thema des 5. Aktes. Es ist auch das Schlußthema zum Drama Faust. Es ist sein „Bruchstück einer großen Konfession" (Dichtung und Wahrheit II,7), also ein Teil seines Religionsverständnisses. Er verbindet dieses Thema mit Fausts innerem Schicksal, seiner Charakterentwicklung.

Die Schuld bleibt draußen. Goethe stellt nicht die Frage nach der Schuld, sondern die Frage nach dem Schicksal. Wir müssen nicht wiederholen, was zur Frage Schuld schon gesagt wurde (Seiten 126f), aber wir müssen hinweisen auf die Domszene (Seiten 131ff) und auf die Kerkerszene (Seiten 128ff). Dort haben wir festgestellt, daß Goethe Gretchens Tod dem Tode Fausts gegenübergestellt hat, um seine Religiosität darzustellen, „die auf das Leben gerichtet ist, nicht auf das Sterben, die Hilfen für das Diesseits anbietet, nicht Verheißungen für ein Jenseits" (Seite 130). Beim Vergleich mit Gretchens Tod gibt es nur die eine Feststellung, daß es eine Gnade ist, daß in Fausts Todesstunde die Schuld draußen bleiben muß.

Fausts auf die Welt gerichteter Blick „Im Weiterschreiten" und „bleibt diese Welt nicht stumm" wollte und will die Sorge nach innen wenden: „wohnen Finsternisse drinnen", „und so wird er niemals fertig". Faust bleibt auf die Welt fixiert und antwortet deshalb (11467 – 11470):
 „Hör auf! So kommst du mir nicht bei!"
Die Sorge bleibt unnachgiebig (11471 – 11486):
 „Der Entschluß ist ihm genommen."
 „Siehet alle Dinge schiefer,"
 „Heftet ihn an seine Stelle
 Und bereitet ihn zur Hölle."
Faust (11487 – 11494):
 „Unselige Gespenster!"
 „Doch deine Macht, o Sorge, schleichend groß,
 Ich werde sie nicht anerkennen."

Er muß.
Die Sorge (11495 – 11498):
 „Erfahre sie, wie ich geschwind
 Mich mit Verwünschung von dir wende!
 Die Menschen sind im ganzen Leben blind,
 Nun, Fauste, werde du's am Ende!"
 „Sie haucht ihn an. Faust erblindet."

Faust (11499f):
„Die Nacht scheint tiefer tief hereinzudringen,
Allein im Innern leuchtet helles Licht."

Das ist der Höhepunkt im 5. Akt:
Die Sorge nimmt Faust den Blick nach draußen und gibt ihm den Blick nach innen frei.
Damit vollzieht sie Schicksal.

Sie vollzieht Fausts äußeres Schicksal, indem sie sein Werk abbricht. Sie vollzieht Fausts inneres Schicksal, das aus der Spannung zwischen Willen und Charakter folgt. Wie schon zwei Mal im Drama an lebensentscheidenden Stellen:
1. als der Geisterchor Faust nach seiner seelischen Selbstzerstörung auffängt (Seite 88),
2. als nach der Erschütterung in Gretchens Kerker Faust in „Anmutige Gegend" Wandlung von Leben in Charakter als lebensnotwendigen Prozeß erfährt (Seite 138).

so gewährt jetzt die Sorge ihm einen Tod in weiterführender Hoffnung statt in zerstörender Verzweiflung, beides bezogen auf das Lebensresultat. Und das eben ist ein Stück von Goethes großer Konfession.

Der blinde Faust nimmt das Draußen nicht mehr wahr, und so sieht er auch nicht, daß kein Arbeiter an seinen Deichen gräbt, sondern die Lemuren schon sein Grab schaufeln. Der Hauch der Sorge erspart ihm die Erkenntnis seines Scheiterns. Die Angst vor dem Mißlingen ist weg. Faust stirbt, wie gesagt, in weiterführender Hoffnung. Und so kann Goethe schreiben und hebt damit seinen Faust über dieses Schicksal hinweg (11581ff):
„Zum Augenblicke dürft' ich sagen:
Verweile doch, du bist so schön!
Es kann die Spur von meinen Erdentagen
Nicht in Äonen untergehn. –
Im Vorgefühl von solchem hohen Glück
Genieß' ich jetzt den höchsten Augenblick."

Fausts Tod: sein höchster Augenblick.
Er steht nicht mehr „scheinfrei" in „Bedingung und Gesetz".
„Solcher Grenze ... Pforte wird entriegelt."
„Ein Wesen regt sich leicht und ungezügelt:"
„Erhebt sie uns, mit ihr, durch sie beflügelt,
Ihr kennt sie wohl, sie schwärmt durch alle Zonen;
Ein Flügelschlag – und hinter uns Äonen!"

Sie, das ist die Hoffnung.
So enden Goethes „Urworte orphisch" mit der 5. Strophe, die die Überschrift „Hoffnung" trägt. Er hat dieses Gedicht im Jahre 1817 geschrieben, als sich sein Konzept zu Faust II verdichtete.

Fausts inneres Schicksal ist seine Entwicklung.
Der Geisterchor (1607 – 1626), so hatten wir festgestellt (Seite 88), hat mit dem Lebensimperativ Fausts Charakterentwicklung zu seinem Schicksal gemacht. Die Sorge, sagten wir oben, vollzieht Schicksal an Faust, indem sie seinen Blick nach innen öffnet. Sie öffnet damit Faust noch an seinem Lebensende den Weg zur inneren Ausgeglichenheit. Und Faust geht ihn.

In seiner letzten Bilanz (11559 – 11580) erkennt Faust den Sinn des Handelns darin, „auf freiem Grund mit freiem Volk zu stehn", „nicht sicher zwar, doch tätig – frei zu wohnen"; es ist Handeln für die Gemeinschaft und mit der Gemeinschaft. Und Faust nimmt diese Erkenntnis für sich an: „Ja! diesem Sinne bin ich ganz ergeben." Darin liegen keine Egozentrik mehr und kein Egoismus. Die drei gewaltigen Gesellen sind weg. Der Blick nach innen hat diese Wandlung bewirkt. Jedes Wort ist neue Erkenntnis, besonders dieses:

> „Das ist der Weisheit letzter Schluß:
> Nur der verdient sich Freiheit wie das Leben,
> Der täglich sie erobern muß."

Faust hat den Ausgleich zwischen Willen und Charakter vollzogen, allerdings nicht durch Veränderung seines Wesens („keine Zeit und keine Macht zerstückelt", Urworte), sondern er hat das Gleichgewicht zwischen den Polen erreicht, also die Ausgewogenheit. Er hat die geprägte Form gefunden, „die lebend sich entwickelt".

Der Imperativ des Geisterchores ist erfüllt.

Homunkulus hatte kein Schicksal. Euphorion hatte Schicksal und blieb zuletzt doch Grieche, und er bat die Mutter um Fürsprache für die Aufnahme im Hades. Faust hat uneingeschränkt und bewußt sein Schicksal erlebt und angenommen. Damit erwies er sich als Abendländer.

Mephistos Epilog

„Die Uhr steht still –
Steht still! Sie schweigt wie Mitternacht.
Der Zeiger fällt."
„Er fällt, es ist vollbracht."
Das ist Mephistos Vollzugsmeldung.
„Es ist vorbei."
Das läßt Mephisto nicht gelten.

Mephisto, Weggenosse Fausts als sein polares zweites Ich ist glaubwürdig hinsichtlich der Feststellung „der mir so kräftig widerstand"!

Er hat Faust begleitet
— als Diener und als Knecht (1648),
  von Auerbachs Keller bis zum Deichbau, bis 11551: „Aufseher!";
— als Helfer und Warner
  auf dem gemeinsamen Weg, etwa mit dem Geisterchor und dessen Lebensimperativ (Seiten 88f) oder in den Szenen der „Klassischen Walpurgisnacht", z.B.: 7080ff, 7191ff, 7848: „Willst du entstehn, entsteh auf eigne Hand";
— als Lehrer und Ratgeber,
  etwa im Studierzimmer mit der Darstellung der Polarität der Welt zwischen dem „Nichts" und dem „Etwas" (1346 – 1378), mit den fünf Belehrungen 1776 – 1841, oder in der Szene „Finstere Galerie" mit dem Kolleg über das Goethesche, abendländische Weltbild (Seiten 143ff), oder schließlich mit dem wegweisenden Wort nach Helenas Tod: „Halte fest, was dir von allem übrig blieb" (Seite 181).

Er hat oft genug Faust nicht zurückhalten können, so auch vor der Theaterszene mit Helena und Paris, vor der er Faust mehrmals warnte und von einem Griechenlandabenteuer zurückhalten wollte:

„Unsinnig war's, leichtsinnig zu versprechen" (6188)
„Hier stehen wir vor steilern Stufen,
Greifst ein in fremdestes Bereich." (6194rf)
„Das Heidenvolk geht mich nichts an,
Es haust in seiner eignen Hölle." (6209f)

Vor allem ist Mephisto Zeuge für Fausts Lebensweg unter dem Gesetz von Polarität und Wandel, und er kann deshalb erklären (11588f):
„So buhlt er fort nach wechselnden Gestalten."

Mephisto bestätigt also Fausts Leben nach dem Gestaltungsgesetz des Erdgeistes:
„Ein wechselnd Weben,
ein glühend Leben,
So schaff' ich am sausenden Webstuhl der Zeit
Und wirke der Gottheit lebendiges Kleid."

Auch wir sind Zeugen von Fausts Entwicklung geworden, so in seinen vier Lebensbilanzen:
— Zuerst in der Szene „Nacht", die seine seelische Haltlosigkeit offenbart (Seite 88) und zum seelischen Zusammenbruch führt;
— dann in der Szene „Anmutige Gegend", in der er durch einen passiven Vorgang Wandlung von Leben in Charakter erfährt, die er wahrnimmt und annimmt;
— danach in der Szene „Hochgebirg", in der er selbst aktiv und bewußt den Wandel von der griechischen Welt zu seiner eigenen, abendländischen Welt vollzieht;
— und schließlich in seiner Todesstunde, in der er zur Ausgewogenheit zwischen Willen und Charakter findet, zur „geprägten Form, die lebend sich entwickelt".

Und nun:
„Es ist vollbracht."
Nicht nur Fausts Entwicklungsweg ist vollbracht, sondern auch der Auftrag des Erdgeistes an Mephisto.
Und weiter:
„Die Zeit wird Herr,
Der Greis hier liegt im Sand."
Aber:
„Vorbei! ein dummes Wort."

Goethe müht sich, für das Nicht-Aussprechbare Bilder zu finden (11598 – 11603):
„Was soll uns denn das ew'ge Schaffen!
Geschaffenes zu nichts hinweg zu raffen!
„Da ist's vorbei!" Was ist darin zu lesen?
Es ist so gut, als wär' es nicht gewesen,
Und treibt sich doch im Kreis, als wenn es wäre.
Ich liebte mir dafür das Ewig-Leere."

Etwas Geschaffenes „treibt sich im Kreis", erklärt Mephisto. Was sagte der Geisterchor: „Wir tragen die Trümmer ins Nichts hinüber" (1613) und setzt fort: „Baue sie wieder, in deinem Busen baue sie auf!" Das sieht aus wie ein Wandel, im Kreislauf von Werden und Vergehen. Wir kennen es aus der Studierzimmerszene (1363f). Dort ist:
„Was sich dem Nichts entgegenstellt,
Das Etwas, diese plumpe Welt."

Lesen Sie bitte nach, was wir dort über komplementäre Bilder für eine anders nicht beschreibbare, tiefer liegende Realität gesagt haben (Seite 55). Ganz eindeutig hat dort Goethe die Polarität Nichts-Welt angesprochen, und durch das Adjektiv „plumpe" Welt erhält das Nichts eine positive Bedeutung von einer Ausgangssituation, einem Ursprung, was Goethe mit Vers 1351 bestätigt und was heute die Physiker in ihren „Großen Vereinigten Theorien" (GVT) zu entdecken glauben als universelle Symmetrie (Jean-Carlo Rota: „ein universales ‚Nichts-als'").

Goethes hier gebrauchtes Wort „Das Ewig-Leere" ist nur ein anderes Bild für das dort gebrauchte Wort „Nichts". Im Ausdruck „Ich liebte mir dafür ..." bezieht sich das Wort „dafür" auf den „Kreis" im vorangegangenen Vers, und man kann schließen, daß Goethe die Bilder „Nichts", „das Ewig-Leere", „Kreis" zur Verdeutlichung derselben, tiefer liegenden Realität gebraucht.

Heisenberg spricht von „Formen des unbewußten Bereichs der menschlichen Seele, Bilder von stark emotionalem Gehalt, die nicht gedacht, sondern gleichsam malend geschaut werden", und für Goethe waren diese Bilder „in meinem Innern Eindrücke" (Seite 54) von seinen Urphänomenen, vor denen er „eine Art von Scheu bis zur Angst" empfindet, und die man in ihrer „ewigen Ruhe und Herrlichkeit dastehen" lassen soll.

Goethe hat viele Bilder gebraucht für den hier genannten Kreis, in dem sich Geschaffenes treibt. In dem Wort des Erdgeistes (505f):
„Geburt und Grab,
Ein ewiges Meer."
gebrauchte er das Wort „ein ewiges Meer" mit dem ewigen Kommen und Gehen neuer Wellen als Bild – er sagt auch: als Gleichnis – für den Kreislauf von Werden und Vergehen. Im Chorus mysticus (12104 – 12111) ist fast jedes Wort ein Bild, und der Kreislauf für „Alles Vergängliche" schließt sich in einem Ursprung, den Goethe dort „Das Ewig-Weibliche" nennt.

Das Nichts, das Ewig-Leere, ein ewiges Meer, das Ewig-Weibliche sind Goethes komplementäre Bilder für ein Urphänomen, das er hier mit dem Kreis für das Geschaffene beschreibt, das nicht hinwegzuraffen und nicht vorbei ist.

Goethes stärkstes Bild aber ist das der Mütter in der Szene „Finstere Galerie" (6213 – 6290). Ich zitiere nur die hier relevanten Stellen:
„Um sie kein Ort, noch weniger eine Zeit;"
„Nach ihrer Wohnung magst ins Tiefste schürfen."
Und dann dies:
„Die einen sitzen, andre stehn und gehn,
Wie's eben kommt."

Das ist ein Bild der Ruhe zwar, und doch auch ein Bild der Bewegung, einer bis zum Äußersten ruhigen Bewegung. Man könnte denken, Goethe habe die Wohnung der Mütter irgendwo oder irgendwann zwischen den Polen „Etwas" und „Nichts" oder zwischen den Polen „Vergehen" und „Werden" gefunden, „in der Gebilde losgebundne Reiche" (6277), bewohnt mit „wechselnden Gestalten". Und dann kommt Goethes berühmtes Wort:
„Gestaltung, Umgestaltung,
Des ewigen Sinnes ewige Unterhaltung."

Das ist doch wohl Goethes Ausdruck für den Ursprung wandelbarer Formen (Seite 57). Es ist ein Ausdruck, der eine stetige Dynamik im Kreislauf des Lebens beschreibt. Vielleicht meint Goethe genau das, wenn er Mephisto am Schluß seines Nachrufs auf Faust sagen läßt:
„Und treibt sich doch im Kreis, als wenn es wäre."

Damit ist das Drama Faust zu Ende, und wir haben keine Fragen mehr. Statt dessen erinnern wir uns an Heisenbergs Satz über die Formen des unbewußten Bereichs der menschlichen Seele, die nicht ins Bewußtsein verlegt oder auf bestimmte rational formulierbare Ideen bezogen werden dürfen. Wir erinnern uns an Wittgensteins Wort, daß man darüber schweigen müsse, worüber man nicht sprechen kann (Seite 149). Und wir erinnern uns schließlich noch einmal an Goethe, der vor seinen Urphänomenen eine Art Scheu bis zur Angst fühlt und sagt, daß man sie in ihrer ewigen Ruhe und Herrlichkeit dastehen lassen soll, und der am farbigen Abglanz das Leben erfaßt, zum Beispiel Fausts Leben.

2.4 Themenlinie Griechentum

Wir haben Dietzes Analyse von der Vielschichtigkeit des Faustdramas übernommen (Seite 80) und von den „einander überlagernden Bedeutungsebenen" bisher Fausts Lebenslauf behandelt. Das haben wir „spezifiziert" getan und von der „allgemeingültigen Problematik" nur soviel eingefügt, wie zum Verständnis des Lebenslaufes erforderlich war. Was darüber hinausging, haben wir dort weggelassen, um die Beschreibung übersichtlich zu halten. Diese im Drama direkt angesprochenen oder verborgen enthaltenen allgemeingültigen Teile besprechen wir jetzt und werden damit ein vertieftes Verständnis für gerade diesen Verlauf von Fausts Entwicklung und seine kulturhistorische Bedingtheit erhalten.

Für das Verständnis des Handlungsablaufs in den Griechenlandszenen war es oft, aber nicht immer, nötig, Wesensmerkmale der griechischen Kultur gleich am zugehörigen Platz zu besprechen. Die dort ausgelassenen Teile werden hier nachgeholt.

Wesensmerkmale

Mythos und Religion
Am Anfang steht der Mythos. Aus den Ausdrucksformen der griechischen Kultur können und konnten wir auf Symbole für ihre Urerfahrung zurückschließen (Seite 57) und fanden das Bild des geschlossenen Körperhaften und die „Idee" Ästhetik, die für alles Körperhafte die Maßstäbe liefert (Seite 175) und deren Meßlatte zwischen schön und häßlich liegt und für die äußeren Formen der Kunst galt, wie auch für die inneren Formen der Lebensführung (Seite 180). Das Welt- und Lebensgefühl der antiken Griechen war so sehr durch das Körperhafte bestimmt, daß sie sogar den Gegenbegriff dadurch definierten, als Abwesenheit von Körpern, vor dem sie den horror vacui empfanden, den Schrecken vor der Leere. Ihre Götter unterschieden sich von den Menschen nur durch zwei Merkmale: sie waren unsterblich und hatten Macht über die Elemente und die Menschen. Sonst waren sie nach ihrem Bilde mit allen Vorzügen und Fehlern. Sie wohnten gleich nebenan auf dem Olymp und hatten ihre Zweitwohnungen (wörtlich!) in den für sie gebauten Tempeln. Auch für sie galten die Maßstäbe der

Ästhetik, für ihre Gestalt und für ihr Verhalten. Im Totenreich, dem Hades, konnten die Griechen mit ihrem Persönlichkeitsstand körperlich weiterleben, mit nur einer Einschränkung: ohne Erinnerung an das vorige Leben, nach dem Trunk des Vergessens aus dem Totenfluß Lethe. Goethe hat diese nach dem Lebensgefühl der Griechen konsequente Vorstellung mit dem Bild umschrieben (9981 ff):

„Wer keinen Namen sich erwarb noch Edles will,
Gehört den Elementen an; so fahret hin!
Mit einer Königin zu sein, verlangt mich heiß;
Nicht nur Verdienst, auch Treue wahrt uns die Person."

Aus dem Lebens- und Weltgefühl für das Körperhafte ganz allgemein ergab sich für die Griechen folgerichtig die Bewunderung des schönen menschlichen Körpers. Bei den Spielen in Olympia kämpften die Jünglinge nackend. In ihrer Plastik stellten sie den nackten Körper als Schönheitsideal dar. Wiederum folgerichtig stand auch der Lebensimperativ der Griechen unter dem Gesetz der Ästhetik mit der Forderung nach beherrschter Haltung in allen Wechselfällen des Lebens. Es ist die Forderung nach schöner Seelenhaltung und nach schöner Gesinnung. Eine mit beherrschter Haltung hingenommene tragische Situation entsprach dem Ideal der Schönheit, eine schlechte Haltung war häßlich. Die griechische Tragödie bis Sophokles kannte nur dieses Thema, war Haltungsdrama. Sophrosyne und Ataraxia – Besonnenheit und Unerschrockenheit auch in tragischen Lebenslagen war eine ethische Forderung an die Griechen. Haltung war der Preis, den sie für die Schönheit zu geben hatten. Goethe stellt das dar mit dem Gegensatz Helena-Phorkyas, mit Helenas schöner Seelenhaltung, besonders nach Euphorions Tod (9939 – 9944), und mit Phorkyas häßlichen Auftritten, besonders mit der „großartigsten Schimpfkanonade der Weltliteratur" (Beutler, S. 626; 8754 – 8881), in der Phorkyas zuletzt auch die Königin bis in die Ohnmacht schmäht (ab 8843). Diese Schimpfrede ist noch in ihrer Häßlichkeit so großartig wie die des Achill auf Agamemnon am Anfang der Ilias.

Als Haltungsnormen, als anzustrebende Haltungsideale, hat Homer den Griechen in der Odyssee die ethischen Begriffe Sophrosyne und Ataraxia gegeben, und damit stecken wir mittendrin in der griechischen Religion (Seite 180), die mit dem griechischen Mythos übereinstimmt. Homer hat beide aufgeschrieben, in einem Zug und aus einem Guß. Das antike Griechenland ist ein Musterbeispiel für seine eigene und aus dem eigenen Mythos entstandene Religion. Sie ist einzigartig und alleiniger Besitz der Griechen, für andere Kulturvölker nicht erlebbar, kaum beschreibbar (Seiten

183f). Wir verstehen, daß Faust bei Euphorions Tod (ab 9754) sprachlos bleibt, weil er die Ereignisse nicht versteht.

Die Architektur
Die Optik griechischer Tempelbauten mit dem flachen, schwer wirkenden Baukörper, drückt eine erdverbundene, ortsfeste Körperhaftigkeit aus. Aus diesem Lebensgefühl gestalteten die Griechen auch das Heiligtum in den Tempeln, die Cella. Das ist ein hohler Quader mit geschlossenen Seitenflächen, der im Innern der Tempel steht, der nur durch eine Öffnung an der Stirnseite Licht erhält, in dem die Statue der hier verehrten Gottheit steht. Im Parthenon auf der Akropolis ist es das Standbild der Göttin Athene Parthenos von Phidias. Auch das Wohnhaus im frühen Athen drückt dieses Lebensgefühl aus. Es war eine Art Atriumhaus mit geschlossenen Wänden nach außen, mit Fenstern zum Innenhof und mit nur einem Eingang an der Stirnseite.

Goethe hat an zwei Stellen im Faust die Verschiedenheit zur europäischen Architektur gezeigt, in der Szene Rittersaal vergleichen Astrolog und Architekt griechische und gotische Bauart mit solchen Beschreibungen: „Massiv genug ... stehen reihenweis' der Säulen hier genug; sie mögen wohl der Felsenlast genügen," und „Schmalpfeiler lieb' ich, Streben grenzenlos" (6403 – 6414). In der Helenaszene (9017 – 9029) gibt Phorkyas einen noch deutlicheren Vergleich.

Die Skulptur
Es paßt ins Bild, daß die Skulptur einen so hohen Stellenwert in der bildenden Kunst der Griechen hatte. Mit der Darstellung des menschlichen Körpers haben sie ihr Ideal von der Ästhetik des geschlossenen Körperhaften am deutlichsten ausgedrückt (Seite 167). Darum war der Akt das Hauptthema, nicht das Porträt (Seite 141).
Ihre Skulpturen standen frei an hervorgehobenen Plätzen und zeigten schon damit, daß sie eine ungebundene, selbständige, allein aus sich sprechende Kunstform sind, also ein wesentliches Ausdrucksmittel der griechischen Kultur, im Gegensatz zur architekturgebundenen gotischen Skulptur (Seite 282, Teil 2.6).
Es ist ebenso aussagekräftig, daß die Griechen nur eine monophone Musik hatten als Begleitung zu Gesang und Chor, mit hauptsächlich nur zwei Instrumenten, dem Zupfinstrument Lyra (9902, 9954) und dem Blasinstrument Aulos, während das wohl deutlich-

ste Ausdrucksmittel der abendländische Kultur die polyphone Musik ist, die unabhängig allein aus sich spricht.

Die Tragödie
Die antike Tragödie bis Sophokles war Darstellung des mythologischen und religiösen Lebensbildes der Griechen. Sie war Situationsdrama insofern, als die tragische Verstrickung plötzlich und unvermutet, vor allem aber von außerhalb auf den Helden zukommt, der unbewußt in sie hineingeraten ist, wie Ödipus. Die griechische Tragödie ist Haltungsdrama insofern, als der Held diese unerwartete Situation mit Unerschrockenheit (Ataraxia) hinnehmen muß, das Urteil der Götter mit Besonnenheit (Sophrosyne) annehmen muß und dessen unabwendbare Notwendigkeit (Ananke) anerkennen muß. So kann er die „Person" für das Leben noch bewahren und für den Hades erhalten (Seite 180). Der Chor ist nicht nur Zeuge für das Verhalten des Protagonisten, sondern bei Sophokles auch Richter über seine Haltung. Der tragische Held stand auf einem Kothurn und trug eine Maske, um ein allgemeines Geschick zu symbolisieren, das jeden treffen kann. In der abendländischen Tragödie steht der Mensch in der tragischen Situation inmitten der Welt, allein mit seinem persönlichen Schicksal, das nur ihn treffen kann. Die abendländische Tragödie ist seit Shakespeare Handlungsdrama, das eine Charakterentwicklung darstellt, aus der selbstbestimmte Taten folgen und ein selbstverantwortetes Schicksal. Die geschlossene Form der griechischen Tragödie mit Einheit von Ort, Zeit und Handlung war die geeignete Art, ihr Thema darzustellen. Das Schicksal in der abendländischen Tragödie kann sich nur in der offenen Welt vollziehen.

Goethe stellt diese Verschiedenheit mit dem Geschick Helenas und mit dem Schicksal Fausts dar. Für den Helenaakt wählte er die an Mythos und Religion noch gebundene Tragödienform des Aischylos (Seite 168), in der zwei Einzeldarsteller vor dem Chor auftreten. Damit konnte er sein Prinzip von der Polarität am Beispiel Helena und Phorkyas darstellen, die Polarität Schönheit und Häßlichkeit. Die tragische Situation für Helena liegt in dem unerwarteten Verhalten Euphorions, seinem Absturz und seinem Ruf aus der Tiefe. Sie hält diese Situation mit griechischer Unerschütterlichkeit aus: „Der Freude folgt sogleich grimmige Pein" (9903). Und sie folgt Euphorion mit der Haltung, die die griechische Welt von ihren Helden verlangt, „wie immer ihr Schicksal in einer Ordnung eingefügt" (Seite 180, Trunz S. 692). „Verlangt" haben wir gesagt, und darin liegt die uneingeschränkte Bedeutung, eine unabwendbare Notwendigkeit anzuerkennen. Und Helena folgt der griechischen Ordnung ohne Bedenken: „Ein altes Wort bewährt sich leider auch an mir" (9939). Sie sagt: „bewährt sich", und damit erkennt sie die Notwendigkeit widerspruchslos an. Das wird noch wichtig sein in Fausts Lebenslauf.

Schon in den Dramen des Euripides, der ein Zeitgenosse von Sophokles und fast noch von Aischylos war, verliert der Chor seine Bedeutung, Kothurn und Maske haben keine überpersönliche, religiöse Bedeutung mehr, die Götter werden angeklagt und die Weltordnung wird in Frage gestellt. Euripides' Dramen sind schon Gesellschaftsdramen und Sozialtheater. Das ist im 5. Jahrhundert v.Chr., in dem sich in der griechischen Geschichte die alte und die neue Zeit überschnitten, die neue, kopfgesteuerte Zeit, die Mythos und Religion abwirft, die von der Großstadtzivilisation bestimmt ist und geradewegs zum Hellenismus führt (Klassische Walpurgisnacht, Seiten 157ff).
In dieser Übergangszeit der griechischen Geschichte entfaltet sich die griechische Geisteswissenschaft zu ihrem Höhepunkt, den sie mit Plato und Aristoteles erreicht. Obwohl Lehrer und Schüler, stehen sich diese beiden Philosophen gegenüber wie bei uns Goethe und Kant, wie Schauen und Reine Vernunft. Aristoteles hat fast 400 Jahre lang, von Albertus Magnus bis Galilei, das abendländische Denken beherrscht und seine Entwicklung behindert. Deshalb ist das ein Hauptthema im Drama Faust. Deshalb setzt sich Goethe in der „Klassischen Walpurgisnacht" mit dem Thema Philosophie auseinander, und zwar in dem Disput zwischen Thales und Anaxagoras und der Rolle, die Homunkulus dabei spielt. Deshalb ist das jetzt ein Thema für uns.

Ich gebe zu, bei diesem Thema in der Versuchung zu sein, meine Ansicht in die Beschreibung einfließen zu lassen. Ich werde es nicht tun. Wir werden also nur den Fausttext interpretieren und Goethes Ansicht finden, durch historische Daten verdeutlicht.

Die Philosophie

Am oberen Peneios trifft Homunkulus, der unfertige Abendländer, auf die Philosophen Anaxagoras und Thales, die gerade einen Disput über die Entstehung von Welt und Leben führen, von dem er sich Hilfe für sein Entstehungsproblem erhofft. Das ist eine naturwissenschaftliche Frage, sagen wir. Das ist eine philosophische Frage, sagen die Griechen, die alle Wissensgebiete unter diesem Titel zusammenfaßten, weil sie auf alle Gebiete – von Fragen der

Moral, gesellschaftlichen und politischen Fragen bis hin zur Mathematik und Naturkunde – dieselbe Erkenntnismethode anwandten, das reine Denken. Dabei maßen sie Gedankengang an Gedankengang, kontrolliert durch Logik und Rhetorik.

So gestaltet Goethe den Disput zwischen Anaxagoras und Thales, womit er zwei Dinge klarstellt, nämlich erstens die Verschiedenheit der Erkenntniswege und Denkergebnisse der griechischen Kultur und der unseren, und zweitens das Ergebnis in Bezug auf Homunkulus' Vervollständigungswunsch.

84 Verse dauert der Disput (7851 – 7935). In den ersten sechs Versen ist bereits alles gesagt.

Anaxagoras:
„Dein starrer Sinn will sich nicht beugen;
Bedarf es Weitres, dich zu überzeugen?"
Thales:
„Die Welle beugt sich jedem Winde gern,
Doch hält sie sich von schroffen Felsen fern."
Anaxagoras:
„Durch Feuerdunst ist dieser Fels zuhanden."
Thales:
„Im Feuchten ist Lebendiges entstanden."

Wir sagen dazu, sie reden aneinander vorbei, sie führen ein Streitgespräch um Worte, nicht um Inhalte. Beide tragen die eigenen Gedanken gegeneinander vor, meist ohne auf die Gedanken des anderen einzugehen; sie lassen die des anderen einfach stehen. Sie widerlegen nicht, sie beweisen nicht, sie disputieren. Gedanken werden gegen Gedanken gestellt, Meinung gegen Meinung, oder, wissenschaftlich ausgedrückt – geisteswissenschaftlich selbstverständlich: Lehrmeinung gegen Lehrmeinung.

So geht es weiter. Anaxagoras stellt eine rhetorische Frage (7859), um seine Meinung zu stützen. Thales erwidert mit zwei Behauptungen (7861 – 7864), um seine Meinung zu stützen. Anaxagoras bemüht Pluto, den Gott des Feuers, und verweist auf den Berg als Beleg (7865 – 7868). Thales bestreitet den Aussagegehalt von Anaxagoras' Rede (7869f). Er bestreitet verbal, nicht sachlich, und krönt seine Rede rhetorisch mit einem pauschalen Verwurf aller Einwände des Anaxagoras (7871f):
„Mit solchem Streit verliert man Zeit und Weile
Und führt doch nur geduldig Volk am Seile."

Als Anaxagoras darauf zum stärksten Mittel greift und anschaulich den Absturz des Mondes auf die Erde schildert (7914ff), als er sich von den eigenen Gedanken hingerissen auf sein Angesicht wirft (7929), als Homunkulus das alles erschrocken glaubt (7936ff), da beruhigt Thales ihn mit der uns verblüffenden Erklärung (7946): „Sei ruhig! Es war nur gedacht."

Es war nur gedacht:
Für jeden Griechen hätte genügt und wie ein Beweis gegolten das Wort: es war gedacht. Die Einschränkung durch „nur" ist lediglich eine Verständigungshilfe für den fremden Homunkulus. Goethe hat 100 Jahre vor den Kulturhistorikern mit diesem Disput den Weg der Griechen dargestellt, Erkenntnisse durch reines Denken zu gewinnen; wir sagen heute: durch spekulatives Denken, und unterscheiden davon unseren Weg, durch ein von Beobachtung kontrolliertes Denken nachprüfbare Ergebnisse zu gewinnen. Das wäre für die Griechen der falsche Weg gewesen, der sie zu falschen Erkenntnissen geführt hätte, weil nach Platons Ideenlehre die veränderlichen Wirklichkeiten der Welt nur ein unvollkommenes Abbild des „immerseienden Urwirklichen" waren (Seite 57) und nach seinem Höhlenbild nur ein vorüberziehender Schatten des „Urbildes des Schönen". Dies konnte, wenn überhaupt, erfaßt werden nur durch das reine Denken; das von Beobachtung und Erfahrung nicht gestörte Denken, würde ein Grieche sagen; das von Beobachtung und Erfahrung nicht bestätigte Denken, sagen wir. So ist für die Griechen nicht das wiederholbare Experiment, sondern der Disput das richtige Mittel der Beweisführung. So will denn auch Anaxagoras ganz folgerichtig Thales überzeugen (7852); er will nicht beweisen nach unserem Verständnis. Noch in der lateinischen Sprache gibt es für überzeugen und überreden nur ein Wort: *persuadere*, nur durch den Gebrauch mit Dativ oder Akkusativ unterschieden. Die Griechen kannten nicht einmal diesen Unterschied. Hüten wir uns aber davor – zum letzten Mal sei es gesagt –, die griechischen und die abendländischen Denkformen und Denkergebnisse wertend gegenüberzustellen, wo nur ein Vergleich erlaubt ist, und nur auf gleichem Niveau die Feststellung des Unterschieds.

Diesen Unterschied zeigt Goethe am Beispiel des Homunkulus und dessen Sprachlosigkeit gegenüber den griechischen Philosophen (Seite 162). Das Unverständnis ist beiderseitig. Homunkulus endet zur Neugeburt im Meer, und Faust endet zur Heilung in der Klinik; damit sagt Goethe nichts anderes, als daß es geborgte Identität nicht gibt. Das gilt auch für das Geistesleben des Abendlandes und die (griechische) Philosophie. Anders als Homunkulus

haben dann auch Faust und das Abendland ihre eigene Sprache gefunden. Davon später.
Goethe hat sich auf vielen Feldern naturwissenschaftlich – in unserem Verständnis – betätigt, und er sah, daß ungeprüftes, uneingegrenztes Denken eine amorphe, kaum sortierbare Gedankenmasse hervorbringt. Er drückt das so aus (7843ff):
„Denn wo Gespenster Platz genommen,
Ist auch der Philosoph willkommen.
Damit man seiner Kunst und Gunst sich freue,
Erschafft er gleich ein Dutzend neue."
Und (10112ff):
„Wer gibt Erklärung solcher Schleudermacht?
Der Philosoph, er weiß es nicht zu fassen,
Da liegt der Fels, man muß ihn liegen lassen,
Zuschanden haben wir uns schon gedacht."

Für die Griechen war es richtig und natürlich, Gedanken an Gedanken zu messen. Für uns ist das ein geistiger Kurzschluß. Ich las einmal, daß für die Griechen Meinungen interessanter waren als Fakten, daß sie die Beobachtung der am Horizont heraufziehenden Segel ihrer Schiffe verdrängten und damit auch den Beweis für die Kugelgestalt der Erde, daß sie sich aber erregen konnten bei dem Gedanken, was wohl geschähe, wenn die Erdscheibe von Atlas' Rücken fiele. Das paßt genau zum Absturz des Mondes in Goethes Philosophendisput.

Etwa im Jahre 500 v.Chr., etwa eine Generation vor dem Auftreten des Perikles, vollzog sich in der griechischen Geschichte die Wende im Kulturleben von der Epoche des Seelenausdrucks zur Epoche des Geistesausdrucks. Vorher herrschten Zeus und Apoll, und die Religion beherrschte das Leben; die Philosophie spielte keine Rolle, sie war religiöse Mystik und wird noch heute unter dem nachordnenden Titel „Vorsokratik" geführt. Goethe beschreibt diese Epoche in den Helenaszenen des dritten Aktes (Seiten 167 ff). Nachher waren Zeus und Apoll tot, und die Wissenschaft, die kopfgeborene Philosophie, beherrschte das Leben. Die Wende vollzog sich abrupt, innerhalb einer Generation, von Platon zu seinem Schüler Aristoteles. Platons Lehre hat noch religiöse Wurzeln. Aristoteles war Wissenschaftler, Systematiker, Zusammenfasser, alles Merkmale von Spätzeiten einer Kultur.

Auch die Wissenschaft der Griechen war in allen Bereichen geprägt von ihrem Weltbild und ihrem Lebensgefühl, nämlich der Idee Ästhetik und der Schönheit des abgeschlossenen Körperhaften. Ihre Mathematik war Geometrie. Ihre Naturlehre war Statik, sogar in der Drehung der sonst feststehenden Himmelsschalen um die feststehende Erde. Abstrakte Begriffe kannten sie nicht, auch nicht die Zeit als Naturbegriff; daher kannten sie auch keine Dynamik. Die Zeit war für sie ausschließlich eine Angabe über den Tageslauf, sie maßen sie an der Schattenlänge ihres Körpers. Die Zeit war für sie auch kein historisches Datum: Thukydides, den heute noch einige Historiker für ihren Ahnherren halten, schrieb auf der ersten Seite seines Buches über den Peloponnesischen Krieg, daß es vor seiner Zeit in der Welt keine bedeutenden Ereignisse gegeben habe, und das etwa 40 Jahre nach den Perserkriegen auf Leben oder Untergang.

Die griechischen Zahlen waren Größen (5 Meter, 3 Häuser), und zwar nur positive Größen: die Rechenoperation „3 Äpfel minus 5 Äpfel" führte zu „negativen" Äpfeln, das war sinnlos und daher eine verbotene Operation. Die Zahl Null gab es nicht (obwohl sie in anderen Kulturen bekannt war), weil Null gleich nichts war, und vor dem Nichts empfanden die Griechen den horror vacui, den Schrecken vor der Leere. Die Schreibweise der Zahlen – ähnlich der der römischen Zahlen – erlaubte keine Arithmetik. Der Höhepunkt der griechischen Mathematik war die Beschreibung der Kegelschnitte und die Darstellung ihrer Gesetzmäßigkeiten mit Zirkel und Lineal; allein mit Zirkel und Lineal, muß man betonen, und darin zeigt sich die spezifische kulturbedingte Leistung der Griechen, die einmalig ist.

Bekannt ist Platons Einteilung der Natur in die Elemente Erde, Luft, Feuer und Wasser, wobei deren kleinste Teile, die Atome, geometrische Figuren waren, und zwar Würfel, Ikosaeder, Oktaeder und Tetraeder. Sie waren diese Figuren und wurden nicht etwa als solche vorgestellt, denn die Umwandlung der Elemente erklärten die Griechen durch Überdecken ihrer Seitenbegrenzungen, also durch Zusammenlegen von z.B. Dreiecken. So erklärten sie die Vorgänge Verbrennen, Verdampfen oder Kondensieren. Platon erklärte, daß es 183 Welten gebe und „bewies" das anhand der Geometrie, daß auf einem Dreieck nicht mehr Platz hätten, nämlich auf jeder Seite nur 60 und auf den drei Ecken je eine.

Aristoteles sah geometrische Formen als Ursache für die Zusammensetzung der Materie. Für die Gestalt der Materie stellte er drei Ursachen fest, die Formursache, die Wirkursache und die Finalursache. Die letztere sei der „letzte Grund", der Zweck, für den ein Ding existiere. Aus dem Begriff „Finalursache" formuliert Aristoteles in seinen Untersuchungen über das Wesen der Organismen den Begriff Entelechie (Seite 25). Das sei ein allen Organismen eigenes Prinzip, wonach sie ihren Zweck und ihr Ziel in sich selber tragen und sich diesem Zweck gemäß entfalten. Aristoteles entwickelt diesen Gedanken mit Hilfe seiner Definition der Logik. Aus unserer Sicht entwickeln sich Aristoteles' Organismen auf eine Ursache hin, so daß die Zukunft die Gegenwart bestimmt, und Ursache und Wirkung vertauscht sind. Das aber widerspricht unserem Kausalitätsprinzip, denn „Kausalität kann immer nur spätere Vorgänge durch frühere erklären, aber sie kann niemals den Anfang erklären" (Heisenberg zur griechischen Philosophie in: Physik und Philosophie, S. 51).

Aristoteles formuliert sein Prinzip der Homogenität, wonach aus Gleichem Gleiches folgt, so:
„Wie es scheint, brauchen wahrnehmbare Dinge wahrnehmbare Prinzipien, ewige Dinge ewige Prinzipien, verwerfliche Dinge verwerfliche Prinzipien und ganz allgemein jedes Ding die ihm entsprechenden Prinzipien".

Daraus leitet er seinen Gleichheitssatz ab, wonach nur Gleiches gleich sei, Verschiedenes nach seiner Eigenart zu behandeln sei, woraus folge, daß Männer untereinander gleich seien, Frauen und Sklaven aber ungleich seien und daher auch von Staatsgeschäften ausgeschlossen werden müßten; Frauen seien zu Idealen nicht fähig, also auch nicht zu Sophrosyne und Ataraxia. Dies steht schon im Gegensatz zur griechischen Religion, unter deren Ordnung im Faustdrama auch Helena steht.

Aristoteles' Wirkung auf das Geistesleben beruht auf seinem Gesamtwerk, mit dem er alle Wissensbereiche seiner Zeit erfaßte, unter anderem Logik, Rhetorik, Staatslehre, Poetik. Die Metaphysik nannte der die „Erste Philosophie". Die Physik hatte für ihn eine nachrangige Bedeutung; darin erwies er sich als Grieche. Seine zentrale Vorstellung war, „daß die Ideen nicht außerhalb der greifbaren Dinge wirken, sondern in ihnen als ihre bewegende Kraft." So kann er eine Mondfinsternis nicht als Folge der Bewegung des Mondes erklären, sondern als eine innere Eigenschaft.

Aristoteles' Wirkung reichte bis ins abendländische Mittelalter, bis Galilei. Der Mangel an Interesse für die materielle Welt sicherte seiner Lehre die Unterstützung der christlichen Kirche mit ihrer gleichermaßen vorhandenen Gleichgültigkeit gegenüber dem Diesseits. In welche geistigen Sackgassen das spekulative Denken auch Aristoteles führte, mag aus zwei Beispielen aus seinen naturwissenschaftlichen Schriften hervorgehen, wo er erklärt, daß die Stuten von Kappadokien durch Winde befruchtet werden, oder daß die geistigen Fähigkeiten des Menschen in seinem Herzen lägen, und das Gehirn ein Kühlapparat für das Blut sei, denn „es mäßigt die Wärme und das Aufwallen des Herzens".

Wenn Aristoteles erklärte, die höchste menschliche Lebensform sei die des Erkennenden, nicht etwa die des Handelnden, so zeigt er sich auch damit als Grieche. Wenn er im Alter erkennt: „Je mehr ich auf mich selbst zurückgeworfen und einsam bin, desto mehr werde ich zum Liebhaber des Mythos", so erweist er sich als ein Mensch, der die Wurzel seiner Kultur sucht, nämlich den Mythos, die Wurzel aller Weltkulturen (Seite 211).

Fast 400 Jahre lang haben Platon, Aristoteles und die Spezialisten für Spezialfragen nach ihnen (z.B. Archimedes, Hipparch, Ptolemäus) die Wissenschaft und das Geistesleben an den europäischen Universitäten beherrscht. Mit Galilei (1564 – 1642) brach die für uns so einfache und selbstverständliche Erkenntnis durch, daß Denkergebnisse dann richtig sind, wenn sie durch Erfahrung bestätigt sind, d.h., wenn sie durch Beobachtung oder Experimente von jedermann zu jeder Zeit an jedem Ort mit demselben Ergebnis wiederholt werden können (Teil 2.6). Die Geburtsstunde dieses Gedankens war die Todesstunde jedweder spekulativen Philosophie. Dieser dem Abendland eigene und spezifische Gedanke verwies in kurzer Zeit die gesamte Philosophie in den Bereich der Kulturgeschichte, so stark war der eigene Ausdruckswille.

Dort blieb sie nicht liegen. Der Nachhall der griechischen Philosophie und die damalige unreflektierte Schwärmerei für alles Griechische waren stark genug, um auch bei uns dem spekulativen Denken noch einen Platz zu geben, nämlich als Religionsersatz, allerdings nicht mehr als Seelenausdruck, sondern als Kopfgeburt. Lesen Sie nach: jeder Philosoph ist sein eigener Prophet und Verkünder, jeder ein Seher und Stifter seiner Denkschule, und jeder findet seine Gemeinde; jede Philosophie ist eine entartete Religion als Folge des allgemeinen Religionsverfalls in der Spätzeit einer Kultur. Selbst Leibniz, der die Unendlichkeitsrechnung fand und damit ein tiefes, abendländisches Problem mathematisch faßte (Teil 2.6), selbst er ist als Philosoph wie ein Religionsgründer aufgetreten, als er in seiner Monadenlehre (Seite 26) die Urmonade mit Gott gleichsetzte. In der abendländischen Wissenschaft spielt seit Galilei die Philosophie keine Rolle, weder die griechische noch deren Nachläufer bei uns. Die von ihr beanspruchten Themen gehören entweder zur Theologie, die sie nicht wahrnimmt, oder zur Naturwissenschaft, die sie wahrnimmt.

Der Philosoph des Pessimismus, Schopenhauer (1788 – 1860), in mancher Hinsicht vergleichbar mit Plotin, dem Philosophen der antiken Dekadenz (Seite 156), kam erst in seinen späten Jahren in Mode. Er hat der Philosophie seiner Zeit eine über den akademischen Bereich hinausgehende Geltung abgesprochen („Professorenphilosophie für Philosophieprofessoren"), außer seiner eigenen natürlich, deren zunächst wenige Anhänger er zu „Aposteln" und „Evangelisten" ernannte. Neben sich ließ er nur wenige Philosophen gelten, darunter Platon und Aristoteles, und das – bitte bedenken Sie es – fast 200 Jahre nach Galilei. Der „Menschenverächter", wie er sich hochmütig selbst nennt, hält das Leben für „jammervoll und keineswegs wünschenswert" und die Welt für etwas „das nicht sein sollte". Mit wirkungsvollem Stil und mit einprägsamen Bildern trägt Schopenhauer seine Lehre vom Willen und vom Urwillen in einer vorgestellten Welt vor und erklärt: „Meine ganze Philosophie läßt sich zusammenfassen in dem Ausdruck: Die Welt ist die Selbsterkenntnis des Willens" – was immer das sein mag.

Je länger die Philosophie sich am Leben hält, um so lebensfremder und kurioser werden ihre Themen. So kam die Hochschule für Gestaltung in Karlsruhe, deren Rektor der heute vielgenannte Philosoph Sloterdijk ist, im Jahre 2000 auf den Gedanken, den Karlsruher Zoo als Menschenpark zu benutzen, in dem Kunststudenten eine Woche lang aus einem Affenkäfig heraus dem Publikum Sloterdijks „Regeln für einen Menschenpark" vortrugen (BNN, Bildbericht vom 07.02.2000), vielleicht als Inszenierung einer „Angewandten Philosophie", und im trivialsten Verständnis mit dem Motto „Zurück zur Natur". In einer Gesprächsrunde unter den Lehrern seiner Hochschule referierte Sloterdijk im Jahre 2001 nach den Terroranschlägen des 11. September in den USA über das Thema „Die Ästhetik des Terrors" und diskutierte über „Die Wirklichkeit des Wirklichen".

Unsere Philosophen haben sich eine künstliche Fachsprache geschaffen und dann ihr Fach zum Mittelpunkt der Geisteswissenschaften erklärt. Sie haben übersehen, daß sich seelische Formen nicht durch starre Begriffe erfassen lassen und nicht mit quasiphysikalischen Methoden erklären lassen, was der späte C. G. Jung vergeblich getan hat. Es lohnt sich nachzulesen, was Goethe im Faust zur Philosophie (1911 – 1939) und zur Metaphysik (1948 – 1953) sagt. Es lohnt sich auch, zu Seite 18 zurückzublättern und noch einmal die Äußerung des Nobelpreisträgers Weinberg nachzulesen. Und letztlich sollte jeder den Rat beherzigen, den Goethe in den Versen 548 – 557 gibt.

Während Schopenhauer die Philosophie nur erst in ein akademisches Abseits stellte, hat der Philosoph Wittgenstein (1889 – 1951) 100 Jahre später die Philosophie aus dem abendländischen Geistesleben endgültig ausgeschlossen. Im „Tractatus logico- philosophicus" kommt er nach schwierigen Überlegungen zur Logik zu den Aussagen:
1. Die Angabe aller wahren Elementarsätze beschreibt die Welt vollständig.
2. Alle Sätze sind Resultate von Wahrheitsoperationen mit den Elementarsätzen.
3. Der Zweck der Philosophie ist die logische Erklärung der Gedanken.

Damit und mit seinem berühmten Wort: „Wovon man nicht sprechen kann, darüber soll man schweigen", weist er der Philosophie das „Aussagbare" zu und grenzt so das „Unsagbare" aus ihr aus, das er das „Mystische" nennt, worin auch Gott liege. In seinen „Philosophischen Untersuchungen" geht er noch weiter. Er geht aus von der Vieldeutigkeit der Sprache in ihrem alltäglichen Gebrauch und kommt nach Überlegungen zur Semantik zu dem Ergebnis,
1. daß die Philosophie „in Wirklichkeit rein deskriptiv" sei,
2. „daß die philosophischen Probleme vollkommen verschwinden sollen".

Aus einer Geschichte der Philosophie (Weischedel):
„Damit hat die traditionelle Philosophie ausgespielt. Was bei Wittgenstein heraufzieht, ist ihr Untergang."
Goethe sagt das auch (1910 – 1941).

Wie die Philosophie die angemessene Form der Wissenschaft für die Griechen war, so ist das für uns die Naturwissenschaft, die sich mit definierten, eng eingegrenzten Begriffen und mit der analytischen Mathematik ihre präzise Sprache geschaffen hat, die auch in unanschaulichen Bereichen eindeutige Ergebnisse liefert, wie in den sehr kleinen Bereichen im Inneren der Materie und in den sehr großen Bereichen in den Weiten des Kosmos. Hier, wo die Vorstellungskraft nicht mehr hinreicht, greifen die Physiker auf Bilder aus der täglichen Umgangssprache zurück, um sich zu verständigen und weiter folgern zu können (Seite 55, Heisenberg). Das sind Methoden, die auf die materielle Welt angewandt werden, und hier sind sie erlaubt, sogar unabdingbar. Die Abgrenzung zur Religion beschreibt Gerhard Börner, Direktor des Max-Planck-Instituts für Astrophysik in München:

„Man wird niemals alles erklären können. Doch als Religionsersatz kann dieses nicht verstanden werden. Die Weltbilder der Physiker enthalten solche Glaubensakte allenfalls als Minimalhypothesen, die sich mit den gesicherten Daten vertragen müssen. Religion dagegen beruht bereits im ersten Schritt auf der Maximalhypothese eines allmächtigen göttlichen Wesens."

Mit dem gesicherten Wissen an den Grenzen unserer heutigen Naturwissenschaft befaßt sich der Astrophysiker John D. Barrow, University of Sussex in Brighton, in seinen beiden zitierten Werken; über Fragen jenseits der gesicherten Daten denken ebenfalls Physiker heuristisch nach. Sie müssen das, und sie allein können das, weil sie über die Voraussetzungen verfügen. Sie sind es: die Geisteswissenschaftler unserer Zeit und nicht die, die irreführend unter diesem Begriff firmieren. Das denkt wohl auch der Teilchenphysiker Burger, der am CERN in Genf forscht, wenn er sagt:
„Physik ist experimentelle Philosophie."

Wir schließen diesen Abschnitt ab mit Goethes Wort zu Eckermann vom 14.4.1824: „Den Deutschen ist im ganzen die philosophische Spekulation hinderlich, die in ihren Stil oft ein unsinnliches, unfaßliches, breites und aufdröselndes Wesen hineinbringt. Je mehr sie sich gewissen philosophischen Schulen hingeben, desto schlechter schreiben sie ... So ist Schillers Stil am prächtigsten und wirksamsten, sobald er nicht philosophiert."

Da konnte der abendländischen Wissenschaft nur noch Mephisto helfen (7848):
„Willst du entstehn, entsteh auf eigne Hand."

2.5 Themenlinie Christentum

Wie das Griechentum ist auch das Christentum ein Thema im Drama, das „sowohl allgemeingültig als auch spezifiziert" behandelt ist (Seite 80) und teilweise in direktem Bezug zu Fausts Lebensweg steht, teilweise auch für sich allein dasteht als Hintergrund der Handlung, mit dem Goethe die vom Wesen her gegebene Verschiedenheit zum europäischen Religionsausdruck darstellen will, um damit zu zeigen, warum Fausts Entwicklung gerade diesen Verlauf genommen hat. Für den direkten Bezug zu Faust stehen alle Gretchenszenen; für Darstellung des Hintergrundes stehen Szenen wie z.B. der Prolog im Himmel, die Übersetzungsszene, die Erzbischofszene, die Grablegung und die Szene Bergschluchten.

Wie beim Thema Griechentum betrachten wir jetzt die zuvor weggelassenen, überwiegend kulturkritischen Teile des Dramas zum Thema Christentum. Genau wie dort wollen wir auch hier ein vertieftes Verständnis für Fausts Entwicklung finden. In der Gegenüberstellung werden wir bis zu den wesentlichen Merkmalen von Monotheismus und Polytheismus gehen, die wie bei allen Religionen an ihren Mythen sichtbar werden. Wir werden uns dabei beschränken, indem wir nur die für das Drama relevanten Aspekte betrachten. Dabei werden wir im Monotheismus das Gegenbild, im Polytheismus das Parallelbild erkennen als Hintergrund, vor dem Fausts Leben abläuft.

Damit erweist sich das Drama wieder als kulturhistorisches Werk und Goethe als Kulturhistoriker. Deshalb ist die Betrachtungsweise dieses Kommentars historisch, die Verschiedenheiten feststellend, ohne jede Wertung, wie beim Thema Griechentum. Dieser Kommentar ordnet also die Religionen als kulturhistorische Tatbestände ein, einschließlich des Tatbestandes, daß die religiöse Betrachtungsweise sich selbst als wahr erkennt und die historische als falsch verwirft. Dieser Zwiespalt trennt die Welt der Wahrheit von der Welt der Tatsachen, er ist unüberbrückbar und reicht bis in die Sprache hinein mit unterschiedlichen Wortbedeutungen. Es ist der alte Zwiespalt zwischen Glauben und Denken, dem wir hier immer wieder begegnen, der aber in der Weltsicht Goethes vereinbar ist. Wir werden die Themen in der vom Drama gegebenen Reihenfolge ansprechen.

Prolog im Himmel

Beutler beginnt seine Beschreibung (S. LX):
„Unerhört der Einsatz. Gott spricht.
Der ihn anredet, ihm antwortet, ist der Geist des Bösen."
Das stimmt nicht.
Mephisto tritt auf, und der ihm antwortet, ist Der Herr. Mephisto hat das erste Wort und das letzte. Er ist Gesprächspartner; oft ist er Gesprächsführer und setzt die Akzente (z.B. 271ff, 280ff, 312). Er kritisiert (283ff, 296ff, 300ff). Der Herr erklärt und setzt die Ordnungen. Das ist nicht der Himmel der Bibel, der z.B. in der Offenbarung des Johannes beschrieben wird, aus dem alle Grausamkeiten des Orients auf Erde und Menschen niedergehen. Lesen Sie nach. Der Herr und Mephisto sind nicht Gott und der Teufel.

Goethe hat nicht die alte Faustsage wiederholt, sondern ein neues Drama geschaffen mit neuen Handlungsträgern. Für diese brauchte er neue Namen. Der Name Teufel war durch die Religion besetzt und mit zu vielen Bedeutungen vorbelastet, z.B. mit dem „Geist des Bösen". Deshalb wählte er den weit weniger belasteten, weil weit weniger bekannten Namen Mephistopheles, denn damit hatte er Gestaltungsfreiheit für „die großartigste Theaterfigur, die Goethe je geschaffen hat" (Beutler, S. LXIII). Wir haben in den Handlungsabläufen des Dramas Mephisto immer als Partner Fausts im Auftrag des Erdgeistes, nie als Teufel gefunden. Als solcher tritt er nur in den religionskritischen Teilen auf.

Auch der Herr im Prolog ist nicht der allmächtige Gott der Bibel, der in sechs Tagen die Welt schuf und am Ende sah „es war sehr gut" (1. Mose 1, 31), der schon zwei Kapitel später beginnt, seine Schöpfung zu bereuen, zu verfluchen und zu vertilgen (1. Mose, 3 und 4), der – das ist das Fazit – also nicht der Allmächtige ist. Der Herr im Prolog ist auch nicht der allwissende Gott der Bibel, der Abraham befiehlt, „daß er seinen Sohn schlachtete" (1. Mose 22) und ihm erst am Blutaltar das Messer aus der Hand nimmt, alles nur, weil er erfahren wollte („denn nun weiß ich ..."; 1. Mose, 22, 12), ob Abraham ihm gehorsam ist, der – das ist das Fazit – also nicht der Allwissende ist.

Goethe hat den Himmel, den Herrn und Mephisto weit von der Bibel abgesetzt. Er hat damit schon vor Beginn des Dramas seine Distanz zum Christentum deutlich gemacht (Seiten 64ff). Damit hat er keine Kritik am christlichen Glauben geübt, der – wie wir sehen werden – im Orient als Ergebnis einer geschichtlichen Entwicklung vom Mythos bis zu den hellenistischen Evangelisten des

Neuen Testaments für diesen Kulturraum charakteristisch und ihm zugehörig ist. Goethe hat aber im Drama Faust gezeigt, wie der religiöse Gedanke des Orients, die Konzeption des Monotheismus, verloren ging, sobald er den Kreis seiner natürlichen Träger verließ, in seiner Substanz verloren ging, müssen wir genauer sagen. Goethe hat gezeigt, wie diese Religion in den wesentlichen Inhalten verändert wurde, bei Beibehaltung der äußeren Bilder, sobald sie in den Beriech einer anderen Kultur mit ihrem eigenen Ausdruckswillen eindrang, hier in den Bereich des Abendlandes. Sehen wir uns genauer an, wie Goethe den vom abendländischen Lebensbild umgeprägten Himmel weiter beschreibt.

Die Erzengel preisen den Herrn in einer feierlichen Hymne auf die Natur, die im Gegensatz steht zur „Absage an die Welt" in der Bibel: „Habt nicht lieb die Welt noch was in der Welt ist ..." (1. Johannes 2, 15–17). Goethes Erzengel dagegen sehen die Welt zweimal „herrlich wie am ersten Tag" (250, 270). Die Kirche erklärte das ptolemäische Weltmodell, in dem die Erde der Mittelpunkt der Welt ist, um den sich der Himmel dreht, samt Sonne und allen Sternen – die Kirche also erklärte dieses Weltmodell als mit der Schöpfungsgeschichte der Bibel für verträglich und daher für richtig, und hat im Jahre 1600 Giordano Bruno wegen seiner diesbezüglichen „ketzerischen" Ansichten auf dem Scheiterhaufen verbrannt und Galilei im Jahre 1633 bei Androhung der Todesstrafe zum Widerruf gezwungen. Beide hatten dieses Modell für falsch erkannt. Goethes Erzengel sehen (251f, 258) die Welt Giordano Brunos und des Kopernikus, die von Galilei, Kepler und Newton:
„Und schnell und unbegreiflich schnelle
Dreht sich umher der Erde Pracht."
„In ewig schnellem Sphärenlauf."

Nach den Erzengeln tritt Mephisto auf. Er spricht den Herrn an, in langer Rede sogar (271 – 292), fast familiär und erlaubt sich auch einen Scherz (278):
„Hätt'st du dir nicht das Lachen abgewöhnt."
Er erlaubt sich auch Kritik an der Schöpfung Mensch (280 – 292):
„Ich sehe nur, wie sich die Menschen plagen ..."
„Ein wenig besser würd' er leben,
Hätt'st du ihm nicht den Schein des Himmelslichts gegeben."
Der Herr spricht einen leichten Verweis aus (293ff). Er fragt nach Faust und bescheidet Mephisto (308ff):
„Wenn er mir jetzt auch nur verworren dient,
So werd' ich ihn bald in die Klarheit führen."

Das nun ist erstaunlich: der Herr kümmert sich um Faust, um einen einzelnen Menschen. Das gibt es in keinem monotheistischen Himmel. Jahwe und Gott haben immer Gruppen bevorzugt, ganze Völker und Gemeinden (Seiten 235f). Bis heute verstehen sich die Kirchen als „Gemeinschaft der Getauften", feiern das Abendmahl in der Gemeinde und erteilen den Segen der Gemeinde. Dagegen befaßt sich der Herr mit Faust persönlich. Das Persönlichkeitsprinzip ist aber ein Merkmal polytheistischer Religionen.

Goethe hat den Prolog in der Periode 1797 – 1801 geschrieben, zusammen mit richtungsentscheidenden Teilen des Faust I (Seite 73), woraus Fausts Entwicklungsweg mit innerer Richtigkeit folgte. Und deshalb schreibt Goethe den Prolog, in dem er dem monotheistischen Christentum die polytheistischen Elemente einer europäisch-abendländischen Religiosität gegenüberstellt. Der Herr im Prolog ist ein Beispiel für die Umformung der Inhalte des Bibelglaubens, die im europäischen Katholizismus vollzogen wurde, was aus Sicht der Bibel ein Substanzverlust war, was aus kulturhistorischer Sicht ein Schritt war, die eigenen Formen auszudrücken, immerhin die spezifischen Formen einer Weltkultur.

Beachten Sie bitte – in Kenntnis des Lebensweges Fausts – den Doppelsinn des Wortes: „So werd' ich ihn bald in die Klarheit führen." Die Klarheit der Bibel erschließt sich durch Glauben, besonders in der Gemeinde, und erfüllt sich im Jenseits. Sie ist eine Verheißung. Die Klarheit, die Faust am Ende seines Lebens gewonnen hat (Seite 323) ist die Erkenntnis von „Bedingung und Gesetz" (Urworte), unter die er auf Erden gestellt war. Sie ist das „Erfahrungsresultat" seines Lebens. Wir werden dieses Goethethema anhand des Faustdramas weiterverfolgen bis zum Kommentarteil „Das geistige Band".

Zum Schluß bietet Mephisto dem Herrn eine Wette um Faust an (312ff), die der Herr annimmt, indem er seine Gegenposition formuliert (315ff, 327ff, 340ff). Was folgt, ist nur noch ein Parlamentieren um die Modalitäten der Wette und Mephistos selbstbewußtes Schlußwort (350ff): „Von Zeit zu Zeit seh' ich den Alten gern ..."

Natürlich müßte nach christlichem Selbstverständnis die Wette des Herrn und das von ihm vorgegebene Wettziel für das Leben Fausts Vorrang haben vor der Wette Mephistos mit Faust. Diese müßte also für alle Vertreter der „Himmlischen Rahmenhandlung" bedeutungslos sein. Es ist daher nicht zu verstehen, warum gerade diese Interpreten die Faustwette zum zentralen Thema des Dramas machen und daß sie über den Ausgang dieser Wette so zerstritten sind (Seite 29).

Aber noch mehr. Die Wette im Prolog ruft das Thema der christlichen Prädestinationslehre auf und deren Nebenthema, Luthers Rechtfertigungslehre. Beim ersten Thema, der Lehre von der Vorherbestimmtheit des Lebens des Menschen, sind die Amtskirchen sich einig. Es folgt theologisch aus der Idee des Monotheismus. Das zweite hat zur Abspaltung des Protestantismus von der abendländisch beeinflußten katholischen Kirche geführt. Es ist der Streit der Amtskirchen um die Begriffe Gnade und Erlösung. Während die katholische Kirche dem Menschen zuerkennt, durch christliche Lebensführung zum Erreichen von Gottes Gnade selbst beitragen zu können, erklärt die lutherische Kirche allein den Glauben als Weg zu Gnade und Erlösung, ohne jedes persönliche Zutun des Menschen. Solche Unterscheidungen – historisch gesehen nur Details, theologisch gesehen bedeutende Glaubenssätze und bis zum Dogma hochstilisiert – sind in der Religionsgeschichte die Zeichen für das Ende einer Religion und den Übergang zu einer Theologie. Theologie muß man studieren, Religion nicht- die muß man haben. Theologie ist eine Geisteswissenschaft aus dem Kopf. Religion ist Glaube aus der Urerfahrung, aus dem Mythos. Theologen können unerbittlich streiten bis zur Spaltung, deren es mehrere gab und die bis heute andauern. Die Ursache für den gelehrten Theologenstreit um Luthers Rechtfertigungslehre ist die Anpassung der katholischen Lehre an das abendländische Lebensbild mit seinem Persönlichkeitsbegriff. Luther hat dagegen die Kirche zu ihrem Ursprung zurückgeführt: zu Jahwe und zur Thora und zum Selbstverständnis des Menschen als Teil eines Kollektivs. Und dazu paßt es, daß der Rat der EKD (Evangelische Kirche in Deutschland) gleich nach dem Kriege (18./19. Oktober 1945) sich beeilte, in dem „Stuttgarter Schuldbekenntnis" „im Namen der evangelischen Christenheit" alle Deutschen in die Kollektivschuld zu stellen und für alle Deutschen die Folgen des Krieges als Kollektivstrafe zu akzeptieren (dazu: 4. Mose 16, 22). Das wurde veranstaltet auf Drängen so bekannter Kirchenführer wie Präses Beckmann, D. Wurm, Niemöller, Lilje, Dibelius, Asmußen, Zahrnt, Heinemann, Visser't Hooft und Karl Barth. Und es kennzeichnet den Unterschied, daß dem die römische Kirche widersprach.

Goethe, von Haus aus evangelisch, von seiner „geprägten Form" her Abendländer, übernimmt im Drama die katholische Version

des Christentums, und aus dieser den abendländischen Anteil (11936f):
„Wer immer strebend sich bemüht,
Den können wir erlösen."

Und noch dies:
Aus dem Zwiegespräch im Prolog erkennt man eher ein Gefolgschaftsverhältnis als ein Gehorsamsverhältnis Mephistos zum Herrn. Und zweitens: zwischen dem Herrn und den Menschen liegt nicht die tiefe unerforschliche Kluft monotheistischer Religionen. Das sieht auch Mephisto (351f):
„Es ist gar hübsch von einem großen Herrn,
So menschlich mit dem Teufel selbst zu sprechen."
Beides wird noch wichtig werden.

Im Anfang war das Wort

Goethe schrieb die Übersetzungsszene (1224 – 1237) in der dritten Phase der Arbeit am Faust, im Alter von 50 Jahren (Seiten 72f), nachdem ihm die kulturhistorischen Umrisse für das Gesamtwerk (Seite 78) und das Entwicklungsziel für Faust klar waren.
„Geschrieben steht: ‚Im Anfang war das Wort!'
Hier stock' ich schon! Wer hilft mir weiter fort?
Ich kann das Wort so hoch unmöglich schätzen,
Ich muß es anders übersetzen ..."
„Hier hilft der Geist! auf einmal seh' ich Rat
Und schreibe getrost: Im Anfang war die Tat!"

Goethe spannt den Gedankenbogen über zwei Weltkulturen, indem er die Schlüsselwörter für ihr Lebensgefühl und ihr Weltbild gegenüberstellt: den Begriff „Tat", den wir aus Fausts Lebensweg kennen, und den Begriff „Wort", ein Symbolwort der christlichen Religion, für die sogar die ganze Bibel das Wort Gottes ist. Goethe greift auf die Mythen zweier Weltkulturen zurück als den Vorläufern ihrer Religionen. Für das Christentum ist das die Thora, die in der Bibel als Altes Testament eine Art Christus-Prolog ist. Die Thora, ursprünglich der Mythos der jüdischen Religion, beginnt mit Jahwes Wort. In der Übersetzung Luthers heißt es:
„Und Gott sprach: es werde Licht."

Die Thora besteht fast ausschließlich aus Jahwes Wort und den Reaktionen der Juden auf Jahwes Wort und den Reaktionen Jahwes auf die Reaktionen der Juden. Jahwe-Gott „redete und sprach": Die Thora ist voll von dieser Formel, die durch Verdoppelung erst recht die Rangstellung des Begriffes „Wort" unterstreicht. Allein in der Schöpfungsgeschichte steht es zehnmal, und die ältesten und wichtigsten Gebete der Juden – und der Christen, Markus 12, 29 – sind das „Höre Israel" im fünften Buch Mose. Demgegenüber steht in der abendländischen Mythologie der zentrale Teil „Der Seherin Gesicht", und in den Sagas tritt „Njal der Seher" auf. Unmöglich wären hier „Der Hörerin Gehör" und „Njal der Hörer". Die Seherin sieht den Gang der Welt voraus im zyklischen Wechsel zwischen Untergang und Wiedererstehen und auch das Schicksal der Götter und Menschen.

Zur Geschichte
Die Thora, das älteste und heiligste Buch der jüdischen Religion, das „Gesetzbuch des Judentums", sind die fünf Bücher Mose aus der vorgeschichtlichen Zeit Israels. Ihre Wurzeln liegen im Dunkeln. Wie bei allen Weltkulturen reichen sie in Zeiten zurück, in denen Religion noch Mythos und Geschichte noch Sage ist. Die Geschlechtsregister mit Lebensdauern von mehreren hundert Jahren beweisen das (z.B. 1. Mose 11, 10 – 32). In diese nur vage bestimmbare Zeit reicht auch die Thora zurück, deren Verkünder Moses etwa im 13. Jhdt. v.Chr. zu finden ist, als nomadisierende israelische Stämme bei ohnehin harten Lebensbedingungen in arabischen Wüstengebieten auch noch unter starkem Druck äußerer Feinde standen. Diese Scharen konnte nur ein starker Mann sammeln, das war Moses. Ihr Überleben konnte nur ein starkes, staatenbildendes Gesetz ermöglichen, das war die Thora. Jahwe selbst hat sie seinem Volk verkündet durch den Propheten Moses, etwa um 1225 v.Chr.
Moses – unerheblich für eine Religion, ob er reale Person oder selbst Mythos ist – war der große Stifter einer großen Religion, vergleichbar mit Homer. Er hat dem Volk eine archaisch starke Religion gegeben mit der Ausdruckskraft der ersten Wahrnehmung. Das erkennt man sofort, wenn man das starke Wort der Thora
„Es werde Licht. Und es ward Licht."
mit dem schwachen Johanneswort vergleicht (Joh 1,1 –5,14):
„1. Im Anfang war das Wort, und das Wort war bei Gott, und Gott war das Wort.
2. Dasselbe war im Anfang bei Gott.
3. Alle Dinge sind durch dasselbe gemacht, und ohne dasselbe ist nichts gemacht, was gemacht ist."
So etwas kommt aus dem Intellekt und nicht aus elementarer Lebensempfindung. Das trägt die typische, blasse Formulierung eines

Philosophen, die immer das Merkmal einer Kopfkonstruktion ist; und daß Johannes ein vom Hellenismus geprägter Theologe war, darin sind sich die meisten heutigen Exegeten einig. Wir verstehen, im Wissen um Fausts Lebensweg, daß für sein Lebensgefühl und für Goethes Weltbild das „Wort" ein zu fremder und zu schwacher Anfang der Welt war.

Die Religion der Juden ist unter allen Weltreligionen die einzige monotheistische Religion, einzigartig und spezifisch, alleinige Schöpfung und alleiniger Besitz des Judenvolkes. Sie hatte eine Integrationskraft, die in gut 200 Jahren aus wenigen semitischen Stämmen das Reich Israel schuf mit Jerusalem als Hauptstadt und Herrschern wie David und Salomo. Christentum und Islam sind daraus hervorgegangen, sind Ableger ohne eigenen Mythos, ohne eigene Wurzeln also. Ihre Offenbarungen sind dem Mythos der jüdischen Religion aufgesetzt. Beide haben alle wesentlichen Merkmale mitgenommen, bei nur geringfügigen, theologisch erkennbaren Abweichungen, wenn man das historisch sieht. Gerade weil die Abweichungen so gering sind, wurden und werden die Auseinandersetzungen zwischen den drei monotheistischen Religionen um kleine Details geführt, je kleiner, um so erbitterter. Nach außen jedoch hatten auch Christentum und Islam eine staatenbildende Kraft entwickelt, die die der jüdischen Religion noch übertraf.

Monotheismus
Jahwe ist der einzige Gott von Ewigkeit zu Ewigkeit. Zwischen den Ewigkeiten liegen Zeit und Welt, von der Erschaffung durch ihn bis zum „Jüngsten Gericht", ein relativ kurzer Abschnitt mit linearem Geschichtsverlauf. Sein Name bedeutet für ihn selbst: „Ich bin, der ich bin", und für seine Gläubigen: „Er, der ist". Er ist allmächtig und greift nach eigenem Ermessen in die Geschichte der Menschheit ein. Er steht weit weg von den Menschen, hoch über ihnen, getrennt von ihnen durch die unüberbrückbaren und unerklärbaren Schranken Allmacht, Allwissen, Allgüte und Allschrecken.

Jahwe fordert bedingungslosen Glauben und Gehorsam und totale Unterwerfung. Er fordert Blutopfer und Ritualmorde (1. Mose 22, 10; Hebräer 11, 17; Jakobus 2, 21; 4. Mose 31, 40). Er verlangt, Andersgläubige und ganze Völker zu erwürgen und auszurotten, wenn sie ihn nicht anerkennen (3. Mose 24, 13 – 16; 5. Mose 12 und 13; 5. Mose 17, 1 – 9). Er gebietet Rassismus gegen Andersgläubige (4. Mose 25; 5. Mose 7, 1 – 6; 12, 1 – 3; 20, 13 – 16). Er befiehlt Kriege gegen Glaubensfeinde (4. Mose 21, 21 – 35; 31, 1 – 54; 33, 50 – 56). Er bestraft mit „orientalischem Despotismus" (Ceram, S. 337) allen Ungehorsam mit allen Grausamkeiten des Orients (3. Mose 26, 14 – 46; 4. Mose 14, 9 – 22), und sein auserwähltes Volk wendet solche Grausamkeiten gegen seine Lästerer an, sein Volk, das er nach seinem Bilde schuf (4. Mose 31, 7 – 11; 5. Mose 3, 4 – 11). Und er verheißt Siege, Beute und Herrschaft über andere Völker denen, die ihn anbeten (5. Mose 4, 4 – 8; 7, 14 – 16; 28, 9 – 14). Diese Religion hat tatsächlich die semitischen Stämme geeint und das Reich Israel begründet. Das ist einmalig in der Weltgeschichte. Immer und überall in der Welt wurden Raubkriege, Eroberungskriege, Macht – und Rachekriege geführt. Kriege im Auftrag Gottes und der Religion, Glaubenskriege wurden nur von den drei monotheistischen Religionen geführt; vom Christentum unter dem Missionsauftrag. Warum? Die Griechen haben nie einen Krieg im Auftrag von Zeus geführt. Die Germanen haben keinen Krieg im Auftrag Odins geführt. Die Buddhisten beweisen ihre Toleranz ganz ausdrücklich: „Komm und höre, bleibe oder gehe." Warum diese religiöse Intoleranz bei den Monotheisten?

Gehorsamsethik
Man versteht, daß bei der unergründlichen Übermacht Jahwes und der unbegreiflichen Ohnmacht der Menschen ihm gegenüber die Gläubigen auf die Knie gingen und sich in seinen Willen ergaben, bedingungslos, gerade da, wo sie ihn nicht verstanden. In dem Glaubenswort „Credo quia absurdum" wurde quia zuerst als „obwohl", später als „weil" verstanden, und daraus ergab sich das bis heute nicht gelöste Theodizee-Problem. 613 Gebote, Verbote und Gesetze enthält die Thora und damit auch das Alte Testament. Sie alle stehen unter dem Moralgesetz Gut oder Böse. Kein Mensch kann das erfüllen vor dem Auge des Allwissenden. Eine Übertretung ist mit dem moralbelegten Wort Sünde bezeichnet und gilt als Schuld gegen Jahwe. Jahwe stellt seine Gläubigen in eine Entweder-Oder-Situation und verlangt Gehorsam (Seite 131). Er verlangt die Hingabe der Seele (4. Mose 30, 3):
> „Wenn jemand dem Herrn ein Gelübde tut oder einen Eid schwört, daß er seine Seele verbindet ..."

Er verheißt Lohn und Strafe: in Kapitel 28 des 5. Buches Mose in 14 Versen größten Lohn und in 55 Versen die entsetzlichsten Strafen. Der Lohn reicht bis zur Erhöhung zum „heiligen Volk". Die Strafen reichen bis zur Androhung:
> „Du wirst die Frucht deines Leibes essen,
> das Fleisch deiner Söhne und Töchter."

Bei solch unerbittlicher Härte müßte der Glaubensmensch zu einer ethischen Bindung fähig sein, die über menschliche Kraft und Vernunft hinausreicht. Bei der Unerfüllbarkeit der 613 Gebote muß der Glaubensmensch ständig mit Schuldgefühlen leben. Zusätzlich muß er die Erbsünde und damit eine Erbschuld tragen. Augstein (S. 285) untersucht die „Entstehung des Schuldgefühls" aus der „mythisch erinnerten Geschichte Israels" und findet Konflikte der „frühen Gesellschaften" und ihre Regulierung durch „abgeleitete, umdirigierte Schuldgefühle gegenüber einer Gottheit". Augstein findet darin Jahwes „Recht auf absoluten Gehorsam" und erkennt dies als „die große Errungenschaft der jüdischen gegenüber den benachbarten Religionen". Die Geschichtsforschung erkennt denn auch die Gut-oder-Böse-Moral und die Moralbegriffe Sünde und Schuld als einen zentralen Inhalt der jüdischen Religion, und zwar als ihre eigene und spezifische, in anderen Religionen nicht enthaltene Schöpfung.

Wir fragten nach der religiösen Intoleranz bei den monotheistischen Religionen. Nun: der Rest des Schuldgefühls, der nicht „abgeleitet" oder „umdirigiert" werden kann, bleibt und verursacht Glaubensunsicherheiten und den Wunsch, diese zu beseitigen. Der Weg dazu waren Glaubenskriege und Mission mit dem Ziel des consensus omnium: „Denn wenn alle daran glauben, muß es wahr sein." Der andere Weg, Glaubenszweifel zu beheben, waren in der Geschichte des Christentums die vielen Gottesbeweise, die alle mit dem Kopf beweisen sollten, was der Glaube nicht hergab, die Existenz Gottes. Das beginnt schon mit dem großen Kirchenlehrer Augustinus (354 – 430 n.Chr.), der fragte, „wie Gott gedacht werden müsse" und einen philosophischen Beweis führt: „Was die Vernunft übersteigt, ist Gott." Alle Gottesbeweise gehen stillschweigend von der Voraussetzung aus, daß Glauben und Wissen Konkurrenzformen der Wahrnehmung seien, wobei dem Wissen, wenn es den Glauben beweisen soll, sogar der Vorrang unterstellt wird. Das ist eine zwangsläufige Folge aus der Vermischung von „Grundstrukturen" zweier eigenständiger, in sich geschlossener Kulturen (Teile 1.4, Seiten 255-259, 262f, 266, 274-279, 293-298).So beweisen Gottesbeweise nur die Unkenntnis darüber, daß Glauben und Wissen zwei notwendige, verschiedene, einander ergänzende Ausdrucksformen für die „Bilder von stark emotionalem Gehalt" „des unbewußten Bereichs der menschlichen Seele" sind, also „zwei komplementäre Bilder sind für ein tiefer liegendes, anders nicht beschreibbares Phänomen"; und ich füge hinzu: für eine gemeinsame, tiefer liegende, aus der gemeinsamen Wurzel kommende Tatsache, die Goethe mit dem Bild Urphänomen umschreibt (Seiten 53f und Teil 2.5: die Ausführungen zu Nikolaus von Kues). Die Glaubensunsicherheiten gehen gewiß auf die Schuldmoral der monotheistischen Religionen zurück, im Abendland aber auch auf die Wesensfremdheit dieser Religionen, deren Wurzeln im Orient liegen. Die Glaubensunsicherheiten gehen also auch zurück auf die Unverträglichkeit zwischen angeborenem Lebensgefühl und angenommener Religion, also darauf, daß die Christen hier abendländisch fühlen, aber orientalisch glauben sollen.

Goethe hat der Gehorsamsethik der monotheistischen Religionen die Entscheidungsethik der abendländischen Menschen gegenübergestellt (Seiten 255f). Er hat Faust in die Freiheit seiner Entscheidungen gestellt, damit verbunden auch in Eigenverantwortlichkeit für sein Tun, aus dem die Folgen hier auf Erden erwachsen, sein Schicksal. Was immer Jahwe „redete und sprach", steht gegen Goethes Text: „Ich kann das Wort so hoch unmöglich schätzen" (1226).

Kollektiv
Der Kollektivcharakter der monotheistischen Religionen ist das dritte für das Drama Faust wichtige Merkmal, insofern als er dem Individualcharakter des abendländischen Lebensgefühls entgegensteht, das Goethe durch das ganze Drama hindurch zeichnet. Jahwe, der Allmächtige, oder Gott, oder Allah sind für alles zuständig, und im Mittelpunkt ihres Interesses stehen Gemeinde und Kollektiv. Jahwe hat immer ganze Völker verflucht und ausgerottet (4. Mose 31 und 33). Er hat ein ganzes Volk auserwählt (5. Mose 28, 9 – 14). Er straft eine ganze Gemeinde wegen der Verfehlung eines Einzelnen, und die Gemeinde fällt auf das Angesicht und bittet: „Wenn ein Mann gesündigt hat, willst du darum über die ganze Gemeinde wüten?" (4. Mose, 16, 22). Dieses Prinzip gilt auch im Neuen Testament. Jesus verspricht die Erlösung am Jüngsten Tag einer Gruppe, nämlich den Mühseligen und Beladenen (Matthäus 11, 28 und 5, 3 – 12), und er schließt eine Gruppe aus, nämlich die Reichen und Weisen (Lukas 6, 24 – 25; 1. Korinther 1,19 und 27 – 28). Seine Mutter läßt er stehen und zeigt auf das Volk: „Siehe, das ist meine Mutter und meine Brüder" (Markus 3, 31 – 35, auch bei Lukas und Matthäus). Und als die Mutter in Kana einmal eine persönliche Initiative ergreift, weist Jesus sie ab: „Weib, was habe ich mit dir zu schaffen?" (Johannes 2, 1 – 4, Textfassung 1912). Die zwölf Jünger Jesu sind als Gruppe bekannt. Name und Gesicht hat nur Petrus, höchstens noch Judas und vielleicht Thomas; die Namen der übrigen Jünger kennen kaum

die Theologen, und der Name des Jüngers, „den Jesus lieb hatte", wird nirgends genannt.

Am Jüngsten Tag steht der alte Jahwe leibhaftig im Neuen Testament (Offenbarung des Johannes): Gott läßt unter dem Jubel im Himmel die ganze Erde zerstören (Offenbarung 16 und 19), und Christus regiert 1000 Jahre mit den Märtyrern (Offenbarung 20, 4).

Die Erbsünde ist eine unpersönliche, pauschale und kollektive, ja sogar dem Leben vorauseilende Strafe. Erbsünde, Kollektivsünde, Kollektivschuld, Kollektivstrafe, Kollektivgnade sind dem europäisch-abendländischen Weltbild fremd; Kollektivhinrichtung durch Steinigung ist undenkbar (4. Mose 15, 32 – 36; 3. Mose, 20, 2). Sie sind Bestandteile der orientalischen Religionen. Augstein faßt das so zusammen (S. 311):

> „Man muß sich vor Augen führen, daß der einzelne hier eher im Kollektiv aufgehoben und versorgt wird. Das Volk mußte Jahwe treu sein, der einzelne sich dieser Treue einordnen. Israel kannte wie nur ganz wenige Gemeinschaften die Haftung des ganzen Volkes für die Taten oder Unterlassungen des einzelnen. Aber mit anderen Gemeinschaften der Frühgeschichte teilte Israel die Hoffnung auf Zukunft als Gruppe."

Wir halten fest:
Welche feinsinnigen Glaubensunterschiede zwischen den drei orientalischen Weltreligionen die Theologen auch feststellen mögen, im Grunde sind sie gleich, gerade weil sie aus derselben Wurzel kommen. In den drei wesensbestimmenden Merkmalen stimmen sie überein; das sind die hier besprochenen, nämlich
— der Monotheismus mit einem unnahbaren, unergründlichen, entfernten Gott,
— die Gehorsamsethik als Folge einer Gut-oder-Böse-Moral und mit dem Ergebnis einer nicht tilgbaren moralischen Schuld
— der Kollektivismus und die Gruppenhaftung, aber auch Sicherheit im Kollektiv; Gehorsam ist der Preis für das Kollektiv.
Die abendländischen Gegenthemen Polytheismus, Entscheidungsethik und Individualismus werden wir mit der Szene Bergschluchten behandeln (Seiten 255ff).

Vor diesem Hintergrund konnten wir Goethes „Prolog im Himmel" verstehen, und die beiden Gretchenszenen Zwinger und Dom bekommen eine Bedeutung, die über den Handlungsablauf hinausgeht. Zur Zwingerszene lesen Sie bitte zuerst, was auf der Seite 68 über Gretchens Religionsgefühl ausgeführt ist: Gretchen ganz allein und ganz persönlich mit ihrem Glauben. Gretchen betet nicht in einer Kirche, sondern draußen, alleine, vor dem „Andachtsbild der Mater dolorosa". Sie betet nicht zu einem unerreichbaren Gott, sondern zur Himmelskönigin: „Du Schmerzensreiche, ... Blickst du auf deines Sohnes Tod", mit der sie sich in gemeinsamem Schmerz verbunden sieht, es ist eine Bitte von Frau zu Frau. Gretchen kennt keine Weltfeindlichkeit, keine Leibfeindlichkeit und hat keine Schuldgefühle: „Doch – alles, was dazu mich trieb, Gott! war so gut! ach, war so lieb!" (3585f). Und Maria ist die Schmerzensreiche und nicht „Mirjam Theotokos", die „Gottesgebärerin" (Konzil von Ephesus, 431 n.Chr.). Das ist niemals orientalischer Monotheismus. Das ist abendländisches Lebens- und Glaubensgefühl: Nähe und persönliche Verbundenheit mit der Gottesmutter.

In der Domszene (3776 – 3834, Seiten 126f), am Versammlungsort der Gemeinde, hat der „Böse Geist" die Hauptrolle; es ist die aktive Rolle gegenüber Chor und Gretchen. Der böse Geist
— verhängt Schuld über Gretchen (3777f),
— verklagt Gretchen der Missetat (3786),
— verdammt sie zu Sünd' und Schande (3821),
— verurteilt sie zu Flammenqualen (3805),
— verweigert ihr das Gebet (3787f),
— verwehrt ihr Licht und Luft (3823f),
— verflucht sie aus dem Kreis der Guten (3828f),
— verwirft sie: „Die Posaune tönt!" (3801; Offenbarung 8).
Das ist Jahwes Szenar, und die Apokalypse läuft ab. Der Chor – die Gemeinde – wartet auf Gnade („kaum", Übersetzung Seite 126), und Gretchen stirbt ihren ersten Tod, den des Gemüts (Seite 127).

Warum hat Goethe die Domszene so zugespitzt?
Aus Text und Kontext gibt es nur die Erklärung, daß er zeigen wollte, daß der böse Geist wohl noch der alte Jahwe ist, der alte Kollektivist mit seinen unerforschlichen Grausamkeiten – aber nicht mehr ganz der alte, sondern ein mutierter Gott. Denn der böse Geist verhängt Schuld über Gretchen persönlich, er verdammt, verurteilt, verflucht, verwirft sie ganz allein. Und das „Dies irae" des Franziskaners Thomas von Celano aus dem Anfang des 13. Jahrhunderts hat bei aller Tiefe christlicher Gläubigkeit doch auch persönliche Züge: „Ich Elender."

Wort und Tat, Jahwe und Maria, stehen für den orientalischen Monotheismus und für den abendländischen Polytheismus; letzteren werden wir genauer behandeln, wenn Goethe das Thema in der Szene Bergschluchten aufruft. Beide sind Ausdrucksformen der

Seelenbilder ihrer Kulturen, beide sind stark auf ihrem Kulturboden und schwach im fremden Kulturraum, wo der eigene Ausdruckswille am Ende obsiegt (Teil 3, „Das geistige Band"). Das hat die Geschichte gezeigt, und Goethe hat es beschrieben; die katholische Religion hat seit etwa 900 n.Chr. zunehmend europäische Inhalte in ihre Bilder hineingelegt, bis hin zu ihrem Gottesbegriff. Man kann sagen, daß das europäische Lebensgefühl in den orientalischen Bildern ein latentes Dasein hatte; schon die obigen Beispiele weisen darauf hin. Wir werden den vollen Durchbruch noch beschreiben (Teil 2.6).

Hexenküche

Der große Gegenspieler im monotheistischen Weltgefüge erklärt sich selbst für überflüssig (2495 – 2507):
 „Auch die Kultur, die alle Welt beleckt,
 Hat auf den Teufel sich erstreckt;
 Das nordische Phantom ist nun nicht mehr zu schauen:
 Wo siehst du Hörner, Schweif und Klauen?
 Und was den Fuß betrifft, den ich nicht missen kann,
 Der würde mir bei Leuten schaden.
 Darum bedien ich mich, wie mancher junge Mann,
 seit vielen Jahren falscher Waden."
Und als die Hexe ihn erkennt:
 „Sinn und Verstand verlier' ich schier,
 Seh' ich den Junker Satan wieder hier!"
da stellt er klar:
 „Den Namen, Weib, verbitt' ich mir!
 Er ist schon lang' ins Fabelbuch geschrieben."

Jahwe hat seinen Widerpart aus der starren Entweder-Oder-Polarität im Abendland verloren (Seiten 64ff) und steht nun alleine da. Die Christenkirche hat ihren Teufel verloren, ihr Angstmacher ist weg. Bis zu Goethes Zeit hin, bis zur „Aufklärung" im 18. Jhdt, wurden in Europa noch Ketzer und Hexen verbrannt, im Jahre 1756 in Landshut ein Mädchen von 14 Jahren enthauptet. Sogar Luther hat den Teufel als kreatürlich-wirklich verstanden (siehe seine „Tischreden"), auch als „incubus" und als „succuba", und er hat auch die Hexenverfolgung betrieben und damit zur Angstfrömmigkeit beigetragen. Auch Goethe wagt es erst nur, seine Kritik in der Satire „Hexenküche" zu verstecken und sie – zweideutig – vom Teufel in der Hölle aussprechen zu lassen.

Die Hexenküche – Goethes Bild für Hölle – bietet das Angstszenarium auf, das die Kirche gegen Ungläubige und Gläubige bereithält: Feuer, Dampf und Hexenkessel; die häßliche, fluchende, alte Hexe: „Die Feuerpein euch ins Gebein" (2473); die Höllenbewohner sind widerliche Kreaturen, nur noch zu Albernheiten und wirrem Gerede fähig; schließlich auch die Höllenqual, parodiert mit dem Zauberspiegel und Fausts drei vergeblichen Versuchen, dem Bild näher zu kommen (2429ff, 2456, 2599ff); letztlich mit dem Anspruch des Teufels auf seinen Platz (2481 – 2491). Goethe wird die Satire in der Szene Grablegung fortsetzen (11636 – 11655), mit „Höllenrachen" (Jesaja 5, 14 – 15), ewiger Glut und „Verdammte, Rettung hoffend, schwimmen an" (11649). Wenn also die Hexenküche ein Bild für die Hölle ist, die eine Art Strafanstalt für Sünder und Verdammte ist, dann wollen wir ihr hier Bilder des Totenreiches polytheistischer Religionen gegenüberstellen, in denen die Menschen nicht Erlösung oder Verdammnis erwartet; in denen die Menschen ihr Schicksal im Leben erreicht – ihr „Himmel auf Erden" oder ihre „Hölle auf Erden"; in deren Totenreich aber die Menschen eine Fortsetzung des Lebens unter anderen Bedingungen erwartet. Das ist das Totenreich der Griechen, der Hades, und das der Nordleute, Hel. Über den Hades haben wir bereits gesprochen (Seite 180), für Hel sollen diese Verse aus der Dichtung „Brünhildes Helfahrt" stehen:
„Zum Unheil werden noch allzu lange
Männer und Weiber zur Welt geboren.
Aber wir beide bleiben zusammen
Ich und Sigurd. Mach Platz, Riesin."
Er war ihr Unheil, sie war sein Unheil: in der Welt. Aber sie bleiben zusammen: in Hel. Wie soll man das verstehen? Als Fortsetzung oder als Korrektur des Schicksals in der Unterwelt? Jedenfalls ist diese Unterwelt ein bißchen verwandt mit dem Hades der Griechen und hat gar keine Ähnlichkeit mit der Hölle.

Goethe beläßt es nicht bei der Kritik an den Bildern, er kritisiert auch die Inhalte, hier den christlichen Gottesbegriff (2554 – 2566). Daraus:
„Es war die Art zu allen Zeiten,
Durch Drei und Eins, und Eins und Drei
Irrtum statt Wahrheit zu verbreiten."
Irrtum ist ein Denkfehler, Wahrheit ist Glaubensgewißheit. Wahrheit hat nur die Alternative Unwahrheit, also Unglauben: Entweder-Oder. Kraß ausgedrückt hieße es also bei Goethe: Denkfehler statt Glauben zu verbreiten, aber diese Zuspitzung soll nur deutlich machen, daß Goethe die Vermischung von Denken und Glauben durch die Kirche kritisiert. Er stellt Jahwe, dem ei-

nen, geglaubten Gott der Juden die christliche Dreieinigkeit gegenüber, eine Denkkonstruktion hellenistisch philosophierender Evangelisten, also einen gedachten Gott, Irrtum inbegriffen. „Von des Gedankens Blässe angekränkelt", möchte man mit Schiller sagen, und auf die Bemerkung zum Johannesevangelium (Seiten 231f) hinweisen.

Damit spricht Goethe die Schwäche der Kirche an, die nicht versteht – wir müssen es wiederholen –, daß Glaube und Wissen zwei verschiedene, nicht vermischbare und nicht gegensätzliche, sondern sich ergänzende, gleichwertige Ausdrucksformen sind für ein und dasselbe, tieferliegende, anders nicht ausdrückbare Seelenbild, also komplementäre Formen sind (Heisenberg, Seite 53). Die Erklärung des einen durch das andere erklärt keines von beiden. Das ist das Manko aller Gottesbeweise seit Augustinus, die sich als Glaubensdefizite erweisen, als Wissen-wollen, weil Glauben nicht ausreicht. Auf der gleichen Ebene liegt es, wenn heute ein Teil der Wortführer der Kirchen die Bibel und die Jesusgestalt historisch hinterfragen und soziologisch ausloten will. Die Diskussion darüber, ob Jesus die Worte aus der Bibel wirklich gesprochen hat, oder darüber, ob Gott weiblich ist und der Heilige Geist wegen der unbefleckten Empfängnis besser ein Neutrum wäre, geht am Glauben vorbei und führt zu Verbalakrobatik. So kann Goethe den Teufel sagen lassen (2565f):
„Gewöhnlich glaubt der Mensch, wenn er nur Worte hört,
Es müsse sich dabei doch auch was denken lassen",
und den resignierten Schluß hinzufügen:
„Denn ein vollkommner Widerspruch
Bleibt gleich geheimnisvoll für Kluge und für Toren."

Die Hexe kritisiert Mephisto (2567ff):
„Die hohe Kraft
Der Wissenschaft,
Der ganzen Welt verborgen!
Und wer nicht denkt,
Dem wird sie geschenkt,
Er hat sie ohne Sorgen."
Sie spielt darauf an, daß die Kirche jahrhundertelang Glaubenswort gegen Wissensbegriff gestellt hat:
„Und wer nicht denkt, dem wird sie geschenkt",
eine kircheneigene, bibelverträgliche Wissenschaft, die den Glauben behindert, obwohl die unverfälschte Wissenschaft ihn ergänzen könnte (Seiten 57f).

Walpurgisnacht

Die heilige Walpurga, Äbtissin des Klosters Heidenheim, wurde nach ihrem Tode 779 n.Chr. als Schutzheilige verehrt. Ihr Andenken wurde am 1. Mai gefeiert. Die christliche Sage geht so: Aus Ärger über die große Sittenreinheit Walpurgis feiern Hexen und Hexer alljährlich in der Nacht zum 1. Mai eine Protestveranstaltung auf dem Blocksberg, das ist der Brocken im Harz. Dabei leben sie abscheuliche Sittenlosigkeit aus und entfalten entsetzliche Zauberkräfte. Die Moral für alle Christenmenschen ist das Lob der Unterdrückung der Sexualität im Klosterleben und die Warnung vor der bei Heidenmenschen normalen Sexualität, die meist pure Teufelsanbetung sein soll.

Beutler spricht (S. 562) von der Walpurgisnacht als „dieser Nacht des alten germanischen Frühlingsfestes ... auf der altheidnischen Kultstätte, dem Gipfel des Harzgebirges."
Erler erwähnt (S. 695) „diese Nacht, die im heidnisch-germanischen Kult als Beginn des Frühlingsfestes galt." Sie hatten den Schlüssel zur Deutung in der Hand, aber sie nutzten ihn nicht. Wie Wegweiser fand ich diese Bemerkungen in der Faustliteratur. Dieses Fest wurde von der Jugend als das Ende des Winters gefeiert, mit Gesang und Tanz, mit Wunsch- und Sinnsprüchen für das Gelingen des Jahres, mit Fackeln und Feuerstößen zur Begrüßung des Frühlings und mit Feuerrädern, die sie den Hang hinunterrollen ließen. Noch heute wird mancherorts der „Osterräderlauf" mit solchen Feuerrädern gefeiert (Bildbericht BNN vom 22.04.03).

Goethe beschreibt in der Szene Walpurgisnacht beide Feste, zuerst das Frühlingsfest, dann den Hexensabbat. Er zeigt die Methode der Kirche, Heidenfeste durch Auswechselung der Themen umzudeuten und sie umzuwandeln, teils in Abschreckungsveranstaltungen wie hier, teils zu christlichen Festen wie beim Weihnachtsfest. So sollten die Heidenfeste vergessen werden, und den bekehrten Christen sollte ein Ersatz für das zerstörte Brauchtum gegeben werden.

Szene:	Harzgebirg. Gegend von Schierke und Elend. Faust. Mephisto.
Dazu:	Spaziergang. Die Herren unterhalten sich über örtliche Anekdoten, über Frühlingsfest und Walpurgisnacht.
Mephisto:	„Verlangst du nicht nach einem Besenstiele?"
Faust:	„Der Frühling webt schon in den Birken."

Szene: Sie treffen einen verirrten Fackelträger (Irrlicht), der ihnen den Weg den Berg hinauf zeigen soll.

Die Wanderer beschreiben den Weg und ihre Vision. Mephisto gibt das Stichwort (3871 – 3875):
„In die Traum- und Zaubersphäre
Sind wir, scheint es, eingegangen."
Das Irrlicht sieht Wald und Berge wie im Zauberlicht seiner Fackel scheinbar sich bewegen (3876 – 3880):
„Seh' die Bäume hinter Bäumen,
Wie sie schnell vorüberrücken, ..."
Faust (3881 – 3888) hört in dieser Sphäre Rauschen und vernimmt Lieder:
„Durch die Steine, durch den Rasen,
Eilet Bach und Bächlein nieder.
Hör' ich Rauschen? hör ich Lieder?"
und ihn treiben die Gedanken:
„Hör' ich holde Liebesklage,
Stimmen jener Himmelstage?
Was wir hoffen, was wir lieben!
Und das Echo, wie die Sage
Alter Zeiten, hallet wieder."
Man braucht wenig Phantasie. Faust hört als Echo alter Zeiten das Frühlingsfest der jungen Leute: „Was wir hoffen, was wir lieben," sagt Goethe.

Und Mephisto beschreibt, wie diese Nacht im Wald zum Tage wird (3889 – 3905), ein Wortgemälde Goethes:
„Uhu! Schuhu! tönt es näher,
Kauz und Kiebitz und der Häher,
Sind sie alle wach geblieben?"
Zum Schluß sieht er die Frühlingsfeuer:
„Und die Funkenwürmer fliegen
Mit gedrängten Schwärmezügen
Zum verwirrenden Geleite."

Faust sieht das Fest auf seinem Höhepunkt (3906 – 3911): „Alles, alles scheint zu drehen." Das sind, aus Text und Kontext gelesen, die Lichträder, die zu Tale rollen. Und „Fels und Bäume, die Gesichter schneiden", sind der Widerschein der vorbeirollenden Räder. Bei diesem Schauspiel erwähnt Mephisto die andere Anekdote, die Walpurgisnacht mit der anderen Sinngebung (3913ff), und er spricht dabei das den Heiden unbekannte, aramäische Wort „Mammon" aus. Die Faustforschung greift dieses Wort auf und deutet den Lichtweg der Räder um zu glühenden Goldadern im Berg. Mephisto sieht das „mit Erstaunen" (3914). Und das Fest geht weiter. Faust beschreibt es (3916 – 3929): „mit hundert Adern sich durchs Tal", „vereinzelt sie sich auf einmal", „da sprühen Funken in der Nähe, wie ausgestreuter goldner Sand." Man muß diesen Text lesen, jedes Wort bestätigt das Bild. Nachdem die Räder unten sind, sieht Faust die Reihe der Freudenfeuer auf dem Berg (3930f): „Doch schau! in ihrer ganzen Höhe entzündet sich die Felsenwand."

Mephisto erwähnt zum zweiten Mal die andere Anekdote (3932f). Und nun beschreibt Goethe das soeben erlebte Naturschauspiel noch einmal mit anderen Worten (3936 –3955):
— Statt „Hör ich Rauschen? hör ich Lieder?" (3883) „rast die Windsbraut durch die Luft!" (3936)
— Nicht mehr „ein morgenrötlich trüber Schein!" (3917), sondern „ein Nebel verdichtet die Nacht." (3940); nicht mehr friedlich, sondern bedrohend.
— Kein „ausgestreuter goldner Sand" (3929), aber „in fürchterlich verworrenem Falle übereinander krachen sie alle" (3949f).
— Und schließlich: statt der „Stimmen jener Himmelstage, was wir hoffen, was wir lieben!" (3885f), jetzt: „den ganzen Berg entlang strömt ein wütender Zaubergesang!"
— Also: statt des Frühlingsfestes der Jugend jetzt die schreckliche Walpurgisnacht.

Diese beiden Beschreibungen eines und desselben Vorgangs muß man doch lesen als Goethes Darstellung der Umdeutung des Freudenfestes in den Hexenzug. Nicht „das Echo, wie die Sage alter Zeiten, hallet wieder", sondern plötzlich, unvermittelt von Vers 3955 auf Vers 3956, sollen die feiernden jungen Leute Hexen geworden sein, die auf einem Mutterschwein reiten (3963) und Zoten singen (3961). Mephisto berichtet, was die Umdeutung aus dem Frühlingsfest gemacht hat: obszönes Szenar. Von jetzt an karikiert er Walpurgisnacht und Hexensabbat und den Teufel „Junker Voland" (4023), deutlich genug auch ohne die obszöne, sogenannte Satansmesse (Paralipomenon 52), die Goethe später herausgenommen hat.

Auf die Karikatur der Walpurgisnacht muß ich nicht näher eingehen. Generationen von Faustforschern und Theaterregisseuren haben das mit Vergnügen bis zum Überdruß getan. Albrecht Schöne hat im Jahre 1982 sogar vorgeschlagen, die Satansmesse in die Bühnenfassung des Dramas aufzunehmen. Erler spricht von einem „von feurigen Goldadern durchglühten Palast für Satan" (S.

695) und Trunz sieht in den Versen 3915 – 3935 „das großartige Bild des Berges, dessen Metalladern glühen, dann der Wirrwarr der nächtlichen Wälder" (S. 567). Sudau beschreibt „eine schaurig-großartige Atmosphäre, ... das gespenstische Licht glühender Goldadern", den „aufgeregten Wald" und den „zaubertollen Zug stockreitender Hexen", und er bewertet die Szene (S. 88) als
> „eine entfesselte und entstaltete, eine chaotische und dämonische Natur, die Natur im Erregungs- und Fieberzustand – und damit spiegelt sie den Strudel der Leidenschaften, die anarchische Triebwelt, die im Innern der Menschennatur lauert".

Sudau zitiert Benno von Wiese: in der Traumwelt der Walpurgisnacht
> „treiben die triebhaften und ungeformten Schichten der Seele ihr unheimliches und phantastisches Spiel".

Alle geben diese Deutungen ab ohne Bezug auf einen Zusammenhang des Dramas und den Hintergrund, vor dem Fausts Leben abläuft (Seite 225).

In der Szene Walpurgisnacht werden vor allem die jungen Mädchen zu Hexen umgedeutet, im Einklang mit der Leib- und Weibfeindlichkeit der Bibel (z.B. 2. Mose 22, 17; 5. Mose 22, 13 – 22; 1. Korinther 7, 1; 11, 2 -16), die die Frau als „Gefäß der Sünde" sieht. Von der Hexenandrohung bis zur Hexen- und Ketzerverbrennung war es nur noch ein Schritt. Mit bis dahin im Abendland nicht bekannten Grausamkeiten, Foltermethoden und Hinrichtungsmethoden wurden „Hexen" und „Ketzer" als Teufelsbündner verfolgt, gepeinigt und dann umgebracht, alles mit feierlicher Prozession zum Richtplatz, alles mit kirchlichem Ritual, alles zur höheren Ehre Gottes, alles Menschenopfer. Seit dem 12. Jhdt. gab es die Inquisition. Im Jahre 1232 hatte Papst Gregor IX sie institutionalisiert und beauftragte den Dominikanerorden mit der Durchführung als „Spürhunde des Herrn" (domini canes). Es muß ein großer Widerstand gegen die Kirche vorhanden gewesen sein, sonst hätte sie nicht 600 Jahre lang in einer grausamen Nichtchristenverfolgung töten müssen und in Europa mehr als eine Million Frauen verbrennen müssen (Schätzung von Historikern, nur annähernd erfaßbar). Und Widerstand war da, im Volk und innerhalb der Kirche selbst, denn es war gerade die Zeit, da die abendländische Kultur erwachte und ihre Ausdrucksformen sogar in die Kirche hineinzutragen begann. Die Vertreter des Volkes und der unteren Priesterränge wurden dabei ausgerottet; die Vertreter der höchsten Priesterränge wurden am Leben gelassen, damit nicht offenbar wurde, daß der Papst bei seiner Unfehlbarkeit falsche Würdenträger bestellt hatte; deren Schriften jedoch wurden „gesäubert". Deshalb wissen wir heute so wenig über Anselm, Erzbischof von Canterbury; über Albert, Graf von Bollstädt, „Albertus Magnus", Bischof von Regensburg; über Eckhart von Hochheim, Generalvikar; über Nikolaus von Kues, Kardinal. Das was wir wissen, wird uns noch beschäftigen.

Eine Frage wollen wir noch stellen: Warum hat Goethe diesen Inhalt der Szene Walpurgisnacht so sehr im Text versteckt? Aus Angst (Seite 49), denn noch 1756, zu seinen Lebzeiten also, wurde in Landshut ein 14jähriges Mädchen wegen „Eingehens einer Wette mit dem Teufel" enthauptet.

Der Erzbischof

In des Gegenkaisers Zelt. Der Erzbischof tritt auf, verspätet, und der Kaiser entschuldigt sich (10933ff). Die weltlichen Fürsten entfernen sich. Der geistliche „bleibt und spricht pathetisch": „Der Kanzler ging hinweg, der Bischof ist geblieben, ..." (10976ff). Die folgende Szene (10977 – 11042) braucht vordergründig nicht kommentiert zu werden. Goethe stellt deutlich genug Wort für Wort einen Repräsentanten der Kirche vor, wohlgemerkt: nicht einen Sprecher der gläubigen Christenheit. Diese Unterscheidung ist bisher schon immer angewandt worden; sie wird jetzt angesprochen im Sinne von Dietzes Definition als „allgemeingültige, abstrakte" Bedeutungsebene in Goethes Drama. Aus Respekt vor der überwältigenden Mehrzahl der Glaubenschristen werde ich den Kommentar zu den Kirchenchristen zurückhaltend formulieren.

Mit dem Toleranzedikt von Mailand im Jahre 313 gehen die Christen ihren ersten Schritt in die Politik. Gewiß diente der Vertrag mit Kaiser Konstantin auch dem Schutz der Gemeinden vor Verfolgung, dennoch war es ein Schritt aus innerer Notwendigkeit, aus dem Jahweerbe der Bibel heraus (Seite 231). Das bezeugt das Jesuswort in Lukas 19,27 (Textfassung 1912):
„Doch jene meine Feinde, die nicht wollten, daß ich über
sie herrschen sollte,
bringet her und erwürget sie vor mir."
In dieser Zeit des moralischen und politischen Verfalls, gekennzeichnet durch Hellenismus (Seiten 155f) und Auflösung des römischen Weltreiches, stützen die Bischöfe die Disziplin der Heere Konstantins: Schon ein Jahr später auf dem Konzil von Arles belegten sie jeden Deserteur mit dem kirchlichen Bann, pauschal: je-

den Deserteur. Die christliche Gehorsamsethik im Glauben wurde auf die christliche Gehorsamspflicht gegen den Kaiser erweitert, und der Kaiser wurde zum weltlichen Arm der Kirche: Schon wenige Jahre später wurde in der Kaiserstadt Trier der erste Ketzer mit dem Schwert hingerichtet. Für Privilegien im Weltenleben gaben die Bischöfe Glaubensinhalte preis (Matthäus 22 u.a.). Danach hätten sie wesentliche Teile aus dem Neuen Testament streichen können: aus der Bergpredigt die ethische Forderung nach Nächstenliebe, Feindesliebe inbegriffen (Matthäus 5, 38 – 44), aus der Passionsgeschichte das Jesuswort „Mein Reich ist nicht von dieser Welt" (Joh 18, 36); aus ihrer Glaubenslehre die Anwaltschaft für die Beladenen und Verfolgten (Matthäus 11, 28). Seit dem Jahre 313 ist das Christentum gespalten. „Grundsatzloser konnte sich wohl keine geistige Gemeinschaft neu orientieren, als die Christenkirche unter Konstantin" ist das Ergebnis der Forschungen Augsteins hierzu (S. 403). Aber die staatenbildende Kraft der Thora (Seite 231) hat die Kirche in der Folge zu einer weltlichen Machtentfaltung befähigt, die ihr im 11. Jahrhundert die Hegemonie über Kaiser und Könige in Europa einbrachte (Papst Gregor VII, 1073 – 1085, päpstliches Lehensstaatensystem) und gar den Papst verleitete, die Forderung nach der Herrschaft „über die Welt" zu stellen. Für ihre Verbreitung hat die Kirche die Zwangsmittel der Thora, des Alten Testaments, genutzt: die physischen, nämlich alle Grausamkeiten des Orients, die bis dahin das Abendland nicht kannte; und die psychischen, nämlich Sünde und Schuld, verfeinert vor allem durch das Mittel der Absolution, also durch die Macht der Priester zur Sünden- und Schuldvergebung schon hier auf Erden (10981 – 11003 und 11018).

Begünstigt wurde die Machtentfaltung der Kirche in Europa im ersten Jahrtausend n.Chr. durch das Machtvakuum nach dem Zerfall des römischen Imperiums und durch das Kulturvakuum zwischen dem Verfall der griechischen Kultur samt ihrer ethischen Normen und dem Aufstieg der europäisch-abendländischen Kultur. Die römische Kirche stützte sich dabei auf ein dichtes Netz von Kirchen und Klöstern als Glaubens- und Machtbasis, zuständig die einen überwiegend für das Volk, die anderen überwiegend für Adel und Intelligenz. Als Zentren auch des Geisteslebens hatten die Klöster jahrhundertelang das Monopol für Lesen und Schreiben und waren zuständig für die Übersetzung der Bibel und die Auswahl der zu verkündenden Ausschnitte, für die Rechtfertigung der Bibel und die Abwehr unverträglicher Einflüsse von außen. Das Schreibmonopol hat die Kirche genutzt zur Verklärung der Kirchen samt ihrer Missionare und Märtyrer, zur Verfemung der Heiden und zur Begründung ihres Alleinanspruchs auf Verkündigung aller Jenseitsfragen; für Gott und Christus hat sie sogar das alleinige Vertretungsrecht auf Erden für den Papst geltend gemacht. Ohne Widerspruch zu befürchten hat die Kirche ihre Geschichte sehr subjektiv selbst geschrieben, hat sie nicht konforme Geistes- und Glaubensäußerungen unterdrückt und ausgelöscht (Seite 240).

Das Schreibmonopol hat die Kirche auch kriminell genutzt für Fälschungen. Die erste und berühmteste Fälschung war die „Konstantinische Schenkung", mit der Kaiser Konstantin der Kirche angeblich den Besitz und die weltliche Macht über die Stadt Rom und „alle Provinzen, Orte und Städte Italiens und des Abendlandes" überschrieben hat. Erst in neuer Zeit untersuchen Historiker „die Schattenepoche nach dem Kollaps der römischen Bürokratie" und finden z.B. unter den Urkunden Karls des Großen 35% Fälschungen, alle nachdatiert und nach seinem Tode präsentiert. Als „Spitzenreiter" in diesem Metier entdeckten die Forscher – ihr Fachgebiet nennen sie Diplomatik – die Klöster Corvey, Le Mans, Reichenau und Monte Cassino. Der Aachener Historiker Max Kerner erklärt: „Unsere Zunft steht vor einem Abgrund an Falsifikaten", und der Nestor der deutschen Diplomatik, Horst Fuhrmann, formulierte in den achtziger Jahren etwas drastisch, die Skriptorien hätten die Fakten umgebogen „wie das Wahrheitsministerium bei George Orwell". Das geschah in einer Zeit, als Volk und Adel noch Analphabeten waren und Könige und Kaiser des Heiligen Römischen Reiches Deutscher Nation sich die in Klöstern geschriebenen Urkunden übersetzen und vorlesen ließen und ihrer vorgefertigten Signatur nur noch den „Vollziehungsstrich" und ihr Siegel hinzufügten. In des Gegenkaisers Zelt schreibt Goethe: Erzbischof (11020):

„Als Kanzler förd'r ich nun Schluß und Formalität."
Kaiser (11021 f):
„Ein förmlich Dokument, der Kirche das zu eignen,
Du legst es vor, ich will's mit Freuden unterzeichnen."

In Hunderten Skriptorien in Hunderten von Klöstern schrieben Mönche den Preis des Glaubens und das Lob der Kirche und die Rechtfertigung ihrer Mission in Hunderten von Heiligen- und Märtyrerlegenden; unter anderem auch die Rechtfertigungsbehauptung für die Christianisierung der Kelten, diese übten Menschenopfer. Die Forschung ausschließlich englischer Historiker in jüngerer Zeit hat das als falsch festgestellt und die – einzige – Quelle für diese Behauptung in Caesars bellum gallicum gefunden als erfundene politische Rechtfertigung für seinen Krieg. Die Kirche hat sie übernommen. Die Kirche hat ihre Geschichte selbst geschrieben, dabei das Bild von der heiligen, allein seligmachenden Kirche verbreitet, und sie hat alle anderen Religionen als Aberglauben und als Afterglauben verfemt und ihre Götter als Götzen denunziert. Eine historische Sicht (Seite 225) hat sie unterdrückt mit Bücherverbrennungen und Bücherzensur. Die erste Bücherverbrennung hat sie schon bald nach dem Vertrag mit Kaiser Konstantin veranlaßt, im Jahre 390 n.Chr. in Alexandria, als etwa 200 000 Schriftrollen der damals größten Bibliothek der westlichen Welt vernichtet wurden. Das Schrifttum der abendländischen Mythologie und der Anfänge der abendländischen Kultur wurde mit derselben Begründung ausgetilgt, bis auf wenige Reste, die von dem Isländer Snorri Sturluson gesammelt und aufgeschrieben wurden oder, wie das Nibelungenlied, modernisiert, d.h. christianisiert wurden. Für die Bücherzensur richtete die römische Kirche die Indexkongregation ein, eine Behörde beim Heiligen Offizium, die etwa 10 000 Bücher oder Gesamtwerke indiziert hat, – das schätzt der Frankfurter Theologieprofessor Hubert Wolf. Darunter befinden sich auch Schriften mit „theologisch nicht korrekten Inhalten" hoher kirchlicher Würdenträger (Seiten 244f). Unter anderem diese Praktiken der Kirche haben die Dokumentengläubigkeit der Historiker erschüttert, so daß die heutige Geschichtsschreibung sich vermehrt auf archäologische Ergebnisse stützt. Auf dem Gebiet der Wissenschaft haben Augustinus den Platon und Thomas von Aquin den Aristoteles zur Bibel konform geschrieben – sie haben sie „christianisiert", so las ich in einem Geschichtswerk. Das ptolemäische, geozentrische Weltbild paßte ohnehin zur Bibel. So war für die Mönche die Erläuterung des biblischen Weltbildes die einfachere Aufgabe, die Abwehr neuer wissenschaftlicher Erkenntnisse die schwerere. Als die Astronomen in China die Supernova von 1054 n.Chr. beobachteten, wurden in den Klöstern Doktorarbeiten geschrieben über Themen wie diese: Wie viele Engel auf einer Nadelspitze tanzen könnten, oder ob man Adam mit oder ohne Bauchnabel malen müsse. Dazu schreibt Goethe in der Szene Kaiserliche Pfalz – Kanzler (4897 – 4916); daraus:

„Natur und Geist – so spricht man nicht mit Christen.
Deshalb verbrennt man Atheisten,
Weil solche Reden höchst gefährlich sind.
Natur ist Sünde, Geist ist Teufel,
Sie hegen zwischen sich den Zweifel,
Ihr mißgestaltet Zwitterkind ..."
„Die Ketzer sind's! die Hexenmeister!
Und sie verderben Stadt und Land."

Wenn man den Widerstand der Kirche gegen jegliche Einflüsse aus Europa ansieht, dann muß man erkennen, daß die Rede von der christlich-abendländischen Kultur eine leere Propagandaformel in den Selbstzeugnissen der Kirche ist (Seite 40), und dann wird man wissen, warum Fausts Lebensweg nicht zum Christentum hinführt, sondern von ihm wegführt.

Nicht die Christenkirche, auch nicht die Bibel, haben das Abendland geprägt, sondern das Abendland hat teilweise die Kirche umgeformt, wovon wir schon aus der Zeit um 830 n.Chr. ein Zeugnis haben mit der Evangeliendichtung „Der Heliand", einer altsächsischen Stabreimdichtung mit Jesus als mächtigem Volkskönig und den Jüngern als adlige Gefolgsleute (Seite 230). Nicht aus der Bibel hat das Abendland seinen Glauben entnommen, sondern in die Bilder der Bibel hat es seine Religiosität hineingelegt: im Abendland ist Maria die Himmelskönigin geworden (Seite 67); im Abendland ist der Himmel Jahwes zum quasi-polytheistischen Himmel der katholischen Kirche geworden (siehe Abschnitt „Bergschluchten", Seiten 252ff); von England her sind die persönliche Beichte und die persönliche Buße in die christliche Kirche eingegangen gegen den Kollektivismus von Thora und Bibel. Sie sind von der 4. Lateransynode im Jahre 1215 unter Papst Innozenz in dogmatische Form gefaßt. Die Kathedralen von Speyer, Mailand und Chartres sind christliche Kirchen aus abendländischem Seelenausdruck, hineingelegt in Architektur; der „Verlorene Sohn" von Rembrandt drückt holländisch-abendländisches Lebensgefühl aus; Bachs Passionen und Oratorien sind abendländische Religiosität; alles Glaubensdokumente und Glaubensmonumente des abendländischen Kulturkreises. Die Kirche hat sich angepaßt. Darüber werden wir noch reden.

Grablegung

Die Szene Grablegung bereitet allen Schwierigkeiten. Die meisten Interpreten weisen auf die Fresken im Kreuzgang des Campo Santo in Pisa hin, stellen die Übereinstimmung mit Goethes Darstellung fest, um bald zur Szene Bergschluchten überzugehen. So macht es auch Beutler, ein eifriger Verfechter der Himmlischen Rahmenhandlung. Trunz nutzt die Szene, um des Teufels Perversität festzustellen und die im Text nicht vorhandene Entelechie hinein zu philosophieren (S. 725f). Dietze ordnet diese Szene der „antiklerikalen, streckenweise auch antichristlichen Linienführung der Satire Faust" zu, die „bis zum nur scheinbar christlichen Himmel der Schlußpartien" reicht (S. 631f). Sudau erklärt (S. 99): „Fausts Erlösung, der erwartungsgemäß würdige und pathetische Moment, wird eingeleitet als Burleske, als Farce", und er bezeichnet die Szene als „absurde Groteske" (S. 130). Wollen auch wir nun versuchen, die überlagerten Bedeutungsebenen zu entflechten.

In Vers 11613 präsentiert Mephisto den „blutgeschriebnen Titel" aus der Wette im Studierzimmer (1698), den er dort in der Rolle als Teufel erhielt (Seite 108). Auch hier übernimmt er wieder diese Rolle (11636ff) und ruft herbei die Herren Teufel „vom graden" und „vom krummen Horne", „vom alten Teufelsschrot und -korne", so daß wir annehmen können, Goethe will noch einmal seinen Mephisto vom biblischen Teufel unterscheiden. Dieser holt sogleich auch den „Höllenrachen" (Jesaja 5, 14 – 15) auf die Erde (11638) mit „Siedqualm", „ewiger Glut" und „so viel Erschreckliches im engsten Raum" (11639 – 11655), so daß wir annehmen müssen, Goethe will noch einmal die Droh- und Angstmittel der Kirche karikieren (11654f):

„Ihr tut sehr wohl, die Sünder zu erschrecken;
Sie halten's doch für Lug und Trug und Traum."

Mit dem zweiten Thema stellt der Teufel die Existenz der leibhaftigen Seele samt Trunz' Entelechie in Frage (11615 –11635):

„Und wenn ich Tag' und Stunden mich zerplage.
Wann? wie? und wo? das ist die leidige Frage;
Der alte Tod verlor die rasche Kraft,
Das Ob? Sogar das ist zweifelhaft."

Und wie Goethe für seine Kritik meist unverfängliche Situationen schafft, so läßt er auch hier den Teufel sprechen, wenn es um die leibliche Himmelfahrt geht (11660ff):

„Das ist das Seelchen, Psyche mit den Flügeln,
Die rupft ihr aus, so ist's ein garstiger Wurm;
Mit meinem Stempel will ich sie besiegeln,
Dann fort mit ihr im Feuerwirbelsturm!"

Psyche mit den Flügeln: das ist Kritik an der Dogmatik von jeglicher leiblicher Himmelfahrt einer zur Theologie erstarrten Religion, Kritik also an den Lehrsätzen der Amtskirchen, nicht Kritik an verinnerlichten Glaubensinhalten, wie Goethe gleich zeigen wird.

Drittens: Die Auferstehung und die Himmelfahrt Christi ist wohl das zentrale Glaubensstück des Christentums. Anders als die Urgemeinde, die die Wiederkunft ihres Herrn noch zu ihren Lebzeiten als weltliches Ereignis erwartete, hat die gläubige Christenheit Auferstehung und Himmelfahrt verinnerlicht und zu einem Seelenereignis gemacht. Unzählige Lieder und Hymnen bezeugen das mit tiefer Glaubensverinnerung. Goethe zeichnet das mit einer Hymne nach, den sechs Chören der Engel, die sich erheben, „Faustens Unsterbliches entführend" (11824). Anfangs stand hier: Faustens Entelechie, ein Begriff der Geisteswissenschaft. Der Austausch zeigt Goethes Absicht: wie das Unsterbliche liegen auch Auferstehung und Himmelfahrt im Bereich des Glaubens. Die Schönheit dieser sechs Chöre Goethes und der musikalische Klang in ihren Versen sprechen auch zu dem, der sie nicht versteht. Der Gläubige wird ihren Sinn gewiß erschließen. Sie bleiben „gleich geheimnisvoll für Kluge wie für Toren". Goethe hat nicht gesagt, wer welcher ist.

Für uns ergibt sich hier die Gelegenheit, auf die große Zahl der Glaubenschristen hinzuweisen, die 2000 Jahre lang das Wort Jesu und seine Bilder mit ihrem Seelengehalt füllten und in Meditation und Inbrunst ihr Seelenheil fanden, und an die zu denken, die fast 1000 Jahre lang in seinem Namen große und größte Kulturwerke aus ihrem Seelengehalt schufen, ebenfalls in Meditation und Inbrunst (Teil 2.6).

Das vierte der sich überlagernden Themen der Szene Grablegung ist wieder die Weltfeindlichkeit der Christenlehre, die sich auch hier in ihrer Leib- und Weibfeindlichkeit ausspricht. Goethe stellt das dar am unnatürlichen Verhalten des Teufels gegenüber den unnatürlichen, geschlechtslosen Engeln. Trunz versucht vergeblich, die Ursachen zu vertauschen und die Gründe in Mephisto hinein zu philosophieren (S. 728):

„Mephistopheles weiß: Die Engel sind nicht normalgeschlechtlich. Statt an das kontradiktorische Gegenteil zu denken – asexuell, ungeschlechtlich –, denkt er seinem Wesen entsprechend an das kontradiktionäre Gegenteil: gleichgeschlechtlich, homosexuell."

Trunz verkennt den satirischen Sinn der Szene. Die Bibel ist eindeutig, auch im Neuen Testament, besonders in den Paulus- und Johannesbriefen, z.B.: 1. Korinther 7,1 – 16; darin:
„Es ist dem Menschen gut, daß er kein Weib berühre."
1. Johannes 2,12 – 17; darin:
„Habt nicht lieb die Welt noch was in der Welt ist ...
Denn alles, was in der Welt ist, des Fleisches und der Augen Lust und hoffärtiges Leben, ist nicht vom Vater, sondern von der Welt."
Damit vergleichen Sie bitte Goethes Türmerlied (11288 – 11303):
„Zum Sehen geboren,
Zum Schauen bestellt,
Dem Turme geschworen,
Gefällt mir die Welt ...
Ihr glücklichen Augen,

> Was je ihr gesehn,
> Es sei wie es wolle,
> Es war doch so schön!"

Lesen Sie bitte auch noch einmal Gretchens Bekenntnis (3577 – 3586), worin sie Sündhaftigkeit nicht erkennen kann, denn:

> „Doch – alles was dazu mich trieb,
> Gott! war so gut! ach, war so lieb!"

Mit der Gegenüberstellung gegensätzlicher Themen hat Goethe immer beide Themen verdeutlicht. So ist zur Szene Grablegung die im Drama folgende Szene Bergschluchten ein Gegenstück, insofern hier eine Naturlandschaft mit darin handelnden Personen bildhaft beschrieben wird. Aber diese Szene hat eine weitere, übergreifende Bedeutung, denn sie beschreibt gleichnishaft einen polytheistischen Himmel, und damit ist sie auch das Gegenstück zur Szene „Im Anfang war das Wort", die das Thema Monotheismus enthält. Wir werden hier also das Thema Polytheismus ebenso gründlich behandeln, wie dort das Gegenthema, und wir werden in der Gegenüberstellung sehr deutlich die tieferen Gründe und Voraussetzungen für Fausts Lebensweg finden, den wir als Schicksalsweg kennengelernt haben, wobei wir dort den Lebensbegriff „Schicksal" voraussetzungslos und als gegeben angenommen haben. Damit werden wir die Gebundenheit erkennen, in der Faust lebt und in der das Abendland steht. Damit werden wir die kulturhistorischen Zusammenhänge erkennen, in die Goethe sein Faustdrama gestellt hat.

Bergschluchten

Die Bergschluchten sind bewohnt von „Heiligen Einsiedlern", von „seligen Knaben", von Engeln – „vollendeteren und jüngeren", von den „Büßerinnen", von „una poenitentium (sonst Gretchen genannt)", von „Doctor Marianus" und von der „Mater gloriosa": „uns erwählte Königin, Göttern ebenbürtig" (12011). Wenn die Bergschluchten ein Symbol sind, dann bestimmt nicht für den monotheistischen Himmel Jahwes, auch nicht für den Himmel der Bibel, wie er in der Offenbarung des Johannes beschrieben ist. Eher könnten sie ein Symbol sein für den angepaßten katholisch-europäischen Himmel, der mit den Scharen von Heiligen und Seligen schon ein quasi-polytheistischer Himmel ist; aber zu diesem passen die Frauen nicht (11991). Auch die wohlklingenden Naturbeschreibungen von Chor und Echo (11844 – 11853), von Pater Profundus (11866 – 11881) und von Pater Seraphicus (11904 – 11913) passen nicht in den katholischen Himmel, und der Gesang der Engel paßt nicht zum evangelischen Himmel: „Wer immer strebend sich bemüht, den können wir erlösen" (Seite 230). Ganz und gar nicht paßt die Mater gloriosa in den biblischen Himmel, nämlich Maria, „die Himmelskönigin" (11995), „Göttern ebenbürtig" (12012), „Höchste Herrscherin der Welt" (11997), die das „Geheimnis" bewahrt (12000).

Alles das paßt zum europäischen Mythos, wie wir noch sehen werden. Wenn wir uns auf „Miñe, Wink und leise Andeutung verstehen" (Seite 48, Nr. 9), so erkennen wir in den Bergschluchten einen polytheistischen Himmel. (Selbst Beutler erklärt zu den drei Patres, daß „Goethe hier kaum an bestimmte Persönlichkeiten der christlichen Kirche gedacht" hat, S. 658). Mit dieser Szene hat Goethe das Thema des europäischen Mythos aufgerufen, mit dem wir uns jetzt befassen müssen. Wir werden dabei Inhalte finden, die Fausts Lebensweg bestimmt und ihn selbst geformt haben.

Zur Geschichte

Die Religionen der Völker und Hochkulturen des indogermanischen Sprachraums waren polytheistisch, zwar mit verschiedenen spezifischen Färbungen, entsprechend ihrem naturgeprägten Lebensgefühl (Seite 58), aber mit den gleichen wesentlichen Merkmalen (s.u.). Zum indogermanischen Sprachraum gehören fast alle europäischen und die meisten iranischen und indischen Sprachen, ihre Völker und Religionen. Dazu gehören die Sumerer, Hethiter, Inder, Griechen, die romanischen, slawischen und germanischen Völker. Polytheistisch war also auch die Religion der Sumerer, des ältesten bekannten Kulturvolkes der Weltgeschichte, das im 4. Jahrtausend v.Chr. im Zweistromland auftauchte, etwa 3200 v.Chr., also mehr als 2000 Jahre vor Moses und etwa 500 Jahre vor dem Auftreten der Ägypter in der Geschichte. Sie kamen vermutlich „aus dem iranischen Hochland oder noch weiter her aus den asiatischen Bergländern" (Ceram, S. 334). Sie brachten eine fertig ausgebildete Kultur mit, samt Schriftsprache, die Keilschrift. Seit 150 Jahren haben Archäologen und Assyriologen – unter ihnen der Franzose Botta und die berühmten Engländer Layard, Smith und Wooley – in „Hunderten vor allem sprachlichen Einzelforschungen" nachgewiesen (Ceram, S. 320), daß die Sumerer ein indogermanisches Volk waren, das den Staat Sumer mit der Hauptstadt Ur gründete, aus dem die Reiche Babylonien und Assyrien hervorgingen.

Layard und Smith fanden in Ninive die 30 000 Bände umfassende Keilschriftbibliothek Assurbanipals und darin das „Gilgamesch-Epos, wahrscheinlich das erste große Epos der Weltgeschichte, lange vor Homer, lange vor der Bibel entstanden" (Ceram, Bild S. 244), genauer gesagt: 2000 Jahre vor der Thora, also dem Alten Testament, und 3000 Jahre vor der Bibel. Dieses Epos war Bestandteil des sumerischen Mythos und der sumerischen Religion. Es berichtet von Gilgamesch, dem Herrlich-Schrecklichen, der den gräulichen Herrn des Zedernwaldes besiegte, der den Himmelsstier erschlug und sogar die Götter herausforderte, der nach dem Tode seines Freundes Enkidu „nach dem ewigen Leben zu suchen begann" und doch sterben muß. „Aber der Göttervater Enlil macht ihn zum Herrn der Unterwelt. In der Herrschaft über das, was er fürchtete, verliert sich seine Angst – ein höchst bemerkenswerter Schluß für das älteste Epos der Weltgeschichte; aber eben aus Zeiten stammend, da die Kunde von der menschlichen Seele noch eindeutig in den Bereich der Priester und Dichter, und nicht der Ärzte fiel" (Ceram, Bild, S. 248).

Der Assyriologe unserer Zeit, Hartmut Schmökel, schrieb 1966 einen Bericht: „Der Homer Babyloniens. Ein großer Dichter wurde identifiziert. Sinlekunninni schuf das Gilgamesch-Epos." Ihm schrieb Schmökel zu eine „Antwort auf die ewige Menschheitsfrage nach dem Sinn des Lebens", und Schmökel erklärt: Der Dichter „beläßt dem Sterblichen als einzig erreichbaren Gewinn den nachwirkenden Ruhm einer großen Tat." Wir werden das 4000 Jahre später wieder finden (6299, 10181, 11583, 11509, 11445).

Das Gilgamesch-Epos enthält die Geschichte von Ut-napischti, dem „der menschenfreundliche Gott Ea im Traum die strafende Absicht der Götter offenbart" (Ceram, S. 292), eine Wasserkatastrophe über die Erde zu schicken. Und Ut-napischti baute ein Schiff. Das ist in allen Einzelheiten der Mythos, den die Thora 2000 Jahre später als Sintflut übernommen hat, mit Jahwe und Gott statt Ea, und mit Noah statt Ut-napischti. Dies ist ein Beispiel für die Übernahme und Umformung von Inhalten früherer Religionen durch spätere, fremde Religionen bei Beibehaltung der Bilder. Noch einmal 2000 Jahre später, etwa um 800 n.Chr., hat sich dieser Vorgang wiederholt, als in Europa der christliche Monotheismus überlagert und umgeformt wurde durch die Aufnahme wesentlicher Elemente der Religion der abendländischen Heiden (s.u.). Weil Goethe im Faustdrama die veränderte, die europäisch-katholische Religion zugrunde legt, wird diese jetzt auch unser Thema. Der polytheistische Himmel der Szene Bergschluchten ist unser Ausgangspunkt.

Polytheismus
Alle Religionen der Indogermanen haben eine Vielzahl von Göttern und Göttinnen. Jeder und jede hat die eigene Aufgabe im kosmischen Geschehen, je nach den individuellen Anlagen. Keine und keiner ist allwissend oder allmächtig. Ewigkeiten gibt es nicht. Dagegen ist die dynamische Zeit ein Wesensmerkmal vieler indogermanischen Mythen und Religionen, eine Zeit, in der alles Weltgeschehen in einem zyklischen Verlauf liegt und von einem ständigen Kreislauf von Werden und Vergehen geprägt ist. Der zentrale religiöse Gedanke der Indogermanen ist das Schicksal, das geheimnisvoll mit der Zeit verbunden ist, und dem alle unterworfen sind: Götter und Menschen. Das Schicksal der Götter vollzieht sich in der Welt zwischen Beginn und Untergang und Wiederbeginn, während sich das Schicksal der Menschen auf der Erde vollzieht zwischen Geburt und Tod. Einer der Götter ist wegen seiner herausragenden Fähigkeiten von den anderen als Oberhaupt anerkannt. Zu ihm stehen die anderen in einem freiwilligen, nach dieser Entscheidung aber nicht mehr lösbaren Gefolgschaftsverhältnis, wie es Goethe in seinem Prolog im Himmel beschreibt (Seite 230). Der Göttervater verkörpert meistens den Kerngehalt des Welt- und Lebensgefühls der Menschen, allerdings auf einer idealisierten Ebene. Auf dieser Ebene leben die Götter und Göttinnen wie Abbilder der Menschen mit deren Idealen und Schwächen, und es gibt einen tiefen Glauben daran, daß sich hier die Menschen Götter vorstellten nach ihrem Bilde, sich zum Vorbild. Dieser Glaube war verschüttet, und als er wieder ausgesprochen wurde (Teil 2.6), wurde er wieder zugeschüttet von dem anderen Glauben, daß Er, der ist, die Menschen schuf nach seinem Bilde, und daß unter den ersten vier Menschen seiner Schöpfung ein Mörder war, eine 25%-Quote also, nach seinem Bilde. Die Fremdheit dieses Glaubens wird offenbar, wenn man ihm die ethischen Inhalte gegenüberstellt, was in den folgenden zwei Abschnitten geschieht.

Entscheidungsethik
Wo es keine Barrieren aus Allmacht und Allwissen gibt, stehen die Menschen näher bei ihren Göttern, in Griechenland sogar örtlich: sie wohnen gleich nebenan (Seite 211). Auf ihrer Handlungs-, Verantwortungs- und Schicksalsebene verläuft das Leben der Götter in Wünschen und Verhalten, mit Fehlern und Irrtümern, ähnlich dem der Menschen, und deshalb sind die Götter für sie keine Idealfiguren, sondern Lebensvorbilder, denen sie zwar mit Respekt gegenüberstehen, aber ohne Angst. Die Götter geben den Menschen Freiraum für eigene Entscheidungen und Freiheit zu ei-

genem Handeln, aber nicht umsonst: Pflicht ist der Preis der Freiheit. Pflicht entsteht hier aus freiwilliger Verpflichtung entsprechend den eigenen Fähigkeiten, ist abgegebener Teil der Freiheit, abgegeben an den Freiraum der anderen Partner, sowohl der Götter als auch der Nachbarn. Solche Pflicht ist das Bindeglied zwischen Freiheit und Tun und fordert Handeln in eigener Verantwortung. Die Beziehung der Menschen zu den Göttern besteht – genau wie zwischen den Göttern und den Menschen untereinander – in einer einmal freiwillig eingegangenen, dann aber bindenden Gefolgschaft. Diese beiden Merkmale des nordischen Polytheismus, die Nähe zu den Göttern und das Gefolgschaftsverhältnis zu ihnen, hat Goethe in der Szene „Prolog im Himmel" beschrieben (Seite 230). Eine solche Ethik zwingt den Menschen nicht auf die Knie, sie läßt ihn aufrecht stehen.

Mit der Freiwilligkeit der Entscheidung ist also eine Selbstverpflichtung verbunden, auch eine dauernde Bindung an das gegebene Wort. Die nordischen Sprachen haben dafür einen eigenen Begriff: den Eid. Eidbruch galt als höchstes Vergehen gegenüber dem Eidträger, also gegenüber den Göttern wie den Nachbarn in Familie, Sippe, Stamm, und hatte den Ausschluß aus der Gemeinschaft zur Folge, also Achtung, was immer auch Tod bedeutete –, aber nicht sofort. Dazwischen lagen Waldgang und Einsiedelei. „Gisli, der Waldgänger" heißt eine der Sagas der Edda. Henker und Hinrichtung gab es nicht.

Aus Gebrauch oder Mißbrauch ihrer Freiheit hinsichtlich Tat, Pflicht oder Eid folgt nach der nordischen Mythologie für den Menschen sein Schicksal, das ihn im Leben auf Erden trifft, das er also zu tragen hat hier und gleich, etwa durch die Acht (Brockhaus: althochdeutsch *ahta*, Ausstoßung eines Friedensbrechers aus der Rechts- und Friedensgemeinschaft). Den Begriff Schuld gibt es in der nordischen Welt nicht, schon gar nicht den moralbeladenen Begriff Schuld. Unser Wort Schuld ist abgeleitet von dem nordischen Wort *skuld*, und das bedeutet „sollen" (Brockhaus), und sollen bedeutet eine Verpflichtung in die Zukunft hinein. Skuld ist in der nordischen Mythologie der Name einer der drei Nornen, einer Schicksalsgöttin, und zwar der, die die Zukunft webt, in der sich das Schicksal vollzieht.

Wenn Ihnen das alles selbstverständlich vorkommt, dann eben, weil Sie Europäer sind, auch in Ihrem Anspruch an die Religion, weil Sie nicht Orientale sind und also keine natürliche Bindung an Jahwe haben.

Persönlichkeit
Ob diese Merkmale des Polytheismus Voraussetzung oder Folge der Persönlichkeitsentwicklung sind, ist nur eine Frage der Betrachtungsweise. Für Goethe waren sie Voraussetzung: „Bist alsobald und fort und fort gediehen nach dem Gesetz, wonach du angetreten" (Urworte, die Losung dieser Schrift). Die Freiheit zur persönlichen Entscheidung in persönlicher Verantwortung mit persönlichem Schicksal und die Bindung an diese Entscheidung sind mit der Persönlichkeitsbildung verwoben, jedes ist eine Bedingung für das andere (Seiten 273ff). Das Leben im Spannungsfeld zwischen Freiheit und Bindung und zwischen Wille und Tat prägt die Persönlichkeit. Hier finden wir – 4000 Jahre nach Sinlekunninni (Seite 254) – eine in indogermanischen Kulturen wohl angelegte Lebensnorm wieder. In allen indogermanischen Mythologien und Religionen bestimmen Persönlichkeitsmerkmale die sittliche Werteskala, geordnet nach ihren eigenen Spezifika, in Griechenland waren es Normen der Ästhetik, im Abendland sind es Charaktereigenschaften. Persönlichkeitsmerkmale bestimmen auch die Aufgabenverteilung in den Gemeinschaften, und vielleicht ist das sogar der Grund für die Vielzahl der Götter in den indogermanischen Religionen. In die Aufgabe wird man nach persönlichen Fähigkeiten berufen, – wörtlich: durch Zuruf bestellt – in offener Versammlung, von jedem und für jeden sichtbar; frei, aber verbindlich. Solche Unterscheidungen gelten für Götter und Göttinnen genau so, wie auf Erden für Mann und Frau. Zwischen ihnen gibt es in indogermanischen Religionen keine qualitativen Unterscheidungen, sondern nur verschiedene Aufgaben im Leben und für das Leben, entsprechend ihrer Eigenart als unverwechselbare Persönlichkeit. Auch das dürfte Ihnen als selbstverständlich vorkommen.

Die Menschen, sagten wir, stehen in polytheistischen Religionen nahe bei ihren Göttern in einer freien und angstfreien Bindung an sie. In Griechenland war es ethisches Gebot, selbst Gottesurteile mit Haltung anzunehmen, und 4500 Sachsen wurden im Jahre 782 in Verden hingerichtet, weil sie sich weigerten, ihren Göttern abzuschwören und damit ihren Eid zu brechen.

Der Platz der Frau in Welt und Leben ist in den Weltkulturen verschieden und für sie charakteristisch. In den indogermanischen Völkern haben Mann und Frau gleichermaßen aktive Aufgaben, wenngleich verschiedene, entsprechend ihren persönlichen Fähigkeiten. In Griechenland war es die Priesterin Pythia, die im Orakel von Delphi den Völkern zukunftsweisende Entscheidungshilfen gab. In der Edda kennt die Seherin Wölwa Verstrickungen und das Schicksal der Götter und sieht den Weltenzyklus voraus mit Untergang und Wiederbeginn. Niemals waren Frauen den Männern eigen oder Untertan wie in der Bibel (1. Mose 3, 16; 1. Korinther 11,9; Epheser 5, 22). Unvorstellbar ist im Abendland eine Handlungsweise wie die Abrams, der seine Frau Sarai verleugnete, sie als Schwester ausgab und dem Pharao überließ, weil er fürchtete, "sie werden mich erwürgen und dich leben lassen" (1. Mose 12, 11 – 19). Noch im Jahre 1945 nahmen Männer hierzulande ihre Ermordung hin, weil sie ihre Frauen vor der Gewalt der Eroberer schützen wollten.

In der nordischen Mythologie sind es Göttinnen, die das zentrale religiöse Geheimnis bewahren und verwalten: die Zeit und das Schicksal. Sie sind mit der Welt entstanden, sind älter als das Göttergeschlecht der Asen, wohnen im Utgardr, dem „Raum außerhalb" und sind Riesinnen, das sind im Verständnis der Nordvölker Urgewalten (Seite 275). Es sind die drei Nornen Urd, Werdandi und Skuld. Skuld, die die Zukunft webt, kennen wir schon. Die beiden anderen versehen Vergangenheit und Gegenwart. Die Idee des Schicksals als einem Geflecht aus Vergangenheit, Gegenwart und Zukunft ist eine religiöse Schöpfung der Germanen. Und es sind Frauen, denen sie die Fähigkeit zuschreiben, dieses Gut zu bewahren und zu vergeben: Schicksal aus Frauenhand, das gute wie das schlimme. Das ist in den monotheistischen Religionen undenkbar.

Auch an Fausts Lebensweg standen Frauen an den schicksalsentscheidenden Stellen: Gretchen mit ihrer weltbejahenden und lebensfordernden Natürlichkeit führte ihn aus seiner Studierstube in das Leben hinein, auch hin zur Tragik im Kerker, aber auch hin zur Hoffnung in Anmutige Gegend; Helena, die schöne fremde Frau, führte ihn zur Besinnung auf das eigene Lebensgesetz; die Sorge – „in veränderter Gestalt üb' ich grimmige Gewalt" (11426ff) – gab ihm Schicksal und damit Sinn und Leben (Seite 276). Goethe setzt hier die Bezüge deutlich (11997ff). Damit bestätigt er den Zusammenhang mit dem nordischen Mythos. Jedenfalls hat er mit den „Bergschluchten" das Bild für einen polytheistischen Himmel gezeichnet.

Historischer Überblick
Etwa um 1225 v.Chr. schrieb Moses die Thora auf (Seite 231), das ist der Mythos der drei monotheistischen Religionen, also ihre Voraussetzung. Jüdische Theologen diskutierten, formulierten und redigierten (etwa 400 und 500 v.Chr.) die jüdische Theologie, den

Talmud, der „Kommentar zur Thora" genannt wird. Der Wirkungsbereich blieb zunächst auf den Orient begrenzt. Gut 1000 Jahre nach Moses trat Jesus auf in der Tradition der vielen Propheten der Thora und verkündete das baldige Kommen des Gottesreiches auf Erden, ebenfalls in der Tradition der Thora. Innerhalb von 100 Jahren formulierten Paulus und die Evangelisten auf der Grundlage der Thora und aus den Predigten Jesu und seinem Leidensweg die Religion des Christentums, das sich mit zusätzlichen religiösen Elementen vornehmlich an die Unterdrückten im damals noch funktionierenden römischen Imperium wandte. Wie immer in der Geschichte in Zeiten großer politischer oder wirtschaftlicher Machtausübung – im späten Rom wie im späten Abendland – nahmen damals die Mühseligen und Beladenen, also die Massen, das Christentum als Heilslehre an, die ihnen Gerechtigkeit versprach, in allen Belangen und in naher Zukunft. Mit dem Missionsbefehl zusätzlich zu den Befehlen Jahwes erhielt das Christentum eine aggressive Stoßkraft in eine morbide Welt hinein, zuerst in das Kulturvakuum der hellenistischen Welt, dann in das Machtvakuum, das das zerfallene römische Weltreich hinterließ. Auf Widerstand stieß das inzwischen stark gewordene Christentum erst im Abendland, als dort etwa um 900 n.Chr. die eigene Kulturepoche begann, die ihre Religiosität gegen den Alleinvertretungsanspruch der Kirche entfaltete, und als mit den Sachsenkaisern das neue europäische Machtzentrum entstand, das auf den Machtanspruch der Päpste stieß.

Lange war das Abendland für die Christenkirche nur ein geographischer Raum, in den hinein sie die Christianisierung treiben konnte. Jetzt stießen zwei Weltkulturen aufeinander: die orientalische, vertreten durch das schon zur Theologie erstarrte, aber am Höhepunkt seiner weltlichen Macht stehende Christentum und die abendländische mit ihrem bereits ausgeprägten Mythos, der mit innerer Notwendigkeit seine Ausdrucksformen suchte. Die Auseinandersetzung wurde denn auch nicht auf der Machtebene, sondern auf der Kulturebene entschieden. Ihr sichtbares Feld, das Thema an der Oberfläche, war die Frage nach dem Verhältnis von Glauben und Wissen (Seite 234). Die Kirche hatte – unnötigerweise – ihre Glaubenspositionen wissenschaftlich unterstützen wollen.

Der Nobelpreisträger Steven Weinberg erklärt dazu (S. 259):
„Oft hört man, es gebe keinen Konflikt zwischen Wissenschaft und Religion ... aber das liegt daran, daß die Religion sich im Laufe vieler Jahrhunderte von einstigen Bastionen zurückgezogen hat ... Der Rückzug der Religion aus den von

der Wissenschaft besetzten Bereichen ist nahezu abgeschlossen."

Das war für die Kirche immer ein schmerzlicher Prozeß: Galilei wurde erst 1992, 359 Jahre nach seiner Verurteilung, von Papst Johannes Paul II rehabilitiert, aber nur sehr halbherzig. Eine treffende Abgrenzung zwischen der Religion und der Naturwissenschaft hat Gerhard Börner gegeben (Seiten 223f).

An dieser Stelle muß noch einmal – und präziser – gesagt werden, daß Glauben und Wissen komplementäre Ausdrucksformen für eine gemeinsame, beiden zugrunde liegende, allgemeinere, anders nicht beschreibbare seelische Verfassung sind (zwei Komplementärfarben, z.B. aus dem gelben und blauen Spektralbereich, ergeben, wenn man sie vereinigt, mischt, das weiße Licht, das selbst nicht sichtbar ist). Das setzt allerdings die gemeinsame seelische Realität voraus, das heißt die gemeinsame kulturelle Wurzel für Glauben und Wissen. Mit Goethes Worten kann man das so sagen: Glauben und Wissen sind die seelischen Pole einer dynamischen Polarität, die zur Ausgeglichenheit gebracht, erst zu der gemeinsamen, allgemeinen seelischen Realität führen, die Goethe Urphänomene nennt.
Die Naturwissenschaft hat das erkannt (Zitate Heisenberg). Die Kirche dagegen hat ihre Glaubenssätze immer detaillierter dogmatisiert. Die leibhaftige Himmelfahrt Marias zum Beispiel kam erst im 6. Jhdt. in Kirchenkreisen in Rede, ist also in der Bibel nicht belegt, und wurde dennoch im Jahre 1950 zum Glaubensdogma erklärt. Heute kann die katholische Kirche kaum noch Widerstand gegen den Zeitgeist leisten, gegen die politisch erklärte Korrektheit schon gar nicht, wenn man ihre innere Zerrissenheit in der Frage nach dem menschlichen Leben (Abtreibung) feststellen muß.

Die protestantische Kirche gar macht sich zum Vorreiter des Zeitgeistes, gefällt sich in selbstzerstörerischer Liberalität und fächert ihre Glaubensgrundlagen in akademische Lehrmeinungen auf. Da lehrt der Theologieprofessor Karl Barth eine „Dialektische Theologie" und kann „Gott nur in der Zweiheit begreifen, in der eins zwei werden muß, damit zwei wahrhaft eins ist" (Barth: „Anfänge der Dialektischen Theologie", 1938, S. 9ff, und S. 212ff; siehe die Ausführungen zur Szene Hexenküche, Seiten 239f), und der Prediger Karl Barth verkündet von der Kanzel dennoch die Dreieinigkeit der Bibel. Rudolf Bultmann, ebenfalls Professor und Prediger, Schöpfer der „Entmythologisierungstheologie", akzeptiert, daß Kreuz und Auferstehung nicht „wirkliche" Ereignisse zu sein brauchen: „Christus, der Gekreuzigte und Auferstandene, begegnet uns im Wort der Verkündigung, nirgend anders" (Bultmann: „Kerygma und Mythos I", 1968, S. 50), was aber nur seine Meinung ist, die im Gegensatz zu Barth und Bibel steht. Mit dem Verwurf des Mythos gibt Bultmann die Wurzeln des Christentums preis und läßt es im geistigen Raum frei schweben und setzt es dem Zugriff der Philosophen aus. Weitere Theologien sind daher keine Überraschung mehr. „Befreiungstheologie" und „Feministische Theologie" befassen sich mit Rassismus, Patriarchat, Sexismus, Minderheitenschutz, z.T. ausdrücklich gegen das Wort der Bibel (z.B. 5. Mose 7,3; 3. Mose 20, 13; 1. Korinther 1, 19, 21 – 24). Die heute moderne – oder sollte man sagen modische – Suche nach einem Weltethos ist Anleihe bei der Philosophie und zeigt die Hilflosigkeit einer Kirche, die aus sich heraus keine Antworten mehr formuliert. Selbst ihren ureigenen Bereich, die Seele, hat die Kirche an die quasi-wissenschaftliche Psychiatrie abgegeben (Zitat Ceram zum Gilgamesch-Epos, Seite 254), und man könnte sagen: Die Kirche hat Gott den Physikern überlassen und die Seele den Psychiatern, sie hat sich zurückgezogen auf Caritas und Politik. Die Ursache für diese Entwicklung der Kirchen ist gewiß auch ihre Flexibilität und Anpassungsfähigkeit an die Verhältnisse, aber mehr noch das Gefühl verlorener Identität in einem wesensfremden Kulturraum. Vielleicht ist es die Suche nach neuen Orientierungen in der wesensfremden Welt, aber „Eine Religion, die bei Sozialproblemen angekommen ist, hat aufgehört, Religion zu sein" (Spengler II, S. 235). Jedenfalls will und kann die Kirche Gedanken über Glauben und Wissen, wie sie Heisenberg und Goethe äußerten, weder verstehen noch vollziehen, und das führt – kirchenintern und nach außen hin noch verdeckt – bereits zur Zerstörung des Glaubens, wenn z.B. der Göttinger Neutestamentler, der Theologieprofessor Lüdemann, für die Abschaffung des Credo eintritt, des christlichen Glaubensbekenntnisses, und dabei unter anderem den zentralen Glaubensteil des Christentums verwirft, nämlich die Auferstehung Jesu.

Religion und Mythos

Als sich im Abendland etwa um 900 n.Chr. eine eigene Religion zu formen begann, war das Christentum schon als ausgeformte Theologie vorhanden, mit organisierter Kirche und machtpolitischem Rückhalt (Seiten 245ff). Die Kirche hat es verstanden, mit einer beispiellosen politischen Leistung ihre Ansprüche so weit auszubauen, daß der Papst Gregor VII (1073 – 1085) die Herrschaft der Kirche über den Staat in aller Welt einforderte und in Europa zeitweise erzwang. Die Geschichte kennt die psychischen Druckmittel und physischen Zwangsmethoden (Seiten 238ff, 244), die die Kirche dabei einsetzte und das ganze Mittelalter hindurch einen Schleier von Angstfrömmigkeit über Europa legte. Aus dieser heraus formierte sich der Widerstand gegen die Kirche in einer geistigen Auseinandersetzung ohnegleichen.

Angesichts des Monopols der Kirche im europäischen Geistesleben konnte diese Auseinandersetzung nur aus der Kirche selbst heraus geführt werden, aus ihren Einrichtungen und von Teilen ihrer Repräsentanten. Die geistige Auseinandersetzung erreichte sofort die Grundlagen der Kirche, nämlich die beiden Fragen
— nach dem Verhältnis von Glauben und Denken, also von Religion und Philosophie; und
— nach dem Verhältnis von Glauben und Wissen, also von Religion und Wissenschaft.

Ihre wichtigsten Wortführer waren Anselm, Erzbischof von Canterbury; Albertus Magnus, Bischof von Regensburg; Eckhart von Hochheim, Leiter der Ordensprovinz Sachsen und Generalvikar für Böhmen; Nikolaus von Kues, Kardinal; Giordano Bruno, Dominikaner; Kopernikus und Galilei, Physiker.

Das Generalthema war die Frage nach dem Verständnis Gottes, die Dreieinigkeit blieb zweitrangig. Schon das war eine Suche abseits des Neuen Testaments, und schon das war eine Herausforderung der Kirchen. Aber das Thema war von den Kritikern vorgegeben und zeigt, wo sie den Schwerpunkt sahen: nicht bei Jesus, sondern bei Jahwe, also beim Mythos der jüdischen Religion (Seiten 230ff), der die Wurzel auch des Christentums ist. Damit war es ein Streit über die Grundlagen der Kulturen des Abendlandes und des Morgenlandes, wie wir gleich sehen werden. In dieser Schrift kann nicht die Diskussion nachgezeichnet werden; es genügt, die zentralen Begriffe stichwortartig zu nennen, um Ursprung und Richtung der Argumentation zu erkennen.

Die erste Auseinandersetzung war für die Kirche akut gefährlich, denn ihr Inhalt verschob sich langsam in Richtung eines neuen Glaubens. Mit dieser Verschiebung wurde der Widerstand innerhalb der Kirche gegen die herrschende Lehre breiter, lauter und intensiver und erreichte bei Eckhart von Hochheim einen Höhepunkt, an dem er von der Kirchenhierarchie mit Gewalt unterbunden wurde.

Anselm von Canterbury (1033 – 1109),
heute als der „Vater der Scholastik" schubladisiert, eröffnet seine Kritik mit dem Grundsatz: „Ich glaube, damit ich einsehe." Er fordert „Glauben, der nach Einsicht sucht", ordnet das Denken dem Glauben unter, weil „Die rechte Ordnung verlangt, daß wir zunächst an die Tiefen des christlichen Glaubens glauben, ehe wir es wagen, sie mit der Vernunft zu untersuchen." Zunächst! Das ist nicht hebräisch und nicht biblisch, aber es ist die Rechtfertigung für ein Denken neben dem Glauben und für seine vielen Gottesbeweise, deren berühmtester der Beweis Gottes aus dem Begriff Gottes ist, ein geistiger Kurzschluß in der Tradition der griechischen Philosophie zwar, aber eine Rebellion. Lesen Sie: wenn im menschlichen Geiste die Idee Gottes als das absolut Größte existiere, dann müsse er auch in der Wirklichkeit existieren. Die Idee Gottes aus dem menschlichen Geiste in die Wirklichkeit hineinbewiesen: das ist Suche jenseits der Offenbarung, abseits der Bibel.

Albertus Magnus, Graf von Bollstädt (1193 – 1280),
Dominikaner, Magister (das ist heute Professor) an den Ordensschulen und Universitäten von Padua, Hildesheim, Regensburg, Freiburg, Straßburg, Paris und Köln, „Doctor universalis", hat dem Glauben die Philosophie des Aristoteles gegenübergestellt (Seiten 219ff), zwar glaubensverträglich aus dem arabischen Kommentar uminterpretiert, man sagt christianisiert, aber doch als eine andere Denkmöglichkeit. Die Kirche duldete deshalb die Diskussion, verlor aber den Alleinvertretungsanspruch im Bereich des Glaubens- und Geisteslebens.

Thomas von Aquin (1225 -1274),
Schüler Alberts, hat sich in vielen Schriften bemüht, den christlichen Glauben mit der Philosophie ganz allgemein zu vereinen und hat dabei insbesondere Aristoteles dogmenverträglich interpretiert. Er wurde 1323 heiliggesprochen. Seine Synthese zwischen Glauben und Vernunft gelang mit der These, daß beide von Gott stammten, also einander nicht widersprechen könnten. Der Mensch besitze eine „teilhabende Ähnlichkeit mit dem göttlichen Geiste", weshalb er Gottesbeweise aus Vernunftgründen führen könne wie den, daß alle Ursachen in der Welt eine erste Ursache haben müßten, und diese sei Gott. Es ist nicht zu erklären, warum die Kirche solche Gedanken zuließ.

Eckhart von Hochheim (1260 – 1327),
auch Dominikaner, auch noch Schüler Alberts, findet Gott in der „Abgeschiedenheit", „abgeschieden von allen Dingen", in einer

reinen „Vergessenheit aller Kreaturen", in reiner „Innerlichkeit", auch in der Abgeschiedenheit von sich selbst: in der „Selbstaufgabe"; der Mensch müsse „sich selber gelassen" haben, müsse zur „Gelassenheit" gefunden haben in einer „Armut des Geistes", die „nichts will und nichts weiß und nichts hat", denn „Abgeschiedenheit will nichts sein", sie „steht auf einem bloßen Nichts". Und die Frage, wohin die Seele nach dem Tode kommt, beantwortet er: „An keinen Ort."

Es ist ergreifend zu sehen, wie Eckhart sich an den Begriff „Nichts" herandenkt als einer akzeptierten, positiven Vorstellung, ja sogar als einer religiösen Voraussetzung. Hier entsteht etwas Neues. Das hat Ähnlichkeit mit dem nicht vorstellbaren Wo, dem „Irgendwo Nirgendwo", dem mythischen Platz im Raum der Nordvölker. Goethe hat das später auch gewußt und in der Szene „Finstere Galerie" beschrieben (Seiten 144ff), woraus ich zitiere (6213ff):
„Göttinnen thronen hehr in Einsamkeit,
Um sie kein Ort, noch weniger eine Zeit."

Nach tief verinnerlichten Gedanken über Gott und Seele, über das „Fünklein der Seele", sowohl „geschaffen von Gott" als auch „ungeschaffen", „ungeschöpflich", kommt Eckhart zu dem Schluß: „Gott und ich, wir sind eins", „er ist das Sein", er ist „aller Naturen Natur" in seiner „grundlosen Tiefe", im „Meer seiner Grundlosigkeit".

Eckhart ist noch deutlicher in seinem Ergebnis über die „Unerkanntheit der verborgenen Gottheit": „Gott ist namenlos, denn von ihm kann niemand etwas sagen noch verstehen", „Gott ist ein überschwebendes Wesen und eine überschwebende Nichtheit", Gott zu erkennen bestehe darin, „daß wir Gottes ledig werden". „Du sollst ihn lieben, wie er ist: ein Nichtgott, ein Nichtgeist, eine Nichtperson, ein Nichtbild; mehr noch, wie ein lauteres, reines, klares Eines ist, gesondert von aller Zweiheit, und in diesem Einen sollen wir ewiglich versinken, von Nichts zu Nichts."

Es ist nicht nötig zu fragen, ob Goethe Eckharts Gedanken gekannt hat. Beide kommen aus derselben Quelle, bewußt oder unbewußt, aus der nordischen Mythologie. Sind Eckharts Gedanken vielleicht als rohe Vorläufer einer eigenen europäischen Religion zu sehen? Die Kirche jedenfalls griff ein und stellte Eckhart vor das Inquisitionsgericht. Ihn selbst verurteilte sie nicht, vielleicht weil der Papst ihn in seinen hohen kirchlichen Würden bestätigt hatte und seinen Unfehlbarkeitsanspruch nicht beschädigen wollte. Seine Schüler aber hat die Kirche verbrannt und ertränkt.

Die Kirche hat hier eine Entwicklung in Europa abgebrochen, die auch zur Formulierung eigener ethischer Normen und vielleicht auch einer eigenen Religion hätte führen können, gewachsen aus dem Selbstverständnis der Abendländer und entwickelt etwa aus den Handlungs- und Bindungsnormen der europäischen Mythologie (Seiten 255ff). Damit verhinderte die Kirche auch die Bildung eines eigenen Rechts, für das Anfänge im Sachsenspiegel und im Frankenspiegel bereits vorhanden waren (Seiten 131ff). Der Jurist Goethe hat das zusammengefaßt in den Versen 1971 – 1979. Daraus:

„Vom Rechte, das mit uns geboren ist,
Von dem ist leider! nie die Frage."

Die zweite Auseinandersetzung war für die Kirche nur langfristig gefährlich, denn ihr Inhalt betraf den Glauben nicht unmittelbar, sondern auf dem Umweg über die Wissenschaft. 150 Jahre nach Eckhart erreichte sie mit Nikolaus von Kues einen Höhepunkt, nach dem die Ablösung der europäischen Wissenschaft vom orientalischen Glauben nicht mehr aufzuhalten war. Die Religion aber endete als Spezialwissenschaft Theologie, in Frage gestellt von den eigenen Repräsentanten (Seite 261) und bedingt geglaubt von Minderheiten. Am Anfang dieser Diskussion stand wieder Albert, jetzt müssen wir sagen Albert der Große, der die europäische Naturwissenschaft einleitete.

Albertus Magnus (1193 – 1280),
Doctor universalis, war tatsächlich ein Universalgenie, erkennbar in den 38 erhaltenen Bänden seiner opera omnia; weiteres ist verschollen. Seine naturwissenschaftlichen Kenntnisse waren außerordentlich. Er lehrte nachweislich zum ersten Mal an europäischen Schulen Botanik, Zoologie, Medizin, Geographie („Aus der Krümmung der Erdoberfläche ist die Größe der Erde berechenbar. Ich habe sie berechnet"). Er lehrte Chemie und technische Verarbeitungsmethoden, und natürlich Theologie und Philosophie. Von ihm stammt der Satz:

„Ein Grundsatz, der mit der Sinneswahrnehmung eines Experiments nicht übereinstimmt, ist kein Grundsatz. Die Erfahrung muß ihn beweisen. Ich muß den logischen Schluß als Beweis in der Naturwissenschaft ablehnen. Das Experiment allein gibt Gewißheit."

Damit formulierte er eine neue Erkenntnismethode, den Beweis aus der Erfahrung. Dies ist die Grundlage der europäischen Naturwissenschaft; damals war dieser Gedanke revolutionär.

Lange war in der Geschichte die Frage offen, warum Albert von seiner Mitwelt den Beinamen „der Große" erhielt, als einziger Geistesmensch neben sonst nur Königen und Kaisern. Der Historiker Wallraf und der Nürnberger Architekt und Hochschullehrer v. Heideloff fanden Schriften, und in Chroniken und in mittelalterlichen Bauhüttenbüchern wurden Notizen gefunden, die auf Albert als den Baumeister der gotischen Dome hinweisen, als denjenigen, der aus vorhandenen Stilelementen den Baugedanken für die gotische Dombaukunst fand. Und das würde nun wirklich den Beinamen „der Große" rechtfertigen und Albert als einen der Größten im europäischen Kulturleben ausweisen.

Nikolaus von Kues (1401 – 1464),
Doctor juris, päpstlicher Legat, Kardinal, Bischof von Brixen und damit Landesfürst, ab 1458 Kurienkardinal und im Konklave desselben Jahres selbst vorübergehend Kandidat, berichtet, daß ihn auf See auf der Rückreise von Konstantinopel der Gedanke Gottes als des Unendlichen erfaßte. Der Begriff Unendlichkeit beherrschte fortan sein Denken. Er fragt, „was Gott, der Unendliche" sei, und wie er erfaßt werden könne. Er begreift Gott als „die absolute Unendlichkeit", als „die absolute Einheit" und versucht in seinem Werk „coincidencia oppositorum" Gott als den „Zusammenfall aller Gegensätze" zu fassen, und er erklärt, daß „Gott sogar noch über dem Zusammenfall des Widersprüchlichen steht" (Seiten 54f und 59f), Er kommt zum Ergebnis, „daß Gott ebenso sehr das Größte wie das Kleinste ist", und weil ihm das noch zu statisch ist, findet er im Wesen Gottes seine „unendliche Schöpferkraft": „Gott ist das Können-selbst", er ist das „Können-Ist". Als „unendlicher Ursprung" trage er alles Wirkliche „eingefaltet" in sich, und die Welt ist seine „Ausfaltung". Das jedenfalls ist Dynamik.

Es reizt mich, hier die Stringtheorie anzuführen, die der Versuch der Physiker unserer Zeit ist, die Erklärung für alle Kräfte und Materieteilchen der Natur zu finden, die sogenannte „Theorie für Alles". Sie kann mathematisch konsistent nur in einem elfdimensionalen Raum-Zeit-Kontinuum formuliert werden, das im Urzustand zu einer Winzigkeit eingefaltet ist, manche Physiker sagen: kompaktifiziert ist. Das sind Bilder für einen nicht vorstellbaren, aber anders nicht beschreibbaren Zustand. Die mathematischen Gleichungen beschreiben die Ausfaltung von drei Raumdimensionen und der Zeitdimension zu unserer Welt, während die anderen eingefaltet bleiben und sich als Eigenschaften von Kräften und Teilchen zeigen. Das ist ein nicht vorstellbarer Vorgang. Nikolaus' Bilder sind die gleichen, bis in die Wortwahl. Ich wiederhole Frage und Antwort von Seite 147: „Wie konnte Nikolaus das wissen?" „Er hat es nicht gewußt! Aber er hatte das im unbewußten Bereich der Psyche präexistente und immanente (C. G. Jung) Lebens- und Weltbild von Raum und Unendlichkeit der europäisch-abendländischen Kultur, und er war fähig, die gemeinsame Wurzel von Kunst, Religion und Wissenschaft zu erkennen." Nikolaus sagt: „Wir haben ein geistiges Sehen, welches in das schaut, was früher ist als alle Erkenntnis", und genau das sind auch Heisenbergs Gedanken (Seiten 54f). Lesen Sie bitte, und Sie werden feststellen, daß sich der Kreis schließt.

Nikolaus war der bedeutendste Naturwissenschaftler seiner Zeit, ganz im Verständnis Alberts. Er erörterte Fragen der Mathematik und der Physik. Er lehrte die Methoden des Messens und Wägens, damals eine Sensation. Er vertritt die Lehre von der Bewegung der Erde: das ist dynamische Physik. Er findet – 250 Jahre vor Leibniz und Newton – die Grundlagen der Infinitesimalrechnung, der Rechnung mit den unendlich großen und den unendlich kleinen Größen, aus der die Mathematik die Rechnungsarten entwickelt hat, mit denen die heutige Physik ihre Erkenntnisse gewinnen kann. Das könnte vielleicht seine größte Leistung gewesen sein. Damals wurde sie nicht beachtet.

In seinen Religionsschriften befaßt sich Nikolaus fast nur mit dem Gottesbegriff. Schon die Titel seiner Bücher (z.B. „Der Laie über den Geist", „Vom Gipfel der Schau", „Vom Ursprung", „Vom verborgenen Gott", „Vom Frieden des Glaubens") weisen auf sein Thema hin: den Ausgleich zwischen Glauben und Wissen (Seiten 234, 240, 260). Der allerdings gelang ihm erst mit seinem eigenen Gedanken Gottes, den er als die „absolute Unendlichkeit" begriff (siehe oben). Er kann Gott im Wissen allein nicht „ergreifen", sondern braucht dazu auch das Nichtwissen; er erfaßt ihn im „wissenden Nichtwissen". Gott könne nur in verneinenden Aussagen erkannt werden, in dem, was er nicht ist, weil er mit nichts Existierendem verglichen werden kann. So kommt Nikolaus aus der anderen Richtung zum Gedanken Eckharts (Seiten 263f): daß derjenige, „der zum unendlichen Gott aufsteigt, sich eher dem Nichts als dem Etwas zu nähern scheint", und er begreift, daß er diese Erfahrung nur durch „das reine Schauen" gewinnen kann: „Wir haben ein geistiges Sehen, welches in das schaut, was früher ist als alle Erkenntnis." Damit kann er doch nur den Mythos meinen, die Wurzel sowohl für Glauben wie auch für Wissen.

Giordano Bruno (1548 – 1600),
Dominikaner, vertrat Kopernikus' Lehre vom heliozentrischen Weltbild. Als Verehrer von Nikolaus und dessen Weltbild ging er über Kopernikus hinaus und lehrte, daß auch die Sonne sich im unendlichen Raum bewege, und daß sie nur einer aus einer ungeheuren Zahl von Sternen sei. Er wurde der Ketzerei angeklagt und 1600 in Rom von der Kirche und einer aufgeputschten Menge von Fanatikern auf dem Scheiterhaufen verbrannt, ad majorem gloriam dei. Es grenzt an Zynismus, daß seine Peiniger dem schon angekohlten Manne an einer Stange das Kreuz zum Kusse hoch reichten. Bruno wandte mit seiner letzten Kraft das Gesicht zur Seite. Das war der letzte große Triumph der Kirche über die Naturwissenschaft, aber er war nur der Sieg der Gewalt. Die Kirche hatte überzogen und ihren Niedergang selbst eingeleitet. Die weitere Entwicklung der Naturwissenschaften verlief zwangsläufig. Bald hatten auch die Päpste eine Sternwarte in Castelgandolfo, und die Kirche gab das Thema Natur mit mannigfachen, verbrämten Erklärungen auf, wie es der Nobelpreisträger Weinberg beschrieb.

Albert, Eckhart und Nikolaus waren die großen Europäer, die am Übergang vom Mythos zur reifen Formensprache einer Hochkultur zum ersten Mal den eigenen Mythos als Fundament unserer abendländischen Kultur erfahren haben. Sie haben erfahren, dass es schwer ist, ja sogar nicht nöglich ist, den christlichen Glauben mit griechischem Denken zu vereinen (Albert, Thomas), oder mit abendländischer Wissenschaft zu verbinden (Albert, Nikolaus). Denken und Wissen standen neben dem Glauben, sogar gegen ihn (Gottesbeweise). Als Eckhart seinen Glauben an seinen Ursprüngen suchte, entfernte er sich so weit von Christentum, dass die Kirche ihre Macht einsetzen musste. Sie alle haben erst eine noch unbestimmte Vorahnung gehabt von der Einheit von Glauben, Denken und Wissen, wenn diese aus ihrem gemeinsamen, anerlebten Mythos erkannt werden. Selbstverständlich haben sie das Christentum gelehrt, aber sie haben gegen den damals beherrschenden Glauben neue Denkmöglichkeiten eingebracht und neue Wege zum Wissen gewiesen, und sie haben dem Glauben eine neue Richtung gegeben.

Neben dieser Feststellung brauchen wir nur noch wenige Beispiele für die Veränderungen des christlichen Glaubens aufzulisten – nur die, die im Fausttext belegt sind und also zu diesem Kommentar gehören, – um den Rückzug der Kirche auch aus wesentlichen Glaubensinhalten zu beschreiben und die Anpassung an das europäische Lebens- und Menschenbild darzustellen.

1. Die Beschreibung Gottes von Albert, Eckhart, Nikolaus und ihren Schülern stehen im krassen Widerspruch zur Bibel: „Du sollst dir kein Bildnis machen, keinerlei Gleichnis, weder ..." (5. Mose 5,8). Das Abendland hat sich immer ein Bild gemacht, in der Ölmalerei und in Michelangelos Fresken, und Goethe hat im „Prolog im Himmel" einen gütigen Gott gezeichnet, und sowohl Jahwe als auch den zornigen Christengott in der Bibel liegen gelassen (Hebräer 10, 30 – 31).
2. Die römische Kirche hat die Prädestinationslehre aufgegeben und sich der europäischen Persönlichkeitsvorstellung angepaßt, die Goethe u.a. in den „Bergschluchten" beschreibt: „Wer immer strebend sich bemüht, den können wir erlösen" (11936f).
3. Die 4. Lateransynode (1215 n.Chr.) hat die persönliche Beichte (Ohrenbeichte) auf Betreiben der englischen Kirche zur Pflicht erklärt und damit Kollektivbeichte und Kollektivbuße der Thora und der Bibel eingeschränkt, zugunsten des europäischen Persönlichkeitsgefühls, was Goethe z.B. in Gretchens Mariengebet im Zwinger darstellt.
4. Das Dogma von der Jungfrauengeburt, die Auslobung der unbefleckten Empfängnis, die Austreibung des unreinen Geistes nach der „befleckten Empfängnis", die Mißachtung der Frau als „Gefäß der Sünde" mögen für Orientalen natürlich sein, in Europa sind diese Anschauungen eine Beleidigung für jede Frau und jede Mutter. Luther hat das zum Teil zurückgenommen und damit die Christenreligion an das Menschenbild des Abendlandes angepaßt, das in allen Frauenbildnissen in allen Kirchen Europas und in der europäischen Malerei zum Ausdruck kommt, und das Goethe in die Worte gefaßt hat (12009ff):
„Jungfrau, rein im schönsten Sinn,
Mutter, Ehren würdig,
Uns erwählte Königin,
Göttern ebenbürtig."
Die Verse des Doctor Marianus am Schluß des Faustdramas haben ihre Parallele in den Texten der Szene „Finstere Galerie" (6213f). In beiden Szenen findet Goethe für den Ursprung von Leben und Lebenslauf das Bild von den Müttern, ganz im Einklang mit der nordischen Mythologie (Seite 255).
5. Mirjam, die Mutter Jesu, erhielt auf dem Konzil von Ephesus im Jahre 431 den Beinamen Theotokos, die Gottesgebärerin, gedacht als Ehrentitel, womit die Kirche ihr Verständnis von Mütterlichkeit auf den biologischen Vorgang des Gebärens reduziert. Die Marienverehrung in Europa hat dieses Mutterbild beseitigt (Seite 67). Bei Goethe (3588ff):

> „Ach neige
> Du Schmerzensreiche
> Dein Antlitz gnädig meiner Not! ...
> Mit tausend Schmerzen
> Blickst auf zu Deines Sohnes Tod ...
> Was mein armes Herz hier banget,
> Was es zittert, was verlanget,
> Weißt nur du, nur du allein!"

6. Den monotheistischen Himmel des Alten Testaments und den quasi-monotheistischen Himmel des Neuen Testaments hat die Kirche selbst zu einem quasi-polytheistischen Himmel umgewandelt, bewohnt von Scharen von Heiligen. Luther hat die Heiligen aus dem Himmel verbannt, so daß die Christen nun zwei verschiedene Himmel haben. Goethe hat in der Szene Bergschluchten die Heiligen wieder auf die Erde zurückgeholt.

7. Zum Schluß wiederholen wir die größte Konzession der Kirche an das Abendland: den bereits halb vollzogenen Rückzug aus ihrem zentralen Glaubensstück, nämlich der Auferstehung und der Himmelfahrt, dem Osterwunder und der Pfingstbotschaft. Während die Kirche das Dogma von der „Auferstehung des Fleisches" und der leiblichen Himmelfahrt unangetastet in der Bibel zurückließ, predigt sie diese Glaubenssätze in den Kirchen Europas als verinnerlichte Seelenereignisse, etwa so, wie Goethe es in den sechs Chören der Szene „Grablegung" ausdrückt (Seiten 250f).

Das reicht. An diesen – vermehrbaren – Beispielen hat sich gezeigt, daß sich das abendländische Religionsbedürfnis gegen das orientalisch-hebräische durchgesetzt hat. Goethe hat das in den Faust hineingeschrieben. Er hat damit auch klargemacht, daß die Formel von der christlich-abendländischen Kultur (Seite 40) nur eine Leerformel ist. Sie ist wohl nur eine Erfindung aus den Skriptorien der mittelalterlichen Klöster (Seite 247). Auch Augstein spricht vom „sogenannten" christlichen Abendland und fügt hinzu: „Was immer Jesus war, ein Mann des Abendlandes war er nicht" (S. 15). Die Religion blieb, ihre Bilder wurden leer. Das Abendland hat sie neu aufgefüllt. Das Bild Jesu wandelte sich vom Befreier zum Erlöser; Mirjam Theotokos wandelte sich zur Mutter mit dem Kinde; Rembrandts „Verlorener Sohn" zeigt nicht die Rückkehr nach Abwesenheit (... Lasset uns essen und fröhlich sein", Lukas 15, 23), sondern das Leid eines in der Einsamkeit erblindeten Vaters; Bachs Oratorien sind nicht die Posaunen von sieben Engeln nacheinander, sondern Tonwelten und Klangräume. Die Madonna der italienischen Malerei ist im Orient nicht vorstellbar. Die Ekklesia und die Synagoge am Straßburger Münster haben nur noch die biblischen Namen, sie sind vergeistigte, unverwechselbare Persönlichkeiten. Das alles sind Bestätigungen für Goethes These von der Nichtübertragbarkeit eines Kulturgutes in einen fremden Kulturraum, die er schon in den Griechenlandszenen dargestellt hat.

Wir haben ein Bild von dem Ausdruckswillen und der Ausdruckskraft unserer Hochkultur bekommen. Jetzt wenden wir uns dem Reichtum an Formen zu, die das europäische Abendland hervorgebracht hat, und zwar alle Völker Europas, von Italien bis zu den Nordvölkern und von Spanien bis zu den Ostvölkern. Wenn wir dabei ihre Antriebskräfte und ihre Dynamik erkennen, werden wir die in ihnen verborgenen Chancen und Gefahren sehen, die Goethe im Faust beschreibt. Wir werden sehen, wie Goethe die im Ausdehnungsdrang des Abendländers liegenden Gefahren abwenden will und wie er das am Beispiel Fausts zeigt.

2.6 Themenlinie Abendland

Das Abendland hat seine Welt- und Menschenansicht weniger in der Kulturauseinandersetzung mit dem verwandten Griechentum gefunden, dafür um so mehr in der Selbstbehauptung gegen das fremde Christentum. In bezug auf das Griechentum haben wir die Frage beantwortet: Was ist geblieben? (Seite 181),In bezug auf das Christentum lautet die Frage: was hat es in der Entwicklung der abendländischen Kultur nicht verhindern können, was hat es verhindert mit welchen Folgen, und schließlich: gibt es einen Ausweg, und wenn ja, welchen?

Dazu müssen wir die seelischen Antriebe ansprechen, die aus der Urerfahrung kommen und dem Ausdruckswillen der europäischen Hochkultur zugrunde liegen. Dazu müssen wir diese Antriebe als Ursache verstehen für den Mythos unserer Kultur und für den ganzen Formenreichtum in ihrer Selbstdarstellung. Das geschieht gleich im Anschluß. Dann müssen wir die Defizite in unserer Kulturentwicklung beachten. Vor diesem kulturhistorischen Hintergrund werden wir die Gründe finden für Fausts desolaten Zustand am Anfang des Dramas, für den Umweg auf seiner Suche nach der eigenen Identität und schließlich für sein Schicksal. Wir werden dem Homunkulus-Irrtum über geborgte Identität nicht begegnen, aber wir werden zerstörte Identität finden und die Gefahr, die Faust daraus erwächst. Wir werden also ein Stück abendländischer Kulturgeschichte betrachten müssen, die Goethe voraussetzt, wenn wir Fausts Entwicklungsweg verstehen wollen (Zitate Seite 46, Nr. 3, Nr. 5, Nr. 8, Nr. 9). Der aber wird uns dann als folgerichtige, ja zwangsläufige Entwicklung erscheinen.

An vielen Stellen im Faust hat Goethe das Abendlandthema behandelt. Wir brauchen hier nur noch auf die wichtigsten, schon besprochenen Stellen hinzuweisen:
— Die Bibelübersetzung. „Im Anfang war die Tat" (1237, Seite 230)
— Mephistos Selbstdarstellung (1346ff, Seiten 98f)
— Gretchens Mariengebet (3587ff, Seiten 125f)
— Finstere Galerie (6173ff, Seiten 143ff)
— Klassische Walpurgisnacht: Mephistos Vergleiche (Seiten 157f)
— Hochgebirg: Fausts Wandlung (10181 ff, Seiten 185ff)

- Mittemacht: die Sorge, Fausts Schicksal (11384ff, Seiten 200ff)
- Mephistos Epilog (11587ff, Seiten 207ff)

Goethe hat Themenbereiche, die er im Drama voraussetzt, entweder direkt angesprochen, oder durch Andeutungen, oder durch die Dramenhandlung aufgerufen (Teil 1.3), zum Beispiel:
- das Thema Philosophie durch den Disput Thales-Anaxagoras
- das Thema Monotheismus durch die Übersetzungsszene
- das Thema Abendland durch die Szene „Finstere Galerie"
- das Thema Polytheismus durch die Szene „Bergschluchten"
- das Thema Schicksal durch Euphorions Tod (das Beutler mit der Frage nach dem Anspruch des Homunkulus aufwirft).

Jetzt werden wir uns mit dem Thema Mythologie befassen, das Goethe mit der Szene „Bergschluchten" ebenfalls aufruft. Dann haben wir alle Teile und auch das Band in der Hand (1938), das Goethe durch sein Drama gezogen hat, und dann werden wir noch einmal Fausts Lebensweg nachzeichnen, diesmal auf der Grundlage der kulturgeschichtlichen Bedingtheiten.

Der Mythos

Wir sprachen von der Ausdruckskraft der ersten Wahrnehmung und von elementarer Lebenserfahrung (Seite 231). Das waren schon Hinweise auf die Entstehung des Mythos. „Es ist wohl so, ..." haben wir eine allgemeine Betrachtung darüber begonnen (Seite 58), als einem Ereignis aus dem Dunkel der Vorgeschichte einer Hochkultur. Auch die spezielle Betrachtung zur Entstehung des abendländischen Mythos beginnen wir so.

Es ist wohl so, daß die Nordvölker Europas in der nebligen Seefahrerecke Norwegen, Island, Schottland in einem Wahrnehmungsprozeß von mehreren Generationen die sie umgebende Natur erkannten und in einem Ablösungsprozeß von ihr sich selbst als Wesen erkannten, die einem grenzenlosen, tobenden Ozean gegenüber standen, woraus sich ihnen das Bild von der Welt als einem unendlichen Raum formte, der rätselhaft und unbestimmbar vom Zyklus der Zeiten erfüllt ist, den Gezeiten des Meeres wie den Jahreszeiten. Es ist dann wohl so, daß dem Menschen als Gegengewicht zu diesem in seiner Weite und Tiefe unbekannten, aber zu bewältigenden Raum die Erkenntnis seiner Persönlichkeit kommen mußte, wollte er die Balance nicht verlieren, und zwar hier seiner Persönlichkeit mit den schon beschriebenen Eigenschaften (Seiten 255ff). Aus einer solchen Urerfahrung sind C. G. Jungs „präexistierende Bilder" als „Dominanten des kollektiven Unterbewußten" zu verstehen, die er später Archetypen nannte (Gesammelte Werke, 9. Band; S. 45). Aus einer solchen elementaren Lebenserfahrung könnten Platons „Ideen" entstanden sein, auch Heisenbergs und Paulis „Urbilder, Formen des unbewußten Bereiches der menschlichen Seele, Bilder von stark emotionalem Gehalt, die nicht gedacht, sondern gleichsam malend geschaut werden" (Seite 54). Diese Urerfahrung von Welt und Mensch könnte auch das sein, was Goethe „Urphänomene" nennt (Seiten 53f) und worauf er sein Gesetz von der Polarität zurückführt (Seite 57). So etwa haben es Menschenkenner und Geschichtskenner dargestellt, auch nach Goethe.

Also: wenn es so ist, daß aus dem Bewußtwerden ihrer Welt den Menschen der Hochkulturen ihre spezifische Individualität erwächst, dann muß dem Menschen der Nordvölker aus seiner Wahrnehmung der Welt als einem unendlichen Raum und einer unendlichen Zeit – beides unerklärlich und unheimlich – das Bewußtsein seiner Persönlichkeit kommen als einem Menschen, der diese Weiten erkennen und erfahren muß, ja sogar bewältigen will, wenn er – ich wiederhole – ihnen gegenüber die Balance halten will. Zwangsläufig entwickelt sich aus diesen elementaren Erfahrungen das Charaktermuster mit Ausdehnungsdrang, Tatwillen, Anspruch auf Entscheidungsfreiheit (Seiten 193ff), ein Persönlichkeitsmuster, das anerlebt ist. Und zwangsläufig entwickelt sich daraus als erste kulturelle Leistung einer Hochkultur ihr spezifischer Mythos, hier also der nordische Mythos des Abendlandes mit den beim Thema Polytheismus beschriebenen Inhalten (Seiten 255f). Will man die beiden elementaren und polaren Grundvorstellungen im Seelenbild des Abendländers auf eine verkürzte Formel bringen, so kann man sie beschreiben in seinem Weltbild als Raumbewußtsein, in seinem Menschenbild als Persönlichkeitsbewußtsein. Aus dem Raumbewußtsein folgen Ausdehnungsdrang und Dynamik, Tat und Schicksal. Aus dem Persönlichkeitsbewußtsein folgen Freiheit und Wille, Charakter und Schicksal. Diese beiden Bereiche stellt Goethe dar am Leben Fausts und seinem Schicksal: seinem äußeren, tragischen Schicksal (Seite 203) und seinem inneren, versöhnenden Schicksal (Seite 204f).

Die eine Urerfahrung der Nordvölker, die von Raum und Zeit, hat auch ihren Weltentstehungsmythos geprägt:

Ginnungagap, der „kosmische Urraum vor der Entstehung der Welt", war im Norden beherrscht von Kälte und Sturm: dort entstand das eisige Niflheim; war im Süden beherrscht von Wärme und Sonne: dort entstand das feurige Muspelheim. Wo das Feuer auf Eis traf, entstand Leben: das Geschlecht der Riesen, Riesinnen und Nornen, alles Bewohner des Utgardr, des „Raumes außerhalb", der Außenwelt. Von und aus Riesen ist die Welt entstanden. Riesen haben das Geschlecht der Götter gezeugt, deren Wohnort Asgard ist, der mythische Ort für ein nicht vorstellbares Wo: irgendwo nirgendwo; ebenso wenig vorstellbar wie unsere nur mathematisch beschreibbare mehrdimensionale Welt. Midgard, der „Raum in der Mitte", ist der Wohnort der Menschen, ist geschaffen aus dem Körper des Riesen Ymir. Nimmt man diese Beschreibung und weitere Einzelheiten wörtlich, wie es die christlichen Missionare getan haben, so entsteht ein primitives Bild, womit die Heidenreligion verleumdet werden sollte. Versteht man aber, wie in den Mythen aller indogermanischen Völker, das Wort „Riesen" als Bild für den abstrakten Begriff „Urgewalten" oder „Urkräfte", so erkennt man in groben Zügen Ähnlichkeiten mit unserem heutigen physikalischen Weltbild. Vor allem erkennt man den Gebrauch von Bildern für anders nicht beschreibbare Gegebenheiten, genau so, wie Heisenberg sie zum Verstehen der Quantentheorie gebraucht (Zitat Seite 55).

Schon im Ablauf der Weltentstehung in den aufeinanderfolgenden Räumen ist im nordischen Mythos die Größe „Zeit" enthalten, im Unterschied zur Vorstellung der Griechen und Platons von der Welt als „immerwährend, weder werdend noch vergehend" (Seite 57). Für die Nordvölker entstand die Zeit zusammen mit den Räumen der Welt: Sie wird verkörpert von den drei Riesinnen Urd, Werdandi und Skuld, den drei Nornen, die Vergangenheit, Gegenwart und Zukunft weben und mit dem Schicksal verflechten (Seiten 277f), die schon vor den Göttern da waren und also auch deren Schicksal in ihren Händen halten. Und deren Schicksal ist mit Beginn, Untergang und Wiederbeginn der Welt verbunden zu einer zyklischen Welt, also wieder verbunden mit der Größe „Zeit". Genau das ist eine Theorie unserer heutigen Kosmologen: das Universum zwischen Expansion und Kontraktion, abhängig allein von seinem Gehalt an Masse. Steven Weinberg, Nobelpreis 1979, zitiert diesen Mythos der Edda bei der Erläuterung des Standardmodells der Kosmologie („Die ersten drei Minuten", S. 160f).

Die andere Urerfahrung der Nordvölker, die von der eigenen Persönlichkeit, ist Ausgangspunkt für ihr Menschenbild (Seiten 255ff). Hier gibt es noch eine Steigerung: die Gleichsetzung von Schicksal mit dem Leben selbst im Schöpfungsakt des Menschen. Die Götter fanden Ask und Embla, das erste Menschenpaar:

„Sie fanden an Land, ledig der Kraft,
Ask und Embla, ohne Schicksal.
Nicht hatten sie Seele, nicht hatten sie Sinn,
nicht Lebenswärme noch lichte Farbe;
Seele gab Odin, Sinn gab Hönir,
Leben gab Lodur und lichte Farbe."

Die Götter gaben den Menschen Schicksal, und damit gaben sie ihnen Seele, Sinn und Leben. Sie ließen die Menschen teilhaben am Schicksal und zogen sie damit an sich heran und mit herein in das Weltgeschehen der Urkräfte. Von Allmacht und Allwissen ist keine Rede. Das Zitat stammt aus „Nr. 10. Bruchstücke und Einzelstrophen" der Edda in der Übersetzung von Felix Genzmer (S. 76). Es sind Bruchstücke, die den Bücherverbrennungen der missionierenden Christen entgangen sind. Goethe hat Fausts Leben als Weg auf ein Ziel hin beschrieben: auf sein Schicksal, im 5. Akt. Wir werden sehen.

Wie stark das Geistesleben einer Weltkultur mit ihrem Mythos verbunden ist, belegt auch der britische Astrophysiker John D. Barrow, der das erste Kapitel seines Buches „Theorien für Alles. Die Suche nach der Weltformel" für diese Frage reserviert. Er schreibt:

„Wenn man die mythologischen Darstellungen vom Ursprung der Welt und die Situation ihrer Bewohner überdenkt, erhält man das Gefühl, an eine Theorie für Alles geraten zu sein. Überall findet man Vollständigkeit, Vertrauen und Gewißheit. Alles hat einen Ort, und alles ist an seinem richtigen Ort ... Alle Dinge sind miteinander in sinnvoller Weise zu einem Gewebe verflochten, das durch die Stränge der Gewißheit gehalten wird. Sicherlich waren dies die ersten Theorien für Alles (S. 17).

Der Ausdruck „Mythos" hat in der Alltagssprache eine Bedeutung erhalten, die seinen wahren Gehalt verdeckt, denn wir verwenden ihn manchmal abwertend (S. 17). Ein Mythos hat eine Bedeutung. Er enthält eine Botschaft, die über die reine Erzählung hinausgeht (S. 18). ... Mythen offenbaren, über was Menschen nachgedacht haben, ... und inwieweit sie die Welt als Einheit sahen. Aber obwohl die meisten Hörer solche Geschichten zweifellos buchstäblich nahmen,

... könnte es sehr wohl andere gegeben haben, die an sie nur als Bilder einer unerreichbaren Wahrheit dachten" (S. 20).

Goethe hat das mythische Raumbild des Abendländers in der Szene „Finstere Galerie" und das mythische Persönlichkeitsbild in der Szene „Anmutige Gegend" beschrieben. Bis in die Einzelheiten hinein reichen die Entsprechungen zwischen dem Mythos und dem Drama und erweisen Goethe als Abendländer, der in seinem Werk von diesem Mythos getragen ist. Dazu werden wir jetzt drei Textbeispiele aus der Visionsdichtung „Der Seherin Gesicht" der Edda ansehen.

1. „Urzeit war es, da Ymir hauste:
nicht war Sand noch See noch Salzwogen,
nicht Erde unten noch oben Himmel,
Gähnung grundlos, doch Gras nirgend ...
Die Sonne kannte ihre Säle nicht;
der Mond kannte seine Macht noch nicht;
die Sterne kannten ihre Stätte nicht.
Zum Richtstuhl gingen die Rater alle,
die heiligen Götter, und hielten Rat:
für Nacht und Neumond wählten sie Namen,
benannten Morgen und Mittag auch,
Zwielicht und Abend, die Zeit zu messen."

Vergleichen Sie diese Bilder bitte mit denen aus „Finstere Galerie", 6239 – 6248 und 6214.

2. „Vieles weiß ich, fernes schau ich:
Der Rater Schicksal, der Schlachtgötter Sturz ...
Die Sonne verlischt, das Land sinkt ins Meer;
vom Himmel stürzen die heiteren Sterne.
Lohe umtost den Lebensnährer;
hohe Hitze steigt himmelan ...
Seh aufsteigen zum anderen Male
Land aus Fluten; frisch ergrünend:
Fälle schäumen; es schwebt der Aar,
der auf dem Felsen Fische weidet."

Die Seherin verkündet das Schicksal der Welt und der Götter, das die Nornen wegen Eidbruchs an ihnen verhängen, nämlich den Untergang der Welt. Aber sie sieht auch die neue Welt aufsteigen. Goethe beschreibt diese zyklische Welt im Gesetz des Erdgeistes (501 – 509) und in „Finstere Galerie": „Gestaltung. Umgestaltung ..." (6287f).

3. ... bis drei gewaltige Weiber kamen,
Töchter der Riesen, aus Thursenheim.
Urd hieß man eine, die andere Werdandi –
sie schnitten ins Scheit –, Skuld die dritte;
Lose lenkten sie, Leben koren sie
Menschenkindern, Männergeschick ...
Flut seh' ich fallen in feuchtem Sturz
aus Walvaters Pfand – wißt ihr noch mehr? ...
Wieder werden die wundersamen
goldenen Tafeln im Gras sich finden,
die vor Urtagen ihr eigen waren."

Damit ist das zentrale religiöse Geheimnis der nordischen Mythologie ausgesprochen, die Verkettung von Zeit und Schicksal, auch hier in Bildern gesagt, weil es anders nicht ausdrückbar ist. Goethe liest sich wie eine moderne Fassung dieser Bilder: „Göttinnen thronen hehr in Einsamkeit ...", in „Finstere Galerie" (6213 – 6227). Und vor allem: Faust wurde erst zum Abendländer, nachdem er die Phase seiner inneren Unbestimmtheit (im Faust I) überwunden hatte, und nachdem er seinen Griechenlandirrtum erkannt hatte (Hochgebirg, 10039 – 10066). Erst danach hatte er einen Schicksalsweg, zum Heil und Unheil.

Das nordische Welt- und Menschenbild ist ein starker Mythos, und ich wiederhole aus Seite 180: „Das Wort für eine derartige Bindung an ein Lebens- und Weltgefühl ist Religion". Hier hat sie noch die archaische Ausdruckskraft der ersten Wahrnehmung. In ihr liegen Anstoß und Antrieb zur Verdeutlichung in den vielfältigen Formen der abendländischen Kultur in Kunst, Wissenschaft, Technik, Organisation, Wirtschaft und allen anderen Lebensformen.
Alle diese Darstellungsformen sind Einzelaspekte, aber alle zusammen ergeben das Gesamtbild als das Ergebnis ihres Ausdruckswillens, der so lange als Antrieb wirkt, bis sein Formenvorrat erschöpft ist.

Mythos und Kultur

Die Formen, in denen eine Hochkultur sich darstellt, sind untereinander verschieden; sie sind Ausdruck ihres Welt- und Lebensbildes und sprechen in jeder Kultur ihre eigene, für sie allein charakteristische, deutliche Sprache, die in allen Lebensbereichen das eigene Weltbild ausdrückt (Zitate Seiten 54f). Das gilt nicht nur für die Details, sondern auch für die Form selbst. So hat z.B. keine Kultur eine Skulptur hervorgebracht wie die griechische; keine eine Ornamentik wie die arabische; keine eine Musik wie die abendländische. Drei große Stilepochen kann man in der Entwicklung jeder Hochkultur erkennen, entsprechend den überall gleichen Entwicklungsschritten im Ausdruck ihres Seelenbildes: von den Ausdrucksformen der elementaren, noch archaischen Welt- und Lebenswahrnehmung aus dem Mythos zu den Ausdrucksformen ihres Religionsbildes, bis zu den Ausdrucksformen ihres Geistesbildes; so z.B. in der Antike von der Dorik zur Ionik zur Korinthik, so z.B. bei uns von der Romanik zur Gotik zum Barock, das heißt von den urkräftigen Formen zu den beseelten, zu den vergeistigten. Am Anfang der Selbstdarstellung der Kulturen stand immer die Architektur. Hier zeigen sie in den Details ihre Verschiedenheiten am deutlichsten, und hier ist ihre Mannigfaltigkeit am frühesten erkennbar, wie es die Archäologie in aller Welt bestätigt.

An zwei Stellen im Faust beschreibt Goethe die Verschiedenheit der griechischen Antike und des Abendlandes am Beispiel ihrer Architekturen: in der Szene „Rittersaal", wo er die Kulisse zum Helenaauftritt beschreibt (6403 – 6414), und in Phorkyas' Beschreibung der Burg Fausts (9017 – 9029 und 9042f). Daraus diese Unterscheidungen:
— für die griechische Antike:
„Massiv genug, ein alter Tempelbau,
Dem Atlas gleich, der einst den Himmel trug,
Stehn reihenweis der Säulen hier genug;
Sie mögen wohl der Felsenlast genügen, ..."
„Das ... Mauerwerk, das eure Väter ... aufgewälzt,
Zyklopisch wie Zyklopen ..."

— für das europäische Abendland:
„Schmalpfeiler lieb' ich, strebend, grenzenlos
Spitzbögiger Zenit erhebt den Geist";
„Und innen großer Höfe Raumgelasse, rings
Mit Baulichkeit umgeben ... zu schauen aus und ein."
„In Sälen, grenzenlosen, wie die Welt so weit."

Hier erkennen wir Schlüsselbedeutungen und Schlüsselwörter der beiden Weltkulturen, zum einen: Ort und ortsgebundene, geschlossene Körperhaftigkeit (Seite 211), zum anderen: Raum und raumoffene Grenzenlosigkeit (Seite 275). Solche ureigenen, fundamentalen Schlüsselempfindungen aus der ersten Wahrnehmung formen in allen Kulturen die Elemente ihrer Ausdrucksformen.

Wir wollen jetzt die Ausdrucksformen der abendländischen Kultur ansehen, die allesamt von ihren mythologischen Keimen geprägt sind, von Raum und Zeit aus ihrem Weltbild und von Persönlichkeit und Charakter aus ihrem Lebensbild.

Die Architektur
Mit der Gotik hat das Abendland seine eigene Form am deutlichsten ausgedrückt; ihr Vorläufer war die Romanik; den Abschluß der Aussage auf diesem Gebiet bildete das Barock (Seite 182). Diese drei europäischen Baustile unterscheiden sich in einzelnen Elementen, ihr Baugedanke ist der gleiche. Bei uns spricht er genau das abendländische Weltgefühl aus. Wir wollen das an den Sakralbauten besprechen; für die Profanbauten gelten etwas abgewandelt die gleichen Merkmale.

Der Baugedanke heißt: Ausdehnung des Raumes. Das heißt: Erweiterung des begrenzten Innenraumes hinaus in den nicht mehr begrenzten Außenraum. Das machen zwei architektonische Stilmittel möglich: die Auflösung der Wände und die Auflösung der Decke, beides ermöglicht durch ein Stilelement, den Pfeiler.

1. Starke Strebepfeiler tragen das ganze Bauwerk einer Kathedrale und machen dazwischen liegende Wände überflüssig. So wird der Innenraum des Mittelschiffs zuerst in die Seitenschiffe hinein ausgedehnt und von dort in den Außenraum, von den hohen, durchlässigen Glasfenstern geöffnet und nicht abgeschlossen, in Amiens mit einem Anteil von 90%. Liegt davor ein Kreuzgang, so ist auch dieser nach außen offen. Diese Architektur symbolisiert nicht nur Ausdehnung des Innenraumes nach außen, sondern auch die Hereinnahme des Außenraumes nach innen, zusammen also die Ausdehnung in die Weite. Wer einmal in einer Moschee gestanden hat, erkennt sofort diese architektonische Sprache.
2. Die Strebepfeiler, die sich nach oben verjüngen und bis in einzelne Rippen auflösen, tragen das Deckengewölbe in Rundbögen oder in Spitzbögen weit empor mit einer Leichtigkeit, die den Eindruck vermittelt, als ob sich der Innenraum nach oben fortsetzt. Diese Architektur symbolisiert die Ausdehnung des Innenraumes in die Höhe. Wer einmal die Kassettendecken in der Konstantin-Basilika zu Trier oder in der Friedenskirche in Potsdam gesehen hat, erkennt sofort diese architektonische Sprache.

Wir erkennen in dieser Architektur den Ausdruck des Raumgefühls der abendländischen Kultur, das schon in ihrem Mythos angelegt ist.

Fast zur gleichen Zeit wurde in ganz Europa mit dem Bau der ersten gotischen Dome begonnen, zuerst in Nordfrankreich, dann in Süddeutschland, dann in England, Italien und den anderen europäischen Ländern. Die Plötzlichkeit und die Unbedingtheit dieses Anfangs zeigt sich daran, daß bereits begonnene Bauten im gotischen Stil weitergebaut wurden, wie z.B. in Straßburg, wo die ab 1190 gebauten spätromanischen Ostteile ab 1253 mit dem gotischen Langhaus fortgeführt wurden, oder auch am Naumburger Dom (1210 – 1242), dessen gotischer Westchor ab 1250 errichtet wurde. Zu dieser Zeit hatte sich aus vorhandenen einzelnen Stilelementen der Baugedanke für die großen gotischen Kathedralen ausgeformt. Das alles klingt nicht wie eine lange Stilentwicklung, sondern eher wie die zusammenfassende Leistung nur eines Genies. Tatsächlich fanden schon vor gut 100 Jahren die Hochschullehrer Wallraf in Köln und v. Heideloff in Nürnberg entsprechende Eintragungen in Bauhüttenbüchern der Dominikaner und in der Kölner Chronik, die Albertus Magnus als den Baumeister ausweisen, der die Entwürfe für die ersten Dome gemacht hat. Wenn sich das verdichten würde, dann wäre er mit vermehrtem Recht „der Große" (Seiten 265f). Der Dom von Regensburg, seiner ersten Wirkungsstätte (1237 – 1240), zeigt u.a. mit der sparsamen Innenausstattung und der deutlichen Betonung der architektonischen Idee die Spuren eines ersten Entwurfs.

Mit der Romanik hatte sich der abendländische Baustil angekündigt in urkräftiger, klarer und starker Sprache als pure Architektur mit der ganzen Ausdruckskraft der ersten Wahrnehmung . In der Gotik erreichte diese Architektur den Höhepunkt ihres Seelenausdrucks und in Verbindung mit der Skulptur (siehe unten) den Gipfel der abendländischen Kulturaussage auf diesem Gebiet. Mit dem Barock und dessen Abschluß, dem Rokoko – als Geistesausdruck der abendländischen Kultur –, hat sich das abendländische Raumgefühl in den Formen der Architektur zu Ende ausgesagt. Was danach folgt in diesem Bereich ist überwiegend Nachahmung fremder Stilformen ohne schöpferische Eigenart. Eklektizismus heißt dafür die Schublade der systematisierenden Kunstgeschichte. Nur selten noch gelingt die Verbindung historischer Formen mit abendländischem Formgefühl, wie etwa im europäischen Klassizismus, für den in Deutschland die Namen stehen: Erdmannsdorf in Wörlitz, Langhans, Gilly und Schinkel in Berlin, und Klenze in München.

Die Skulptur
Die gotische Skulptur ist an die Architektur gebunden. Sie ist nicht eine selbständige Kunstform wie die griechische, freistehende Skulptur (Seite 213), dennoch hat sie eine tragende Bedeutung für den kulturellen Ausdruck: Sie ergänzt das Bild vom Raum um die zweite Komponente des abendländischen Welt- und Lebensbildes, um das Bild vom Menschen, zu einer einheitlichen Aussage. Wenn das in angemessenem Verhältnis zwischen Raum und Skulptur geschieht, wenn der Raum nicht pompös – fremdartig pompös – überladen und damit zerstört wird, dann kann die Einheit von Architektur und Skulptur nicht nur den europäischen Mythos verdeutlichen (Seite 273), sondern eine religiöse Aussage bildhaft darstellen.

Die gotische Skulptur ist geprägt von Gesichtsausdruck und handlungsbezogener Geste. Der Körper verschwindet in Faltengewändern, das Körperliche ist unwichtig, wichtig ist der Ausdruck durch Gestik und Gebärdensprache. Die Stifterfiguren im Naumburger Dom sind unverwechselbare Persönlichkeiten. Die Ekklesia und die Synagoge am Südportal des Straßburger Münsters haben nur kirchliche Namen, biblische Frauen sind sie nicht (Seite 270). Sie stellen nicht den Sieg der Kirche über den Unglauben dar, sondern den Sieg der Persönlichkeit über das Kollektiv (Seiten 257, 235). So fügt die Skulptur den Domen neben der Raumdarstellung das zweite mythische Merkmal hinzu, die Persönlichkeitsdarstellung. Architektur und Skulptur, zu einem Kunstwerk zusammengefaßt, der Baugedanke ist nicht zu übersehen: Welt- und das Menschenbild des Abendländers bilden eine Einheit, denn beide kommen aus derselben Quelle. Der Eindruck ist für jeden Europäer unmittelbar verständlich und bedarf keiner Erklärung.

Die aus der Renaissance übriggebliebenen Plagiate der griechischen Nacktkörperkultur, die beziehungslos in unseren Parks herumstehen, können das jedenfalls nicht, auch nicht die durch orientalischen Figurenprunk inspirierte Machtvorführung in barocken Sakralbauten, weshalb denn auch der europäische Barock sich am klarsten in seinen Profanbauten zeigt. Der Park von Potsdam, der überladen ist mit halbgriechischen Figuren und mit Engelsfiguren, ist ein Beispiel für die mißlungene Suche nach Kulturersatz (Klassische Walpurgisnacht) und hinterläßt ein Gefühl von Unstimmigkeit, ja sogar von Fremdheit, und das Neue Palais in diesem Park ist in Außengefüge und Innenausstattung ein Anti-Stück zu kulturgeprägter Baukunst.

Die Malerei

Wir haben schon ausgeführt, daß die beiden großen Themen der europäischen Malerei die Perspektive und das Porträt waren (Seiten 141, 147), und brauchen deshalb nur noch zusammenzufassen. In zwei Generationen im 14. Jahrhundert hatte die italienische Malerei gelernt, die Perspektive zu beherrschen, das heißt, den dreidimensionalen Raum darzustellen. Um diese Zeit wandelte sich die Bildnismalerei zur Porträtmalerei, also von der Darstellung eines allgemeinen Typus zur Darstellung der individuellen Person, d.h. zur Charakterdarstellung. Die Perspektivmalerei entwickelte sich zunächst als eigenständiges Fach, dann aber auch als Hintergrund in der Porträtmalerei. Damit schließen sich auch in dieser Kunstform die Raumdarstellung und die Persönlichkeitsdarstellung zusammen. Die holländische Malerei brachte den Höhepunkt und den Abschluß der Formensprache dieser Kunstgattung mit Rembrandt:

1. Rembrandt hat die Perspektive aufgegeben. Seine tiefen, dunkelbraunen Hintergründe haben kaum erkennbare, verwischte Strukturen, „wie's eben kommt" (6287). Es mutet an, als seien sie ein nicht mehr „rational formulierbares Bild" für die späteren mehrdimensionalen Räume der Mathematik (Heisenberg, Seite 54).
2. Rembrandt hat mit seinen über hundert Selbstbildnissen den Schritt von der Darstellung des Charakterkopfes als Momentaufnahme zur Darstellung der Charakterentwicklung getan (Seite 141). Damit malte er das, was später Goethe in der Szene „Anmutige Gegend" beschrieb, die Wandlung von Leben in Charakter.

Es ist tief symbolhaft, daß damit auch der Begriff „Zeit" wie ein großer Höhepunkt in der Malerei erscheint. Es ist ebenso symbolhaft, daß sich damit die Formensprache der Malerei erschöpft hat. Verstehen wir mit Goethe (Seiten 51ff) die Kunst als Ausdruck seelischer Prägung, dann ist alles, was danach kam von Pinsel und Palette, Wiederholung und Nachahmung, ist Malerei aus dem Kopf, ist Kunsthandwerk (Seite 16), und lebt bis heute vom Prestige einer großen Vergangenheit, ähnlich der Entwicklung in der Architektur.

Nach der Malerei wurde die Musik zum neuen Ausdrucksmittel, das die Prägung des Abendländers mit einem anderen, weiter verdichteten Bilde zeichnete.

Die Musik

Mit der polyphonen Musik hat sich das Abendland eine abstrakte Sprache für den Ausdruck seelischer Regungen gegeben, deren Intensität schon mit meditativer Religiosität verglichen werden kann. Sie ist nicht nur individuelle Aussage, sie ist auch nur individuell aufnehmbar. Ihre Inhalte sind nonverbale, intime Bekenntnisse, auch für den aufnehmenden Zuhörer. Sie ist nur persönlich erfaßbar, von jedem nur für sich. Die polyphone Musik ist Individualerlebnis, niemals Kollektiverlebnis. Daher ist ihr Inhalt nicht erklärbar. Nur über Formen kann man reden, und das auch nur bedingt.

Verständlich für alle sind Begriffe wie Harmonie, der Zusammenklang melodischer Linien, oder Kontrapunkt, die Parallelführung mehrerer Themenlinien. Ebenso erkennbar für jedermann ist die Entwicklung eines Themas über Variationen. In der Abfolge von lyrischen, epischen und dramatischen Themen erkennen wir die Entwicklung eines ganzen Stückes, und Entwicklung ist immer auch Darstellung des Begriffes „Zeit".

Verständlich für alle sind auch Ausdrücke wie Tonwelten, Klanggräume, Sphärenmusik. Sie charakterisieren die Musik als raumfüllendes, vielleicht raumtragendes Medium. Die Orgelmusik ist ein einleuchtendes Beispiel für das Ausfüllen beider Räume, der Innenräume der Kathedralen und der Innenräume andächtiger Zuhörer.

Bach hat alle Musik seiner Vorgänger geordnet, zusammengefaßt, und das formale wie das ästhetische Fundament für alle noch kommende Musik gelegt. Ich bin nicht in der Lage, das zu präzisieren, aber daß Bach damit der größte unserer Musiker war, ist bei Fachleuten nicht strittig. Das erkennt man auch an seinen Nachfolgern, die mit oft großartigen Werken, aber doch mit tastenden und suchenden Schritten den Weg vorbereiteten für die Vollender Beethoven und Bruckner. Dieser Kommentar kann keine Werkgeschichte der Musik enthalten und ihre „Bautechnik" beschreiben, aber er konnte ihren „Baugedanken" skizzieren und ihren Platz in der Kulturgeschichte feststellen und damit zum Verständnis des Dramas Faust beitragen. Dazu gehört noch diese Bemerkung: die späten Werke des tauben Beethoven sind religiöse Aussagen. Seine letzten Sonaten und Quartette sind transzendente Vermächtnisse, denen das Ohr sich nur selten öffnen kann. Bruckners dunkle Orchesterklänge haben wir mit Rembrandts dunklen Hintergründen verglichen (Seite 147), und beides haben wir – etwas gewagt – in die Nähe unserer mehrdimensionalen Mathematik gestellt und so mit der abendländischen Raumaussage verbunden (Seiten 287f). Bruckner hat seine letzte Sinfonie „Dem lieben Gott" gewidmet, und das ist tatsächlich jenseits unserer Dimensionen.

Goethes Verhältnis zur Musik war geprägt „mehr durch Nachdenken ... also nur im Allgemeinen" (an Zelter, 19.6.1805). Er erklärt: „Sie steht so hoch, daß kein Verstand ihr beikommen kann" (zu Eckermann am 8.3.1831). Er hat sich ihr emotional nicht geöffnet. Er bricht Felix Mendelssohn-Bartholdys Klaviervortrag Beethovenscher Sonaten ab: „Bedarf ich eines Gottes, so ist dafür gesorgt", und nach Beethovens Konzert in Teplitz am 19.7.1812 sei seine „Erschütterung so groß gewesen, daß er danach glaubt, ein Orchesterwerk Beethovens nicht ertragen zu können, und auch bis an sein Ende keines zu hören wagt" (aus einer Biographie). Warum? Scheute er sich vor einer zu großen Intimität, und wollte er deshalb „die Urphänomene in ihrer ewigen Ruhe und Herrlichkeit dastehen" lassen (Seite 54)? Hat er deshalb seine Bekenntnisse in symbolhafte Handlung gekleidet und uns die Deutung so schwer gemacht, wie z.B. im 5. Akt, „wobei ich mein Geheimnis vor allen und jeden sorgfältig verwahrte" (Seiten 47f), „da sich gar manches unserer Erfahrungen nicht rund aussprechen und direkt mitteilen läßt", wie es auch in der Musik ist? Davon später.

Die Dichtung
Es ist hier nicht möglich und auch nicht nötig, die umfangreiche europäische Literatur mit ihren Stilen, Formen und Gegenständen anzusprechen: Die Details verstellen nur die Perspektive. Es ist für unsere Perspektive aber nötig, und es genügt auch, zwei Namen zu nennen, Shakespeare und Goethe. Shakespeare war der erste Europäer, der das abendländische Thema darstellte: Charakter und Charakterentwicklung. Er hat in aller Deutlichkeit die Verschiedenheit zur antiken Tragödie klargemacht: dort Situations- und Haltungstragik (Seite 214), im Rahmen der Einheit von Ort, Zeit und Handlung; hier Schicksalstragik und Tragik des Wollens (Seite 195) in einem aus jenen Begrenzungen gelösten Rahmen, in der weiten Welt nämlich. König Lears Schicksal ist eine tragische

Folge aus Charakter und Wollen; Macbeths Schicksal folgt aus Charakter und Tat; Hamlets Schicksal folgt aus Charakter und Mangel an Tat. In allen seinen Dramen stellt Shakespeare den Abendländer dar mit seinen Chancen und Gefahren für sich selbst und seine Umwelt. Goethe hat dieses Abendlanddrama zusammengefaßt und in seinem „Faust" versteckt. Wir werden es finden.

Die Geschichtswissenschaft

Hier ist die Rede von einer auf Fakten und Beweisstücken gestützten Wissenschaft zur Erforschung der Vergangenheit, nicht aber von Meinungsbildern, denen „von der Parteien Gunst und Hass verwirrt" (Schiller, Prolog zu „Wallenstein") noch der beruhigende Abstand fehlt. In dieser Wissenschaft gewinnt die Archäologie immer mehr an Bedeutung, nicht nur, weil es für die Frühzeiten weniger Wortmaterial gibt, sondern auch, weil es schwieriger wird, die geschichtlichen Tatsachen aus zeitnahen Dokumenten herauszufiltern. Ein Beispiel dafür ist Caesars Behauptung von den Menschenopfern der Kelten, die er als Vorwand für seinen gallischen Krieg aufstellte, die bis heute von der Kirche als Rechtfertigung für ihre Mission in Gallien angeführt wird, obgleich die englische Geschichtsforschung in unserer Zeit sie widerlegt hat. Daß selbst Urkunden in großem Umfang gefälscht wurden, haben wir bereits erwähnt (Seite 247). So hat die Dokumentengläubigkeit in der Forschung abgenommen zu Gunsten der Beweiskraft der Fundstücke. Schliemann hat das historische Troja ausgegraben, das für die Griechen schon Mythos war, weil sie selbst kein kulturelles Interesse an ihrer Geschichte hatten (Seiten 218f). Europäer haben zuerst die ägyptische Geschichte und die des Zweistromlandes in das Bewußtsein der Menschen zurückgeholt (Seiten 253f), und sie graben heute zwischen Südamerika und Sibirien noch ältere Kulturen aus, weil sie historisch veranlagte Menschen sind. Wir kennen ihre Antriebe, die sie veranlassen, die Geschichte der Kulturen der Erde zu schreiben: Sie kommen aus der mythisch eingeprägten Form für den Begriff Zeit.

Die Geisteswissenschaften

Alles, was sonst unter dieser Rubrik im europäischen Kulturleben eingesammelt ist, kommt aus spekulativem Denken, von der Philosophie (Seiten 215ff) über Psychologie bis zur Soziologie. Selbst dort, wo diese Disziplinen sich wissenschaftlich geben, entlehnen sie Methoden und sogar Begriffe aus den Naturwissenschaften und wenden sie unzulässigerweise auf ihre Objekte an, wie z.B. in der

Psychologie, der „Wissenschaft von der menschlichen Seele". Wo diese Seelenheil-Kunde sein will, gehört sie in den Bereich der Priester und Dichter (Seite 254), wo sie Seelen-Heilkunde sein will, wendet sie medizinische (Freud) und physikalische (Jung) Methoden an, und ist deshalb auf ihr Objekt, die Seele, nicht anwendbar. Ein Beispiel für die Absurdität solcher Verfahrensweisen gibt das Zitat zur Entelechie (Seiten 25f). Alles, was in dieser Art unter Geisteswissenschaften rubriziert wird, kann man getrost aus dem abendländischen Kulturleben streichen (Zitat Weinberg, Seite 18).

Die Mathematik
Unsere europäische Mathematik beginnt mit der Konzeption eines neuen Zahlbegriffs, der Zahl als Funktion. Sie ist eine fließende, dynamische Zahl. Sie ist in Abhängigkeit von Raum- und Zeitkoordinaten die Grundlage für die Beschreibung der Naturwissenschaften, besonders bei Anwendung der Infinitesimalrechnung. Das ist jene Rechenart mit unendlich großen und unendlich kleinen Zahlen, für die Nikolaus von Kues die grundsätzlichen Überlegungen angestellt hatte (Seite 267), und die Leibniz und Newton um 1670 ausformuliert haben – Leibniz ausschließlich als mathematisches Problem, Newton als Mittel zur Beschreibung physikalischer Probleme, die die physikalische Größe Zeit enthielten. Aus diesem Grunde nannte er sie anschaulich Fluxionsrechnung. Sie ist die Grundlage für die Lehre von der Bewegung der Körper unter dem Einfluß von Kräften, also der Dynamik.

Voraussetzung für diese Physik war Descartes' Darstellung geometrischer Figuren und des Raumes als Koordinatenkonfiguration („Discours de la methode ..." 1637), die die abstrakte Raumbeschreibung in der analytischen Geometrie begründete.
Gauß hat 1816 die Mathematik der nichteuklidischen Geometrien gefunden, Riemann hat sie erweitert. Für beide war dies ein Problem der mathematischen Grundlagenforschung. Mit der „Riemannschen Geometrie" konnte 1912 unsere Welt als vierdimensionales Raum-Zeit- Kontinuum verstanden werden, und die heutige Physik formuliert die Stringtheorie – die „Theorie für Alles", die sogenannte Weltformel – konsistent nur in einem elfdimensionalen Raum-Zeit-Kontinuum, dessen Strukturen für unser Vorstellungsvermögen nicht faßbar sind und sich zu nicht greifbaren Bildern verwischen, die aber in den Gleichungen als mathematische Ausdrücke eindeutig erscheinen und als physikalische Sachverhalte verstanden werden können.

Die Zahl als Funktion und der Raum als abstrakte Koordinatenkonfiguration sind die Grundlagen der abendländischen Mathematik, sehr verschieden zum Gehalt z.B. der griechischen (Seite 219). Heisenberg spricht von der Mathematik als Kunstform der Abstraktion (Schritte, S. 220), und tatsächlich haben wir in ihr die gleichen Inhalte festgestellt wie auch z.B. in der Architektur, der Malerei, der Musik. Das ist wie eine Variation zum gleichen Thema, und das Thema sind die im abendländischen Mythos geprägten Vorstellungen von Raum und Zeit (Seiten 273f). Man kann also feststellen, daß auch die Begriffsysteme unserer Mathematik im Mythos latent bereits vorhanden sind und daß also die Mathematik nur eine andere Form des spezifischen Ausdrucks unserer Kultur ist. Sie ist die Sprache, in der die Physik ihre Erkenntnisse ausdrückt und die Technik ihre Ergebnisse beschreibt. In der Technik zeigen sich dann deutlich die Chancen und Gefahren für den Abendländer, die ebenfalls in seinem Mythos schon angelegt sind (Seiten 193ff): Ausdehnungsdrang und Grenzüberschreitung.

Die Physik
Plancks Entdeckung der Quantelung als einer Eigenschaft der Natur im Jahre 1900 und Heisenbergs Formulierung der Quantenmechanik 1925 begründeten eine neue Physik und führten die Forschung in die unvorstellbar kleinen Räume der Materie. Einsteins Veröffentlichung der Allgemeinen Relativitätstheorie im Jahre 1912 führte zu neuen Erkenntnissen in den unvorstellbar großen Räumen des Kosmos. Hubbles Entdeckung der Ausdehnung des Universums 1929, also seiner Dynamik, war der Anfang zur Erforschung seiner Geschichte, seiner Entwicklung vom Ursprung bis in unsere Zeit. Diese drei Großereignisse in der Physik gaben die Grundlagen her für die Forschung bis heute, die in den Stringtheorien die „Große Vereinigte Theorie", die „Theorie für Alles" finden will. Ihre Kernfrage ist die Frage nach der Entstehung, Beschaffenheit und Wirkung von Raum und Zeit im Universum, und das ist wiederum ein altes Erbe aus der abendländischen Mythologie. Wir sind darauf schon in anderem Zusammenhang gestoßen (Seite 266).

Immer lagen den großen Ergebnissen der Physik zusammenfassende und weitreichende universelle Prinzipien zu Grunde, wie etwa die Erhaltungssätze oder die Symmetrieprinzipien. Sie dienten den Physikern anfangs als Wegweiser in Denkrichtungen und konnten später oft als grundlegende Prinzipien der Natur bewiesen und eingeordnet werden. Sie sind Denkmöglichkeiten, „die sich mit den gesicherten Daten vertragen müssen" (Börner, Seite 224). Ein solcher Wegweiser in der Physik ist heute das „Anthropische Prinzip", das die außerordentlich eng eingegrenzten Existenzbedingungen für das organische Leben und besonders für den Menschen in Zusammenhang bringt mit den Eigenschaften des Universums, das mit seiner Entwicklungsgeschichte, seinen Naturgesetzen und seinen Naturkonstanten genau diese Bedingungen bietet und Leben ermöglicht. Diese mit staunenswerter Genauigkeit aufeinander abgestimmten Eigenschaften des grenzenlosen Universums lassen also Leben zu auf einem kleinen Planeten eines kleinen Sterns am Rande einer mittleren Galaxie, lassen dort Leben zu, das in der Lage ist, Entstehung, Beschaffenheit und Geschichte eben dieses Universums zu beobachten und zu erforschen. Für diese Forschung, die den Menschen einschließt, ist das Anthropische Prinzip ein nützlicher Wegweiser, mindestens insofern, als es falsche Denkwege ausschließt. Wenn es möglich ist, mit Hilfe dieses Prinzips im Zusammenhang mit der „Theorie für Alles" ein universelles Prinzip zu finden, auf dem die Natur beruht, dann dürften wir mit dem Stringforscher Brian Greene hoffen, auch dem Warum näher zu kommen. Er schreibt (S. 442):

> „Mit vorsichtigem Optimismus dürfen wir hoffen, daß die Stringtheorie einen leistungsfähigen Formalismus hervorbringen wird, der in der Lage sein wird, uns viele Fragen zu beantworten – wie das Universum angefangen hat, zum Beispiel, und warum es so etwas wie Raum und Zeit gibt. Vielleicht kommen wir dann auch der Beantwortung der Leibnizschen Frage einen Schritt näher – warum es überhaupt etwas gibt und nicht nichts."

Wieder finden wir – hier in der aktuellen Physik – das vorgegebene Weltbild der abendländischen Kultur. Hier zeigt sich auf das Äußerste ihr Ausdehnungswille hin zu tiefsten denkbaren Erkenntnissen über ihr Weltbild. Daß dieses auf das Lebensbild zurückwirken soll, hat Goethe schon in „Finstere Galerie" gesagt; lesen Sie mit diesem Blick noch einmal die Verse 6259 – 6268. Daß die Übereinstimmung zwischen Welt- und Lebensbild zu einem ausgeglichenen Seelenzustand führt, ist das Thema des Dramas. Daß Goethe darin eine Chance für den Abendländer sieht, besonders für die Grenzsetzung in seinem Ausdehnungsdrang, werden auch wir gleich sehen. Mit ihrer Physik jedenfalls hat die abendländische Kultur ihre Chance wahrgenommen und – um im Bilde zu bleiben – einen unverwechselbaren Gedanken Gottes ausgedrückt. Wir müssen nun über die Risiken und Gefahren sprechen, die ebenfalls im abendländischen Ausdehnungsdrang liegen, und die Goethe auch im Faust darstellt.

Die Technik
Hochgebirg. Faust denkt global (10181):
„Dieser Erdenkreis gewährt noch Raum zu großen Taten."
Er denkt dynamisch (10187):
„Herrschaft gewinn' ich, Eigentum! Die Tat ist alles."
Er denkt praktisch und risikobereit (10219ff):
„Zwecklose Kraft unbändiger Elemente!
Da wagt mein Geist, sich selbst zu überfliegen;
Hier möchte' ich kämpfen, dies möchte' ich besiegen.
Und es ist möglich!"

Faust will Ingenieur werden, Sparte Wasserbau (10198ff). Bedenken oder Zweifel verdrängt er durch die erfolgversprechenden drei Gewaltigen (10331 ff). Chancen und Gefahren wägt er nicht ab (Seite 194); diese überraschen ihn erst im 5. Akt:
„Rechts und links, in aller Breite,
Dichtgedrängt bewohnten Raum."
„Traue nicht dem Wasserboden,
Halt auf deiner Höhe stand!"

Ohne Rücksicht auf die Angst der Alten (Philemon und Baucis) macht Faust weiter (11539ff):
„Wie das Geklirr der Spaten mich ergetzt!
Es ist die Menge, die mir frönet."
Mephisto warnt (11544 – 11550):
„Die Elemente sind mit uns verschworen,
Und auf Vernichtung läuft's hinaus."
Faust mißachtet die Warnung (11552ff):
„Arbeiter schaffe, Meng' auf Menge,
Ermuntre durch Genuß und Strenge,
Bezahle, locke, presse bei."
Faust handelt, ohne Grenzen seines Handelns zu erwägen: „Und es ist möglich!" bedeutet, daß das Machbare auch gemacht werden soll. Tat als Selbstzweck: „Die Tat ist alles, nichts der Ruhm" (10222, 10188). Woher kommt diese Ausuferung in Fausts Charakter?

Wir kennen die Leistungen unserer global wirkenden Technik, ohne die die Erdbevölkerung kaum mehr überleben könnte. Wir kennen auch ihre globalen Gefahren. Davon zwei: Vor 60 Jahren gaben apokalyptische Gestalten anderen apokalyptischen Gestalten die Mittel, eine Apokalypse zu vollziehen. Sie taten das bedenkenlos. Sie ließen die Bombe werfen ohne inneres Grenzgefühl.

Heute arbeiten andere an einer Apokalypse noch größeren Ausmaßes ohne moralische Bedenken und ohne Verantwortungsgefühl, angetrieben trotz aller Schönrednerei doch nur von Gewinnmaximierung. Sie arbeiten an der Manipulation des Lebens selbst. Sie wollen Gottes Plan verbessern, kurzfristig, „weil es möglich ist". Woher kommen diese ungebremsten Ausuferungen, ohne jede innere Sperre? Wer sind diese Leute?

Es sind die Wagners im Laboratorium (6819), deren Erzeugnisse sich verselbständigen wie Homunkulus (6832 – 6840):
„Es wird ein Mensch gemacht ..."
„Behüte Gott! wie sonst das Zeugen Mode war,
Erklären wir für eitel Possen ..."
„Wenn sich das Tier noch weiter dran ergetzt,
So muß der Mensch mit seinen großen Gaben
Doch künftig höhern, höhern Ursprung haben ...
„Was man an der Natur Geheimnisvolles pries,
Das wagen wir verständig zu probieren,
Und was sie sonst organisieren ließ,
Das lassen wir kristallisieren."
Das Ergebnis stellt uns Goethe als Homunkulus vor: einen unfertigen Menschen, Intellekt ohne Seele und Bindungsfähigkeit, eingeschlossen im Retortenglas, als Mißgeburt ins Meer geworfen zur Neugeburt (Seiten 161ff).

In direktem Zusammenhang mit der globalen Ausbreitung der Technik steht die globale Ausbreitung der europäischen Staaten in der Kolonialisierungspolitik, die tatsächlich eine globale Jagd auf Güter, Gold und Menschen war. Das war so bei der Ausrottung der Azteken-, Maya- und Inkakulturen in Mittel- und Südamerika durch Konquistadoren, die begleitet waren von fanatischen Missionaren, die mit allen Grausamkeiten orientalischer Strafgewohnheiten im Gepäck das Kreuz hochhielten, dem Gehorsam verpflichtet (Seite 233), ohne persönliches Grenzgefühl und Eigenverantwortung (Seite 255). Das war auch so bei der Ausrottung der Urbevölkerung in Nordamerika und Australien, beim Sklavenfang in Afrika, bei der Ausbeutung des indischen Halbkontinents in Südasien. Diese Beispiele kann jeder bis in unsere Zeit fortsetzen. Wer sind diese Leute?

Es sind die von Goethe beschriebenen „drei Gewaltigen", die – „allegorisch, wie die Lumpe sind" (10329) – Fausts derzeitigen Zustand wie auch den des Abendlandes versinnbildlichen, die im Krieg des Kaisers auftreten (10323ff, 10511 ff, 10783ff) und auch bei Fausts Kolonisation mitwirken (11760ff), die erst aus Fausts

Leben verschwinden, als die Sorge ihn auf seinen abendländischen Schicksalsweg stellte.

Das sind drei Beispiele für ein Symptom, das aus dem Ausdehnungsdrang des Abendländers allein nicht erklärt werden kann. Denn der ist, wie wir wissen, in Goethes Weltbild Folge einer Ergänzungspolarität, einer dynamischen Polarität also, die die Bedingung zum Ausgleich enthält (Seiten 59f). Wenn Goethe warnt (Wilhelm Meisters Wanderjahre):
„Das überhandnehmende Maschinenwesen quält und ängstigt mich. Es wälzt sich heran wie ein Gewitter, langsam, langsam. Aber es hat seine Richtung genommen, es wird kommen und treffen",
so ist das Ausdruck seiner Sorge – auf die Zukunft gerichtete Angst, sagten wir (Seite 201). Und er sucht nach Abhilfe. Und dazu muß er erst die Diagnose stellen.

Die Leerstelle

Die Ursache für solche unkontrollierten Ausuferungen und das Fehlen innerer Sperren ist innere Leere, ist Kulturverlust. Im Abendland ist das eine leer gebliebene Stelle in seiner Kulturaussage.

Das antike Griechenland hatte in seinen Haltungsnormen Sophrosyne und Ataraxia für seinen Kulturraum religiöse Wertmaßstäbe für Handlungen und Unterlassungen (Seiten 167, 180, 211f). Der orientalische Monotheismus lieferte den Völkern seines Kulturbodens mit der Gut-oder-Böse-Moral die Gebote und Verbote für Handlungen und Unterlassungen (Seiten 233ff). Das Abendland hatte keine eigene Religion und somit auch keine eigenen, aus seinem Lebensbild kommenden und in seinem Lebensbild wirksamen ethischen Maßstäbe formulieren können (Seiten 261ff), die kulturspezifisch Handlungsgrenzen und Sperrmechanismen hätten setzen können. Das ist die Leerstelle in der an Formen sonst so reichen abendländischen Kulturaussage.

Daraus erklärt sich Goethes Konzept für das Drama.
— Damit können wir Fausts desolaten Zustand in der Szene „Nacht" verstehen (Seiten 91ff), sogar bis in die Einzelheiten:
„Und leider auch Theologie" (356)
„Drum hab' ich mich der Magie ergeben" (377)

„Wo faß' ich dich, unendliche Natur?" (455)
„Du mußt! Du mußt! Und kostet' es mein Leben!" (481)
„Die Botschaft hör' ich wohl, allein mir fehlt der Glaube" (765)

— Von dieser Mangelerscheinung her verstehen wir auch Fausts Versuch, die Leere mit seinem Pantheismusentwurf aufzufüllen (3431 – 3458):
„Wer darf ihn nennen? Und wer bekennen: ... der Allumfasser, der Allerhalter, ... wölbt sich der Himmel nicht da droben?"
Daß dieser erste, nur halbe Suchschritt vergebens war, hat Gretchens Antwort offengelegt (3459ff):
„Ungefähr sagt das der Pfarrer auch."
Damit war das Thema erledigt und tauchte im Drama nicht mehr auf.

— Mit der Antwort der Kirche auf Gretchens Wachseins- und Irrsinnsqualen (Seiten 128f), mit der „Stimme von oben. Sie ist gerettet!" (6411), zieht Goethe den Schlußstrich. Diese Kirche kann Fausts Lebensbild keineswegs ansprechen; sie hat für Fausts Lebensweg keine Bedeutung mehr; sie offenbart schonungslos die Leerstelle, die sie im abendländischen Leben zurückließ. Die orientalische Religion mit ihren geradezu entgegengesetzten Prägungen (Seiten 232ff, 255ff) hat hier sogar die falschen Signale gesetzt mit Gottes Befehl: „Füllet die Erde und macht sie euch untertan und herrschet ..." (1. Mose 1, 28), und mit Gottes Auserwählung eines Herrenvolkes, dem er die Herrschaft über andere Völker verhieß. Daß bei solchen Inhalten und den bekannten Methoden der Wort- und Schwertmission die Entwicklung eigener Handlungsmaßstäbe unterdrückt wurde, haben wir bereits festgestellt (Seiten 263ff). Die Moralgesetze der Kirche hatten keine nachhaltige Wirkung auf die Struktur des abendländischen Lebens; so hat Goethe es im Faust beschrieben, und so zeigten es unsere Beispiele. Die Leerstelle ist geblieben und die seelischen Defizite auch. Wie sonst soll man Fausts Suche nach Maßstäben in der griechischen Kultur verstehen? Dieser Versuch ist an der grundlegenden Verschiedenheit der Kulturen gescheitert. Es ist nicht möglich, die griechische Religion in das abendländische Kulturleben zu übertragen. Goethe hat das mit seinen drei Griechenlandszenarien dargestellt. Es gibt keine geborgte Identität, weder vom Griechentum noch vom Christentum.

Die Grundlage für eine eigene Religion war im Abendland vorhanden mit seinem ausgeprägten und reichen Mythos (Seiten

273ff). Auch die eigenen ethischen Maßstäbe waren darin vorgeprägt mit Begriffen wie „Skuld", „Freiheit", „Eid", „Pflicht", „Verantwortung" mit ihren charakteristischen Bedeutungen und mit deren Verkettung zu Bedeutungszusammenhängen wie „Freiheit und Bindung", „Entscheidung und Eid" oder „Handeln und Verantwortung" (Seiten 255f). Das Gespür für die Verkettung von Tat und Schicksal in seinem mythologisch geprägten Zusammenhang wirkt bis heute nach und erscheint in Heisenbergs kategorischem Wort vom Schicksal hier und jetzt in Welt und Leben (Seite 41), „in der unmittelbar wirklichen Welt, in der unser Tun Folgen hat, denen wir uns stellen müssen".

Diese Normen sind in der nordischen Mythologie nicht kodifiziert, sondern personifiziert dargestellt an Menschen, Göttern und Riesen, an ihren Handlungen und deren Folgen, sozusagen als Fallbeispiele (Seite 256: „Gisli, der Waldgänger"). Damit sind wir bei der Frage des weisen Riesen Wafthrudnir an den wißbegierigen Göttervater: „Wer ist der Mann, der in meinem Saal sein Wort auf mich wirft?", und der ihn prüft, ob er für das begehrte Wissen auch die nötige Weisheit habe, der ihn warnt vor unberechtigtem Zugriff auf nicht beherrschte Urräume und nicht beherrschtes Wissen (Das Wafthrudnir-Lied, Götterdichtung der Edda). Stellen Sie sich das vor: der Göttervater bei dem Riesen, einer Urgewalt (Seite 275), auf der Suche nach Erkenntnis in einem Unternehmen auf Leben und Tod! Es leuchtet unmittelbar ein, daß solche sittlichen Wertsetzungen geeignet sind, Ausuferungen im expansiv angelegten Charakter des Abendländers einzugrenzen, und zwar genau deshalb, weil sie aus demselben Menschen- und Lebensbild kommen, aus dem auch die Anlagen kommen. Ansätze für eine eigene Religion und für eigene ethische Normen waren also vorhanden (dazu auch Seiten 261ff). Aber sie konnten sich nicht entwickeln, und so fehlen sie im Abendland.

Am Anfang dieses Teiles 2.6 haben wir die Frage gestellt, was das Christentum in der abendländischen Kulturentwicklung nicht hat verhindern können, und was es mit welchen Folgen verhindert hat. Wir haben jetzt Goethes Antwort darauf.

Wir haben gesehen und mit Goethes Worten belegt, wie das Abendland mit der mächtigen Aussagekraft, die allen Hochkulturen eigen ist, seine Inhalte dargestellt hat in seinem Mythos, seinen Kunstformen, seinen Wissenschaften und auch in seinen sozialen Lebensformen wie z.B. der Technik. Wir haben auch gesehen, wie das Abendland seine spezifische Aussage gegen die

Einflüsse von außen durchgesetzt hat. Wir haben jetzt auch Goethes Antwort auf die Frage nach der Leerstelle, die das Christentum in der abendländischen Kultur zurückgelassen hat, und zwar mit der Folge seiner Fehlentwicklung. Nun wollen wir Goethes Antwort auf den zweiten Teil der Eingangsfrage (Seite 272) ansehen, die nach dem Ausweg aus dieser Mangellage. Es ist – um es knapp auszudrücken – nach der Feststellung der Symptome und der Diagnose nun die Frage nach der Therapie, und die Antwort darauf liegt in der Diktion des Dichters, der seine Werke als „Bruchstücke einer großen Konfession" auffaßt (Seite 44).

Auswege

Goethe zeigt zwei Wege, die innere Leerstelle Fausts – und des Abendlandes – zu überwinden. Der eine kommt aus dem Lebensbild, der andere aus dem Weltbild des Abendländers. Beide bedingen einander, sie sind polar miteinander verbunden (Seiten 273ff). Beide stellt er in Faust II dar, und zwar zusammengebunden, vereinigt in dem einen Schicksal Fausts.

Den einen Weg beschreibt Goethe mit Fausts Entwicklung aus seelischer Orientierungslosigkeit („Nacht", Seiten 91ff), über die religiöse Tragödie („Kerker", Seiten 128ff), weiter über die vergebliche Suche nach ethischen Ersatzinhalten (Helenaszenen, Seiten 167ff), hin zu seinen eingeprägten, eigenen kulturellen Grundlagen, und zwar direkt zu ihrem Zentrum, zu Fausts Schicksal (Seiten 256ff). Und das schließt die ethischen Normen ein, die ihm zugrunde liegen (Seiten 255ff), und es schließt die Folgen für seine Taten ein, die aus „Gebrauch oder Mißbrauch seiner Freiheit" unmittelbar entstehen, hier und gleich. Goethe stellt Fausts Schicksal in einander überlagernden Bildern dar (Seiten 202ff), von denen eines im folgenden Teil 3 beschrieben wird, im Zusammenhang mit der Gefahr, die in seinem Charakter liegt. Im Bewußtsein seines Schicksals liegt für den Abendländer auch das Wissen um die Grenzen für seine Handlungen, und es ist wohl so, daß Goethe darin eine Begrenzung der Gefahr in dessen Charakter sieht (Seiten 194f) und auch das Mittel sieht, Auswüchse einzugrenzen, die aus der Leerstelle im europäischen Kulturleben folgen. Daß Goethe dazu berechtigt war, erkennen wir an der großen Bedeutung des Schicksalsgedankens in Europa, von Shakespeares Schicksalsdramen bis zu Beethovens Schicksalssinfonie, bis zu Heisenbergs Wort von der „unmittelbar wirklichen Welt, in der unser

Tun Folgen hat, denen wir uns stellen müssen" (Schritte, S. 219; Seite 41). Auch in Fausts Lebensweg werden wir die begrenzende Wirkung des Schicksals erkennen, in der Goethe – so muß man schließen – für Faust einen Ausweg sieht aus der Gefahr, in der er steht, sowohl „nach dem Gesetz, wonach er angetreten", als auch infolge der Kulturentwicklung des Abendlandes.

Den anderen Weg hat Goethe am heliozentrischen Weltbild des Nikolaus Kopernikus fest gemacht. Er schreibt in der Farbenlehre:
„Doch unter allen Entdeckungen und Überzeugungen möchte nichts eine größere Wirkung auf den menschlichen Geist hervorgebracht haben, als die Lehre des Kopernikus ... die denjenigen, der sie annahm, zu einer bisher unbekannten, ja ungeahnten Denkfreiheit und Großheit der Gesinnung berechtigte und aufforderte."

Die Physik ist heute in einer vergleichbaren Lage. Mit der M-Theorie hat sie die Zusammenfassung der Stringtheorien (Seite 266) auf der tiefsten Denkebene gefunden und unser Verständnis über die Beschaffenheit von Raum und Zeit revolutioniert (Greene, ab S. 267). Edward Witten, der Entdecker der M-Theorie, den viele Forscher für den größten Physiker unserer Zeit halten, sagt zurückhaltend:
„Sollten wir die M-Theorie – die Physik, die sie verkörpert – eines Tages richtig verstehen, so würde das unser Verständnis der Natur ebenso gründlich verändern wie irgendeine der großen wissenschaftlichen Umwälzungen in der Vergangenheit" (Interview am 11.05.1998, zitiert in Greene, S. 369).

Gelänge der Physik die Lösung der M-Theorie, dann würden ohne Zweifel von ihren Ergebnissen Wirkungen und Einsichten ausgehen, wie sie Goethe oben beschrieben hat, die auch der Technik verantwortungsgesteuerte Grenzen gegenüber dem Machbaren weisen könnten. Unsere Physiker sind zuversichtlich, daß diese Ergebnisse beides liefern: Wissen und Weisheit (Greene, S. 421 und 425f).

Hier ist der Abendländer „berechtigt und aufgefordert", seine „Denkfreiheit und Großheit der Gesinnung" wieder zu finden, wie Faust in der Szene „Großer Vorhof." Das aber – so können wir Goethe verstehen – kann nur geschehen, wenn er seine Chance ergreift, dem neuen Weltbild ein Lebensbild gegenüberzustellen, mit dem er seine Persönlichkeit und seine Balance wiedergewinnen kann (Seite 274). Nur aus dem eigenen Weltbild und dem eigenen Lebensbild kann eine Gesamtschau entstehen, die in sich stimmig ist, weil beide Bilder aus demselben Kulturgut kommen. „Ich glaube", sagt Heisenberg, „als Abendländer müssen wir uns diesem Prozeß anvertrauen und das Gegensatzpaar als komplementär anerkennen" (lesen Sie dazu Seiten 55f). Was bisher nicht gelungen ist, nämlich Wissen und Glauben aus der gemeinsamen Wurzel zu empfinden, weil abendländische Wissenschaft und orientalische Religion nicht kompatibel sind (Seiten 234ff, 240, 260), das könnte hier geschehen und zu der Gewißheit führen, daß beide Bilder nur „verschiedene, sich ergänzende Ausdrucksformen für ein beiden zugrundeliegendes, anders nicht beschreibbares Seelenbild" sind. Dazu noch mal die Physik (Greene, S. 421):

„Die Kosmologie spricht uns auf einer tiefen, emotionalen Ebene an, weil wir ... der Meinung sind, wenn wir eines Tages verstanden hätten, wie alles angefangen hat, dann hätten wir die größte dem Menschen mögliche Annäherung an die Antwort auf das Warum erreicht."

Diese Einheit der also nur scheinbaren Gegensatzpaare Weltbild und Lebensbild, Wissen und Weisheit, Denkfreiheit und Großheit der Gesinnung, wird den Abendländer zu der Erkenntnis darüber führen, „was die Welt im Innersten zusammenhält", genauer gesagt: was seine Welt im Innersten zusammenhält. Daraus kommen Ausgewogenheit des Charakters und auch die Sperre gegen Ausuferungen.

Natürlich hat Goethe unsere heutige Lage nicht vorhergesehen. Aber er hat aus der Kenntnis des abendländischen Wesens und aus der Kenntnis der Leerstelle in der abendländischen Kultur diese Entwicklung befürchtet (Seite 292). Er hat an Faust gezeigt, daß man seinem Schicksal nicht entgehen kann und dennoch zur Großheit der Gesinnung gelangen kann.

3. Das geistige Band

„Dann hat er die Teile in der Hand,
Fehlt, leider! Nur das geistige Band."

Nach 300 Seiten haben wir alle Teile in der Hand und können das Band jetzt knüpfen. Wir haben Dietzes Diagnose (Seite 80) oft genug bestätigt gefunden:
> „Goethes Genialität bewährt sich darin, die menschheitsgeschichtliche Problematik seines Hauptwerkes allgemeingültig und spezifiziert, zugleich abstrakt und konkret darzubieten ... so ist das titanische Werk vielschichtig angelegt und hat mehrere, einander überlagernde, sich gegenseitig ergänzende, miteinander korrespondierende Bedeutungsebenen."

So können wir jetzt unseren Kommentar mit einer überlagerten, ergänzenden, korrespondierenden Bedeutungsebene abschließen, ohne unsere bisherigen Ausführungen einzuschränken. Dabei werden wir weiterhin und nun abschließend Goethes Drama als kulturhistorisches Werk bestätigen (Seite 17).
Bisher haben wir Fausts Lebensumstände von den Symptomen und den Wirkungen her gesehen (Teile 2.2 und 2.3). Und wir haben zweitens die Ursachen dafür festgestellt in den Auswirkungen der kulturellen Einflüsse der griechischen Antike, des Morgenlandes und des Abendlandes (Teile 2.4 bis 2.6). Jetzt können wir Symptome, Wirkungen und Ursachen zusammenfassen zu einem Gesamtbild, das die Geradlinigkeit von Fausts Entwicklung zeigt und die Zwangsläufigkeit darstellt, mit der er sein Lebensziel erreicht. Wir können uns dabei auf Goethe berufen (Maximen und Reflexionen):
> „... deswegen denn auch das Besondere, das sich ereignet, immer als Bild und Gleichnis des allgemeinen auftritt" (vollständiges Zitat Seiten 60f).

Wir werden bis zum Schlußpunkt die innere Geschlossenheit des Dramas wiederfinden (Seiten 11 und 43ff) und Goethes durchgehenden Gedanken wiedererkennen:
> „... den Menschen in seinen Zeitverhältnissen darzustellen und zu zeigen, inwiefern ihm das Ganze widerstrebt, inwie-

fern es ihn begünstigt, wie er sich eine Welt- und Menschenansicht daraus gebildet, und wie er sie, wenn er Künstler, Dichter, Schriftsteller ist, wieder nach außen abspiegelt" (Seite 72).

Auf der konkreten Handlungsebene ist das Bild jetzt vollständig, auf der allgemeinen noch nicht. Wir müssen noch einige Einzelheiten einordnen, andere verdeutlichen, um zu erkennen, „wie er (Faust) sich eine Welt- und Menschenansicht daraus gebildet", wie er damit umgeht und wie er sie vollzieht. Dann werden wir Faust verstehen, so wie Goethe es gewollt hat. Dabei werden wir erkennen, daß Faust in der Polarität „Freiheit und Bindung" steht, in deren Handlungsspielraum die Pflicht liegt und die Verantwortung für Taten, deren Folgen er sich unmittelbar stellen muß mit seinem Schicksal (Seiten 255ff).

Nacht

Faust:
    „Habe nun, ach! ..."

Was hat er denn studiert?
Griechische Philosophie, römisches Recht,
magische Medizin, orientalische Theologie.
Da steht er nun, der arme Tor.

    „Bilde mir nicht ein, was Rechts zu wissen,
    Bilde mir nicht ein, ich könnte was lehren,
    Die Menschen zu bessern und zu bekehren."
Warum denn nicht?

    „Dem Herrlichsten, was auch der Geist empfangen,
    Drängt immer fremd und fremder Stoff sich an."
Wie denn das?

Zum Beispiel Philosophie:
    „Der Philosoph, der tritt herein
    Und beweist Euch, es müßt' so sein:
    Das Erst' wär so, das Zweite so,
    Und drum das Dritt' und Vierte so.
    Und wenn das Erst' und Zweit' nicht wär',
    Das Dritt' und Viert' wär' nimmer mehr.
    Das preisen die Schüler allerorten,
    Sind aber keine Weber geworden."

Zum Beispiel Recht:
> „Es erben sich Gesetz' und Rechte
> Wie eine ew'ge Krankheit fort,
> Sie schleppen von Geschlecht sich zum Geschlechte
> Und rücken sacht von Ort zu Ort.
> Vernunft wird Unsinn, Wohltat Plage;
> Weh dir, daß du ein Enkel bist!
> Vom Rechte, das mit uns geboren ist,
> Von dem ist, leider! nie die Frage."

Zum Beispiel Medizin:
> „Mein Vater war ein dunkler Ehrenmann,
> Der über die Natur und ihre heil'gen Kreise,
> Mit grillenhafter Mühe sann;
> Der, in Gesellschaft von Adepten,
> Sich in die schwarze Küche schloß
> Und, nach unendlichen Rezepten,
> Das Widrige zusammengoß."

Zum Beispiel Theologie:
> „Im ganzen – haltet Euch an Worte,
> Dann geht Ihr durch die sichre Pforte
> Zum Tempel der Gewißheit ein ...
> Denn eben wo Begriffe fehlen,
> Da stellt ein Wort zur rechten Zeit sich ein.
> Mit Worten läßt sich trefflich streiten, ...
> An Worte läßt sich trefflich glauben ..."

Und was will er?
> „Daß ich erkenne, was die Welt
> Im Innersten zusammenhält,
> Schau alle Wirkenskraft und Samen
> Und tu' nicht mehr in Worten kramen."

Welche Wirkenskraft und Samen, da er doch das ganze Wissen seiner Zeit studiert hat? Und was soll das jetzt und hier heißen: in Worten kramen?
Hat er Mängel oder Zweifel?
> „Das Pergament, ist das der heil'ge Bronnen,
> Woraus ein Trunk den Durst auf ewig stillt?
> Erquickung hast du nicht gewonnen,
> Wenn sie dir nicht aus eigner Seele quillt."
> „Wer lehret mich? Was soll ich meiden?
> Soll ich gehorchen jenem Drang?"

„Wie schwer sind nicht die Mittel zu erwerben,
Durch die man zu den Quellen steigt!"

Hat er eine Idee?
„Was du ererbt von deinen Vätern hast,
Erwirb es, um es zu besitzen."

Auch das ist die Ausgangslage für das Faustdrama, jetzt auf einer überlagerten, ergänzenden, nun aber allgemeinen Bedeutungsebene.

Fassen wir zusammen:
Wir haben zu Beginn dieser Schrift Fausts Zustand in der Szene „Nacht" an den Symptomen erkannt (Seiten 91ff), und dann seinen Lebensweg von „Nacht" bis „Mitternacht" aus dieser Sicht verfolgt. Wir haben dort Fausts Unausgeglichenheit gesehen im Stimmungswechsel zwischen Melancholie, Selbstmitleid, Selbstbetrug und Überheblichkeit, in extremen Ausbrüchen von Hybris (516), Selbstmordspiel (784, Seite 95) und „Großem Fluch" (1583ff, Seite 88). Jetzt, nachdem wir aus dem Drama heraus den historischen Hintergrund kennen, konnten wir ohne Mühe die Ursache für diesen Zustand finden, in dem überlagernden Einfluß zweier fremder Kulturen und besonders in der dadurch verursachten Leerstelle in der abendländischen Kulturaussage. Das ist die neue Ausgangslage, aus der zwangsläufig Fausts Entwicklung auf zwei Höhepunkte hin folgt, den Szenen „Kerker" und „Anmutige Gegend", und den Szenen „Schattiger Hain" und „Hochgebirg". Nach außerordentlich verdichtetem Handlungsverlauf und einem außerordentlich verdichteten inneren Ablösungsprozeß beschreibt Goethe hier Fausts Loslösung von Christentum und Griechentum und seine Öffnung für eine neue Zukunft als ein „Erfahrungsresultat" aus „Sinnen und Verknüpfen" „mit Selbsterkenntnis".

„Das aber mit Bewußtsein, mit Selbsterkenntnis, mit Freiheit vorzunehmen, ist nötig, wenn das Erfahrungsresultat, das wir hoffen, recht lebendig und nützlich werden soll" (vollständiges Zitat: Seite 53).

Fausts Weg dahin ist in der Szene „Nacht" schon vorgezeichnet. Dem Wissen seiner Zeit „drängt immer fremd und fremder Stoff sich an" (634 – 639). Das Pergament ist nicht der heil'ge Bronnen, „wenn sie dir nicht aus eig'ner Seele quillt" (566 – 569). Das alt Geräte, das er nicht gebraucht, das steht nur hier, weil es sein Vater brauchte (668 – 677). Wo also soll er finden, was ihm fehlt (660)? „Wie schwer sind nicht die Mittel zu erwerben, durch die man zu den Quellen steigt!" (562f). „Wer lehret mich?" (630).

„Was man nicht weiß, das eben brauchte man, und was man weiß, kann man nicht brauchen" (1066f). Faust braucht eine neue Orientierung, denn „die uns das Leben gaben, herrliche Gefühle, erstarren in dem irdischen Gewühle" (638f). „Was man nicht nützt, ist eine schwere Last" (682f): „Was du ererbt von deinen Vätern hast, ..."(682).

Erdgeist und Geisterchor können ihn   lehren und neue Orientierung geben:

1. Der Erdgeist sagt ihm Goethes Gesetz von Polarität und Wandel:
„Lebensfluten und Tatensturm, Geburt und Grab", mit der Betonung auf „und" (Seiten 85f). Weiter: „Ein ewiges Meer, ein wechselnd Weben, ein glühend Leben", mit der Betonung auf „ein", dem gemeinsamen Ursprung der Polaritäten. Und weiter: Wirke, webe, schaffe, am Webstuhl der Zeit, der Gottheit lebendiges Kleid: das ist Aufforderung zum Handeln und zum Ausgleich der Polaritäten, „wie alles sich zum Ganzen webt" (447).
2. Der Geisterchor sagt ihm Goethes Gesetz für das Leben:
„Baue sie wieder, in deinem Busen baue sie auf! ... Und neue Lieder tönen darauf!" Das ist nach Fausts selbstzerstörendem Fluch der lebensöffnende Imperativ (Seiten 88f). Die Geister erleichtern ihm das: „Wir tragen die Trümmer ins Nichts hinüber" (1614), in ein schöpferisches Vergessen (Anmutige Gegend, Seiten 135ff), in ein positives Nichts (Seiten 100f, 263ff; Eckhart). Das aber ist eines der Bilder, die Goethe im Drama für den Ursprung von allem gebraucht (Seite 210).

Darin liegt schon: „Was du ererbt von deinen Vätern hast", und: „Erwirb es, um es zu besitzen". Aber Faust versteht es nicht, denn er steht in einer Identitätskrise nahe am Identitätsverlust.

Faust versteht auch Mephisto nicht. Zeitmeinungskorrekt, aber falsch, ordnet er ihn als Teufel ein (Seiten 97f), weil die alten Begriffe umgedeutet und nun zweideutig sind, z.B. „Verneinen", „Finsternis", „Raum", „das Etwas und das Nichts" (1338ff), und weil fremde, nicht begriffene Wörter jetzt das Leben beschreiben sollen, z.B. „Sünde", „das Böse", „das Gute", „alles, was ihr ... nennt" (1338 – 1344, Seite 99). Faust versteht ihn nicht, und so muß er die Erfahrungswege durch das Leben gehen, auch die Irrwege.

Der Tragödie erster Teil

Faust I enthält die wesentlichen Themen zum Verhältnis des Abendlandes zum Christentum, das sind:
1. die Kernaussage in der Übersetzungsszene,
2. die Konfrontation zweier einander fremder Moralvorstellungen, die in „Walpurgisnacht" schon ein deutliches Bild findet, die in „Kerker" ihren Höhepunkt erreicht, die zur Tragödie Gretchens führt und zur Katastrophe des Christentums im Abendland, oder – allgemeiner gesagt – zur Katastrophe des Monotheismus in Europa,
3. die Wirkung von Gretchens Tod auf Faust in „Anmutige Gegend" nach dem „tragischen Grauen dieser in der Weltliteratur einzig dastehenden Szene" (Verneil, Seite 127).

Damit beschreibt Goethe den ersten Teil des Erfahrungsweges von Faust; noch einmal deutlich:

1. „Im Anfang war das Wort! ... war die Tat!"
(1220 –1237).
Das ist der entscheidende, trennende Unterschied an den Wurzeln, aus dem die Gegensätzlichkeit der beiden Welt- und Lebensbilder folgt (Seiten 230ff, 252ff). Was noch kommt zu diesem Thema im Faust, ist Folge dieser grundsätzlichen Verschiedenheit, einschließlich Gretchens Tragödie bis zu den Heiligen in den Bergschluchten: alles zusätzliche Vertiefungen dieses Themas (Teile 2.5 und 2.6).
2. Gretchen bekennt:
Mit naturbejahendem Lebensgefühl stellt sie sich (3585f, Seiten 125f):
„Doch – alles was dazu mich trieb,
Gott! war so gut! ach, war so lieb!"
Die Kirche spricht (3776 – 3834, Seite 237):
„Welche Missetat? ..."
„Unter deinem Herzen regt sich's nicht quillend schon? ..."
„Dies Irae", Tag des Zorns. „Die Posaune tönt!"

Deutlicher als Goethe hier kann man die Fremdheit der beiden Welten nicht darstellen. Mit gnadeverweigernder Erbarmungslosigkeit (Dietze, Seiten 126, 237) wird Gretchen verdammt, verflucht, verworfen und verurteilt. Und der Bruder Valentin verdammt, verflucht, verwirft, verurteilt sie auch. Und wie sehr verwirrt die Welt und die Gemüter sind, beschreibt Goethe in der

Szene „Am Brunnen" (3544 – 3587), in der auch Gretchen glaubt: „Und bin nun selbst der Sünde bloß!" Und gleich darauf, in der erschütternden Szene „Zwinger", betet sie zu Maria (3587 – 3619): „Ach neige, du Schmerzensreiche, dein Antlitz gnädig meiner Not!"
„Meiner Not!" betet sie. Und ohne Verständnis für diese Welt und diese Gemüter betet sie weiter mit Beichte und Bitte: „Ich bin, ach! kaum alleine, ich wein', ich wein', ich weine ... Hilf! Rette mich von Schmach und Tod!" Und Maria schweigt.

Und Gretchen stirbt zwei Tode, den psychischen und den physischen.
Und im Zustand des Irrsinns kann sie Urteil und Hinrichtung nicht als Sühne verstehen, sie kann überhaupt nichts mehr verstehen.
Aber die Stimme (von oben) spricht: Sie „ist gerettet!"
Das ist die Katastrophe des Christentums im Abendland.

Mit ihrer ganzen Diesseitsverachtung (Seiten 251f) reduziert die Bibel das Erdenleben auf bloße Jenseitserwartung mit ihrer darauf ausgerichteten Moral, die dem Lebensbild Gretchens wie dem des Abendländers geradezu entgegengesetzt ist. Für das Leben hält die Kirche die Gut-oder-Böse-Moral samt Sünde und Schuld bereit, so ausschließlich, daß sie zum Begriff Sünde nicht einmal einen Gegenbegriff hat (Seite 99). Für die Erwartung verheißt sie Gnade und Erlösung oder Verdammnis. Ihre Begriffe verschwimmen in Worten (1990 – 2000), auslegbar und vieldeutig, und wenn der Gläubige Antworten sucht, etwa zum Jenseits, und dazu die Offenbarung des Johannes aufschlägt, findet er die Kluft zwischen der Schrift der Bibel und dem Wort der Kirche. Beide, Schrift und Wort, haben das Abendland an seinen Wurzeln nicht erreichen können (Seiten 226ff, 245f, 249ff, 252f). Das hat Goethe mit der Diesseitstragödie Gretchens ausgedrückt, und auch mit dem Diesseitsbekenntnis Fausts (11433 – 11452). Daraus:
„Er stehe fest und sehe hier sich um;
dem Tüchtigen ist diese Welt nicht stumm."

So kann die „Stimme (von oben). Sie ist gerettet!" angesichts der seelischen Qual Gretchens für den abendländisch geprägten Menschen nur der unbegreifliche, erschreckende Ausdruck einer lebensfeindlichen Weltsicht sein: für Gretchen eine seelische Katastrophe, die zur Hinrichtung führt, für Faust eine innere Katastrophe, die zur Abkehr und zum Wandel führt. Und damit sind wir wieder beim Entwicklungsdrama.

3. „Stimme (von innen, verhallend). Heinrich! Heinrich!"
Fausts innere Stimme, nachhallend: wie jedes Erleben seelische Spuren hinterläßt – Zeichen, Narben, Brandmale, Prägung –, so müssen wir den Nachhall vor Gretchens Kerker als Wirkung auf Faust verstehen, die sich als Wandlung von Leben in Charakter zeigt. Diese Wirkung beschreibt Goethe in der Szene „Anmutige Gegend" (Seiten 135ff) als Fausts „Erfahrungsresultat" aus der Kerkerszene. Nach außen zeigt sich dieses Resultat in Fausts neuer Einordnung in Welt und Leben (Seiten 139ff) mit bedingungsloser Lebensbejahung, womit er die Abkehr von der Kirche vollzieht. Faust hat den ersten Schritt auf seinem Erfahrungsweg getan.

Verstehen wir uns „auf Mine, Wink und leise Andeutung" (Seite 48, Nr. 9), dann finden wir in dieser Szene eine erste, noch undeutliche Vorahnung Fausts von seiner Zukunft. Wir finden sie im Rückschluß aus der Szene „Hochgebirg" fast wortgleich. Wie wir dort die Worte 10055 bis 10066 als sicheren Blick und bewußten Schritt in seine kulturelle Welt verstanden haben (Seiten 187ff); wie Faust dort „ein entzückend Bild als jugenderstes, längst entbehrtes höchstes Gut" erkannte (10059): So müssen wir hier seinen Wunsch „zu bergen uns in jugendlichstem Schleier" (4714) als Ahnung seiner kulturellen Herkunft verstehen, als im Bewußtsein noch verborgene, aber vorhandene Prägung. Dort erkennt Faust in einem Wolkenbild seine Zukunft. Hier ruft ihm Ariel (der menschenfreundliche, hilfreiche Luftgeist aus Shakespeares „Sturm", Erler S. 701) seine Herkunft in die Erinnerung zurück. Das ist stimmig im Gesamtzusammenhang des Dramas. Goethe hat die Szene „Anmutige Gegend" 1826 abwechselnd mit der Helenaszene und dem Schlußakt geschrieben (Seite 74), nachdem seine Klassikerzeit vorüber war und die „Romantik" – wie damals abendländisches Mittelalter und Vorzeit genannt wurden – seine kulturhistorische Sicht bestimmte (Seite 78); ein weiterer Beleg für unsere obige These. Lesen Sie unter diesem Aspekt noch einmal diese Szene (4666 – 4727), und Sie werden die neue Bedeutung hinter fast jedem Wort finden. Dazu einige Beispiele ohne weiteren Kommentar:
1. „Horchet! horcht dem Sturm der Horen!
   Tönend wird für Geistesohren
   Schon der neue Tag geboren ...
   Welch Getöse bringt das Licht! ...
   Unerhörtes hört sich nicht."
2. „Des Lebens Pulse schlagen frisch lebendig, ...
   Beginnest schon mit Luft mich zu umgeben,

>   Du regst und rührst ein kräftiges Beschließen, ...
>   Doch senkt sich Himmelsklarheit in die Tiefen."
> 3. „Wird neuer Glanz und Deutlichkeit gespendet."
> 4. „Nun aber bricht aus jenen ewigen Gründen
>   Ein Flammenübermaß, wir stehn betroffen:
>   Des Lebens Fackel wollten wir entzünden,
>   Ein Feuermeer umschlingt uns, welch ein Feuer!"
> 5. „So bleibe denn die Sonne mir im Rücken!"

Doch Faust „in seinen Zeitverhältnissen ... inwiefern ihm das Ganze widerstrebt, inwiefern es ihn begünstigt" (Seite 298), geht zuerst den Umweg über Helena, die griechische Kultur, allerdings nicht direkt. Auf zwei Irrwegen muß er noch die Erfahrungen sammeln, die ihm helfen, Kultur von ihren Wurzeln her zu verstehen und sie zu unterscheiden von quasi-kulturellem Vergnügungstheater (Rittersaal) und von postkulturellen Verfallserscheinungen (Klassische Walpurgisnacht).

Der erste Irrtum

Lange hat das Abendland die griechische Antike einseitig und oberflächlich nur als Epoche gesehen, in der Schönheit und Jugend, Lebenslust und Kampfesmut, alles unter blauem Himmel, das Leben der Menschen ausfüllte. Den anderen, polaren Teil des antiken Lebens – im Faust dargestellt durch Phorkyas (Seiten 169f, 180, 211ff) – hat das Abendland lange nicht wahrgenommen, obwohl doch aus dem polaren Spannungsverhältnis erst die ethischen Maßstäbe erwachsen und eine Religion sich bildet. Das Abendland hat die griechische Antike also lange nicht als eigenständige Kultur erkannt. Goethe korrigiert diese falsche Sicht; wir werden das in den Helenaszenen noch einmal sehen, allerdings auf anderer Bedeutungsebene.

Hier, in den Szenen „Kaiserliche Pfalz", karikiert Goethe die Einseitigkeit der Griechenlandschwärmerei seiner Zeit und die Oberflächlichkeit ihres Kulturbildes. Es paßt zum Verfall der Kaiserwürde (Szene „Saal des Thrones") und zur Dekadenz der Hofgesellschaft (Szene „Weitläufiger Saal"), daß der Kaiser „aufgeputzt zum Mummenschanz" (5064) Helena und Paris sehen will: die Liebesgeschichte natürlich, nicht die Kulturgeschichte (6183 – 6186). Faust soll das besorgen, und Mephisto soll helfen. Goethe schildert mit voyeurhaften Elementen den Auftritt und die begutachtenden Bemerkungen der Damen und Herren der Gesellschaft

(Rittersaal, 6453 – 6544): in einer Szene, wie sie Homer nie geschrieben hat und nie hätte schreiben wollen.

Faust glaubt, in dem Erotikauftritt Helena-Paris das ganze Griechenland zu finden, „der Schönheit Quelle reichlichstens ergossen" (Seiten 149f, Verse 6487 – 6500). Mephisto warnt (6501, 6515 und 6546). Faust greift nach der Erotikpuppe Helena; er will „das Doppelreich, das große, sich bereiten" (6549 – 6559), das Doppelreich aus Antike und Abendland, in der irrigen Annahme, dieses Bild von Helena sei die Verkörperung von Griechenland. Goethe klärt den Irrtum auf: „Explosion, Faust liegt am Boden, die Geister gehen in Dunst auf." Das ist die Rahmenhandlung. Der Kerngehalt liegt in der Szene „Finstere Galerie".

Wir haben die Schlüsselszene „Finstere Galerie" als Ausdruck europäisch-abendländischen Geistes kennen gelernt (Seiten 143ff). Nachdem wir den Ursprung für das abendländische Welt- und Lebensbild besprochen haben (Seiten 273ff), ist es leicht, diese Szene auch als Beschreibung des abendländischen Mythos zu verstehen. Dazu zwei Beispiele.

6239 – 6248:
„Und hättest du den Ozean durchschwommen,
Das Grenzenlose dort geschaut, ..."
„Nichts wirst du sehen in ewig leerer Ferne ..."
Dazu Seiten 273ff, 278ff mit den Themen:
Raum und Zeit. Der „kosmische Urraum" des Mythos. Das „Irgendwo-Nirgendwo". Der gesamte Abschnitt „Mythos und Kultur".

6213 – 6227, 6283 – 6290:
„Göttinnen thronen hehr in Einsamkeit,
Um sie kein Ort, noch weniger eine Zeit."
„Die einen sitzen, andre stehn und gehn,
Wie's eben kommt. Gestaltung, Umgestaltung,
Des ewigen Sinnes ewige Unterhaltung."
(Unterhaltung = Grundlage: Seite 60).
Dazu Seiten 257f, 278 mit den Themen:

Die drei Nornen der Zeit: Göttinnen, Frauen. Die Himmelskönigin. Dazu auch Goethes Bilder für den Ursprung, Seiten 209f, besonders Seite 144f: die Mütter.

Alle Worte in diesen Texten sind Bilder für den spezifischen Gehalt der abendländischen Kultur: Sie kommen von weit her und reichen bis zu uns. Wir haben diese Bilder inzwischen überall in der Kulturgeschichte des Abendlandes gefunden: in ihrem Ursprung, in ihrer Entfaltung, in ihrer Kunst und in ihrer Wissenschaft. Unter ihrer prägenden Kraft steht auch Faust, aber sein Blick ist noch von anderen Bildern verstellt, von denen der griechischen Antike.

Es hat Symbolbedeutung, daß Mephisto in der Szene „Finstere Galerie" Faust die eigene Herkunft zeigt und daß Faust sie nicht erkennt – noch nicht, weil seine „Zeitverhältnisse" ihn hindern; noch hat er sich nicht ins Freie gekämpft (11403).

Mephisto hatte gewarnt: „Ungern entdeck' ich höheres Geheimnis" (6212), und am Schluß hat er gefragt: „Neugierig bin ich, ob er wiederkommt" (6303). Er kam wieder, mit einem Puppenspiel: *event-* und *happening-Theater*. Faust verträumt einen Erfahrungsgewinn und landet ohne eigenes Zutun auf den Pharsalischen Feldern: am falschen Ort, zur falschen Zeit, in der falschen Welt (Seiten 155f).

Der zweite Irrtum

Lange hat das Abendland auch den Hellenismus, das dekadente Nachspiel der griechischen Kultur, mit der griechischen Kultur selbst verwechselt (Seiten 155f), obwohl erkennbar war, daß schon Aristoteles' Lehren (Seiten 219f) eine vom religiösen Fundament abgelöste Großstadtphilosophie waren, und obwohl noch deutlicher erkennbar war, daß bald danach Einflüsse aus aller Welt die griechische Philosophie denaturierten bis zur Auflösung in Schulen, Lehrmeinungen und Sekten, sogar bis zur Entwicklung einer neuen „allgemeinen Umgangssprache", der Koiné, einem griechischen Slang-Gemisch. Goethe hat die Diskrepanz zwischen Kultur und Dekadenz im Dramenteil „Klassische Walpurgisnacht" beschrieben, in der Faust und Homunkulus die griechische Kultur vergebens suchten, und mit der er ein Meisterwerk an Symbolik schuf.

Schon der Retortenmensch Homunkulus ist ein Symbol für den unfertigen, zwar intelligenten, aber bindungslosen Abendländer ohne eigene Prägung. Symbolisch und beziehungsvoll ist es auch, daß Homunkulus als Ziel der Griechenlandfahrt die Pharsalischen

Felder aussucht (6939f, 6950 – 6955) in der gestaltlosen Zeit nach der Kulturepoche.

Faust sucht Identität, Homunkulus sucht Gestalt in der griechischen Kultur. Sie kommen zu spät. Die planlose Rennerei und vergebliche Sucherei in der hellenistischen Welt hat Goethe ebenso symbolisch beschrieben: Faust sucht Helena und findet sie nicht mehr („Wir reichen nicht hinauf zu ihren Tagen", 7197), Homunkulus sucht in der Philosophie und geht daran zugrunde. Beide finden blankes Unverständnis, werden für verrückt erklärt und landen zur Heilung in der Klinik der eine, und zur Neugeburt im Meer der andere, derweil die Festversammlung weitertollt: *the show must go on.*

Und Mephisto?
Auch hier hat Goethe mit großer Symbolkraft dargestellt, wie er in dieser Szenerie den Überblick behält, wie er den Irrläufern Belehrungen und Ratschläge gibt, wie er die griechische Kulturwelt von der hellenistischen Nachwelt abgrenzt, wie er die europäische Welt von der hellenistischen abgrenzt (z.B. 7676ff, 7710ff, 7791ff), ja sogar, wie er in den Phorkyaden die Gegenpolarität zur Schönheit findet (7951ff), also einen Wesensgehalt der griechischen Kultur erkennt und diese damit auch als selbständig und einzigartig unter den anderen Hochkulturen einordnet (Seiten 158ff, 165).

Was bleibt als Ergebnis?
Wir haben es auf Seite 166 zusammengefaßt und können nach weiteren fast 150 Seiten nunmehr ergänzen:

Homunkulus, Wagners Kopfgeburt, ein Geschöpf aus dem Intellekt ohne emotionale Bindungen, ohne natürliche Wurzeln in der Welt, ist in Europa nur zur Welt gekommen, aber er hat keine kulturellen Beziehungen zu Europa. Er hat die „Klassische Walpurgisnacht" aus Geistesverwandtschaft zum Hellenismus ausgesucht („Das Beste, was begegnen könnte", 6942) und blieb dort unter Figuren eine Figur, nur ein streunender Weltbürger. Er fand dort die Philosophen Anaxagoras und Thales und vertraut sich ihnen an mit dem bekannten Ergebnis. Wenn Sie jetzt noch einmal nur die Homunkulus-Passagen ohne die anderen Texte lesen, werden Sie dieses Bild der Mängel bestätigt finden.

Faust ist ein verirrter Abendländer, dem die Bindung an seine Grundlagen nur abhanden gekommen ist, der sie aber wiederfinden will. Deshalb ist ihm die thessalische Versammlung gleichgültig, nur Mittel zum Zweck: „Hat eins der Euren Helena gesehn?" (7196). Er findet sie in dieser postkulturellen Gesellschaft nicht, das ist uns klar. Aber Faust hat noch eine Chance, im Gegensatz zu Homunkulus.

Es ist bestimmt ein von Goethe gewolltes Symbol, daß die „Klassische Walpurgisnacht" ihren Titel von der nordischen Walpurgisnacht erhalten hat, denn beide haben ein gemeinsames Thema, nämlich die Überlagerung kultureller Eigenart durch fremdes Gedankengut. Während es sich aber bei der klassischen Walpurgisnacht um den endgültigen Verlust kultureller Eigenart handelt, also um die Ablösung religiöser Bindungen durch spätzivilisatorische Erscheinungsformen, sind in der nordischen Walpurgisnacht der ursprüngliche Mythos und die eigene Religion noch vorhanden (Seiten 241ff) und durch fremdes Wesensgut nur erst überdeckt. Darin liegt Fausts Chance, und das drückt Goethe durch die Gegenüberstellung aus.

Die Lehre: Helena

Im Textkommentar ab Seite 167 haben wir Helena aus unserer europäischen Sicht dargestellt. Jetzt wollen wir versuchen, sie mit dem Blick der Griechen zu sehen, also auf einer „ergänzenden Bedeutungsebene" (Dietze, Seite 298) in Goethes Werk.

In den verödeten Hallen des Palastes von Menelas zu Sparta sieht Helena, „am Boden welch verhülltes großes Weib" (8676). „Eingefaltet sitzt die Unbewegliche" (8681), „gebieterisch mir den Weg vertretend" (8688), den Weg zu Ataraxia und Sophrosyne. Es ist Phorkyas, die Häßlichkeit, das polare Gegenstück zur Schönheit im Lebensbild der Griechen (Seiten 169f), auf ihrer sittlichen Werteskala ganz unten angesiedelt. Die Ideale der Griechen für Schönheit der Gesinnung und der Haltung waren Besonnenheit und Unerschrockenheit (Seite 167). Besonnenheit, Beständigkeit, Treue waren schön; Unsicherheit und Falschheit waren häßlich. Unerschrockenheit, Tapferkeit waren schön; Feigheit und Angst waren häßlich und unästhetisch.

Trotz der sittlichen Forderung nach Schönheit der Gesinnung und der Haltung, bei aller Besonnenheit und Unerschrockenheit: eingefaltet, manchmal den Weg vertretend sitzt Phorkyas im Wesen Helenas, diesmal gleich zweifach:
1. Helena bekommt Angst, als sie erfährt: „Königin, du bist gemeint! Fallen wirst du durch das Beil" (8924), denn nach kurzem Zögern bittet sie Phorkyas: „Doch kennst du Rettung, dankbar sei sie anerkannt" (8963), und das ist häßlich. Daß Helena ausgerechnet Phorkyas um Hilfe bittet, ist noch häßlicher, unästhetisch; sie hat die Schönheit der Haltung verloren.
2. Phorkyas ist es auch, die Helena den fremden Faust einredet (8994 – 9070), bis sie, wieder nach kurzem Zögern (9071 – 9077) einwilligt: „Alte, geh voran!" Es ist häßlich zu fliehen und ungriechisch, Rettung von einem Fremden anzunehmen, und sogar dessen Sprache zu übernehmen: „So sage denn, wie sprech' ich auch so schön?" (9377); sie hat die Schönheit der Besonnenheit verloren.

Goethe hat Helena aus der Einseitigkeit der europäischen Schwärmerei befreit und zu einem lebendigen Menschen zwischen seinen seelischen Polaritäten gemacht. Natürlich wird sie in der fremden Umgebung in Fausts Schloß unsicher: „Ich fühle mich so fern und doch so nah", „ich scheine mir verlebt und doch so neu" (9411ff). Das ist Ausdruck verlorener Eigenart und geborgter Fremdart. Helena hat ihre Ausgeglichenheit verloren und ist fremden Einflüssen erlegen. Sie hat die eigene Zeit verloren. Darin ist sie Faust ähnlich, der den eigenen Boden verloren hat. Immer wieder erscheint Helenas frühere Welt, und ihre Vergangenheit und kulturelle Herkunft tauchen auf, wie zum Beispiel:
1. Phorkyas (9419 – 9434):
    „Hört nur die Trompete schmettern, ...
    Menelas mit Volkeswogen
    Kommt auf euch herangezogen."
    Faust ist erbost (9935 – 9941):
    „Verwegne Störung! widerwärtig dringt sie ein."
2. Chor (9629 – 9678) als Stimme Griechenlands (Seite 168):
    „Hast du gelauscht wohl nimmer?
    Niemals noch gehört Ioniens,
    Nie vernommen auch Hellas'
    Urväterliche Sagen
    Göttlich-heldenhaften Reichtum?"
    Der Chor erklärt Hermes' Geburt als das viel bedeutendere Ereignis gegenüber der Geburt Euphorions.

Es hat Symbolbedeutung, daß Phorkyas, die Häßliche, nun Helenas intime Begleiterin ist (9589ff) und auch Euphorion zur Welt begleitet (9596ff), während die Chormädchen schlafen (9574). Phorkyas weckt die Mädchen (9577). Und nun führen Phorkyas und der Chor in 120 Versen (9574 – 9694) ein Streitgespräch, worin Phorkyas Helenas jetziges Leben lobt (ab 9586), während der Chor Helenas griechische Herkunft preist (9594, 9629 – 9678). Bei Phorkyas kann man kaum unterscheiden, ob es Genugtuung oder Spott ist oder etwa gar eine neue Einsicht, wenn sie Euphorion als Zwitterwesen beschreibt (ab 9599):

„... da springt ein Knabe von der Frauen Schoß zum Manne,
Von dem Vater zu der Mutter; das Gekose, das Getändel,
Töriger Liebe Neckereien, Scherzgeschrei und
                                                Lustgejauchze
Wechselnd übertäuben mich.
Nackt, ein Genius ohne Flügel, ..."

Phorkyas' letzte Herausforderung ist die stärkste Verleugnung der griechischen Welt (9679 – 9686). Sie spottet über die Götter:

„Macht euch schnell von Fabeln frei!
Euer Götter alt Gemenge,
Laßt es hin, es ist vorbei."

Die Zurechtweisung durch den Chor ist entsprechend stark (9687 – 9695); daraus:

„Bist du, fürchterliches Wesen,
Diesem Schmeichelton geneigt, ..."

Danach hat Phorkyas die Szene für immer verlassen (der Nachruf 9945 – 9961 ist Mephistos Schlußwort: Seite 181); der Chor jedoch ist geblieben mit seiner Aufgabe, Religion, Sitte und Gesetz zu wahren (Seite 167). Anders ausgedrückt: die in Helena „eingefaltete" Phorkyas ist unterlegen; in der Werteordnung Griechenlands war Euphorions Verhalten Hybris und mußte zu seinem Untergang führen. Der Chor gewinnt Euphorion für die griechische Welt zurück (9735 – 9902).

„Ein schöner Jüngling stürzt zu der Eltern Füßen" (9902). Symbolhaft: Er stürzt auf den Boden Arkadiens und ruft „aus der Tiefe" nach Helena, aber nicht nach Faust:

„Laß mich im düstern Reich,
Mutter, nicht allein!"

Mit Euphorions Schicksal (Seite 180) entscheidet sich Helenas Los. Ob er für den Hades schon Person genug ist, ob sie für den Hades jetzt noch Person genug ist: sie bittet mit ihrer Absage an die fremd gebliebene Welt zugleich um Aufnahme in das mythische Totenreich der Griechen für ihn und für sich (9939 – 9944):

> „Ein altes Wort bewährt sich leider auch an mir:
> Daß Glück und Schönheit dauerhaft sich nicht vereint ...
> Persephoneia, nimm den Knaben auf und mich!"

Sie tut das „mit der Haltung, die die griechische Welt von ihren Helden verlangt" (Seite 180). Und deshalb kann die Chorführerin Panthalis den Schluß ziehen (9962 – 9969):

> „... Sind wir doch den Zauber los, ...
> So des Geklimpers viel verworrener Töne Rausch,
> Das Ohr verwirrend, schlimmer noch den innern Sinn.
> Hinab zum Hades! Eilte doch die Königin
> Mit ernstem Gang hinunter."

Helena und der Chor kehren in ihre Zeit zurück. Damit kehrt eine große Kulturepoche in ihre Vergangenheit zurück, da sie sich zu Ende ausgesagt hatte, und – ich bleibe bei der Metapher – einen Gedanken Gottes hinterlassen hat. Goethe zeichnet ein symbolträchtiges Bild: Helena kehrt in ihre Mythologie zurück (9962 – 10038, Seiten 181f, 183f), Griechenland hat zur Geschichte nichts mehr hinzuzufügen. Faust bleibt auf sich selbst angewiesen, das Abendland muß seine eigene Aussage finden, „nach dem Gesetz, wonach es angetreten".

Helena folgt Euphorion: mit Besonnenheit im Wort und Unerschrockenheit in der Tat, und in die griechische Ordnung sich fügend. Zwischen Phorkyas („Ein Widerdämon bist du ...", 9072f) und deren seelischem Gegenpol (8582ff, 8647ff, 8915f) hat sie den Ausgleich gefunden und damit die Ausgeglichenheit der Person, wie sie nur die eigene, anerlebte Welt bieten kann, wie es der Chor schon vor ihrer Flucht ausgesprochen hat (8610 – 8637).

Mit dem Blick der Griechen gesehen ist Helenas Welt unauswechselbar und unwiederholbar (9637-9640). Der Chor hat eine Umdeutung der griechischen Kultur nicht zugelassen.
Faust hat die Nichtübertragbarkeit der griechischen Kultur erlebt. Das ist seine Helenaerfahrung.

Helena hat Lebenssicherheit und Identität von ihrer Welt zurückerhalten, von der sie geprägt ist. Sie ist wieder Griechin. Das ist die Lehre für Faust.

Was ist ihm geblieben?
Geblieben sind Einblicke, haben wir auf Seite 181 festgestellt, die ihm halfen, sich selbst zu erkennen. Goethe hat diese Szene ins abendländische Mittelalter und ins antike Arkadien gelegt: Helena

aus ihrer Zeit entwurzelt, Faust aus seinem Boden entwurzelt. Goethe hat dargestellt, wie Helena in ihre Zeit zurückkehrt, und er beschreibt jetzt, wie Faust auf seinen Boden zurückkehrt, und „wie er sich eine Welt- und Menschenansicht daraus gebildet".

Nochmals: Hochgebirg

Faust ist wieder zurückgekommen, „weit, gar weit von hier" (9954, Seiten 185ff). Der Helenaerfahrung „strebt das Auge staunend in Bewunderung nach", „sie löst sich langsam, nicht zerstiebend" von ihm ab. Ein neues Bild „fügt sich zusammen ... als jugenderstes, längst entbehrtes höchstes Gut, ... löst sich nicht auf." Faust hat die Helenalehre verstanden (10039 – 10066).

„Der Einsamkeiten tiefste schauend" (erkennend: Seite 51) ist er zurückgekehrt ins Abendland. Neun Mal stehen diese Begriffe in der Szene „Finstere Galerie", die wir als Mephistos Darstellung des abendländischen Welt- und Lebensbildes kennengelernt haben. Es ist bei der Sorgfalt, mit der Goethe seine Texte wählt, kein Zufall, daß sie hier wieder erscheinen (Seiten 47ff, besonders Punkte 3 und 8). Faust hat jetzt Mephistos Schlüssel genutzt und erkannt, was er damals nicht verstanden hat. „Wenn ihm der Schlüssel nur zum besten frommt" (6305), war Mephistos Erwartung. Sie ist eingetreten – zum ersten Teil, ein Rest bleibt offen.

Gleich im folgenden Gespräch mit Mephisto (10075 – 10259) bestätigt Faust sich eindeutig und zum ersten Mal mit großer Sicherheit als Abendländer (Seiten 188ff). Jetzt erwidert der Geisterbeschwörer aus der Szene „Nacht" Mephistos Höllenbeschreibung (10171ff) mit einem Bild der Natur (10095ff) und der Bemerkung: „Bedarf sie nicht der tollen Strudeleien." Er weist die Versuchung zu einem bequemen Leben zurück (10135ff): „Das kann mich nicht zufriedenstellen". Er lehnt den Vorschlag zu einem Genußleben ab (10160ff): „Schlecht und modern, Sardanapal!" Er erklärt den Erdenkreis zum „Raum zu großen Taen" (10181 ff) und befindet: „Die Tat ist alles, nichts der Ruhm." Das bedeutet doch, daß Faust die Vorgabe des Geisterchores erfüllt hat: „Baue sie wieder, in deinem Busen baue sie auf!" (1620). Faust, der Helena gefragt hatte: „wer mitgenießt" (9380), beschreibt die neue Motivation: „Ihm ist die Brust von hohem Willen voll" (10254) und erklärt: „Genießen macht gemein." Und das bedeutet, daß auch die Voraussage des Geisterchores sich erfüllt hat: „Und neue Lieder tönen darauf." Faust muß nicht mehr „in Worten kramen", braucht nicht mehr zu sagen, „Was ich nicht weiß", und muß nicht mehr in fremden Feldern vergebens suchen, „was die Welt im Innersten zusammenhält". Er hat wie Helena seine Identität gefunden, und dazu gehört die Polarität „Freiheit und Bindung", in deren Handlungsspielraum die Pflicht gegenüber seinem Nachbarn liegt (Seiten 255ff).

Mit Siebenmeilenstiefeln kommt Mephisto aus dem Griechenland der Helena. Phorkyas und die griechische Welt liegen wieder in ihrer Geschichte. Dazu sagt Erler (S. 746): „Dieses der nordischen Mythologie entstammende Motiv des deutschen Volksmärchens betont den Gegensatz zur ‚klassischen' Welt des Helena-Aktes". Es betont auch die Parallelität der Lebenswege Helenas und Fausts durch „einander gegenübergestellte und sich gleichsam ineinander abspiegelnde Gebilde ..." (Zitat Seite 48, Nr. 8). Wie Mephisto in der Gestalt der Phorkyas „eingefaltet" in Helena (8681, Seite 171) die Rolle des antreibenden Gegenpols annahm, so übernimmt er jetzt in der Gestalt der „drei Gewaltigen" (10322) eingefaltet in Faust dieselbe Rolle.

Hatte Helena gefragt (8953): „Drum sage, was du möglich noch von Rettung weißt", und dann Phorkyas aufgefordert (8977): „Alte, geh voran!", so fragt Faust (10241): „Und kurz und gut, was soll's? Erkläre dich!" und fordert Mephisto auf (10308): „Nun, so gewinn auch eine Schlacht!" Phorkyas trieb Helena in eine Lage, die nach griechischem Verhaltenskodex häßlich und unästhetisch war (Seiten 169ff und 310ff), bis ganz nach unten in der Werteskala. Die drei Gewaltigen treiben Faust in eine Lage, die nach abendländischem Verhaltenskodex charakterlos ist (Seite 199) bis ganz nach unten in der Werteskala (11271f): „Daß man, zu tiefer, grimmiger Pein, ermüden muß, gerecht zu sein." Helena wurde vom Chor, der die griechische Welt verkörpert, aufgefangen, und Phorkyas verschwand. Faust wird von der Sorge, die das abendländische Schicksal verkörpert, auf seinen Weg gewiesen und die drei Gewaltigen verschwinden.

Mit dieser Parallelität beschreibt Goethe ein Stück vergleichender „Morphologie der Geschichte" und nimmt die offizielle Geschichtsschreibung um 100 Jahre vorweg (Seite 40). Aus dieser historischen Sicht schreibt er (10067): „Die Stiefel schreiten eilig weiter" und symbolisiert damit die Zwangsläufigkeit in der Entwicklung der Hochkulturen und – ich übertrage das ausdrücklich – die Zwangsläufigkeit in der Entwicklung Fausts. Damit hat Goethe uns jetzt alle Voraussetzungen beschrieben, um Fausts Schicksal als entwicklungsnotwenig zu erkennen (Urworte, 4. Strophe).

Fausts Ungleichgewicht

In Fausts „neue Lieder" mischen sich fremde Töne (10212ff, Seite 189ff). Er hatte eben noch vor der Natur bekannt (10095 – 1012): „Gebirgsmasse bleibt mir edel- stumm." Jetzt war sein Auge „aufs hohe Meer gezogen", und zu dieser Naturgewalt erklärt er (10198 – 10333):
>„Und das verdroß mich ...
>Zwecklose Kraft unbändiger Elemente!
>Da wagt mein Geist, sich selbst zu überfliegen ...
>Da faßt ich schnell im Geiste Plan auf Plan ...
>Das herrische Meer vom Ufer auszuschließen."

Zur Begründung erklärt er (10222, 10228):
>„Erlange dir das herrische Genießen"
>„Und es ist möglich!"

Hier schon finden wir in Fausts Worten viel von der neugewonnen Freiheit, aber nichts von der dazugehörenden Bindung. Hier deutet sich eine Störung im Gleichgewicht der Polaritäten an. Hier ist die Bedingung zum Ausgleich zwischen den Polen verletzt (Seiten 60f). Wir haben bereits festgestellt, daß diese Gefahr im Ausdehnungsdrang des Abendländers enthalten ist (Seiten 193ff). Wir haben zweitens festgestellt, daß das Fehlen eigener, begrenzender Normen in der abendländischen Kulturaussage diese Gefahr verstärkt (Seiten 292f). Goethe spitzt Fausts Lage sogleich zu: Die drei Gewaltigen treten auf und stellen sich vor als Schläger, Dieb und Räuber (10323 – 10344). Sie sind Fausts Gehilfen im Krieg des Kaisers und später beim Deichbau. „Allegorisch, wie die Lumpe sind", sind sie ein Sinnbild für Fausts derzeit aus dem Gleichgewicht gekommenen Zustand, oder anders: für die Ausuferung seines Charakters, oder anders: für das Ungleichgewicht in der Polarität seines Wesens. Damit ist wie in einem Regelkreis der Antrieb zum Ausgleich gelegt, der so lange wirkt, bis Faust seine Ausgeglichenheit wiedergefunden hat, in seinem Schicksal.

Faust hat den Deich gebaut. Wir kennen, sagten wir (Seite 290), die Leistungen unserer Technik zum Wohl und Nutzen der Gemeinschaft. So auch hier (11083 – 11106):

„Seht ein paradiesisch Bild."
„Schaue grünend Wies' an Wiese,
Anger, Garten, Dorf und Wald."
„Rechts und links, in aller Breite,
Dichtgedrängt bewohnten Raum."
Und auch hier (11143-11150):
„Die Sonne sinkt, die letzten Schiffe,
Sie ziehen munter hafenein."

Wir kennen, sagten wir, auch die Gefahren aus unserer Technik, wenn das Machbare gemacht wird, „weil es möglich ist", oder wenn es gemacht wird, weil innere Sperren fehlen. Davor fürchtete sich Goethe (Seite 292) und deshalb beschrieb er es mit starker Betonung. Die Ist-Seite in Fausts Bilanz ist überlastet: gegenüber seinen Nachbarn, gegenüber seiner Gemeinschaft, gegenüber sich selbst, und zwar:

1. Faust brennt die Hütte seiner Nachbarn nieder.
(11223 – 11377):
„Die wenig Bäume, nicht mein eigen,
Verderben mir den Weltbesitz ...
So geht und schafft sie mir zur Seite."
„Verzeiht! Es ging nicht gütlich ab ...
Das Paar hat sich nicht viel gequält",
„Was sich sonst dem Blick empfohlen,
Mit Jahrhunderten ist hin."

2. Faust bricht das Recht seiner Gemeinschaft
(11171 – 11188):
„Nur mit zwei Schiffen ging es fort.
Mit zwanzig sind wir nun im Port ...
Das freie Meer befreit den Geist,
Wer weiß da, was Besinnen heißt! ...
Man hat Gewalt, so hat man Recht.
Man fragt ums Was, und nicht ums Wie ...
Krieg, Handel und Piraterie,
Dreieinig sind sie, nicht zu trennen."

3. Faust zerbricht seine inneren Schranken
(11151ff, 11239ff, 11251ff):
„Verdammtes Läuten! Allzuschändlich
Verwundet's, wie ein tückischer Schuß"
„Die wenig Bäume, nicht mein eigen,
Verderben mir den Weltbesitz"
„So sind am härtsten wir gequält,
Im Reichtum fühlend, was uns fehlt ...

Des allgewaltigen Willens Kür
Bricht sich an diesem Sande hier.
Wie schaff' ich es mir vom Gemüte!"
Er verliert seinen ethischen Maßstab (11269ff):
„Daß man, zu tiefer, grimmiger Pein,
Ermüden muß, gerecht zu sein."

Wir erkennen bei Faust alte Prägungen und neue Freiheiten; neue Freiheiten jedoch, die nicht polar gebunden sind an die Pflicht gegenüber dem Nachbarn, gegenüber der Gemeinschaft, gegenüber sich selbst, denen die Gegenkraft zu Ausgleich fehlt, also zu ihrer Begrenzung (Seiten 255f). Das fordert den Ausschluß aus der Gemeinschaft heraus, „nach dem Rechte, das mit uns geboren ist."

Zwei Mal haben wir gefragt, woher diese ungebremsten Ausuferungen in Fausts Tun und in seinem Wesen kommen (Seiten 290f), und wir haben die Antwort gefunden im Kulturverlust, also im Fehlen von geprägten Normen und Grenzsetzungen aus der eigenen Kultur. Diese Leerstellen sind die Ursache für die Charakterdefizite, die Goethe beschrieben hat, aus denen Fausts Auswüchse zu Unduldsamkeit, Habsucht und Rechtsbruch kommen. Aus solchen Triebfedern – das hat Goethe dargestellt – wird das Machbare auch gemacht (10187f), wird Gewalt zum Faustrecht (11184f), wird in Jahrhunderten Gewachsenes zerstört (11336f), wird der Freiheitsraum des Nachbarn und der Gemeinschaft verletzt. Solchen Übertretungen wurden in der griechischen Tragödie durch den „deus ex machina" Einhalt geboten, bei den Sumerern war es Enlil selbst, der Gilgamesch aufhielt (Seite 254), in der jüdischen Religion hat Jahwe selbst sein auserwähltes Volk bestraft. Faust kann nur durch sein Schicksal aufgehalten werden, das ihn trifft „in der unmittelbar wirklichen Welt".

Wir haben Fausts Schicksal im Abschnitt „Fausts Mitternacht" (Seiten 200ff) im dortigen Kontext geteilt gesehen in sein äußeres, tragisches und in sein inneres, versöhnendes Schicksal. Das war das Ergebnis einer Betrachtung von den Symptomen her, von Fausts Erscheinungsbild. Jetzt, vor den historischen Hintergründen, vor denen das Drama abläuft, werden wir in diesem Kontext Fausts Schicksal ungeteilt finden als ein korrigierendes Schicksal, zusammenhängend und einheitlich.

Fausts Schicksal

Aus dem Rauch der brennenden Hütte der Alten erscheinen vor Fausts Tür die vier grauen Weiber: Mangel, Schuld, Sorge, Not. In den 14 Versen dieses Auftritts liegt symbolisch das geistige Band durch das Drama Faust.

Die Schuld: „Da werd' ich zunicht."
Als Symbolbegriff für die christliche Religion (Seiten 131ff, 232ff) hat sie seit Gretchens Tod und seit der Katastrophe im Kerker (Seiten 128ff, 303ff) keinen Zugriff mehr auf Faust. Die Schuld bleibt draußen.

Der Mangel: „Da werd' ich zum Schatten."
Faust hat den Mangel aus seinem Leben ausgeschlossen, ohne Beachtung des Freiraums seiner Gemeinschaft und ohne ethisches Grenzgefühl mit Piraterie und Raub. Der Mangel bleibt draußen.

Die Not: „Man wendet von mir das verwöhnte Gesicht."
Die Bedeutung „Mangel" für die Not hat sich erledigt, sie muß eine andere haben, laut Brockhaus: Bedrängnis, Zwang, Notwendigkeit. Im Gesamtzusammenhang des Faustdramas und im Kontext zum griechischen Weltbild muß sie die Bedeutung „Notwendigkeit" haben (Seite 214). Von der griechischen Kultur abgelöst, vom abendländischen Erbe „Freiheit" erfüllt, von dessen Mißbrauch „verwöhnt", wendet Faust sich ab. Die Not bleibt draußen.

Die Sorge ist da: „Ich bin am rechten Ort."
Noch aus dem Rauch der Hütte erscheint sie, hier und gleich, „in der unmittelbar wirklichen Welt, in der unser Tun Folgen hat, denen wir uns stellen müssen" (Seite 41).
Die Sorge kommt herein, und bringt den Tod mit (Seite 256).
　„Dahinten, dahinten! Von ferne, von ferne,
　Da kommt er, der Bruder, da kommt er, der ... Tod."

Die Sorge stellt sich vor (12424 – 12432):
　„Würde mich kein Ohr vernehmen,
　Müßt' es doch im Herzen dröhnen.
　In verwandelter Gestalt
　Üb' ich grimmige Gewalt ...
　Stets gefunden, nie gesucht,
　So geschmeichelt wie verflucht."
　„Hast du die Sorge nie gekannt?"
So stellt sich das Schicksal vor.

Beachten Sie Fausts Reaktion (11433 – 11452):
Er erklärt sich: „Ich bin nur durch die Welt gerannt ..."
Er rechtfertig sich: „Nach drüben ist die Aussicht uns verrannt ..."
Er bestätigt sich: „Im Weiterschreiten find er Qual und Glück."
Später wird er gegenhalten (11467ff) und drohen (11487ff):
„Hör auf! So kommst du mir nicht bei."
„Unselige Gespenster! ...
Doch deine Macht, o Sorge, schleichend groß,
Ich werde sie nicht anerkennen."

Mit Menschenkenntnis und Einfühlungsvermögen führt Goethe den Vergleich zu Helena. Sie hat ohne Zögern die Notwendigkeit anerkannt mit einer Haltung, „die die griechische Welt von ihren Helden verlangt" und hat damit „die Person gewahrt" (Seiten 214, 312f). Faust aber ist Abendländer. Er bäumt sich gegen das Schicksal auf und stellt – gemäß seinem Weltbild – seine Persönlichkeit dagegen. Die aber ist aus dem Gleichgewicht gekommen. Deshalb hat er ohne Grenzgefühl seine Freiheit mißbraucht und den Freiheitsraum anderer verletzt, hier das Recht der Nachbarn Philemon und Baucis, und durch Piraterie das Recht der Gemeinschaft. Damit verliert er seine Rechte in der Gemeinschaft. Er hat die Bindung an sie durch sein Verhalten zerrissen. Darauf steht die Acht, „nach dem Rechte, das mit ihm geboren ist" (Seite 256).

Sein Schicksal ist unabwendbar.
Die Sorge verkündet es (11453 – 11466):
„Wen ich einmal mir besitze,
dem ist alle Welt nichts nütze; ...
Bei vollkommnen äußern Sinnen
Wohnen Finsternisse drinnen, ...
Glück und Unglück wird zur Grille,
Er verhungert in der Fülle;
Ist der Zukunft nur gewärtig,
Und so wird er niemals fertig."

Und nach Fausts Einspruch bestätigt sie es (11471 – 11486):
„Soll er gehen, soll er kommen?
Der Entschluß ist ihm genommen; ...
Er verliert sich immer tiefer,
Siehet alle Dinge schiefer,
Sich und andre lästig drückend,
Atem holend und erstickend;

> Nicht erstickt und ohne Leben, ...
> Halber Schlaf und schlecht Erquicken
> Heftet ihn an seine Stelle
> Und bereitet ihn zur Hölle."

Diese Verse beschreiben das Los eines Geächteten, eines Ausgestoßenen, der „friedlos" ist, „vogelfrei" und „wolfsfrei". „Friedloslegung" hieß das im Recht der Nordvölker, das noch bis in unser Mittelalter reichte und noch Luther auf dem Reichstag in Worms 1521 traf. Die Folge war damals immer mit Aufschub der Tod:
> „Dahinten, dahinten! von ferne, von ferne."

Und nach Fausts Drohung vollzieht sie es (11495ff):
> „Erfahre sie, wie ich geschwind
> Mich mit Verwünschung von dir wende!"
> „Sie haucht ihn an. Faust erblindet."

Und nun erleben wir „ein Bruchstück einer großen Konfession" Goethes (Seiten 204, 295):
> „Die Nacht scheint tiefer tief hereinzudringen,
> Allein im Innern leuchtet helles Licht."

Sein Schicksal hat ihm den Blick nach draußen genommen und den nach innen freigegeben (Seite 205). Es bricht sein Werk draußen ab und verhindert die Wahrnehmung der von Mephisto vorhergesagten Katastrophe (11544ff): „Die Elemente sind mit uns verschworen, und auf Vernichtung läuft's hinaus". Es ist ein vollziehendes Schicksal zwar, aber kein rächendes, sondern ein korrigierendes. Es korrigiert seine Grenzübertretungen im Handeln und die Ausuferungen in seinem Charakter: die ersten durch Abbruch seiner Taten, die zweiten, indem es ihm „Denkfreiheit und Großheit der Gesinnung" gewährt (Seite 296, 11563 – 11580):
> „Eröffn' ich Räume vielen Millionen,
> Nicht sicher zwar, doch tätig-frei zu wohnen ...
> Da rase draußen Flut bis auf zum Rand,
> Gemeindrang eilt, die Lücke zu verschließen.
> Ja! Diesem Sinne bin ich ganz ergeben,
> Das ist der Weisheit letzter Schluß:
> Nur der verdient sich Freiheit wie das Leben,
> Der täglich sie erobern muß."

Aus den 18 Versen spricht Fausts nun gewonnene Ausgeglichenheit, die er zwischen den widerstrebenden Polaritäten seines Charakters gefunden hat.

Faust muß nicht Gretchens Schicksal erleben, einen Tod im Irrsinn nach „gnadeverweigernder Erbarmungslosigkeit" (Seite 303). Ihm weist das Schicksal eine Tragik des Wollens zu (Seiten 195, 203, 9930 – 9938):

„Aber es gelang dir nicht.
Wem gelingt es? – Trübe Frage.
Der   das Schicksal sich vermummt, ...
Doch erfrischet neue Lieder,
steht nicht länger tief gebeugt."

Das Schicksal läßt ihn noch die Handlungsgrenzen und die Maßstäbe erkennen, die im Gesetz liegen, „wonach er angetreten": Mit den Konjunktiven „möcht' ich sehn" und „dürft' ich sagen" (11579ff) drückt Faust die Annahme seines Schicksals aus. Deshalb kann er den „letzten, schlechten, leeren Augenblick" (11589) wandeln in den letzten guten Augenblick: „Verweile doch, du bist so schön!" Sein Schicksal gehört jetzt zu seiner Biographie und in sein Portrait.

Unser Kommentar ist jetzt auf allen Bedeutungsebenen vollständig. Faust hat erworben, was er ererbt von seinen Vätern hat (Seite 301). Er hat sich „die Welt- und Menschenansicht gebildet", die mit seiner geprägten Form übereinstimmt.

Der Kulturhistoriker Goethe hat gezeigt, daß es solche Übereinstimmung nur in der eigenen Kulturwelt gibt, die uns in unserem Wesen geprägt hat. Das ist unter der reichen Vielfalt aller Weltkulturen unsere seelische und geistige Heimat, die abendländische Kultur. Nur in ihr konnte Faust den Einklang zwischen Welterfahrung und Persönlichkeitsbildung erreichen und damit also erkennen, was seine Welt im Innersten zusammenhält. Das konnte er in der Nacht des ersten Teils des Dramas in seiner Orientierungslosigkeit noch nicht, sondern erst in der Mitternacht des zweiten Dramenteils, nachdem er die Fähigkeit zum Erkennen von Zusammenhängen erworben hat (Hische, Seite 14), und nachdem er die Balance gefunden hat im Ausgleich zwischen Weltbild und Menschenbild: gekennzeichnet das eine durch Dynamik und Tat, das andere durch Wille und Charakter, verbunden beide durch das Schicksal. Die Frage: „Wen interessiert noch, was die Welt im Innersten zusammenhält" (Seite 15) ist eine Quantitätsfrage. Das Drama Faust stellt die Frage nach der Qualität des Lebens und beantwortet sie für Kulturmenschen.

So sind wir nun unserem Goethe trotz allen Versteckspiels doch auf die Spur gekommen. Er möge uns verzeihen. Hatte er doch auch seine Ängste verbergen wollen:
> „Wer darf das Kind beim rechten Namen nennen?
> Die wenigen, die was davon erkannt,
> Die töricht gnug ihr volles Herz nicht wahrten,
> Dem Pöbel ihr Gefühl, ihr Schauen offenbarten,
> Hat man von je gekreuzigt und verbrannt."

Aber ihm kann ja nichts mehr passieren.

Nachwort

Uns ist bereits die Konsequenz aufgefallen, mit der Goethe Fausts Lebensweg an zwei Weltkulturen vorbeiführte, hin zu seiner kulturellen Herkunft, also auch zu den mythologischen Ursprüngen dieser Weltkultur. Das ist das geistige Band, das Goethe in das Drama Faust hineinlegte, und das ist der einfache Gedanke, der das Drama durchzieht und es zusammenhält, mit dem wir die konsistente, stimmige Deutung finden konnten. Wenn wir uns den Handlungsablauf noch einmal vorstellen, dann haben wir – mit Steven Weinberg (Seite 43) – „das Gefühl der Zwangsläufigkeit" und sehen „die Schönheit der vollkommenen Struktur, die darin liegt, daß alles zueinander paßt und nichts austauschbar ist."

Stellen wir uns vor, Goethe hätte statt Mephistos Epilog (Seite 207) die Frage nach dem Gewinn der Studierzimmerwette diskutiert (Seite 28), dann wäre die logische Struktur des ganzen Werkes auseinandergebrochen. Oder stellen wir uns vor, Goethe hätte nicht die Frage nach „dem Rechte, das mit uns geboren ist" aufgerufen (1978f, Seite 132), und er hätte dann auch nicht Fausts Schicksal (Seiten 204, 322) als Korrektur seines Handelns darstellen können, dann würde diese Lücke das ganze Drama zerstören und das geistige Band, das wir jetzt auf der „allgemeinen Bedeutungsebene" besprochen haben, wäre zerschnitten und zuletzt abgeschnitten. Goethe hat im Gegenteil sein geistiges Band bestätigt, indem er dieses Bild auf der „überlagernden, spezifizierten Ebene" mit konkreten Beispielen vervollständigt. Mit dieser Betrachtung wollen wir unsere Schrift abschließen.

Goethe hat in seinen Werken Anregungen von außen oft bis in Einzelheiten nachgestellt, um Eindrücke, die er in „seinem Innern empfing, so zum Vorschein zu bringen, daß andere dieselben Eindrücke empfingen" (Seite 56),
— so in „Anmutige Gegend", wo er den „hilfreichen" (Beutler, S. 574) Luftgeist Ariel aus Shakespeares „Sturm" gebrauchte, um Fausts ersten und überraschten Blick auf seine Vorwelt darzustellen: „welch Getöse bringt das Licht" (Seite 139 und 305),

— so auch in „Mitternacht", wo er die drei Hexen aus Shakespeares „Macbeth" (dort auch Schicksalsfrauen genannt, 4. Akt, 1. Szene) in die vier grauen Weiber umformte und die Sorge zu Fausts Schicksal machte,
— so auch im 5. Akt, wo er Gestalten und Handlungen aus der nordischen Mythologie nachzeichnete, um Fausts Lebensweg eindeutig darzustellen. Die Parallelen sind für jeden, „der sich auf Miene, Wink und leise Andeutung versteht" (Seite 48, Nr. 9), aus Kontext und Großzusammenhang ablesbar.

Ein Beispiel:
An den schicksalsbestimmenden Wendepunkten auf Fausts Lebensweg standen drei Frauen: Gretchen, Helena und die Sorge. Gretchen hat dem jungen, unfertigen Faust aus ihrer gefestigten und natürlichen Welt heraus den Weg vorgegeben, den er später auch gefunden hat (Hochgebirg, Seite 186). Ihre und seine Katastrophe (Kerker, Seiten 128ff) hat „Spuren hinterlassen, Zeichen und Narben" (Seite 137), die bei ihm einen Wandel auf der emotionalen Ebene herbeiführten (Seite 130) und damit hat Gretchen sein Schicksal vorausgebend bestimmt. Helena hat Faust für seine geistige Entwicklung die Lehre gegeben, die ihm half, „sich selbst zu erkennen", womit auch sie sein Schicksal wegweisend bestimmt hat (Seite 181). Die Sorge schließlich hat sein Schicksal korrigierend und versöhnend vollzogen. Hier ist die Parallele zu den drei Nornen der nordischen Mythologie sichtbar, die aus Vergangenheit, Gegenwart und Zukunft das Schicksal der Menschen weben (Seite 258).

Ein zweites Beispiel:
Faust brachte Gretchen Unheil und Tod. In den Bergschluchten trifft Gretchen Maria und spricht sie an: „Der früh Geliebte, er kommt zurück" (12073). Die Mater gloriosa gibt ihr den Weg frei: „Komm! Hebe dich zu höhern Sphären! Wenn er dich ahnet, folgt er nach" (12094). Zu den Sagen der Edda gehört der Sigurdzyklus. Sigurd erweckt die Walküre Brünhild und vermählt sich mit ihr. Aber er vergißt sie. Nach seinem Tod steigt Brünhild auf seinen Scheiterhaufen und folgt ihm in das Totenreich Hel. Eine urgewaltige Riesin verstellt ihr den Weg, Brünhild schiebt sie beiseite: „Aber wir beide bleiben zusammen, ich und Sigurd: mach Platz, Riesin" (Seite 239).

Und auch dieses:
Wir haben gesehen, daß im Mythos der Nordleute Raum und Zeit zusammen und miteinander verflochten entstanden sind, nicht

vorstellbar, nur in Bildern darstellbar (Seite 275). In dem sehr abstrakten Weltentstehungsmythos der Edda ist der Platz der Urkräfte und Urgewalten – personifiziert durch Riesen, Riesinnen, Nornen – das Utgardr, der „Raum außerhalb" (Seite 258), und sogar der Wohnort der Götter Asgard ist nur abstrakt gedacht: als schwer vorstellbares „Irgendwo-Nirgendwo", im Gegensatz zum Olymp der Griechen und zum Himmel der Juden. Goethe beschreibt das so: „Um sie kein Ort, noch weniger eine Zeit", und spricht vom „Unbetretenen, nicht zu Betrenden" (6214, 6223, 6246). Das zyklische Welt- und Lebensbild der nordischen Mythologie hat er an vielen Stellen im Drama gezeichnet und in Mephistos Epilog (11587ff, Seiten 209f) sogar als Rückkehr zum Ursprung beschrieben: „Und treibt sich doch im Kreis, als wenn es wäre."

Schließlich das:
Es ist die Mater gloriosa – Maria, nicht Mirjam (Seite 269) – der Goethe die Fähigkeit zuschreibt, das Geheimnis zu bewahren und zu vergeben (11997 – 12012):
„Höchste Herrscherin der Welt
Lasse mich im blauen,
Ausgespannten Himmelszelt
Dein Geheimnis schauen."
Maria, das Weibliche, steht in direkter Ähnlichkeit zu den drei Nornen der Zeit, die das Schicksal vergeben (Seite 258), zu den Urkräften der abendländischen Mythologie: „Uns erwählte Königin, Göttern ebenbürtig" (12011).

Goethes letztes Wort ist der Chorus mysticus:
„Alles Vergängliche
Ist nur ein Gleichnis;
Das Unzulängliche,
Hier wirds Ereignis;
Das Unbeschreibliche,
Hier ist's getan;
Das Ewig-Weibliche
Zieht uns hinan."

Die Wortwahl ist geheimnisvoll dunkel. Die Bedeutungen hinter den Worten haben keine erkennbare Struktur. Nimmt man Heisenbergs Einsichten zu Hilfe (die aus Seiten 54f), so könnte es scheinen, als sähe man Goethes Worte in den dunklen Hintergründen Rembrandts, oder als hörte man sie in den dunklen Orchesterklängen Bruckners, oder als träten sie aus dem abstrakten Mythos heraus als „Bilder von stark emotionalem Gehalt, die nicht gedacht, sondern gleichsam malend geschaut werden." In dieser Weise und in dieser Stärke hat Goethe sich in diesem Drama nur noch in der Szene „Finstere Galerie" ausgedrückt (6212 bis 6290): „In der Gebilde losgebundne Reiche": „Die einen sitzen, andre stehn und gehn. Gestaltung, Umgestaltung". Das hat seine direkte Parallele in der Edda.

Das Geheimnis bleibt. Es kann nur individuell geschaut und erfahren werden. Goethe muß es bei den Bildern belassen. Aber in seinen Bildern finden wir die aus „Der Seherin Gesicht" wieder (9935ff, 504ff):

„Die Sonne verlischt, das Land sinkt ins Meer;
vom Himmel stürzen die heitern Sterne, ...
Seh aufsteigen zum andern Male
Land aus Fluten, frisch ergrünend.
Wieder werden die wundersamen
goldenen Tafeln im Gras sich finden ..."

So schließt Goethe den Kreis zu den Wurzeln der abendländischen Kultur. Und er mahnt (6267ff):

„Bist du beschränkt, daß neues Wort dich stört?
Willst du nur hören, was du schon gehört?
Dich störe nichts, wie es auch weiter klinge,
Schon längst gewohnt der wunderbarsten Dinge."

Literatur

Verzeichnisse zur Faustliteratur gibt es genug. Ein ausführliches und nach Sachgebieten übersichtlich geordnetes Verzeichnis hat Trunz zusammengestellt (S. 763 – 777). Ich nenne hier nur die in diesem Kommentar zitierten Autoren.

Augstein, Rudolf	Jesus Menschensohn. Hoffmann und Campe, 2. Auflage, 1999.
Barrow, John D.	Die Natur der Natur. Wissen an den Grenzen von Raum und Zeit. rororo science. Sachbuch 9608, 1996.
	Theorien für Alles. Die Suche nach der Weltformel, rororo science. Sachbuch 9534, 1994.
Beutler, Ernst	Goethe. Faust und Urfaust. Dieterich'sche Verlagsbuchhandlung, 1953.
BNN	Badische Neueste Nachrichten. Tageszeitung, Karlsruhe
Ceram, C.W.	Götter, Gräber und Gelehrte. Deutsche Buchgemeinschaft, 1959.
	Götter, Gräber und Gelehrte im Bild, Lizenzausgabe für den Bertelsmann-Lesering, 1957.
Der Spiegel	Nr. 5/1999 vom 01.02.1999

Die Heilige Schrift	Evangel. Hauptbibelgesellschaft zu Berlin, 1961.
	Deutsche Bibelgesellschaft, 1985 Textfassung 1912.
Dietze, Werner und Erler, Gotthard	Johann Wolfgang Goethe. Faust. Aufbau-Verlag Berlin und Weimar. 1984. Nach: Goethe, Berliner Ausgabe, Band 8
Emrich, Wilhelm	Die Symbolik des Faust II. Berlin 1943, 5. Aufl. 1981.
Greene, Brian	Das elegante Universum. Berliner Taschenbuch Verlag, 2002.
Heisenberg, Werner	Physik und Philosophie. S. Hirzel Verlag, Stuttgart, 1984.
	Schritte über Grenzen. R. Piper GmbH & Co. KG, München, 1984.
Herrmann, Helene	Faust und die Sorge. Zeitschrift für Ästhetik und allgm. Kunstwiss. 31, 1937, S. 321-337.
Hofmiller, Josef	Über den Umgang mit Büchern. Nymphenburger Verlagsbuchhandlung, 1948.
Jung, C. G.	Die Dynamik des Unbewußten. Ges. Werke, 8. Band, Walter-Verlag, Olten, 1967.
	Die Archetypen und das kollektive Unbewußte. Ges. Werke, 9. Band (1), Walter-Verlag, Olten, 1967

Keller, Werner (Hrsg.)	Aufsätze zu Goethes Faust I/II. Wissenschaftliche Buchgsellschaft Darmstadt, 1974.
Klett, Ada M.	Der Streit um Faust II seit 1900. Jenaer germanistische Forschungen, 33, 1939.
Kobligk, Helmut	Faust I. Faust II. Grundlagen und Gedanken zum Verständnis des Dramas. Diesterweg, 1982/1983.
Niedner, Felix und Neckel, Gustav	Thule. Altnordische Dichtung und Prosa Band 2. Edda. Übertragung von Felix Genzmer. Eugen Diederichs Verlag, Düsseldorf-Köln, 1963.
Pauli, Wolfgang	Der Einfluß archetypischer Vorstellungen auf die Bildung naturwissenschaftlicher Theorien bei Kepler. In: C. G. Jung und W. Pauli: Naturerklärung und Psyche, Band IV, S. 109. Rescher Verlag, Zürich 1952.
	Die Wissenschaft und das abendländische Denken. In: Europa – Erbe und Aufgabe. Internat. Gelehrtenkongreß, Mainz, 1955, S. 7. Hrsg.: M. Göhring, Wiesbaden, 1956.
Rickert, Heinrich	Goethes Faust. Tübingen, 1932.
Schöne, Albrecht	Götterzeichen, Liebeszauber, Satanskult. Neue Einblicke in alte Goethetexte. Beck, München, 1982.

Spengler, Oswald	Untergang des Abendlandes. Umrisse einer Morphologie der Weltgeschichte. 2 Bände. C.H. Beck'sche Verlagsbuchhandlung, München, 1918/1922.
Sudau, Ralf	J. W. von Goethe. Faust I und Faust II. Oldenbourg Interpretationen, Bd. 64, 1993.
Toynbee, Arnold J.	A Study of History. 10 Bde, 1934 – 1954.
Trunz, Erich	Goethes Werke, Hamburger Ausgabe (HA), Bd. III: Goethe. Faust. Herausgegeben und kommentiert von Erich Trunz. Verlag C.H. Beck, München 1996.
Victor, Walter	Goethe. Ein Lesebuch für unsere Zeit. Aufbau-Verlag Berlin und Weimar, 1985
Weinberg, Steven	Der Traum von der Einheit des Universums. C. Bertelsmann Verlag GmbH, München, 1993:
	Die ersten drei Minuten. Der Ursprung des Universums. dtv, München, 10. Auflage, 1991
Wiese, Benno von	Die deutsche Tragödie von Lessing bis Hebbel. dtv 4411, München 1983

Anhang zu Seite 36

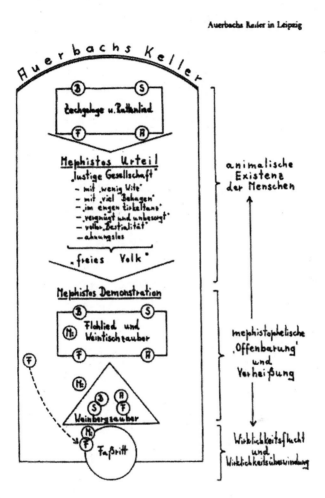

Mephistos Demonstration und Absicht

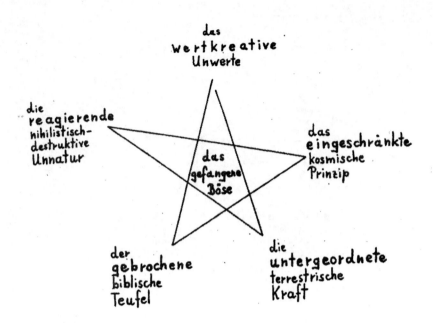

Mephistos Selbstcharakteristik